达斡尔语语音声学研究

宝音　呼和　著

中国少数民族语言方言实验研究丛书

呼和　主编

社会科学文献出版社
SOCIAL SCIENCES ACADEMIC PRESS(CHINA)

　　本书系国家社会科学基金冷门绝学研究专项学术团队项目"中国北方少数民族濒危语言调查实验研究"（项目编号：21VJXT012）和中国社会科学院创新工程"登峰战略"资深学科带头人资助项目"中国北方跨界民族语言的调查实验研究"（项目编号：DZ2023002）的系列成果

目 录

绪　论 ……………………………………………………………… 001

　　一　"中国少数民族语言语音声学参数统一平台" …………… 008

　　二　"中国少数民族语言方言实验研究丛书" ………………… 034

第一章　达斡尔语语音研究概况 ………………………………… 036

第二章　达斡尔语元音声学特征 ………………………………… 038

　　一　达斡尔语元音基本特点 …………………………………… 038

　　二　元音声学特征参数及分析方法 …………………………… 039

　　三　词首音节短元音 …………………………………………… 042

　　四　非词首音节短元音 ………………………………………… 102

　　五　长元音 ……………………………………………………… 135

　　六　达斡尔语长、短元音多元方差分析研究 ………………… 164

　　七　复合元音 …………………………………………………… 170

　　八　弱短元音 …………………………………………………… 177

　　九　元音和谐律 ………………………………………………… 180

第三章　达斡尔语辅音声学特征 ………………………………… 182

　　一　达斡尔语辅音基本特点 …………………………………… 182

　　二　辅音声学特征参数及分析方法 …………………………… 187

　　三　单辅音 ……………………………………………………… 193

　　四　腭化辅音 …………………………………………………… 358

五　唇化辅音……………………………………………………… 366

第四章　达斡尔语音系特点……………………………………… 373
　一　词首音节短元音音系特点…………………………………… 373
　二　辅音音系特点………………………………………………… 375

第五章　达斡尔语音节声学特征………………………………… 387
　一　音节理论综述………………………………………………… 387
　二　达斡尔语音节特点…………………………………………… 388
　三　达斡尔语音节统计分析……………………………………… 390

第六章　达斡尔语单词韵律特征………………………………… 391
　一　达斡尔语韵律研究综述……………………………………… 391
　二　达斡尔语词重音问题………………………………………… 398

参考文献…………………………………………………………… 406

后　记……………………………………………………………… 411

绪 论

　　自 1956 年全国人大民族委员会和中央民族事务委员会组织的少数民族语言、少数民族社会历史调查和 1962 年《中国语文》杂志开始刊登少数民族语言概况算起，我国民族语言现代语言学研究已走过 60 多年的历程，完成了"中国少数民族语言简志丛书"（1958 年启动，1991 年基本完成，2009 年修订）、"蒙古语族语言方言研究丛书"（21 本，内蒙古大学蒙古语文研究所 20 世纪 80 年代初开始陆续出版的）、"中国新发现语言研究丛书"（1997 年至今，已出版 41 种）和"中国少数民族方言研究丛书"（1998 年至今，已出版 17 种）等大型研究成果。可以说，在前辈们的不懈努力下，我国民族语言现代语言学研究取得了较辉煌的成就。目前的民族语言研究虽然涵盖了描写语言学、历史比较语言学、纪录语言学、语言类型学、民族语言文字应用、实验语音学、民族文字文献等诸多领域，但与英语和汉语等强势语言的研究相比，在研究深度和广度等方面都存在一定的差距。

　　1985 年中国社会科学院民族所（现中国社会科学院民族学与人类学研究所）建立的语音实验室是我国民族语言实验语音学学科成立的标志，实验室语音学队伍也是我国最早开展少数民族语言语音实验的研究团队。1985~1995 年，民族所实验语音学团队主要开展了汉语普通话和少数民族语言语音声学和生理实验基础研究工作，主持完成了多项国家自然科学基金和国家社会科学基金项目。如在国家社科基金资助下，研究团队历时数年完成了大约 25 种语言和方言的音档录制。与民族地区大学和研究所合作完成了几个在国内外有一定影响的少数民族语言语音声学参数数据库。例如，"藏语拉萨话语音声学参数数据库"（国家自然基金项目，1991）、"哈萨克语语音声学参数数据库"（国家自然基金项目，1992）、"蒙古语语音声学参数数据库"（国家社科基金项目，1993）等。本阶段的研究成果主要发表在《实验语音学概要》（吴宗济、林茂灿主编，鲍怀翘撰写第三和第五两章，即语音产生的生理基础和元音部分，1989）以及国内外学术刊物和学术会议上。这些成果在国内外语音学界产生了一定的影响，为我国少数民族语言实验语音学学科乃至汉语实验语音学学科的发展奠定了基础。

1995~2005 年，民族所团队使用当时国际最先进的设备，如"声门高速摄影"和"电子动态腭位仪"开展了汉语普通话和少数民族语言发声类型和调音的生理研究，主持完成了 1 项中国社会科学院重大项目（"汉藏语声调的声学研究"）、4 项国家自然科学基金项目（"汉语普通话嗓音声学研究"、"普通话动态腭位研究"、"基于动态腭位的普通话协同发音研究"和"蒙古语韵律特征声学模型研究"）。这一阶段除撰写出版《论语言发生》（孔江平，2001），《蒙古语语音声学研究》（蒙文版，呼和，1999）和 *A Basic Study of Mongolian Prosody*（呼和，2003）3 部专著外，还发表了 50 余篇有影响的学术论文。在学科创新和应用研究方面也进行了大胆探索与实践。如，2001~2005 年重大项目"民族多媒体信息系统"研究完成的"民族 GIS 多媒体检索系统"，首次将自然科学的地理信息系统技术（GIS）成功应用于民族语言及民族多媒体信息研究。这些成果在国内外实验语音学和言语工程学界以及嗓音病理学界产生了较大反响，提高了学科的知名度，奠定了民族所少数民族实验语音学学科在国内外学术界中的地位。

自 2006 年以来，该团队在总结以往研制单语种语音声学参数库工作的基础上，提出"语音声学参数统一平台"的思路和方法，并通过实施和完成两项教育部、国家语委民族语言文字规范标准建设及信息化项目"藏语、维吾尔语和彝语语音声学参数数据库"（300MB，2009，郑玉玲承担）和"达斡尔，鄂温克和鄂伦春语语音声学参数数据库"（300MB，2011，呼和承担），研制了藏、维吾尔、彝、达斡尔、鄂温克和鄂伦春等族语言的语音声学参数数据库，初步搭建了"中国少数民族语言语音声学参数统一平台"框架，为进一步开展民族语言语音声学参数数据库研究打下了坚实的基础。

自 2013 年 2 月开始，根据多年积累的语音声学参数库研制经验，"语音声学参数自动标注/提取系统"（3.3 版本）和诸多数据处理小工具研发并投入使用，使该项工作逐渐走上自动化，提高了准确率和工作效率，避免了数据采集者的主观因素，确保了数据的客观性和准确性（参看周学文、呼和，2014）。特别是在国家社科基金重大招标项目"中国少数民族语言语音声学参数统一平台建设研究"（批准号：12 & ZD225）和中国社会科学院创新工程项目（2013~2021年度）的资助下完成了容纳蒙古语、达斡尔语、土族语、东部裕固语、东乡语、维吾尔语、哈萨克语、鄂温克语等北方民族语言语音声学参数数据库的"中国少数民族语言语音声学参数统一平台"（以下简称"统一平台"），并基于"统一平台"撰写出版了"中国少数民族语言方言实验研究丛书"的蒙古语、维吾尔语和鄂温克语等3卷，实现了从语音声学参数库跨越到对民族语言语音的全面、系统声学语音学描写研究阶段，验证了语音声学参数库对语言学的贡献和意义。

自2021年开始，我们团队在国家社会科学基金冷门绝学研究专项团队项目"中国北方少数民族濒危语言的调查实验研究"（项目编号：21 VJXT012）和中国社会科学院创新工程"登峰战略"资深学科带头人资助项目"中国北方跨界民族语言的调查实验研究"（项目编号：DZ2023002）的资助下，继续扩充"统一平台"语言数量的同时，继续撰写、编辑、出版"中国少数民族语言方言实验研究丛书"的《达斡尔语语音声学研究》、《土族语语音声学研究》、《东乡语语音声学研究》、《东部裕固语语音声学研究》和《布里亚特语语音声学研究》等5卷。

标准化、规范化和自动化是语音研究必经之路。这是由该学科的属性和特点所决定的。通过30多年的努力，我们团队对语音声学实验研究的主要环节，如实验语料设计、实验语料录制、语音标注、声学参数标注及其提取、统计分析和绘制声学语图等有了较全面、深刻的认识和了解，并提出了自"实验语料设计"至"声学语图绘制"系统的思路和方法。特别是自2021年以来，我们团队一直探索语音声学实验研究自动化问题。众所周知，语音声学参数数据库研制环节是语音声学实验研究的重要环节。这是耗费人力、物力的艰难且烦琐的基础工程。对语音声学参数进行手工标注和采集，尚存在两方面的不足。一方面，工作量大、速度慢、错误率高、效率低，这不但影响声学参数库的研制速度，而且无法保证实验方法和实验数据的可重复性；另一方面，由于语音声学特征定义以及语音声学参数标注和提取等方面尚未统一标准等原因，语言之间难以相互比较，研究成果无法相互借鉴。只有实现各个环节的自动化，才能使语音声学研究变成一种可以观察、量化、重复、验证的实验科学。

我们团队基本解决了"声学参数标注"→"声学参数标注"→"声学参数统计"→"声学语图绘制"等环节的自动化问题。请见图 0.1 中用蓝色字体标记的模块。

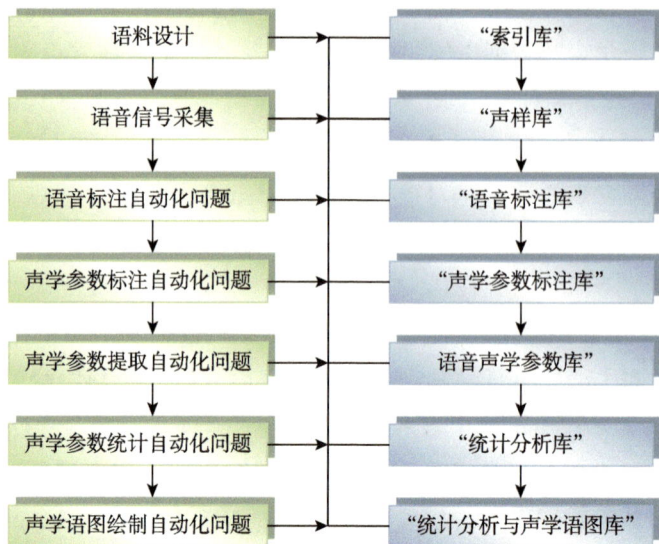

图 0.1　语音声学研究自动化问题

实现自动化的主要内容和目的如下。

1. 声学参数标注自动化

（1）自动转换 SAMPA 码和 IPA

在以往参数库的语音标注中我们都使用了 SAMPA 码，现在改用国际音标（Keyman 输入法的 IPA），并且把以往用 SAMPA 码标注的语音标注库用 PRAAT 脚本编辑的小工具——"自动转换 SAMPA 码和 IPA 工具"自动更换成 IPA 语音标注库。我们用这种方法更换了蒙古语族语言语音标注库（蒙古语、达斡尔、东部裕固语、布里亚特、土族语、东乡语）、突厥语族语言语音标注库（维吾尔语、哈萨克语）和满通古斯语族语言语音标注库（鄂温克语、鄂伦春语）。

（2）自动筛选声学参数异常值

在声学参数自动标注和提取过程中，会出现少量异常值。为此，在进行统计分析之前，我们先用 PRAAT 脚本编辑的小工具——"自动筛选声学参数异常值工具"，先自动检查、筛选声学参数库中的异常值之后，再进行统计分析。

2. 声学参数统计自动化

我们用 R 语言编辑的小工具，实现了以下声学参数统计分析的自动化：

（1）基础描写统计自动化

a. 自动完成"数据趋势分析"

用"数据趋势分析工具"自动完成数据趋势分析（平均值、中位数，是正偏分布，还是负偏分布）工作。

b. 自动完成"离中趋势分析"①

用"离中趋势分析工具"自动完成离中趋势分析工作。

c. 自动完成"相关分析"②

用"相关分析工具"自动完成相关分析工作。

（2）假设检验的自动化

我们用 R 语言编辑的小工具，自动完成假设检验工作。

a. 自动完成"单样本 t 检验"

用"单样本 t 检验工具"，自动完成"单样本 t 检验"工作。

b. 自动完成"配对样本 t 检验"

用"配对样本 t 检验工具"，自动完成"配对样本 t 检验"工作。

（3）方差分析的自动化③

我们用 R 语言编辑的小工具，自动完成方差分析工作。

a. 自动完成"单因素方差分析"

用 R 语言编辑的小工具——"单因素方差分析工具"，自动完成"单因素方差分析"工作。

b. 多因素有交互方差分析

用 R 语言编辑的小工具——"多因素有交互方差分析工具"，自动完成"多因素有交互方差分析"工作。

---

① "离中趋势分析"主要靠全距、四分差、平均差、方差（协方差：用来度量两个随机变量关系的统计量）、标准差等统计指标来研究数据的离中趋势。例如，我们想知道两个元音或辅音中，哪一个元音或辅音分布更分散，就可以用两个元音或辅音的四分差或百分点来比较。

② 相关分析探讨数据之间是否具有统计学上的关联性。这种关系既包括两个数据之间的单一相关关系——如共振峰与音长之间的关系等。

③ 根据研究工作需要我们随时增加假设检验和方差分析项。

c. 聚类分析

用 R 语言编辑的小工具——"聚类分析工具",自动完成"聚类分析"工作。

d. 判别分析

用 R 语言编辑的小工具——"判别分析工具",自动完成"判别分析"工作。

e. 主成分分析

用 R 语言编辑的小工具——"主成分分析工具",自动完成"主成分分析"工作。

3. 声学语图绘制自动化

在语音声学研究中语图的引用非常普遍。声学语图是声学参数的形象表现,是研究成果和研究结果的具体化和可视化方式。语图绘制方法的自动化和标准化非常重要。我们用 R 语言的绘图小工具,实现了以下语图的自动化绘制工作:

(1) 元音声学空间椭圆图 (置信水平为 95%[①]);

(2) 音长、音高、音强比较图;

(3) 辅音的各种声学分析图。

4. 实现自动化的目的

语音声学研究自动化的目的除前述所列举情况之外,更重要的目的是用于语音类型学研究,具体说,用于音段或超音段声学语图之间的比较研究。我们团队目前正在验证呼和教授提出的"语音和韵律特征声学模式相似度与语言亲属关系远近度假设"(Hypothesis)。该假设通过分析计算和比较人类语言的"语音声学空间分布模式图之间的相似度"(简称"声学模式图相似度"),探讨语言之间亲属关系的远近度问题,即人类语言亲属关系远近度问题。

为了从语音、嗓音和韵律三个视角,探讨语言亲属关系的远近度问题,

---

① 我们用 95% 置信水平来构造这个区间估计:95% 置信度的意思是如果你从总体中抽取 100 个不同样本,每个样本都用相同的统计量构造的置信区间(注意:由于样本不相同,这些置信区间的范围也不尽相同),那么有 95 个置信区间包含了总体参数的真值。如果我们构造出 100 个这样的置信区间(100 个样本),那么会有 95 个区间会包含这个总体平均值,置信水平是 95%。

我们还研制了"阿尔泰语系语言的嗓音声学参数数据库",并试图结合嗓音系列参数,进一步探索阿尔泰语系语言之间亲属关系的远近度问题。目前已完成蒙古语各方言土语［科尔沁、喀喇沁、巴林、布里亚特（呼伦贝尔）、卫拉特、鄂尔多斯、察哈尔］和蒙古语族语言［达斡尔、东部裕固语、布里亚特（俄罗斯）］嗓音参数数据库,并开始实施相关研究。

目前我们团队所实施的主要工作如下。

（1）正在扩充"中国少数民族语言语音声学参数统一平台"。该平台为民族语言方言土语语音调查实验研究打下了坚实的基础。该平台的建设,将我国传统的优势学科同新的前沿领域相结合,无论从铸牢中华民族共同体意识视域下的中国民族语言亲属关系研究、重大基础理论研究、规范化和标准化研究、濒危语言抢救性研究,还是从现代语言资源库建设、民族文化遗产的保护、科学技术和语言研究相结合的发展趋势看,都具有重要意义和作用。

该统一平台将为我国同类语言数据库和档案库建设提供范例,为语言本体描写研究和比较研究,以及民族学与人类学等其他学科的研究提供真实、客观的数据资源,将会有力促进我国民族语言学学科的发展。

（2）正在组织基于"统一平台"的"中国少数民族语言方言实验研究丛书"的哈萨克语、锡伯语、图瓦语、鄂伦春语和蒙古国蒙古语等 5 卷的组稿工作。这些专著将在以往研究的基础上,针对这些语言语音研究的历史和现状,从解决所面临的实际问题出发,采用声学语音学的理论和方法,对 5 种语言的元音、辅音等音段特征和词重音等超音段特征进行较全面、系统的定量和定性分析。

"中国少数民族语言方言实验研究丛书"各卷的陆续出版,将会引领我国北方民族语言语音研究推向全面、系统声学描写研究和比较研究的新时代。

（3）提出"语音和韵律特征声学模式相似度与语言亲属关系远近度假设"（Hypothesis）,即"语言声学空间相似度理论",并通过分析计算和比较人类语言的"语音声学空间分布模式图之间的相似度"（简称"声学模式图相似度"）,探讨语言之间亲属关系的远近度问题,即人类语言亲属关系问题。

该项研究与考古学、遗传学一样,能够为人类学和民族学研究提供科学的实证依据（声学线索）,推动新时代人类学和民族学的发展。

（4）搭建"鄂伦春、鄂温克和达斡尔语学习手机 App 平台"（简称

"三少民族语言 App"，即 SMZYApp），并通过实施和完成北方人口较少民族语言学习 App 平台，探索科学保护濒危语言的新思路和新方法。

我们相信，在加快构建新时代民族学三大体系建设和深化铸牢中华民族共同体意识理论研究中，民族语言实验语音学必将发挥其实证研究的学科优势。

一 "中国少数民族语言语音声学参数统一平台"

实验语音学为语言学这门传统的人文学科增加了实验科学的新方法，为语言分析提供了新的研究视角和内容，为有声语言资源库建设提供了技术保障。语音声学参数库（Acoustical Database）是语言资源声学层面的最高形式，是对特定语言的语音系统进行系统声学分析、提取该语言语音声学特征的微观声学参数集合，可比喻为提取语言 DNA。在语音信号分析和处理过程中，时域和频域特性是至关重要的。在语音研究中对音段和超音段特征的测量和分析已进行了几十年，从以音节、词为基础的音段和超音段特征分析到现在连续语料的音段和超音段特征分析，使我们对语音和韵律特性的认识越来越清晰、越来越准确，在应用研究中越来越有效。

我们正在建设的"中国少数民族语言语音声学参数统一平台"是少数民族语言统一（通用）的自然语言语音处理平台。该平台是利用国际通用的语音声学分析软件，提取有效表征语言语音系统的各种声学特征参数，并把它们集合成一个完整的语音声学参数数据库，用数据库管理软件进行统一管理的平台。"统一平台"利用现代科技，以数据库（量化和数字化）的形式完整地保存少数民族语言音段和超音段的声学参数。

用户利用"统一平台"可以查询检索多语种语音声学参数内所有的信息，可以任意设定查询的组合条件，可以对结果集合按照任意字段排序，可以在结果集合中实现查询词/音素之间任意切换，可以手动/自动对查询结果集合进行选择并把选择的结果输出到 EXCEL 中等。统一平台还有统计、分析和分类等功能。随着容纳更多语言声学参数数据库，统一平台可以根据用户需求，改进界面的友好性和系统的强壮性（鲁棒性，Robustness）。图 0.2、0.3 是目前使用的统一平台界面和语音参数检索界面。

"统一平台"有三个突出特点。（1）实用性：基本上包含了所有音段的

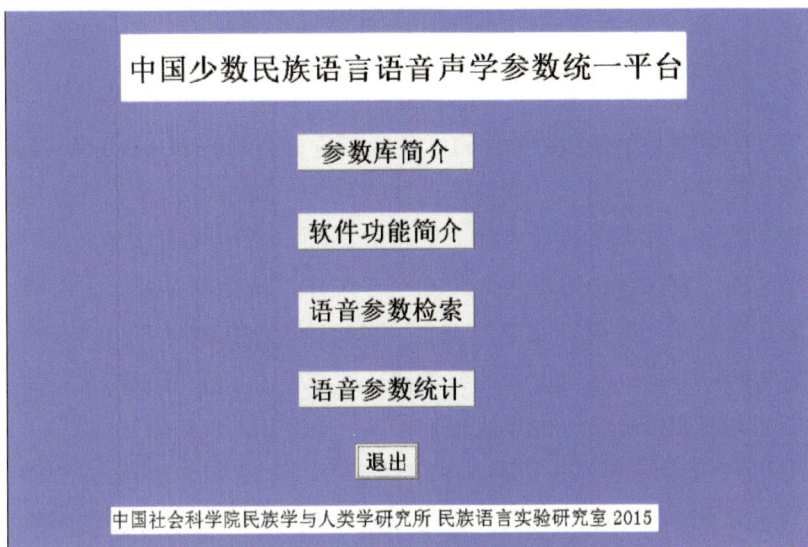

图 0.2 "中国少数民族语言语音声学参数统一平台"界面

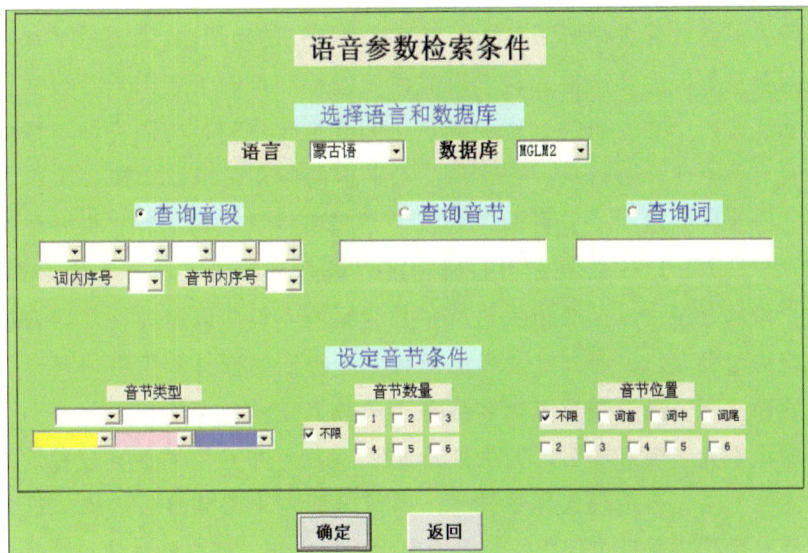

图 0.3 "中国少数民族语言语音声学参数统一平台"语音参数检索界面

主要声学特征,能够满足所有的参数提取,统计分析和比较研究;(2)稳定性:确保了数据库主要结构的稳定性(参数库的扩充不影响其稳定性),这样才能有利于声学参数的积累;(3)扩充性:确保了数据库的可扩充性,以便满足新参数和结构的微调。该平台能够确保数据库内容的维护,包括增加、删除、修改、查询；确保提取所有参数，满足相关研究。

（一）"统一平台"的作用和意义

第一，推动科学保护弱势语言，抢救濒危语言的进程。保护弱势语言，抢救濒危语言是世界各国共同面临的紧迫任务。2003 年 3 月，联合国教科文组织在巴黎总部举行的关于濒危语言问题的专家会议上提出，保护世界语言多样性一直在联合国教科文组织众多工作中占有重要地位。这和"维护人类的多样性"是同一性质的工作。在我国少数民族语言中，有的正处于濒临失传的境地，有些语言的特色语音现象正在消失和被同化。为了保护人类共同的文化遗产——语言的多样性，进行抢救性的保护已刻不容缓。"统一平台"致力于开发一个基于互联网技术的中国少数民族语言资源和技术在线服务平台，以适应国家语言资源战略发展之需要，进而达到依靠现代科学技术搜集和保护我国语言资源的目标，有力推动保护弱势语言、抢救濒危语言的进程。

第二，有效促进科研资源的共享和科学研究的延续性。"统一平台"能够确保数据资源的共享性和科学研究的延续性，推动语音声学参数数据库研制和语音声学实验研究工作的规范化和标准化进程，与同行共享数据资源，提高数据库、语料库、信息和技术平台的使用价值，加快我国少数民族语言语音研究从"经验科学"转变为"精密科学"的进程，提升语音学研究水平。如，以往的语音实验研究多以研究某种语言语音现象为目标，选取少量的语料，以提取相关语音参数为目的，很少以研究特定语言的语音系统为出发点。因而，对语音声学和生理特征的选择和把握缺乏全面性和系统性，所采集的语音声学和生理参数数据仅满足于写出论著，不注重数据的积累和整合，缺乏共享性和延续性。"统一平台"将摒弃这种传统小作坊式的方法，运用现代化的技术，系统全面地采集和分析数据。这种研究成果对后续研究具有较高的参考价值，并提供深入研究的可能。

第三，推进语音学重大基础理论研究，促进语音学与相关学科的发展。"统一平台"不但能够推进语音学重大基础理论研究，为历史比较语言学和语音学研究提供新的理论和方法，还能促进语音学与相关学科的发展，引导语音学研究更加深入地走进社会，解决语言交际中存在的实际问题。语音特征是个性和共性的统一体，不但同一个语系或语族语言的音位系统之间存在共性，而且不同语系或语族语言之间也存在一定的共性。了解这个共性，有利于推动个体语言语音特征的描写和语言之间的比较研究，促进语音学基础研究，推动语音学基础理论的建立和发展。利用"统一平台"，不仅可以对单语种的音段和超音段特征参数进行全面，系统地统计分析（相关分析、因子分析、聚类分析等），探讨并总结出其特征和变化规律，而且还可以对跨语系、跨语族语言的音段和超音段特征进行比较研究，积极推动历史比较语言学（如语言同源、演化等）和普通语音学（如人类语言语音的共性问题）的发展。

第四，能够为民族语言言语声学工程研究和研发提供语音学基础数据资源，推动我国多语种人机智能交互平台技术的发展。众所周知，进入 21 世纪后，加速推进少数民族语言（文字）的标准化、规范化和信息化进程，保护弱势语言、抢救濒危语言的工作显得尤为重要。我们既要加速推进其标准化、规范化、信息化进程，同时还要抢救性地保护它们的多样性。这是我国民族语言文字工作目前所面临的两大挑战。一方面，需要投入大量的人力和财力，去填补汉语和少数民族语言信息化之间的数字鸿沟。另一方面，也要下大力气保护少数民族语言这一人类宝贵的非物质文化遗产。我们虽然可以直接引进世界最先进的语言和语音处理技术和方法来解决少数民族语言语音研究的技术性问题，但再先进的技术也只能是客观的物质支持，真正对于少数民族语言本质与规律的研究还要靠我们自己。现代计算机技术虽然通过云数据的统计，能够建立比较准确的语言模型，但实践证明，好的统计模型需要语言知识库支撑。"统一平台"能够提供真实有效的数据依据。

第五，保护我国民族文化的多样性，促进我国语言生活的健康和谐发展，捍卫国家边疆文化安全，完善我国多语种人机智能交互平台，使言语声学工程研究更好地为国家"一带一路"建设服务。语言（文字）的规范化和信息化是一个民族走上信息化道路的重要标志，而中国语言（文字）的全面发展离不开少数民族语言（文字）的进一步发展。只有实现各民族语言（文字）的规范化和信息化，才能保障我国政治、经济、文化和社会的和谐稳定发展。我国许多少数民族语言是跨境语言，如蒙古语、维吾尔语、哈萨克语、傣语、壮语和苗语等。据我们所知，上述跨境语言所处国家和地区关于语音技术的整体研究相对滞后，仍有较大研究和开发空间。

"统一平台"中所提出的各项标准和原则必将成为国际国内语言声学实验研究依据和标准,推动语言声学实验研究工作的规范化和标准化进程。目前国际上虽然有一个包括世界大多数语言的语音样品库（UCLA）,但尚未包容多语种的语音声学参数数据库,更没有大家所公认和遵循的标准和方法,我们所提出的各项标准和原则将成为国际国内语言语音声学参数库的研制依据和标准,推动语音声学参数数据库研制和语音声学实验研究工作的规范化和标准化进程。

"统一平台"不仅是语音本体基础研究领域的一个突破,而且将会成为国家信息资源的重要组成部分,弥补国家少数民族语言信息资源的阙如。到目前为止,在国内外还没有类似关于特定语言的完整的语音声学参数数据库（包括元音、辅音、韵律及各种特殊音质）。

总之,"统一平台"将我国传统的优势学科同新的前沿领域相结合,无论从现代社会语言资料和文化遗产流失的严峻现实,还是从科学技术和语言研究相结合的发展方向来看,都有着广阔的发展空间和远大前景。该平台将为我国同类语言数据库、档案库提供范例,为语言本体描写研究和比较研究,以及民族学与人类学等其他学科的研究提供真实、客观的数据资源,有力促进我国民族语言学学科的发展。

（二）"统一平台"的研究思路和方法

我们正在建设的"统一平台"是利用国际通用的语音声学分析软件,提取有效表征语言语音系统的各种声学特征参数,并把它们集合成一个完整的语音声学参数数据库,用数据库管理软件进行统一管理的平台（请见图0.4）。

1. 语料设计与"索引库"的建立

1.1　语料规模和范围

建立多语种统一的、完备的语音声学参数数据库,首要的工作是语音材料（以下简称语料）的设计与编写。这是整个工作的基石,必须制定统一的语料设计原则并进行严格把关,充分反映每种语言语音和韵律（单词层面上）系统的全貌及特点。各种语言以双音节为主,但应包含一定数量的单音节词,并顾及各语言的多音节词,特别要注意4~5音节词的出现概率。除此之外,还要顾及元音和辅音的和谐问题、音段和超音段的协同发音问题,以及音段序列,如辅音串等问题。考虑到语料的完整性,选择一

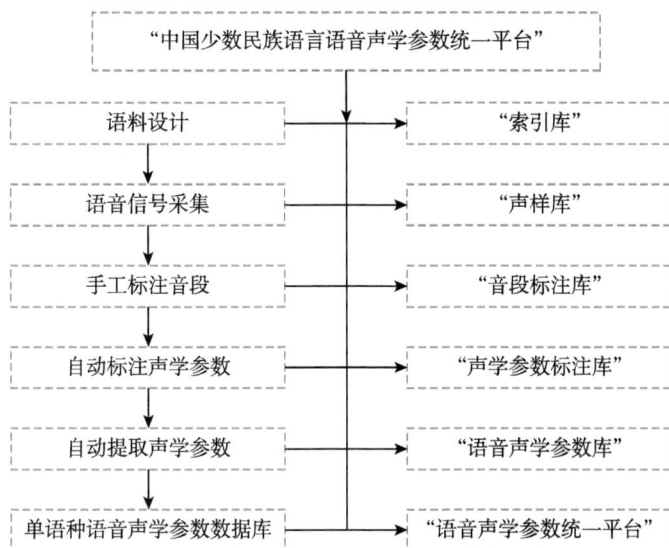

图 0.4 "中国少数民族语言语音声学参数统一平台"的研究思路和方法示意图

定数量的能够覆盖目标语言语音和语法特点的词组和各类简单句，以便观察、分析语音变化和句子韵律特征。本项研究不涉及词组和语句声学参数，仅搜集濒危语言的话语语料，以起到"语言保存"的作用。以下是语料设计原则和方法。

首先，字母表的设计。遵循目标语言传统字母表，字母表包括所有的元音和辅音。

其次，单词语料的设计。

（1）单音节词。每种语言选择 150～500 个常用的单音节词。要求：一般都是独立出现的，覆盖所有的音节类型，覆盖各种音节类型中的所有元音和辅音以及它们的各类组合（搭配）等（能够组合的都要考虑到）。

（2）双音节及多音节词。每种语言选择 1500～2000 个常用的双音节和多音节词。要求：双音节词和多音节词的比例不宜太悬殊，控制在 1∶2 左右；尽可能选择词干性的（未加黏着成分）词或派生词；确保每个音位在不同位置上的（多次）出现次数，如，音节内的不同位置和词的不同位置（首、腰、末位置）等；除个别音段外，音段的出现频率不应相差太悬殊；所有的词，应尽可能反映目标语言的语音变化，包括元音和辅音的和谐、协同发音以及重音等问题。

（3）数词及量词。基数词（尽可能穷尽）、序数词、约数词和集合数词的读音，并兼顾量词。除基本词外，结合目标语言的特点，多位数字结合时读音发生变化的现象也应收入其中。

（4）形态变化的典型词。选择一批常用的、有变化的词类，如名词、代词、形容词和动词等（总数不超过 50 个，以名词和动词为主，适当考虑其他词），并在其后依次加上可能的附加成分：名词后加数、格、概称和领属等，形容词后加比较范畴。包括所有的形态变化，如包括词尾变化中的式动词、副动词和形动词以及词干变化中的态、体等范畴。

再次，词组语料的设计。选择 100～200 个目标语言的固定词组（如谚语、成语和惯用语）和由不同句法结构（如形态变化、虚词、词序和语调等）构成的一般词组。原则是以固定词组为主，兼顾一般词组。

复次，句子语料的设计。能够反映目标语言语调特征的、经典的日常用语，包含各类简单句（陈述、疑问、祈使和感叹）和复合句（100～300个字）。

最后，篇章语料的设计。包括《北风与太阳》（汉文稿由笔者提供）和在本民族中广泛流传的、家喻户晓的短故事（5～10 篇），但不控制濒危语言民间故事语料的量。

1.2 语料编写原则

1.2.1 单音节词编写原则

图 0.5 为音节类型和单词结构模式示意图。覆盖该语言所有音节类型（口语、书面语）。对于黏着型语言来说，音节类型与单音节词的结构模式相同。因此，所有音节类型指图 0.5[①] 中①～⑥类单音节词（音节类型数目由每种语言本身音节类型而定，但至少覆盖这六种）。每一个音节类型必须覆盖在该类型中能够出现的所有音位及其变体（所有音段），即覆盖能够构成该音节类型的所有音位及其变体（所有音段）。如：①V 指能够单独构成词的所有元音（短长及复合元音）；②VC 指所有元+辅组合的词，其中 V 为所有元音（短长及复合元音），C 为所有非词首辅音；③VCC 指所有元音

---

① 图 0.5 的 V 为能够在该位置上出现的所有元音，C 为能够在该位置上出现的所有辅音，V 代表单元音（V）、长元音（V:）和二合元音（V1V2），CV 音节中的 V 为长元音或二合元音，多音节词的结构模式为总体模式。设计词表时根据每种语言的具体情况而定；用方块标记的是在本条件下不构成或很少构成词的音节。

和（包括二合元音和三合元音）复辅音组合的词，其中 V 为所有元音（短
长及复合元音），CC 为所有复辅音；④CV 指所有辅+元组合的词，C 为所
有词首辅音，V 为所有元音（短长及复合元音）；⑤C1VC2 指所有辅+元+
辅组合的词，C1 为所有词首辅音，V 为所有元音（短长及复合元音），C2
为能够在词末出现的所有辅音；⑥C1VC2C3 指所有辅+元+辅+辅组合的词，
C1 为所有词首辅音，V 为所有元音（短长及复合元音），C2C3 为能够组合
并在词尾出现的所有复辅音。

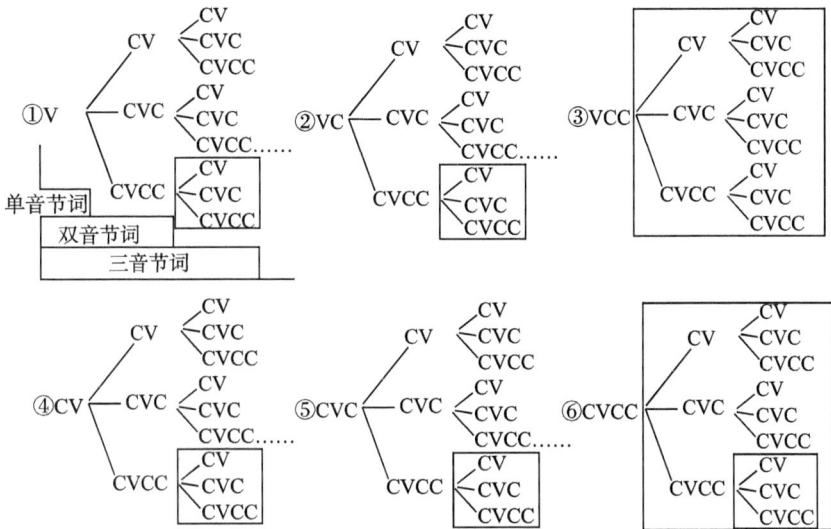

图 0.5　音节类型和单词结构模式

　　在上述 6 类单音节词（音节类型）中，每类都有能够在该类型中出现
的若干个词。如对于 CV 来说，C 能够与若干个元音组合，即 nɑː、nəː、
niː、nɔː、noː、nuː 等；V 也能够与若干个辅音组合，即 nɑː、pɑː、xɑː、
kɑː、lɑː、mɑː、sɑː、ʃɑː、tʰɑː 等。单音节词必须如实地反映上述特点，尽
量控制在 150~200 个词。

1.2.2　多音节词编写原则

　　多音节词的选词比单音节词的选词复杂。多音节词的选择除考虑上述
（单音节词）因素外，还要考虑音节之间音段的搭配和前后音节的开闭问题
（语境问题）。图 0.6 为多音节之间音段的搭配和前后音节的开闭问题示意
图。编写多音节词时，注意如下三个问题：必须充分反映元音和谐律问题；
考虑好前后音节之间的音段搭配问题，除 CVC+CVC 和 CV+CVC 外，还要考

虑非词首音节的开闭问题（如图 0.6 所示）；覆盖能够组合的所有单词结构。

多音节之间音段的搭配问题　　　前后音节的开、闭问题

VC + CVC　CV + CVC　　VC + CV　CV + CVC

图 0.6　多音节之间音段的搭配和前后音节的开闭问题示意

在黏着型阿尔泰语系诸语言中，没有类似 CCV、CCVC、CCVCC 等以复辅音开头的音节（书面语中有些以复辅音开头的词不是阿尔泰语系语言的固有词），在非词首音节中没有类似 V、VC、VCC 等以元音开头的音节。因此，图 0.5 中没有列出类似 CVC+CCV 和 CVC+VC 等结构的双或三音节词。类似 CVCC+CV 或 CVCC+CVC 等含有三个辅音串的词也较少。图 0.5 中用方块标记的部分是在阿尔泰语系诸语言中没有或比较少见的词。图 0.7 是索引库样本示意。

	A	B	C	D	E	F	G	H	I	J
1	No.	Traditional Monggolian	Latin	Phoneme	SAMPA	Allophone	SAMPA	English	Syllable Number	Syllable Typer
2	A0001	ᠤᠭᠡᠢ	UGEI	kɯe:	k}e:	kɯe:	k}e:	none	1	CVV
3	A0002	ᠨᠢᠭᠡ	NIGE	nek	nek	nek	nek	one	1	CVC
4	A0003	ᠡᠨᠡ	ENE	en	en	en	en	this	1	VC
5	A0004	ᠬᠦᠮᠦᠨ	HÖMÖN	kʰun	k_h}n	kʰun	k_h}n	human	1	CVC
6	A0005	ᠲᠡᠷᠡ	THRE	tʰer	t_he4	tʰer	t_he4	that	1	CVC
7	A0006	ᠭᠠᠷ	GAR	kɐr	k64	kɐr	k64	hand	1	CVC
8	A0007	ᠪᠢ	BI	pi:	pi:	pi:	pi:	I	1	CV
9	A0008	ᠤᠯᠤᠰ	VLVS	ʋlʊs	UlUs	ʋlʊs	UlUs	country	2	V-CVC
10	A0009	ᠪᠠᠰᠠ	BASA	pɐs	p6s	pɐs	p6s	again	1	CVC
11	A0010	ᠳᠡᠭᠡᠷᠡ	DEGER_E	te:r	te:4	te:r	te:r\	on	1	CVC
12	A0011	ᠠᠪ	AB	ɐß	6B	ɐpʰ	6p_h	to take	1	VC
13	A0012	ᠨᠠᠮ	NAM	nɐm	n6m	nɐm	n6m	party	1	CVC
14	A0013	ᠲᠡᠭᠦᠨ	TEGUN	tʰu:n	t_h}:n	tʰu:n	t_h}:n	his	1	CVC
15	A0014	ᠦᠵᠡ	UJE	ʉʦ	}ʦ	ʉʦ	}ʦ	to look	1	VC
16	A0015	ᠤᠯᠠᠨ	OLAN	ʋlʊn	UlUn	ʋlʊn	UlUn	more	2	V-CVC
17	A0016	ᠮᠥᠨ	MÖN	mø:n	mß:n	mø:n	mß:n	yes	1	CVC
18	A0017	ᠭᠠᠵᠠᠷ	GAJAR	kɐʦər	k6ʦə4	kɐʦər	k6ʦə3r\	land	2	CV-CVC
19	A0018	ᠬᠡᠷᠡᠭᠲᠡᠢ	HEREGTEI	kʰerəχtʰæ:	k_he4@\kt_h{:	kʰerəχtʰæ:	k_he4@\χt_h{:	need	3	CV-CVC-CV
20	A0019	ᠪᠠᠨ	MAN	mɐn	m6n	mɐn	m6n	we	1	CVC
21	A0020	ᠬᠠᠷᠠ	HAR_A	xɐr	x64	xɐrə	x64@ˎ	black	1	CVC

图 0.7　索引库样本示意

2. 语音信号采集与"声样库"的建立

录音设备采用配置高性能外置声卡、调音台和定向性话筒的手提电脑、电声门仪（EGG）以及 DV 摄影机等。采样率为 22kHz、16 bits，双通道记录，S/N 不低于 45dB。在低噪音环境中按照事先准备好的词句表进行语音信号和视频采集。当然，这些只是我们以往采用的方法，目前市场上有多种录音设备供选择。保证音质、选好发音人是本项工作的关键，必须认真对待。录制好的声音文件可以用 Audacity 软件进行切音和命名。图 0.8 为声样库实例。

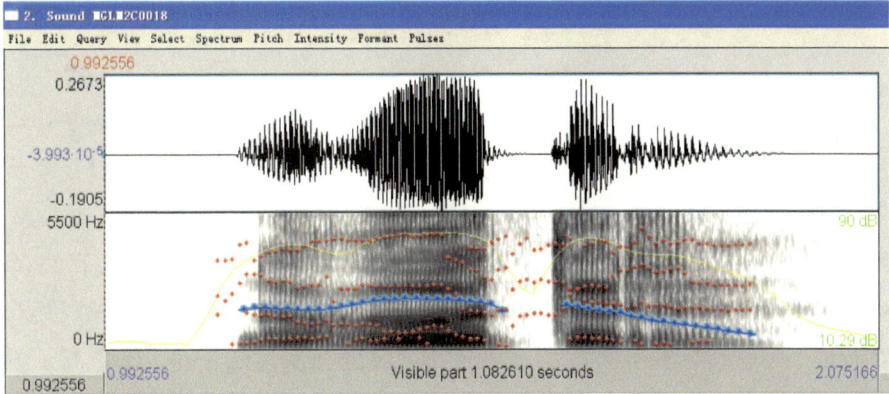

图 0.8 声样库实例

3. 语音标注与"语音标注库"的建立

语音标注分三层（如图 0.9 所示）。其中第一层为音段标注，采用音素标记法，即怎么读怎么标记，本层将呈现语音音变状况和音段时长；第二、第三层为音节和词标注，采用音位标记法，即根据目标语言的音位系统标记，本层将呈现目标语言的音位系统或书面语面貌。从事语音标注的研究人员不但应具备扎实的语言功底和语言学、语音学知识，而且必须掌握声学语音学的理论知识和声学分析方法。

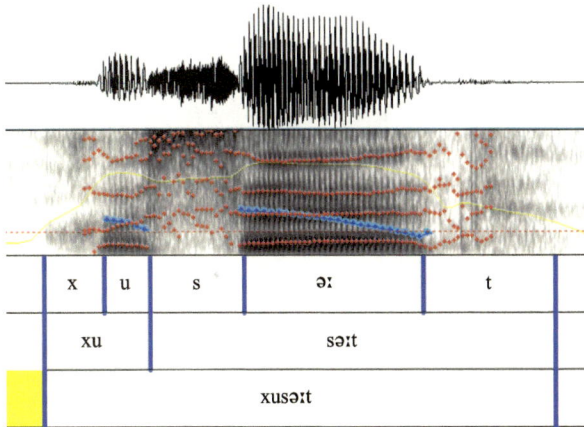

图 0.9 语音标注库实例

　　"语音标注库"是"语音声学参数库"研制工作的重要环节。该库呈现给读者或使用者每个音段的三维语图及其界限、音标，包括每个词的超音段特征，是图、声音和音标有机结合的语音基础研究的必备库。

4. 声学参数标注，采集与"声学参数标注库"的建立

4.1 功能性字段集的设计

　　功能字段担负着查找和统计每一种语言、每一个词、每一个音节中每一个音段的声学参数的重任，因此它必须包含足够的信息量。为满足查找和统计统一平台中不同语言、处于不同位置和不同条件音段的信息和参数，需要设计统一的功能字段。通过二十几年的努力，我们已探索出以下 15 个功能字段。这些特征集，具有确定性、唯一性、全面性和权威性等特点，能够涵盖所有民族语言的特征。功能性字段分词层、音节层、音段层、发声类型层和声调类型层等 5 层 15 个字段（请见表 0.1）。

表 0.1　功能性字段及其说明

层级	字段名	字段说明
	No. （物理序号）	No. 为物理序号，以行计，自动形成
	TNo. （分类序号）	TNo. 为分类序号，表示词在该语言"词表"的分类位置，与索引库的"编号"（发音词表）一致，表示词在该语言词表中的分类位置。如，A 为单音节词；B 为双音节词；C 为三音节词；D 为多音节词；P 为词组。如：A0001 代表单音节词表的第一个；B0001 代表双音节词表的第一个；C0001 代表三音节词表的第一个；D0001 代表多音节词表的第一个；P0001 代表词组表的第一个
词层	WN （噪音起始时间）	WN 为声样（音）文件名。与索引库的"文件名"字段一致。录音后切音时产生，是唯一的。共由 9 位代码（符号和数字）组成。其中，前 2~3 位符号为语种名称信息，取目标语言名称的音节首字母；第 4 位为发音人性别和代码信息，M 为男，F 为女性；后 5 位与索引库的"编号"相同（请见 TNo.）。如 EWKM1A0001 中，EWK 代表鄂温克语，M1 代表男 1 号发音人，A0001 代表单音节词的第一个词（句子参数库单独标记）。如维吾尔语男发音人的第一个句子文件名为 WWEM1JZ001。故事分解成句子后编号。词的序号采用千位，句子序号采用百位
	WP （词的读音）	WP 为词的读音，采用音位标记法标记。记音符号：IPA 和 SAMPA（Speech Assessment Methods Phonetic Alphabet）码

续表

层级	字段名	字段说明
音节层	SN （词的音节个数）	SN 为词的音节个数，用阿拉伯数字 1~9 表示
	S （音节读音）	S 为音节读音，采用音位标记法标记。记音符号：IPA 和 SAMPA 码
	ST （音节类型）	ST 为音节类型。根据以往所涉及语言的音节类型，我们初步确定为 15 类（可以追加）。如：1—V、2—VV、3—VC、4—VVC、5—VCC、6—VVCC、7—C、8—CV、9—CVV、10—CVC、11—CVVC、12—CVCC、13—CVVCC、14—CCVVCC、15—CC 等
	SL （音节位置）	SL 为音节位置，用阿拉伯数字 1~9 表示。其中，1 为词首音节，2~8 为词腹音节，9 为词尾音节
音层	P （音位层标记）	P 为音段读音。记音符号：IPA 和 SAMPA 码。采用音位标记法标记
	PA （音素层标记）	PA 为音段读音。记音符号：IPA 和 SAMPA 码。采用音素标记法标记
	PN （音段序号）	PN 为音段序号，记录词中所有音段的序位。用阿拉伯数字表示
	PV （音变标段记）	取消原来的数字标记，改用附加符号表示擦化、清化、浊化等音段音变现象。根据元音在语图上的声学表现，可分为正常元音、气化或擦化元音、清化元音（语图上有所表现，即有相应的位置，有时长和乱纹）和脱落（语图上没有任何表现）等 4 种
	PO （音段序位）	PO 为音节中的音段序位。根据以往所涉及语言的音节类型，我们把 C1C2V3V4C5C6 假设为最大音节并根据音节中音段的次序进行了编号。其中： 1 为音节首单辅音或复辅音前置辅音 2 为音节首复辅音后置辅音 3 为单元音或复合元音的前置元音 4 为复合元音后置元音 5 为单辅音或复辅音前置辅音 6 为复辅音后置辅音
发声 类型层	PT （发声类型）	PT 为发声类型（Phonation type）。根据学者们的研究成果，我们采纳以下 7 种发声类型。如： 1 为正常嗓音（Modal voice） 2 为紧喉嗓音（Creaky voice） 3 为挤喉嗓音（Pressed voice） 4 为气嗓音（Breathy voice） 5 为气泡音（Fry voice） 6 为假声（Falsetto） 7 为耳语音（Whisper） 如果目标语言的发声类型问题尚未解决，暂不填写

层级	字段名	字段说明
声调 类型层	TT （声调类型）	TT 为声调类型，用阿拉伯数字代替传统的标调。适用于声调类型 比较明确的语言。如：55 调为 1，53 调标为 2，15 调标为 3，13 调标为 4 等

4.2 声学特征参数集的设计

声学特征参数负载着音段所有的声学特征信息，是观察了解音段特征及其变化的密钥，是语音描写研究的基石。为了对不同语言音段或超音段特征进行比较研究，需要设计一套统一的声学特征参数。通过二十几年的努力，我们已探索出以下 39 个声学特征参数。其中，除音节时长 SD（单位：毫秒）和词长 WD（单位：毫秒）外，元音和辅音各涉及 14 参数，包括时长，音强，共振峰频率及其前、后过渡，清、浊辅音的强频集中区和共振峰频率（为统计分析上的方便采用该名称）；韵律特征涉及 6 个参数，包括韵母总时长，调长，调型的起点、折点和终点频率，调型起点至折点的时间长度等；另外，还有辅音谱重心、相对于谱重心的谱偏移量和偏离度（低于谱重心的谱与高于谱重心的谱之比）等 3 个参数（请见表 0.2 ~0.4）。

表 0.2　辅音声学特征及定义

序号	代码	意义	单位
1	G	辅音无声间隙	毫秒（ms）
2	VOT	噪音起始时间	毫秒（ms）
3	CD	辅音时长	毫秒（ms）
4	CA	辅音强度	分贝（dB）
5	CF1	清辅音第一共振峰	赫兹（Hz）
6	CF2	清辅音第二共振峰	赫兹（Hz）
7	CF3	清辅音第三共振峰	赫兹（Hz）
8	CF4	清辅音第四共振峰	赫兹（Hz）
9	CF5	清辅音第五共振峰	赫兹（Hz）
10	VF1	浊辅音第一共振峰	赫兹（Hz）
11	VF2	浊辅音第二共振峰	赫兹（Hz）

续表

序号	代码	意义	单位
12	VF3	浊辅音第三共振峰	赫兹（Hz）
13	VF4	浊辅音第四共振峰	赫兹（Hz）
14	VF5	浊辅音第五共振峰	赫兹（Hz）
15	COG	辅音谱重心	赫兹（Hz）
16	Dispersion	离散度	赫兹（Hz）
17	SKEW	倾斜度	无单位

表 0.3　元音声学特征及定义

序号	代码	意义	单位
1	VD	元音时长	毫秒（ms）
2	VA	元音强度	分贝（dB）
3	TF1	元音前过渡第一共振峰	赫兹（Hz）
4	TF2	元音前过渡第二共振峰	赫兹（Hz）
5	TF3	元音前过渡第三共振峰	赫兹（Hz）
6	TF4	元音前过渡第四共振峰	赫兹（Hz）
7	F1	元音目标点第一共振峰	赫兹（Hz）
8	F2	元音目标点第二共振峰	赫兹（Hz）
9	F3	元音目标点第三共振峰	赫兹（Hz）
10	F4	元音目标点第四共振峰	赫兹（Hz）
11	TP1	元音后过渡第一共振峰	赫兹（Hz）
12	TP2	元音后过渡第二共振峰	赫兹（Hz）
13	TP3	元音后过渡第三共振峰	赫兹（Hz）
14	TP4	元音后过渡第四共振峰	赫兹（Hz）

表 0.4　韵律特征及定义

序号	代码	意义	单位
1	FD	韵母总时长	毫秒（ms）
2	TD	调长	毫秒（ms）
3	SF	调型的起点频率	赫兹（Hz）
4	BF	调型的折点频率	赫兹（Hz）
5	EF	调型的终点频率	赫兹（Hz）
6	BD	调型起点至折点的时间长度	毫秒（ms）

4.3 声学参数采集方法和原则

根据以往对汉语普通话和少数民族语言的生理和声学研究经验，经过多次讨论、反复修改，我们团队制定了下列统一的测量、采集方法和标准（请见表 0.5~0.6）。

表 0.5　声学特征参数及其测量采集方法和原则（辅音部分）

音段	声学特征参数	测量采集方法和原则
辅音	CD（音长）	（1）塞音和塞擦音的音长是无声段和噪音起始时间的总和，即 CD＝GAP+VOT；（2）音节末或词末弱短元音（不构成音节的元音）的音长归其前位辅音，并在备注中加以说明
	GAP（无声段）	（1）暂不测量词首塞音、塞擦音的 GAP；（2）不测量浊塞音和浊塞擦音的无声段。浊塞音和浊塞擦音冲直条和噪音横杠（Voice Bar）之间出现的 GAP 归-VOT
	VOT（噪音起始时间）	（1）VOT 起始点的规定：噪音起始时间通常指破裂音除阻到后面元音声带振动起始的时间，我们把元音第二共振峰的出现点作为 VOT 的起始点；（2）浊音-VOT 时长的测量：从 Voice Bar 的起始点到浊塞音的冲直条（破裂点），同时要参照上面"浊塞音和浊塞擦音冲直条和噪音横杠（Voice bar）之间出现的 GAP 归-VOT"的规定
	CA（音强）	（1）测量点：目标位置上的强度；（2）目标位置的确定：目标位置因辅音而异，如塞音的目标位置一般在其冲直条上，塞擦音、擦音和鼻音的目标位置一般在有声段时长的前 1/3 处（理由：该位置较少受前后音段的影响）；（3）要参照目标位置附近的最大能量
	CF（清辅音共振峰）	（1）测量清辅音的 1-5 个共振峰（CF1~CF5）；（2）测量点：清塞音、清塞擦音、清擦音目标位置上的 5 个共振峰；（3）目标位置的确定与 CA 项相同，即塞音的目标位置一般在其冲直条上；塞擦音，擦音和鼻音的目标位置一般在有声段时长的前 1/3 处。该标准也适用于复辅音；（4）参考因素：采集清辅音共振峰时参考辅音与前位和后续元音共振峰之间的延续性和对应性。但测量第五共振峰（CF5）时，不宜与元音共振峰联系，要独立测量。还可以参考 View Spectral Clice
	VF（浊辅音共振峰）	（1）测量浊辅音的 1~5 个共振峰（VF1~VF5）；（2）测量范围：浊塞、浊塞擦和鼻冠音的浊音（鼻音）部分，浊擦音共振峰、半元音和 ［r, l］等辅音的共振峰；（3）采集方法：浊塞音、浊塞擦音的噪音横杠 Voice Bar 的参数填入 VF1 中，而 Voice Bar 之后的频率填入同一行的 CF1~CF5 中，鼻冠音虽是一个音位，但分两行填写参数，即鼻冠音的前半部分——鼻音部分的参数填入第一行的相应参数 VF1~VF4 中，后部分的参数填入第二行

表 0.6　声学特征参数及其测量采集方法和原则（元音和韵律部分）

音段	声学参数	测量采集方法和原则
元音	VD（音长）	（1）元音音长的测量方法：元音音长一般以第二共振峰的时长为准。（2）词末元音的音长问题：以波形没有周期信号为准。（3）半元音与元音界限的判断方法：（a）音强差别，半元音的音强比元音弱；（b）音长差别，半元音时长比元音相对短，一般在 40ms 左右；（c）成阻差别，与元音相比半元音有较明显的摩擦成分，这是它与元音之间的主要差别。（4）复合元音的测量方法：首先要找到两个元音的目标点，然后把中间的过渡段一分为二分给两个元音，复合元音的元音音长不一定是等长的。（5）波形可以作为判断半元音与元音，二合元音前后位元音界限的参考依据
	VA（音强）	采集音强曲线峰值，同时兼顾元音是否在目标位置附近
	TF（共振峰前过渡）	元音 4 个共振峰前过渡（TF1~TF4）的测量方法：测量点选在元音起始点
	F（共振峰）	（1）测量采集原则：测量点选在元音共振峰（F1~F4）目标位置。（2）元音共振峰目标位置的特点：（a）相对平稳；（b）共振峰模式典型；（c）能量相对强。（3）测量方法：在 CV 音节中，目标位置尽量选择相对靠后的点；在 VC 音节中目标位置尽量选择相对靠前的点；在 CVC 音节中目标位置尽量选择中间位置。（4）测量元共振峰时可以参考如下原则：在所有元音中 [i] 的 F1 和 F2 的距离最远；[a] 的 F1 最高，F1 与 F2 较接近；[u] 的 F1 和 F2 最低，最近；[e] 的 F1，F2，F3 分布较均匀
	TP（共振峰后过渡）	元音共振峰后过渡 TP1~TP4 的测量方法：测量点选在元音结束处
韵律	FD（韵母总时长）	韵母的定义：音节中除了声母，后面都是韵母（元音或元音+鼻韵尾等辅音），非声调语言不测量
	TD（调长）	测量方法：测声调语言调型段内元音（韵母）的音高曲线长度（不包括调型的弯头降尾部分），非声调语言不测量
	SF（调型起点）BF（调型折点）EF（调型终点）BD（调型起点至折点时长）	（1）调型的起点 SF 频率的测量方法：不包括弯头部分。声调和非声调语言均以元音测量，数据放在元音记录行。（2）调型的折点 BF 频率的测量方法：声调中断问题的解决方法，暂采用人工自然连接的方式。（3）调型的终点 EF 频率的测量方法：不包括降尾部分。（4）调型起点至折点 BD 的时间长度的测量方法：无特别提示

4.4　标注原则与方法

在 2012 年 2 月我们课题组着手编写 PRAAT 脚本程序的过程中，我们使用了如下几种工具（程序）。（1）自动添加 8 层标注层工具。该工具能够自动生成 8 层标注文件，分别为：P（音素）、S（音节）、W（词）、PI（音高）、IN（音强）、FO（共振峰）、BS（嗓音横杠和冲直条）、CS（辅音谱重心、偏移量、偏移度）等。其中，第1~3层为语音标注层，第4~8层为参数标注层。（2）自动增加5层标注层工具。该工具在原1~3层语音标注层的基础上能够自动增加第4~8层标注和词边界。（3）自动转换标注文件工具。该工具能够转换同一种语言或方言一位发言人的标注文件转化成另一位发言人的标注文件，节约语音标注时间。（4）自动反转前三层并加五层工具。该工具能够自动反转前三层并增加五层。（5）参数自动标注工具（3.1版）。该工具目前能够自动标注除第4（PI）和第7（BS）层以外的参数。（6）参数自动提取工具（3.9版）。该工具目前能够自动提取1~8层的参数并自动转化成 TXT 文件。

4.4.1 标注层

以下为1~8层标注层的内容和标记、标注方法。

第一层 P（Phone）为音素（音段 segment）层。该层以音段为单元进行标注。要标注目标词每一个音段的准确界限并按照"音位变体标记原则"①（发音人怎么说就怎么记，即完全按照声学特征标音）进行标音。

第二层 S（Syllable）为音节层。该层以音节为单元进行标注。在第一层的基础上，要标注目标词每一个音节的界限并按照"音位标记原则"（按照目标语言音位系统）进行标音。

第三层 W（Word）为词层。该层以词为单元进行标注。在第一、第二层的基础上，标注目标词界限并按照"音位标记原则"进行标音。

第四层 PI（Pitch）为音高曲线标注层。该层以音节为单元进行标注，要采集每个音节音高曲线的起始点、折点和结束点等三个点的音高参数，避开音高曲线的"弯头降尾"。音高曲线如果出现"断线"现象，可以人为地延伸。该层尚未自动化。

第五层 IN（Intensity）为音段音强标注层。该层以音段为单元进行标注，只采集每个音段最强点的参数。如果是多音节词，一定要采集每个音节的最强点。该层已实现自动化。

第六层 FO（Formant）为音段共振峰标注层。该层以音段为单元进行标注，要采集每个音段包括元音、浊辅音和清辅音的共振峰和强频集中区频

---

① 从音位学理论的视角看，第一层为音位变体标注层，第二、第三层为音位标注层；在具体标注时，第一步需要标注第三层词的界限，然后再标注第一或第二层。

率，统称共振峰频率。其中，元音共振峰要采集三个点，即前、后过渡和目标点频率；清、浊辅音只采集一个点，即目标点共振峰频率。缺少的共振峰用","号（必须是英文逗号）替代。如，200,，3200,，4600,表示没有 F2 和 F4。该层虽然已实现自动化，但对清辅音共振峰提取错误率较高，提取完参数后必须严格检查。目的：一要检验数据的准确性，二要检查没有显示共振峰的","号，特别是清辅音的 F1 一般都不显示。这时一定要手动修改，如：,1200,，3200,，3800,，4600,……标记所提取的共振峰位置时，特别注意要避开盲点。

第七层 BS（Voice Bar & Spike）为塞音，包括塞音、塞擦音浊音横杠或冲直条标注层，是音长参数标注层。（1）清塞音和塞擦音，要分词首和非词首。其中，要标记非词首的冲直条位置，不标记词首的，用词界限代替它。（2）浊塞音和塞擦音，要标记所有浊塞音和塞擦音的冲直条位置。其中，非词首的有两种情况。第一种为如果噪音横条（Voice Bar）之前有 GAP，要标记噪音横杠起始点位置和冲直条位置。第二种为如果噪音横杠之前没有 GAP，即噪音横杠直接与前音节元音的 F1 连接时，只标记冲直条位置。这种情况下，只有噪音横杠长度和 VOT 长度。该层尚未自动化。

第八层 CS（Consonant Spectrum）为除塞音（塞音和塞擦音）以外其他辅音的谱重心、偏移量和偏移度标注层。该层已实现自动化，只标记词的界限即可（参见图 0.10）。

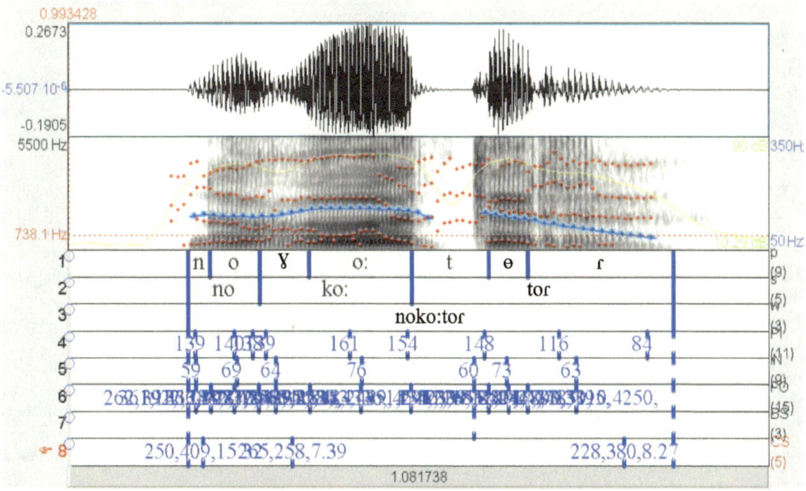

图 0.10　声学参数标注实例

（1）"参数自动标注"程序的用法：一定要用 PRAAT 的 Open PRAAT script 打开；标注完后，run 改程序。注意：run 之前要检查光标是否在 Text-Grid 上（不能在 Sound 上）；要检查 PI、IN、FO 等是否显示；PRAAT 的 run 完之后，要检查数据。其中，特别注意检查清辅音共振峰数据。如果有修改部分，不能再 run。一定要保存。（2）关于 PRAAT 有些参数的设定问题。Formant Settings：分析男发音人语料时，设定为 5000Hz，女性为 5500Hz。Pitch Settings：分析男发音人语料时，设定为 75～300Hz，女性为 100～500Hz。这些设定，对参数的影响不会很大。上述设定是开发 PRAAT 软件的工程师们的建议。我们应该遵循。

4.4.2 辅音的声学表现

辅音在语图（spectrogram）上的声学表现可以分解为一组基本模式。

冲直条（Spike）：塞音破裂产生的脉冲频谱，表现一直条，时程很短，10～20ms，意味在所有的频率成分上都有能量分布。

无声空间（GAP）：在塞音和塞擦音破裂之前有一段空白，这是辅音成阻、持阻时段的表现，造成清塞音的效果；这一段虽是空白，但对塞音感知来说是不可缺少的。

嗓音横杠（Voice Bar）：这是声带振动的浊音流经鼻腔辐射到空气中在语图上的表现，冲直条之前若有一条 500Hz 以下较宽的嗓音横条，说明这是浊塞音。

乱纹（Fills）：这是气流流经口腔某部位狭窄通道造成的湍流，所有的擦音在语图上都表现为乱纹。

共振峰（Formant）：其定义与元音相同，鼻音、边音都有共振峰。

CS（Consonant Spectrum）：代表辅音的谱重心、偏移量、偏移度。

4.4.3 清辅音共振峰标注原则与方法

元音和辅音在词中的每个共振峰都是围绕各自的一条线上下移动。这些线就像一条橡皮带，随着共振峰的变化而上下摆动。因此，就像图 0.11～0.13 中所显示的那样，词中元音和辅音的每一个共振峰都会绘制一条完美的波浪线。原因：每个人的共鸣腔是固定的，决定上下移动幅度的是舌位（高低前后）。这完全符合发音机理。图 0.11～0.13 中几种语言词的共振峰波浪线对于元音和辅音共振峰的理解和采集，特别是对于清塞音、塞擦音和擦音共振峰的准确采集具有非常重要的意义。我们采用"顺藤摸瓜"的方法，可以比较容易地找到清塞音、塞擦音和擦音的几个共振峰。词中元音和辅音的共振峰对应规律为：

$F1 \Leftrightarrow VF1 \Leftrightarrow CF1$；$F2 \Leftrightarrow VF2 \Leftrightarrow CF2$；$F3 \Leftrightarrow VF3 \Leftrightarrow CF3$；

$F4 \Leftrightarrow VF4 \Leftrightarrow CF4$；$F5 \Leftrightarrow VF5 \Leftrightarrow CF5$

其中，CF1 不稳定，有时比较明显，有时不明显，根据具体表现确定是否采集该参数。有关清辅音共振峰模式，请见图 0.11 ~ 0.13。

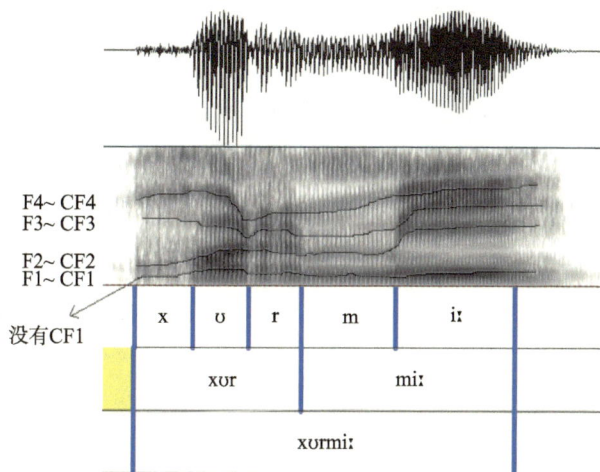

图 0.11　土族语［xʊrmiː］"裙子" 一词的 CF "波浪线"

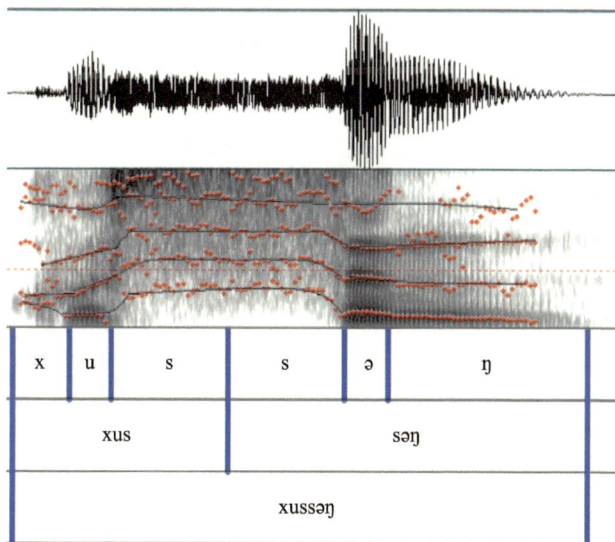

图 0.12　蒙古语［xussəŋ］"所希望的" 一词的 CF "波浪线"

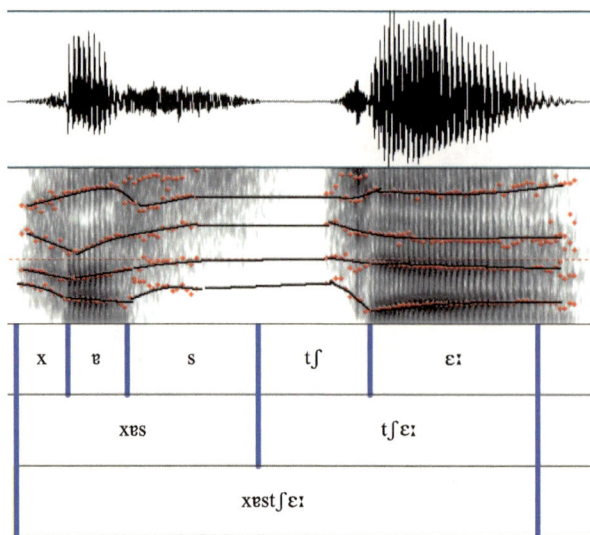

图 0.13　蒙古语 [xɐstʃɛː] "减了" 一词的 CF "波浪线"

4.4.4　鼻音对其前后音段共振峰的影响问题

如果一个词中有鼻音 [m, n, ŋ]，可能会中断或打乱共振峰连接。这是因共鸣腔的改变或转换而发生的变化，主要表现为元音的 F2 和 F3 之间会出现 "多余" 的共振峰，即传统语音学中所说的 "鼻化"。在这种情况下，忽略鼻音的影响而找到元音共振峰的准确位置是非常必要的（参见图 0.14）。

4.4.5　闪音声学表现及其标注原则与方法

在蒙古、土、东部裕固、鄂温克、鄂伦春和哈萨克等语言中都有 /r～/ ɾ / 辅音音位。在这些语言中，该音位的出现频率也相当高。目前，我们发现了以下四种变体 [ɾ, r, ʒ～z̧, ɹ]。其中，我们对闪音 [ɾ]① 语图的认识是随着分析语言的增多而逐渐深入的。典型闪音语图是 "浊音横杠+无声段+浊音横杠"。在以往的研究（呼和，2009）中，我们把无声段之后的浊音横杠处理成弱短元音。通过比较上述阿尔泰语系诸多语言闪音之后，我们觉得处理成弱短元音不妥，因为该部分正是把闪音归为浊音的主要依据。通过分析发现，不管出现在什么样的语境下，如元音之间（-VɾV-）、音节首（-ɾV-）和音节末（-CVɾ-）等，闪音都能够保持其 "浊音横杠+无声段+浊

---

① 闪音共振峰参数只采集中间目标位置，不采集前、后过渡段。参数填入与该闪音相应的浊辅音字段中，即 VF1～VF4。闪音音强采集点应与其共振峰目标点一致。颤音：标注和时长、共振峰的采集方法与闪音相同，颤音音强采集点应与其共振峰目标点一致。

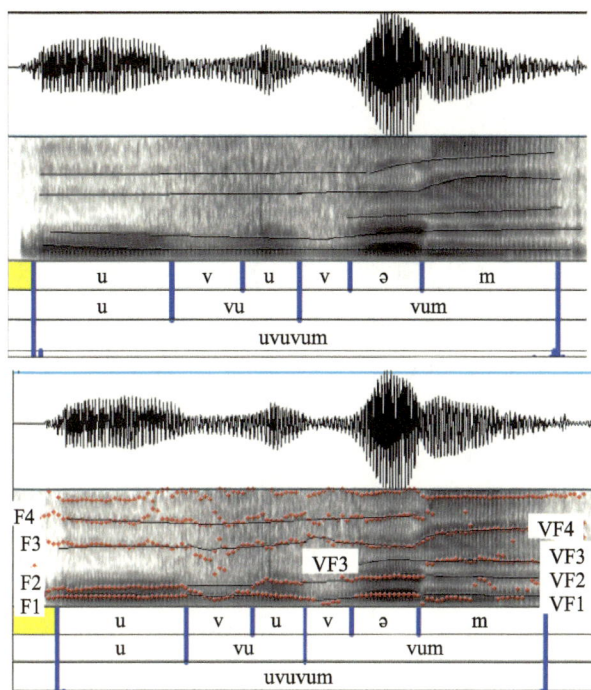

图 0.14　锡伯语［uvuvəm］"卸（货）"一词的 CF "波浪线"

音横杠"模式。目前我们区分闪音与颤音的标准只限定在所颤的数量上，即颤一次为闪音，两次或两次以上为颤音，即 r = ɾ + ɾ +……。

　　图 0.15~0.19 是不同语言和不同位置、不同语境中出现的闪音实例。标注时，以其前元音结束段为起始点（包括短暂的无声短）一直到后面的

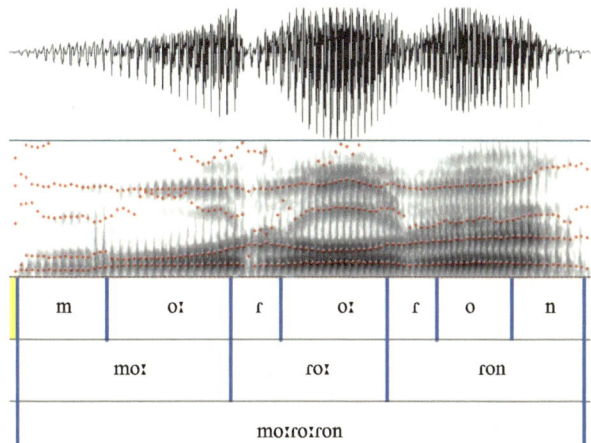

图 0.15　鄂伦春语［moːɾoːɾon］"呻吟"一词的三维语图和三层标注实例

浊音横杠的结束点作为其音长。

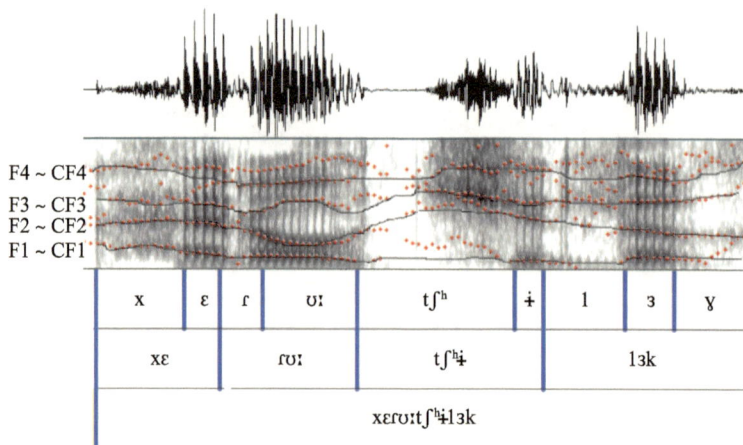

图 0.16　蒙古语 [xɛrʊːtʃʰilɜɣ] "责任" 一词的三维语图和三层标注实例

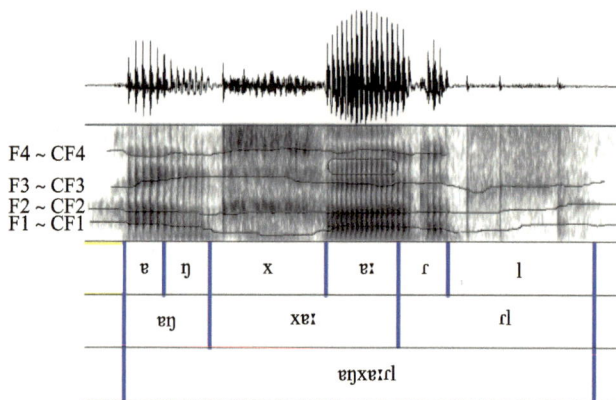

图 0.17　蒙古语 [ɐɣxaːɪʃ] "注意力" 一词的三维语图和三层标注实例

　　闪音在清辅音之前（-Vɾ/C 清-）有时会清化为 [ɹ] 音。这种变体在蒙古语中较多，蒙古语族其他语言中也会出现（参见图 0.19）。

　　4.4.6　音高曲线三点的标记原则与方法

　　为了准确无误地采集每一个音节音高曲线，我们制定了以下标记方法。因为阿尔泰语系语言没有声调，为此研究描写词重音时我们只需采集三点即可。图 0.20 为音高曲线采集原则和方法。

　　5. 声学参数自动标注与提取系统

　　尽管通过 30 多年的语音实验研究和描写研究实践，我们团队对语音声

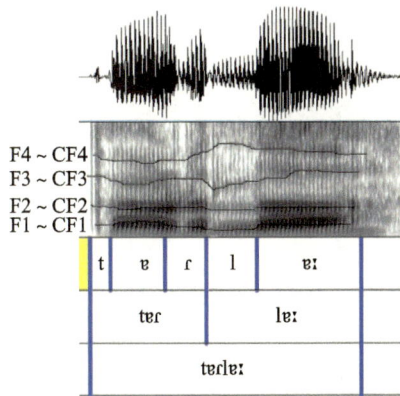

图 0.18　东部裕固语［tɛrlɛː］"兴盛"一词的三维语图和三层标注实例

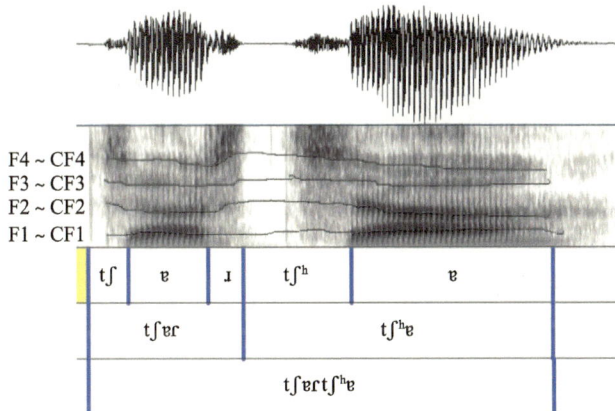

图 0.19　东部裕固语［tʃɛrtʃʰɐ］"雇工"一词的三维语图和三层标注实例

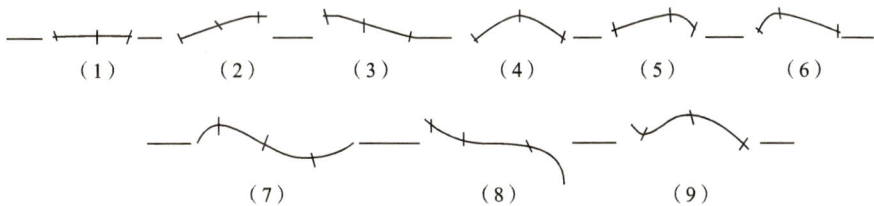

图 0.20　音节音高曲线模式及其测量方法示意图

学特征有了新的认识，积累了测量和采集声学特征参数的丰富经验，但是声学参数采集工作仍然非常艰难。这是因为仅仅依靠手工标注和采集，尚存两个弊端。一方面，工作量大，错误率高，效率低，无法保证实验方法和实验数据的可重复性，更无法实现语音声学研究工作的规范化和标准化；

另一方面，由于声学特征定义及其提取方法和标准难以统一等原因，语言之间难以相互比较，研究成果无法相互借鉴。为了避免上述弊端，必须解决语音声学参数数据库研制工作的自动化问题，语音声学参数自动标注和提取是首先要解决的问题。

为推动语音声学实验研究工作的规范化和标准化进程，自 2013 年年初开始，根据多年积累的语音声学参数库研制经验，在呼和研究员的倡导下，由周学文副研究员编写完成并投入使用了"语音声学参数自动标注/提取系统"（周学文、呼和，2014）。该系统具有标准统一、数据完整、简单高效、可校对、能容错的特点。与手动采集声学参数相比，该系统能够大量减少填写数据的工作量，减少人工标注的随意性，降低错误率，从而有效提高语音声学参数库研制效率，确保实验方法和实验数据的准确性和可重复性。

声学参数自动标注和自动提取两个工具共有源代码大约 1500 行，自动标注实现了除冲直条外所有声学参数的自动标注，自动提取软件增加了谱重心、偏移量、韵律参数等新的参数的自动计算和提取，两款软件经过了多个用户、大量数据的运行实践和改进，证明了其稳定和高效，极大提高了参数标注和提取的工作效率。

为了对声学参数进行标准化标注和自动提取以及减少人工标注的随意性，在提出八层标注文件结构（请见表 0.7）的同时，制定了归一化的标注标准和标注点。该结构涵盖了音段和超音段主要声学特征。标注方法如下：在 PRAAT 环境下将标注文件与语音文件同时打开后，用户按照统一的标注标准和方法，选定标注位置（音高、音强、共振峰和浊音杠与冲直条），执行自动标注软件，系统就能把具体值自动标注到所选位置上，用户只需校对、修改和确认即可。有了该系统，语音实验人员可以把主要精力集中到语音特征的分析和比较上，不再为手工填写大量数据而发愁。这样既减少工作量，又降低错误率。

表 0.7　八层标注文件结构实例

第一层：音素	音素	音素	音素	音素	音素
第二层：音节	音节		音节	音节	
第三层：词	词				
第四层：音高	音高（每音节取三点：起点、折点、终点）				

续表

第五层：音强	音强（每音素最大音强）
第六层：共振峰	共振峰（辅音一点、元音三点，每点最多五个共振峰）
第七层：浊音杠与冲直条	塞音/塞擦音的浊音杠和冲直条位置（除词首清塞音和清塞擦音以外）
第八层：辅音谱	除塞音/塞擦音以外辅音的谱特征

图 0.21 为自动提取软件运行界面。自动提取软件是一款高效而稳定的软件，它主要用于完成如下工作。（1）根据 SAMPA-C 码定义，判断音素的元音/辅音属性。如果是辅音，还要判断其清/浊、塞音塞擦音/非塞音塞擦音属性。（2）根据音节内音素的组合，判断音节类型并得到类型号、音节位置和数量、词/音节/音素长度，将音高值赋予音素，将共振峰值串（可能有逗号分隔的缺省值）分解得到 F1～F5，并根据元音/辅音属性，分别赋予各自的共振峰，将音高赋予音节的属性。（3）根据第七层的冲直条和浊音杠标记，与第一层的音素进行匹配，根据词首/非词首、清/浊属性，将各个标记解释为冲直条或浊音杠，计算得到 GAP、VOT 和音长，再赋值给音素。（4）第八层将计算得到的辅音谱特征值赋予辅音等。

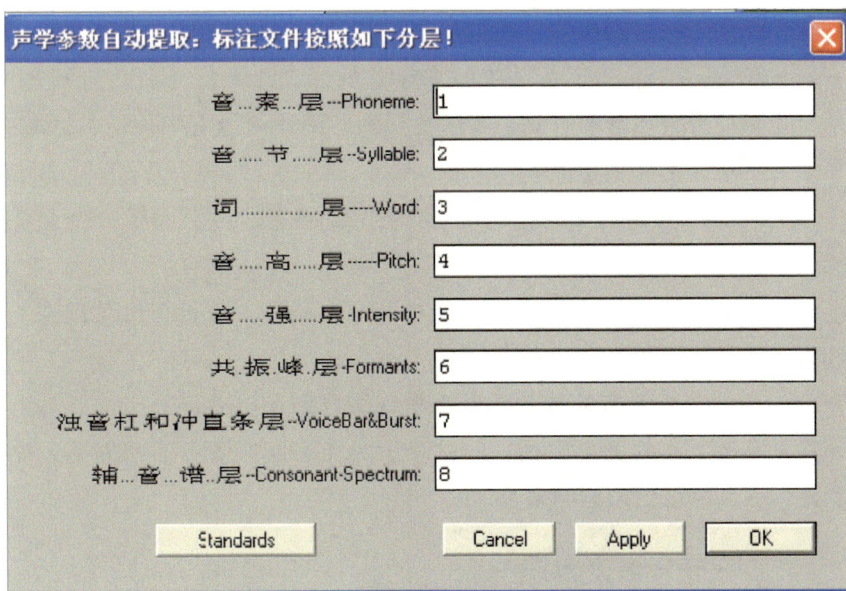

图 0.21　自动提取软件运行界面

语音声学参数自动标注/提取是我们整个工作的关键。语音声学参数准确而高效的提取能够有效提高语音声学参数库研制效率，确保实验方法和实验数据的准确性和可重复性。声学参数提取技术上的改进将逐步实现语音声学参数数据库研制工作的全面自动化，推动语音声学参数数据库研制和语音声学实验研究工作的规范化和标准化进程。类似资源库创建中计算机技术的运用，需要计算机技术人员和语言学者互相配合、协同作战、共同攻关。

二 "中国少数民族语言方言实验研究丛书"

"中国少数民族语言方言实验研究丛书"基于"统一平台"的研究成果，是我们团队多年合作研究的结晶。该丛书在以往研究的基础上，针对民族语言语音研究的历史和现状，从解决所面临的实际问题出发，采用声学语言学的理论和方法，对目标语言的元音、辅音等音段特征和词重音等超音段特征进行了较全面、系统的定量和定性分析。

（一）在元音研究方面

（1）对每一个元音进行系统的统计分析，统计参数（项）包括音长、音强、目标位置共振峰及其前、后过渡频率。统计内容有平均值、标准差、变异系数、最大值、最小值等。

（2）基于参数平均值，确定每一个元音的音值，并列举每一个元音的三维语图作为旁证。

（3）根据每一个元音在声学空间中的分布格局，分析探讨其过去、现在和未来的变化规律。

（4）观察分析音节数量与元音声学参数之间的关系问题、音节类型与元音声学参数之间的关系问题、辅音音质对元音共振峰的影响问题、辅音位置对元音共振峰的影响问题等。

（二）在辅音研究方面

（1）对每个辅音进行系统的统计分析，统计参数（项）包括音长、音强、目标位置共振峰（CF1～CF3）等，统计内容有平均值、标准差、变异系数、最大值、最小值等。

（2）通过统计每一个辅音在词中不同位置中的出现频率，确定其在词中的出现频率特点。

（3）基于三维语图，阐述每一个辅音声学特点（声学表现）。

（4）根据每一个辅音的共振峰分布模式，确定其在声学空间中的分布特点。

（5）用 VOT-GAP 二维坐标观察分析塞音、塞擦音的声学格局。

（6）用 COG（辅音谱重心，简称谱重心）、STD（相对于谱重心的谱偏移量，简称谱偏移量）和 SKEW（偏离度，低于谱重心的谱与高于谱重心的谱之比）等三个参数探讨了清擦音和浊辅音的谱特点和谱参数分布规律。

（7）观察分析词中位置对辅音的影响问题，后续元音音质对辅音共振峰的影响问题。

（三）在词重音研究方面

从单词韵律模式和词重音问题入手，阐述了语音四要素与目标语言词重音性质之间的关系问题；基于声学参数分析了词重音功能与作用问题，并从类型学的视角对词重音位置问题进行了解释。

（四）在音系研究方面

基于实验音系学理论和方法，对目标语言的音系进行了较全面系统的分析和归纳。

第一章

达斡尔语语音研究概况

　　达斡尔语属阿尔泰语系蒙古语族诸语言。达斡尔族主要分布在内蒙古自治区呼伦贝尔市、黑龙江省齐齐哈尔市、新疆维吾尔自治区塔城市等地区。据 2010 年第六次人口普查，共有 131992 人。

　　达斡尔语有布特哈方言、齐齐哈尔方言、海拉尔方言和新疆方言等四个方言。布特哈方言为使用人口最多的方言，使用者主要居住在内蒙古自治区呼伦贝尔市莫力达瓦达斡尔族自治旗。除此之外，在呼伦贝尔市鄂伦春族自治旗以及黑龙江省甘南县、讷河市、嫩江市、德都县、黑河市等地也有部分布特哈方言使用者。布特哈方言可分为纳文土语、讷莫尔土语、墨日根土语和瑷珲土语。

　　"达斡尔"一词在汉文史料中有多种写法，如"达呼、达户、达虎儿、达呼儿、大瑚尔、达古儿、达虎里、达古里、达库力、达古鲁、达乌里"等。现已统一写为"达斡尔"。有学者认为，"达斡尔"一词由［tʊːriːnɡɔl］（即兴安盟境内的洮儿河）一词演变而来。关于达斡尔族的族源，学界存有不同看法。有的学者认为与蒙古族同源，但有的学者却认为源于契丹族。达斡尔族没有本民族的文字。20 世纪 80 年代，达斡尔语记音符号通过有关部门评审，现主要用于语言研究和民间文学的搜集等。清朝时，达斡尔族曾用满文记录过史书及文学作品。新中国成立后主要使用汉文，有一部分人一直使用蒙古语文。达斡尔族虽然散居各地，但由于小范围的聚居，而且内部以达斡尔语交际，因而比较完整地保留了自己的语言文化。

　　俄国和苏联学者 A. O. 伊万诺夫斯基、A. 鲁德涅夫、符拉基米尔佐夫、N. 鲍培等自 19 世纪末 20 世纪初以来曾对达斡尔语进行过研究。中国的达斡尔语研究始于 20 世纪 50 年代。1955~1956 年，中国科学院、中央民族学院以及内蒙古有关单位联合组成蒙古语族语言调查队，对内蒙古、黑龙江、新疆等地的达斡尔语进行了调查，并在此基础上发表了不少学术论文。

仲素纯的《达斡尔简志》（1982），拿木四来、哈斯额尔敦的《达斡尔语与蒙古语比较研究》（1983）等专著和恩和巴图的《达汉小词典》（1983），开英的《达斡尔，哈萨克，汉语对照词典》（1985）等陆续出版。对达斡尔语进行较为深入系统的调查研究是 20 世纪 80 年代的事情。1981 年，由内蒙古大学蒙古语文研究所组织的蒙古语族语言和方言调查小组以内蒙古自治区呼伦贝尔盟（今呼伦贝尔市）莫力达瓦达斡尔族自治旗腾克公社为调查点，对达斡尔语进行了较系统的调查。之后，恩和巴图等人先后编著出版了《达斡尔语词汇》（1984）、《达斡尔语话语材料》（1985）、《达斡尔语和蒙古语》（1988）等三部专著。

1988 年以来丁石庆对达斡尔新疆方言区进行调查，对语音、词汇、语法和语言使用情况进行了详细的描写研究。

其布尔哈斯、呼和（2010），梅花（2009），哈斯其木格（2016）等基于实验语音学方法对海拉尔方言区进行语音研究。

第二章

达斡尔语元音声学特征

鲍怀翘研究员实验语音学讲义手稿认为元音发音特点如下。（1）声源：声带振动；（2）感知：乐音、声音响亮；（3）时程：相对较长；（4）气流类型：层流；（5）气流受阻方式：气流在口腔中是畅通无阻的，不会遇到阻塞或阻碍；（6）肌肉活动范围：口腔腔壁的肌肉均匀紧张。这是元音的共性。下面从达斡尔语自身的特点总结其元音系统的某些特点。

一　达斡尔语元音基本特点

达斡尔语元音具有如下几个特点。

（1）元音音长具有对比功能。达斡尔语有长短对立的 6 对基本元音音位：/ɐ, ə, i, o, ɛ, u/↔/ɪɐ, əː, iː, oː, eː, uː/。我们的实验结果证明，长、短元音不但在音长方面有差别，而且在音质方面也有不同，但人的耳朵无法区分这种细微差别。（2）有/ɐi, oi, ɐu, əu, əi, ui/等二合元音。二合元音不是元音+元音，而是单一的语音单位，是从一个音过渡到另一个音的一串音，是结合十分密切的整体，二合元音的首、后位元音的音质与单元音有所差别。它的发音过程至少有起始段、过渡段和结束段，并且过渡段决定结束段的趋向。描写二合元音时不能忽视过渡段音。（3）达斡尔语元音有松、紧（阴阳）之分。松元音（/ə, əː, i, iː, u, uː, əu, əi, ui/）和紧元音（/ɐ, ɪɐ, ɛ, eː, o, oː, ɐi, oi, ɐu/）的音质完全不同，但这两类元音共振峰有明显的规律性，主要表现为所有紧元音的 F1 都比松元音的 F1大，在生理上体现为松元音的舌位都比紧元音高。在声学元音图上的格局为"松在上，紧在下，互不重叠"。（4）具有均匀而严紧的元音和谐律。达斡尔语元音和谐律的核心内容体现在同一个词内前元音对后元音的影响或前、后元音之间的互相制约的关系上。（5）词中位置对达斡尔语元音音长和音色的影响较大。如，在类似 S-S、S-S-S 或 L-L、L-L-L（这里的 S 代表短元音，L 代表长元音）等含有同类元音的双音节或三音节词中，词首音节元音比非词首音节元音短，这个特点与蒙古语相反。（6）非词首音节短元音有了央化或［ə］化趋势。

总之，达斡尔语元音系统中存在如下对立：长、短对立；圆、展唇对立；单、复对立；松、紧对立（阴阳对立）。见表 2.1。

表 2.1 达斡尔语元音分类

分类标准		分类结果
位置	词首音节	/ɐ, ɐ:, ɛ, e:, ə, ə:, i, i:, o, o:, u, u:/
	非词首音节	/ɐ, ɐ:, ɛ, e:, ə, ə:, i, i:, o, o:, u, u:/
时程	短	/ɐ, ə, i, o, u, ɛ/
	长	/ɐ:, i:, e:, o:, u:/
唇形	圆唇	/o, u, o:, u:/
	展唇	/ɐ, ə, i, ɛ, ɐ:, ə:, e:, i:/
结构	单	/ɐ, ɐ:, ɛ, e:, ə, ə:, i, i:, o, o:, u, u:/
	复合	/ɐi, oi, ɐu, əu, əi, ui /
发声类型	紧	/ə, ə:, ɛ, e:, o, o:, ɐi, oi, ɐu /
	松	/ə, ə:, i, i:, u, u:, əu, əi, ui/
功能	音节功能	成音节
		/ɐ, ɐ:, ɛ, e:, o, o:, ɐi, oi, ɐu, ə, ə:, i, i:, u, u:, əu, əi, ui /
		非成音节
		［ə̯, i̯, u̯]

二 元音声学特征参数及分析方法

（一）共振峰

在描写和阐述元音声学特征时，首先要阐述元音共振峰问题。因为它是元音音质最主要的声学特征（标志），由声带振动作为激励源经声腔共鸣而形成的。因不同元音有其不同的声腔形状，故有其不同的共振峰模式

（Formant Pattern）。一般来说，每个元音有 5 个共振峰，习惯用 F1、F2、F3、F4、F5 等符号表示。其中，F1 和 F2 对元音音色起到重要的作用；圆唇作用（唇形面积减小），虽然会使所有共振峰频率降低，但受影响的程度是不同的，其中对 F2 的影响较为明显；F3 与舌尖翘舌动作有关，舌尖上翘向后移（卷舌动作），舌面下凹，舌根微抬，此时声道被明显地分割成三个腔体，F3 会出现明显的下降。舌尖元音也有类似倾向（鲍怀翘，2005）。本书主要利用 F1、F2 和 F3 等参数描写达斡尔语元音的音质和松紧等特征。图 2.1 为男性发音人所说的 [ʃiː]"你"，[xɐː]"关，堵，挡"和 [tʰuːr]"迷路"等词中 [iː]、[ɐː]、[uː] 等元音的共振峰分布模式。

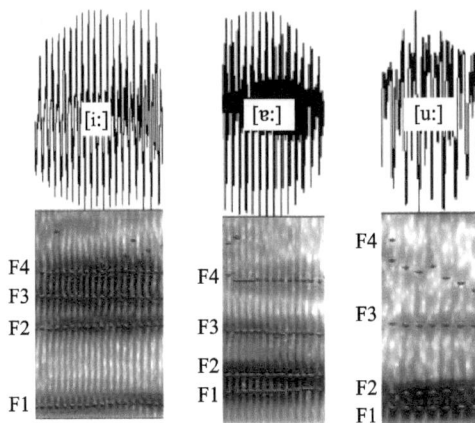

图 2.1   [iː]、[ɐː]、[uː] 等元音的共振峰分布模式（M）

（二）声学元音图

在语音学研究中共振峰是十分重要的参数，但是只有把它与元音的舌位状态联系起来并能有效、形象地说明它们之间的区别时，才是有用的，就像元音舌位图一样给人以直观、逼真的视觉效应。声学元音图（元音共振峰图）要利用共振峰的数值将元音安排在适当的位置上，既能与舌位图相比较，又能符合听感上的区别距离（鲍怀翘，2005）。Eli Fischer-Jorgensen（1958）认为，声学元音图应成为能安排某一特定语言音位及其变体的声学空间。从该目的出发，人们一直在尝试用各种数值单位和不同坐标系统的声学元音图，如 Joos 型声学元音图（1948）、Fant 型声学元音图（1958）和 Ladefoged 型声学元音图（1976）等。本书使用 Joos 型声学元音图分析和阐述达斡尔语元音的声学模型（格局）。如图 2.2 为男、女发音人词首音节所有短元音的声学元音图。

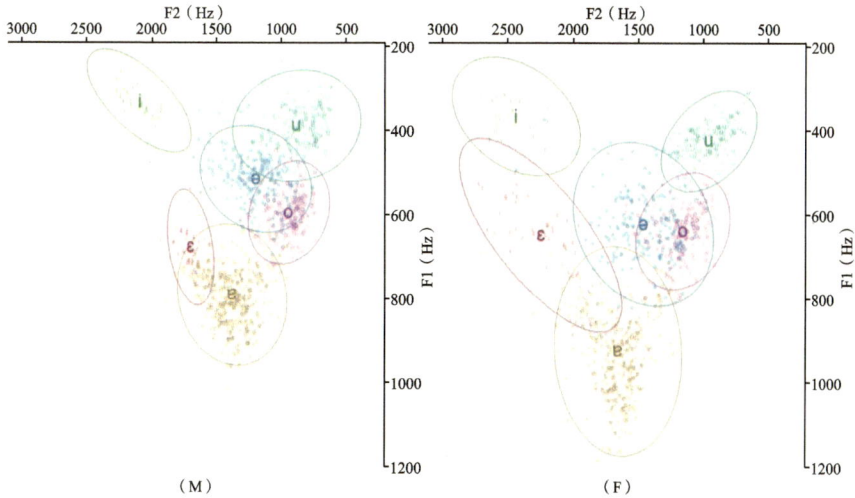

图 2.2 达斡尔语词首音节短元音声学元音（国际音标位置为平均值，下同）

（三）元音的音长、音高和音强

元音声学特征除共振峰外，还有音长、音高和音强等参数。对于像达斡尔语这种元音音长具有对比功能的语言来说，音长特征尤为重要。如，从图 2.3 中，我们可以看到如下有趣的现象，随着词首音节长元音、词首音节短元音和非词首音节短元音的发音时间（音长）的相对缩短，元音舌位三角形变小，构成了大、中、小三个不同的三角形。

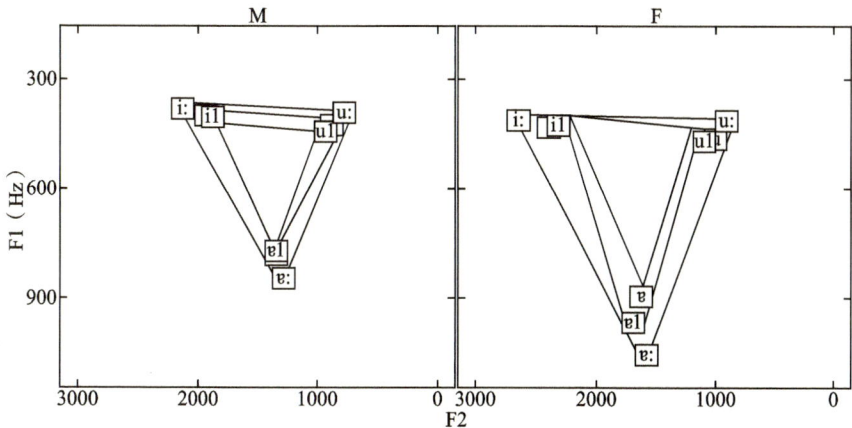

图 2.3 词首音节长元音、短元音和非词首音节短元音的舌位三角形

三 词首音节短元音

在"统一平台"中共出现了 [ɐ, ɛ, ə, i, u, o, ʉ, œ, y, ʏ, e][1]
等短元音。按照传统语音学的分类，[ɐ, ɛ, o] 为紧元音，[ə, i, u, ʉ]
为松元音；[ɐ, ɛ, ə, i] 为展唇元音，[o, ʉ, u] 为圆唇元音。

(一) [ɐ] 元音

1. 参数平均值及其音质定位

表 2.2 为 [ɐ] 元音声学参数统计总表。该统计表显示男、女发音人
[ɐ] 元音的平均时长、平均音强分别为 M = 93ms，F = 86ms；M = 78.46dB，
F = 76.31dB。该元音 F1 和 F2 的频率均值分别为 M：F1 = 788Hz，F2 =
1372Hz；F：F1 = 922Hz，F2 = 1646Hz。

表 2.2　[ɐ] 元音声学参数统计总表

单位：VD 为 ms，VA 为 dB，F 为 Hz，下同

	M					F				
	VD	VA	F1	F2	F3	VD	VA	F1	F2	F3
平均值	93	78.46	788	1372	2208	86	76.31	922	1646	2804
标准差	29	3.16	68	173	173	29	2.9	101	199	254
变异系数	32%	4%	8.6%	13%	7.8%	33%	3.8%	11%	12%	9%

我们认为用 [ɐ] 音标（该音标在国际音标系统中是次开，即次低元
音）标记该元音接近其实际音值。图 2.4 为男发音人 [ɐntəː]"安达，狩猎
盟友"一词的三维语图和三层标注实例。其中，词首元音 [ɐ] 的目标位置
的 F1~F4 共振峰分别为 785Hz、1491Hz、2213Hz、3478Hz。这是 [ɐ] 元
音比较典型的声学语图。

---

① "统一平台"中元音 [œ, y, ʏ, e] 的出现频率极少，因而本书中没有具体分析。

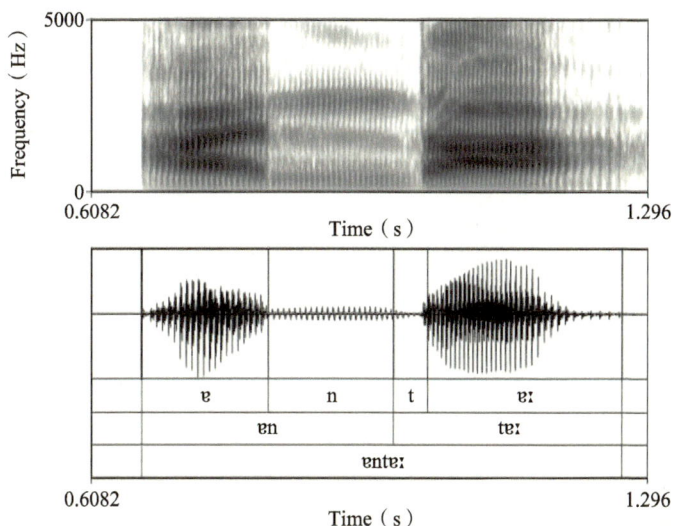

图 2.4　男发音人 ［ɐntɐː］ "安达，狩猎盟友" 一词的三维语图和三层标注实例

图 2.5 为男、女发音人 ［ɐ］ 元音在声学空间中的分布模式（国际音标位置为其总均值）。可以看出，［ɐ］ 元音在声学空间中的位置为：F1＝650～1000Hz，F2＝950～1750Hz（M）；F1＝650～1200Hz，F2＝1100～2000Hz（F）。其在声学空间中的分布方向（趋势）为舌位上、下维度上大，前、后维度上小。

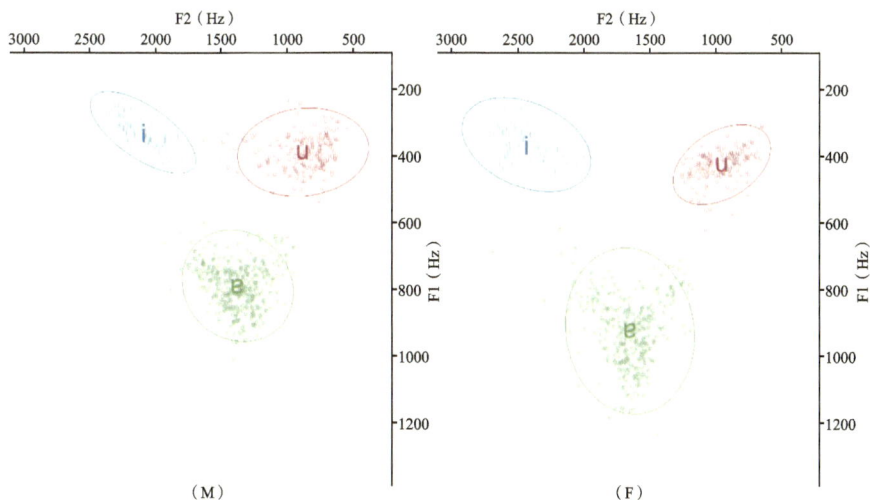

图 2.5　［ɐ］元音在声学元音图中的位置及其在声学空间中的分布模式

　　图 2.6~2.7 为 [ɐ] 元音目标位置第一、第二共振峰 F1/F2 及其前过渡段 TF1/TF2 和后过渡段 TP1/TP2 共振峰①比较图。其中，图 2.6 为 [ɐ] 元音目标位置共振峰和前过渡共振峰比较图，图 2.7 为目标位置共振峰和后过渡共振峰比较图。从图 2.6~2.7 中可以看出，与目标位置共振峰频率相比，

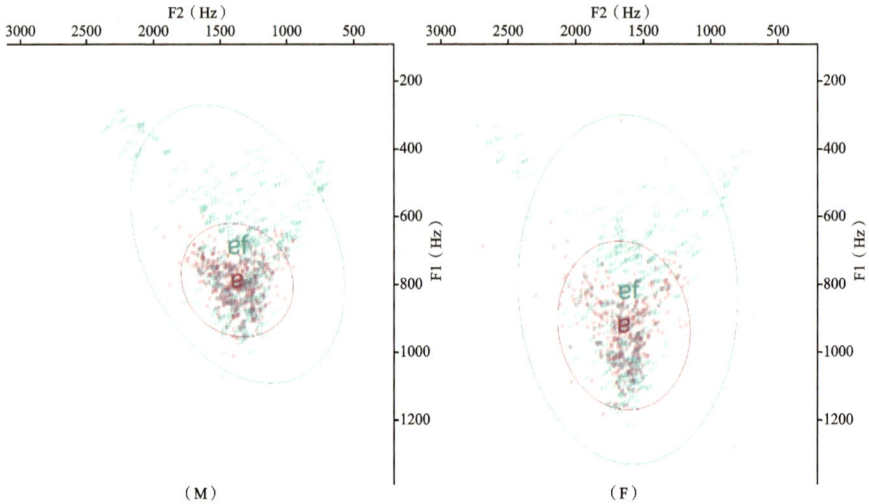

图 2.6　[ɐ] 元音目标位置共振峰（F1/F2）及其前过渡段
共振峰（TF1/TF2）比较

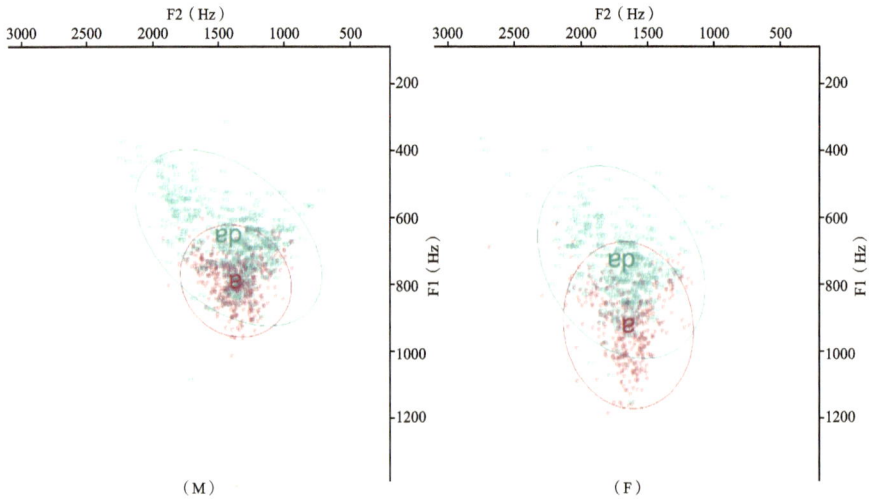

图 2.7　[ɐ] 元音目标位置共振峰（F1/F2）及其后过渡段
共振峰（TP1/TP2）比较

---

　　①　前过渡为元音+f，后过渡为元音+p，下同。

［ɐ］元音前、后过渡段共振峰频率虽然都有所变化，但后过渡段频率 TP1 的下降比较明显（后过渡段变化大于前过渡段，即"后段变化大于前段"），这说明［ɐ］元音在其后过渡段中舌位明显上升（开口度明显变小），前过渡段的离散度大于后过渡段。

　　除了上述数据直观对比的方法外，我们还对达斡尔语元音中所提取的［ɐ］元音目标位置第一、第二共振峰 F1/F2 及其前过渡 TF1/TF2 和后过渡 TP1/TP2 共振峰等参数进行单因素方差分析，以 sig（显著性）系数来验证，目标位置第一、第二共振峰 F1/F2 及其前过渡 TF1/TF2 和后过渡 TP1/TP2 共振峰之间是否存在显著性差异。结果如表 2.3 所示。

表 2.3　检验结果

	sig（显著性）			
	M		F	
	F1	F2	F1	F2
目标元音—前过渡元音	.000	.995	.000	.256
目标元音—后过渡元音	.000	.003	.000	.010
前过渡元音—后过渡元音	.072	.025	.000	.001

* 均值差的显著性水平为 0.05，下同。

　　从检验结果来看，F1 上目标元音与前、后过渡段元音有显著性差异；F2 上目标元音与前过渡段元音之间没有显著性差异，目标元音与后过渡段元音之间有显著性差异；前、后过渡段元音之间，男、女发音人表现出相同的规律。

2. 音节数量与声学参数之间的关系

　　音节数量与音段声学特征之间的相关性问题是黏着型语言比较重要的议题。表 2.4 为［ɐ］元音在单音节和多音节单词中出现的频率统计表。表 2.4 显示，［ɐ］元音在双音节词中出现的比例最高，约 54%（M）和 51%（F）。这种比例说明了达斡尔语双音节词在达斡尔语节律中的特殊意义和作用。

表 2.4　［ɐ］元音出现频率统计

	单音节词		双音节词		三音节词		多音节		共计	
发音人	M	F	M	F	M	F	M	F	M	F
出现次数	54	55	212	179	101	88	22	27	389	349

续表

	单音节词		双音节词		三音节词		多音节		共计	
发音人	M	F	M	F	M	F	M	F	M	F
百分比	14%	16%	54%	51%	26%	25%	6%	8%	100%	100%

表 2.5 为出现在单部、双部、三部和四音节词中 [ɐ] 元音的音长（VD）、音强（VA）、共振峰目标值（F）统计表。从表 2.5 中可以看出，男发音人音节数量与 [ɐ] 元音音长、音强之间具有一定的相关性。如，该元音音长随着音节数量的增加而相对缩短，其音强随着音节数量的增多而相对变弱。

M:101ms→91ms→91ms→77ms;M:81.11dB→78.35dB→77.5dB→77.4dB

F:82ms→88ms→87ms→86ms;F:77.85dB→75.84dB→76.14dB→76.81dB

表 2.5 和图 2.8 显示，[ɐ] 元音 F1、F2 频率差值没有显示这样的特点。显然，音节数量的增多或减少对元音共振峰的影响不明显或音节数量与共振峰之间几乎没有相关性。

表 2.5 不同音节词中 [ɐ] 元音声学参数统计

单位：VD 为 ms，VA 为 dB，F 为 Hz

发音人统计项		M					F				
		VD	VA	F1	F2	F3	VD	VA	F1	F2	F3
单音节词	平均值	101	81.11	791	1363	2239	82	77.85	914	1660	2741
	标准差	25	3.63	78	171	146	26	3.16	115	274	205
	变异系数	25%	4.48%	9.8%	13%	6.5%	31%	4%	13%	16%	7.4%
双音节词	平均值	91	78.35	788	1370	2202	88	75.84	922	1658	2784
	标准差	29	2.64	63	173	180	31	2.91	95	1188	263
	变异系数	32%	3.3%	8%	13%	8.1%	35%	3.8%	10%	11%	9.4%
三音节词	平均值	91	77.5	784	1386	2202	87	76.14	928	1623	2869
	标准差	31	3.17	69	178	183	27	2.59	100	174	245
	变异系数	34%	4%	8.8%	13%	8.3%	31%	3.4%	11%	11%	8.5%
四音节词	平均值	77	77.4	806	1357	2217	86	76.81	918	1618	2853
	标准差	29	3.04	86	147	104	32	2.13	119	176	276
	变异系数	38%	3.9%	11%	11%	4.6%	37%	2.7%	13%	11%	9.6%

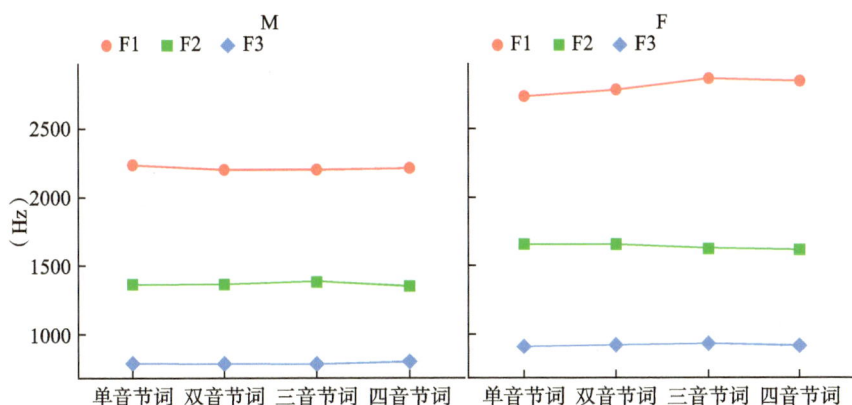

图 2.8　音节数量与共振峰之间关系示意

我们对不同音节词中出现的 [ɐ] 元音 F1/F2，时长做了单因素方差分析，结果见表 2.6。

表 2.6　检验结果

不同音节	sig（显著性）					
	M		F		M	F
	F1	F2	F1	F2	CD	CD
单音节词—双音节词	.993	.994	.964	1.000	.056	.480
单音节词—三音节词	.952	.859	.870	.805	.180	.734
单音节词—四音节词	.901	.999	.999	.839	.012	.937
双音节词—三音节词	.970	.871	.962	.439	.997	.982
双音节词—四音节词	.786	.981	.997	.707	.208	.992
三音节词—四音节词	.701	.850	.972	.999	.211	1.000

我们从检验结果来看，男、女发音人表现出相同的规律，不同音节词中 [ɐ] 元音 F1/F2 之间差异性不明显；除了男发音人单音节和四音节词的时长，其他的男、女发音人表现出相同的规律，不同音节词中 [ɐ] 元音时长之间差异性不明显。

3. 音节类型与声学参数之间的关系

表 2.7 是 [ɐ] 元音在不同音节类型中的出现频率统计表。表 2.7 显示，[ɐ] 元音在 CV 和 CVC 音节中的出现比例最高，为 77% ~ 78%。可以说，[ɐ] 元音与 CV 和 CVC 音节之间的关系较密切。

表 2.7　[ɐ] 元音在不同音节类型中的频率统计

发音人	音节类型	V	VC	VCC	CV	CVC	CVCC	共计
M	出现次数	39	32	3	158	141	12	385
M	百分比	10%	8%	1%	41%	37%	3%	100%
F	出现次数	34	24	7	135	133	16	349
F	百分比	10%	7%	2%	39%	38%	4%	100%

表 2.8 为出现在不同音节类型中 [ɐ] 元音的声学参数统计表。从表 2.8 中可以看出，[ɐ] 元音音长受其所处音节类型的影响。如，以 V 开始的音节中的时长比以 C 开始的音节中的时长相对长，而其音强不受音节类型的影响；从图 2.9 看，以辅音开头的 CV、CVC、CVCC 等音节中 [ɐ] 元音的第一、第二共振峰均值相对低；而在以元音开头的 V、VC、VCC 等音节中 [ɐ] 元音的第一、第二共振峰均值相对高。与 [ɐ] 元音第一共振峰总均值（M：F1 = 788Hz，F：F1 = 922Hz）相比，显然，前置辅音降低了该元音第一共振峰频率。

表 2.8-1　不同音节类型中 [ɐ] 元音声学参数统计（M）

单位：VD 为 ms，VA 为 dB，F 为 Hz

		VD	VA	F1	F2	F3
V	平均值	106	76.48	870	1385	2241
V	标准差	21	3.24	48	113	120
V	变异系数	20%	4.2%	5.5%	8.1%	5.3%
VC	平均值	129	80.46	875	1366	2296
VC	标准差	24	2.47	47	133	103
VC	变异系数	19%	3%	5.3%	9.7%	4.5%
VCC	平均值	128	80.66	914	1292	2286
VCC	标准差	8	1.54	40	74	62
VCC	变异系数	6.2%	1.4%	4.3%	5.7%	2.6%
CV	平均值	80	77.67	764	1356	2202
CV	标准差	27	2.76	55	192	194
CV	变异系数	34%	3.5%	7.2%	14%	8.8%

续表

		VD	VA	F1	F2	F3
CVC	平均值	90	79.27	771	1385	2186
	标准差	25	2.85	53	169	172
	变异系数	27%	3.5%	6.9%	12%	7.8%
CVCC	平均值	92	79.5	786	1429	2189
	标准差	34	5.41	74	192	125
	变异系数	37%	6.8%	9.3%	13%	5.7%

表 2.8-2 不同音节类型中 [ɐ] 元音声学参数统计 （F）

单位：VD 为 ms，VA 为 dB，F 为 Hz

		VD	VA	F1	F2	F3
V	平均值	105	74.73	994	1637	2785
	标准差	28	2.2	67	88	199
	变异系数	26%	2.9%	6.7%	5.4%	7.1%
VC	平均值	105	76.04	1022	1619	2823
	标准差	21	2.62	57	106	168
	变异系数	20%	3.4%	5.5%	6.5%	5.9%
VCC	平均值	106	74.28	978	1629	2685
	标准差	21	3.63	50	148	187
	变异系数	19%	4.8%	5.1%	9.1%	6.9%
CV	平均值	80	75.55	902	1653	2843
	标准差	27	3.01	90	201	279
	变异系数	34%	3.9%	9.9%	12%	9.8%
CVC	平均值	84	77.57	904	1653	2774
	标准差	29	2.47	108	232	249
	变异系数	35%	3.1%	12%	14%	8.9%
CVCC	平均值	85	76.81	913	1600	2782
	标准差	29	2.58	110	198	289
	变异系数	34%	3.3%	12%	12%	10%

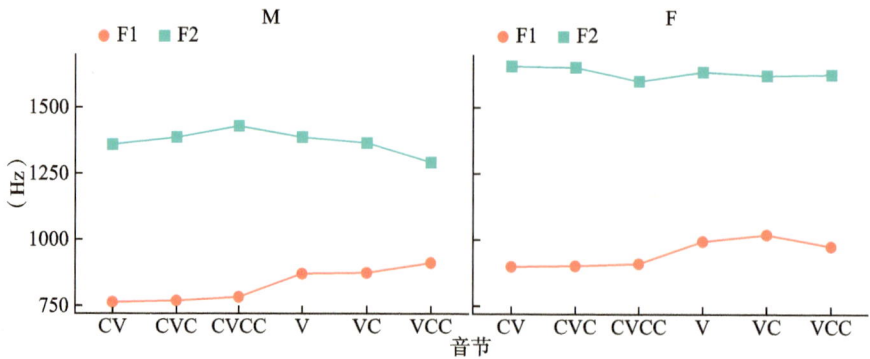

图 2.9　在不同音节类型中 [ɐ] 元音第一、第二共振峰比较

我们对不同音节类型中出现的 [ɐ] 元音 F1、F2 时长做了单因素方差检验，结果见表 2.9。

表 2.9　[ɐ] 元音 F1、F2 时长检验

单位：F 为 Hz，CD 为 ms

	sig（显著性）					
	M		F		M	F
	F1	F2	F1	F2	CD	CD
V—VC	.997	.987	.550	.985	.002	1.000
V—VCC	.563	.495	.976	1.000	.086	1.000
V—CV	.000	.810	.000	.978	.000	.000
V—CVC	.000	1.000	.000	.988	.002	.005
V—CVCC	.005	.952	.109	.977	.638	.231
VC—VCC	.652	.681	.425	1.000	1.000	1.000
VC—CV	.000	.999	.000	.820	.000	.000
VC—CVC	.000	.984	.000	.867	.000	.001
VC—CVCC	.003	.841	.016	.999	.010	.179
VCC—CV	.070	.737	.044	.997	.013	.098
VCC—CVC	.077	.493	.052	.998	.027	.189
VCC—CVCC	.043	.355	.391	.999	.021	.376
CV—CVC	.851	.738	1.000	1.000	.006	.818
CV—CVCC	.847	.692	.999	.903	.742	.984
CVC—CVCC	.968	.943	1.000	.914	1.000	1.000

从检验结果来看，不同音节类型中［ɐ］元音的 F1、F2 在元音同类音节，例如元音开头的 V、VC、VCC 音节之间差异性不明显，辅音开头的 CV、CVC、CVCC 音节之间差异性不明显。但是不同类型元音开头的音节和辅音开头的音节之间有不同的表现（除了 VCC—CVC 之间）。

从时长检验结果来看，不同音节类型中［ɐ］元音的时长在元音同类音节，例如元音开头的 V、VC、VCC 音节之间差异性不明显，辅音开头的 CV、CVC、CVCC 音节之间差异性不明显。但是不同类型元音开头的音节和辅音开头的音节之间有不同的表现（除了男发音人 CV—CVCC 之间）。

4. 辅音音质与声学参数之间的关系

图 2.10 为出现在词首音节不同辅音之后和无前置辅音音节中［ɐ］元音音长比较图，图 2.11~2.12 为出现在词首音节（包括单音节词）［p-，pʰ-，x-，t-，k-，kʰ-，n-，m-，l-，s-，ʃ-，tʰ-，ʧ-，j-，w-］等辅音（前置辅音）之后［ɐ］元音的第一、第二和第三共振峰前过渡 TF1、TF2、TF3 的变化示意图。其中，图 2.11 为以 TF1 的上升为准排列的，即以舌位自高至低排列示意图，图 2.12 为以 TF2 的上升为准排列的，即以舌位自后至前排列示意图。

图 2.10 显示，辅音音质与［ɐ］元音有些声学参数之间具有一定的相关性。如，不送气辅音后的元音音长长于送气辅音后接元音；浊辅音后的元音音长相对长于清辅音后接元音（［ʧʰ］后男、女发音人的［ɐ］只出现一次，因此没有统计）。

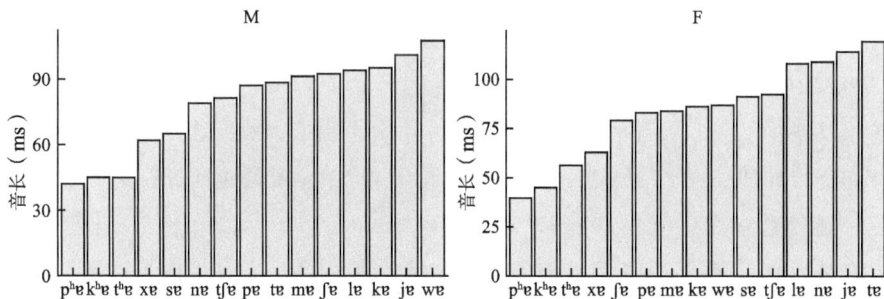

图 2.10　词首音节不同辅音之后［ɐ］元音音长比较

从图 2.11 中可以看到，与 F1 总均值相比（M：F1 = 788Hz，F：F1 = 922Hz）在清擦音和送气塞音、送气塞擦音［kʰ，pʰ，x，tʰ］等之后的

[ɐ] 元音 TF1 值分别上升到 700～850Hz（M）和 900～1100Hz（F），而在不送气塞音和浊辅音 [t，n，ʧ，w，ʃ，s，p，k，l，m] 等之后，却分别下降到 300～700Hz（M）和 450～850Hz（F）。显然，与 [ɐ] 元音第一共振峰总均值相比，清擦音和送气塞音、送气塞擦音 [kʰ，pʰ，x，tʰ] 等降低了其舌位高度，而不送气塞音和浊辅音 [t，n，ʧ，w，ʃ，s，p，k，l，m] 等抬高了 [ɐ] 元音舌位高度。

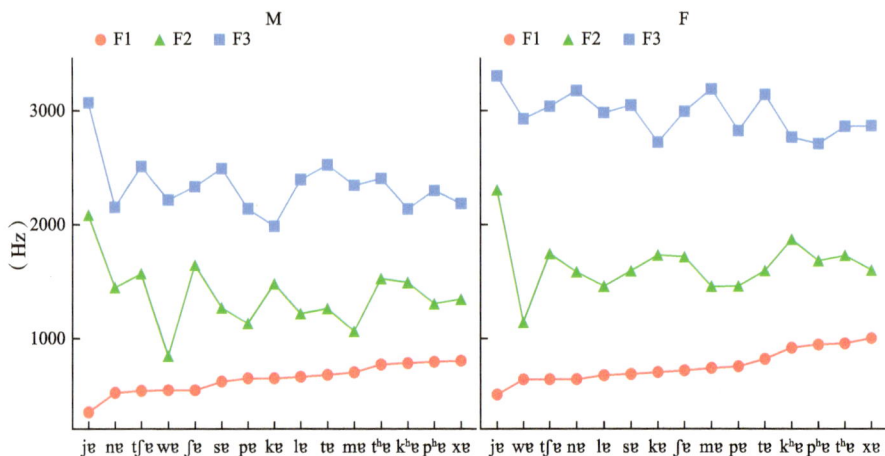

图 2.11　词首不同辅音之后的 [ɐ] 元音三个共振峰前过渡 TF1、TF2、TF3 等的变化示意

从图 2.12 中可以看到，与 [ɐ] 元音第二共振峰总均值（M：F2 = 1372Hz，F：F1 = 1646Hz）相比，出现在清擦音、送气塞音和送气塞擦音以及半元音 [k，kʰ，tʰ，ʃ，ʧ，j] 等之后的 [ɐ] 元音 TF2 值分别上升到 1500～2100Hz（M）和 1700～2300Hz（F），而在 [w，t，s，x，p，n，m，l] 等双唇不送气塞音和浊辅音之后，分别下降到 800～1300Hz（M）和 1100～1700Hz（F）。显然，与 [ɐ] 元音第二共振峰总均值相比，清擦音、送气塞音和送气塞擦音以及半元音 [k，kʰ，tʰ，ʃ，ʧ，j] 等使其舌位前移，而双唇不送气塞音和浊辅音 [k，kʰ，tʰ，ʃ，ʧ，j] 等使其舌位后移。

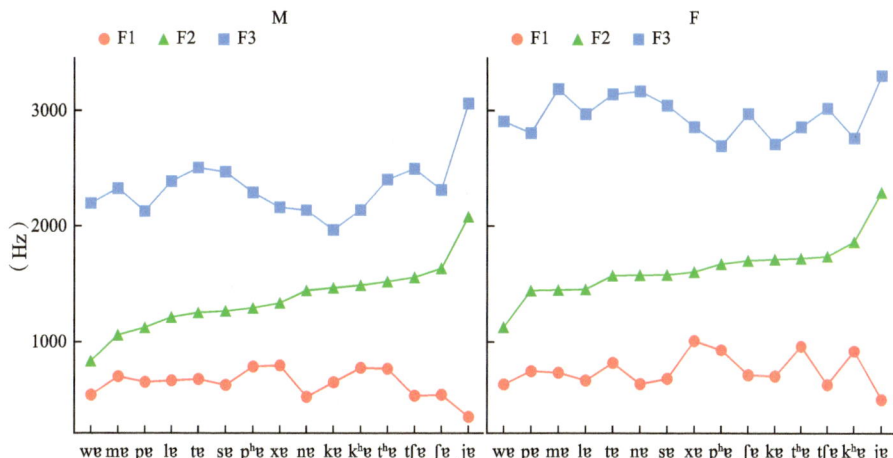

图2.12　词首不同辅音之后的［ɐ］元音三个共振峰前过渡 TF1、TF2、TF3 等的变化示意

（二）［ə］元音

1. 参数平均值及其音质定位

表 2.10 为［ə］元音声学参数统计总表。该统计表显示男、女发音人 ［ə］元音的平均时长 M = 71ms，F = 70ms；平均音强 M = 79.21dB，F = 76.26dB。该元音 F1 和 F2 的频率均值分别为 M：F1 = 514Hz，F2 = 1189Hz； F：F1 = 620Hz，F2 = 1453Hz。

表 2.10　［ə］元音声学参数统计

	M					F				
	VD	VA	F1	F2	F3	VD	VA	F1	F2	F3
平均值	71	79.21	514	1189	2490	70	76.26	620	1453	2898
标准差	17	2.33	45	181	125	23	2.57	69	166	196
变异系数	24	2.9	8.6	15	5	32	3.3	11	11	6.7

［ə］元音为中、央、展唇、松元音。图 2.13 为男发音人［əməs］"穿" 一词的三维语图和三层标注实例。其中，词首元音［ə］目标位置的 F1～F4 共振峰分别为 589Hz、1183Hz、2850Hz、3395Hz。这是［ə］元音比较典型的 声学语图。当然其后半段（后过渡）因受［m］的影响 F1 和 F2 有所下降。

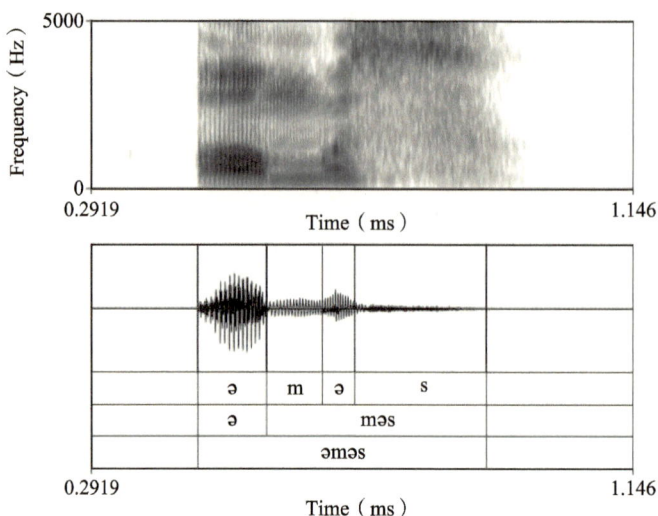

图 2.13 男发音人 [əməs]"穿"一词的三维语图和三层标注实例

图 2.14 为男、女发音人 [ə] 元音在声学元音图中的位置及其声学空间中的分布模式。该元音在声学空间中的分布特点为上、下方向扩散。显然，与国际音标的/ə/元音相比，该元音在声学空间中的分布位置偏后，用国际音标 [ə] 标记，较接近其实际音质。

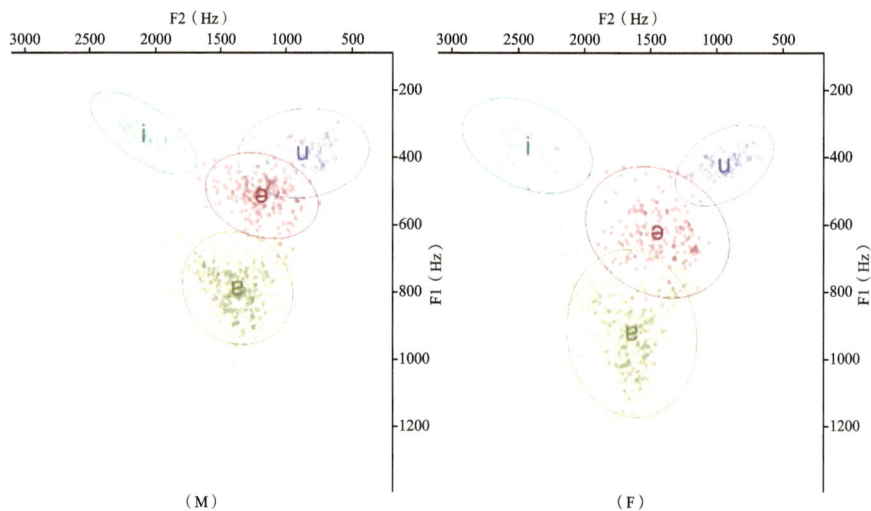

图 2.14 [ə] 元音在声学元音图中的位置及其声学空间中的分布模式

从图 2.14 中可以看到，达斡尔语第二元音 [ə] 在舌位前、后维度上，与 [ɐ] 略靠后；在舌位高、低维度（开口度）上比国际音标央元音/ə/略后。

　　图 2.15~2.16 为 [ə] 元音目标位置共振峰及其前、后过渡段共振峰比较图。其中，图 2.15 为 [ə] 元音目标位置共振峰（F1/F2）和前过渡段共振峰（TF1/TF2）比较图，图 2.16 为 [ə] 元音目标位置共振峰（F1/F2）和后过渡段共振峰（TP1/TP2）比较图。从图 2.15~2.16 中可以看出，与目标位置共振峰频率相比，[ə] 元音前、后过渡段共振峰频率都有所变化。其中，前、后过渡段频率 TP2 后移，这说明 [ə] 元音在其前、后过渡段中舌位后移。

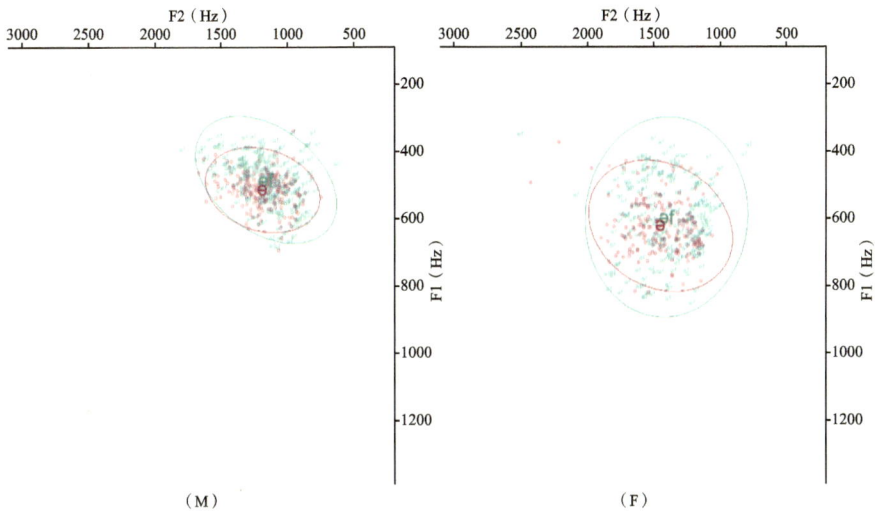

图 2.15　[ə] 元音目标位置共振峰（F1/F2）及其前过渡段共振峰（TF1/TF2）比较

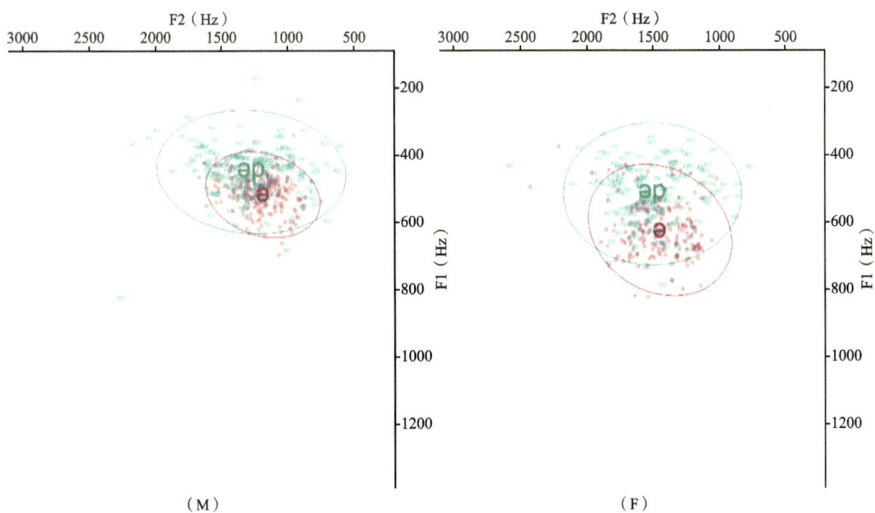

图 2.16　[ə] 元音目标位置共振峰（F1/F2）及其后过渡段共振峰（TP1/TP2）比较

我们对目标位置第一、第二共振峰（F1/F2）及其前过渡段共振峰（TF1/TF2）和后过渡段共振峰（TP1/TP2）之间做了单因素方差分析，结果见表2.11。

表 2.11　目标位置第一、第二共振峰（F1/F2）及其前、后过渡段方差分析

	sig（显著性）			
	M		F	
	F1	F2	F1	F2
目标元音—前过渡元音	.000	.407	.002	.141
目标元音—后过渡元音	.000	.001	.000	.085
前过渡元音—后过渡元音	.000	.000	.000	.001

从表2.11来看，F1上目标元音与前、后过渡段元音有显著性差异；F2上目标元音与前过渡段元音之间没有显著性差异，前、后过渡段元音之间有显著性差异；目标元音与后过渡段元音之间男、女发音人表现出相同的规律。

2. 音节数量与声学参数之间的关系

表2.12为[ə]元音在单音节和多音节词中出现的频率统计。该表显示，[ə]元音在双音节词中出现了85次（M）和81次（F），均占总数的44%。[ə]元音在双音节词中出现的频率最高。

表 2.12　不同音节中[ə]元音出现频率统计

发音人	单音节词		双音节词		三音节词		多音节		共计	
	M	F	M	F	M	F	M	F	M	F
出现次数	32	37	85	81	67	49	7	16	191	183
百分比	17%	20%	44%	44%	35%	27%	4%	9%	100%	100%

表2.13为出现在单音节词、双音节词和三音节词中[ə]元音的音长（VD）、音强（VA）、共振峰目标值（F）的统计。从表2.13中可以看出，女发音人音强随着音节数量的增多相对变弱；男发音人的元音音长和音强与音节数量之间没有规律。

M:74ms→72ms→69ms→77ms;M:81.37dB→79.36dB→78.05dB→78.71dB

F：66ms→73ms→70ms→68ms；F：77.37dB→76.39dB→76.2dB→73.25dB

从图 2.17 来看，［ə］元音目标位置的 F1（舌位高低）和 F2（舌位前后）与音节数量之间有一定的相关性。如，男、女发音人的 F1（舌位高低）和 F2（舌位前后）随着词中音节个数的增多而提高，呈现出负相关关系。

表 2.13　不同音节词中［ə］元音的声学参数统计

发音人统计项		M					F				
		VD	VA	F1	F2	F3	VD	VA	F1	F2	F3
单音节词	平均值	74	81.37	520	1229	2500	66	77.37	610	1507	2897
	标准差	16	2.69	29	202	105	20	3.05	80	172	151
	变异系数	22%	3.3%	5.5%	16%	4.1%	30%	3.9%	13%	11%	5.2%
双音节词	平均值	72	79.36	513	1186	2492	73	76.39	621	1442	2870
	标准差	24	3.43	52	170	188	21	2.19	64	191	191
	变异系数	34%	4.3%	10%	14%	7.5%	29%	2.8%	10%	13%	6.6%
三音节词	平均值	69	78.05	514	1173	2491	70	76.2	631	1430	2963
	标准差	19	2.65	57	149	115	24	3.64	88	185	232
	变异系数	28%	3.4%	11%	13%	4.6%	35%	4.7%	14%	13%	7.8%
四音节词	平均值	77	78.71	491	1202	2395	68	73.25	611	1451	2850
	标准差	24	2.05	24	91	110	34	2.97	100	189	261
	变异系数	32%	2.6%	4.9%	7.5%	4.5%	50%	4%	16%	13%	9.1%

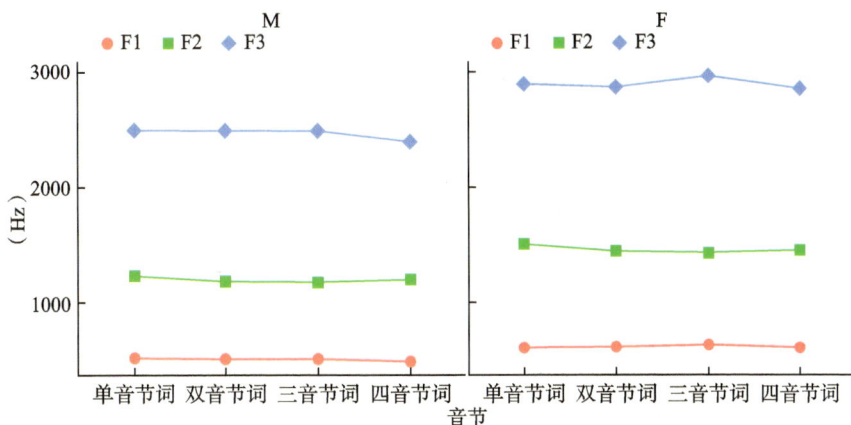

图 2.17　音节数量与共振峰之间关系示意（M&F）

我们对不同音节词中出现的〔ə〕元音 F1/F2 做了单因素方差分析，结果见表 2.14。

表 2.14　不同音节词中出现的〔ə〕元音 F1/F2 方差分析

	sig（显著性）					
	M		F		M	F
	F1	F2	F1	F2	CD	CD
单音节词—双音节词	.869	.714	.895	.598	.963	.555
单音节词—三音节词	.936	.498	.592	.487	.738	.928
单音节词—四音节词	.109	.945	1.000	.834	.980	.998
双音节词—三音节词	.997	.961	.881	.986	.915	.914
双音节词—四音节词	.280	.978	.984	.998	.930	.951
三音节词—四音节词	.214	.878	.890	.980	.839	.997

表 2.14 反映，男、女发音人表现出相同的规律，不同音节词中〔ə〕元音 F1 之间、F2 之间差异性不明显。

从时长检验结果来看，除了男、女发音人表现出相同的规律，不同音节词中〔ə〕元音时长之间差异性不明显。

3. 参数之间的关系

统一平台结果显示，〔ə〕元音共出现 191 次（男）和 183 次（女）。其中，大部分都在 CVC、CV 等两种音节中出现的。见表 2.15。

表 2.16 为出现在不同音节类型中〔ə〕元音的声学参数统计。从表 2.16 可以看出，〔ə〕元音音长受其所处音节类型影响。如，以 V 开始的音节中的时长比以 C 开始的相对长，而其音强不受音节类型的影响。以辅音开头的 CV、CVC、CVCC 等音节中〔ə〕元音的第一、第二共振峰均值相对低；而在以元音开头的 V、VC、VCC 等音节中〔ə〕元音的第一、第二共振峰均值相对高。这一点与〔ɐ〕元音相同。见图 2.18。

表 2.15　出现在不同音节类型中〔ə〕元音统计

发音人	音节类型	V	VC	VCC	CV	CVC	CVCC	共计
M	出现次数	27	29	2	56	69	8	191
F	出现次数	23	28	3	49	67	13	183

续表

发音人	音节类型	V	VC	VCC	CV	CVC	CVCC	共计
M	百分比	14%	15%	1%	30%	36%	4%	100%
F	百分比	12%	15%	2%	27%	37%	7%	100%

表 2.16-1　出现在不同音节类型中［ə］元音的声学参数统计（M）

		VC	VA	F1	F2	F3
V	平均值	85	79.03	512	1054	2541
	标准差	14	4.48	40	116	140
	变异系数	16%	5.6%	7.8%	11%	5.5%
VC	平均值	93	79.65	539	1049	2605
	标准差	10	3.59	60	98	155
	变异系数	11%	4.5%	11%	9.3%	5.9%
VCC	平均值	88	79	557	1065	2554
	标准差	5.8	2.82	8.5	39	123
	变异系数	6.4%	3.5%	1.5%	3.6%	4.8%
CV	平均值	63	78.44	496	1235	2453
	标准差	29	2.91	60	220	199
	变异系数	46%	3.7%	12%	18%	8.1%
CVC	平均值	65	79.52	515	1263	2455
	标准差	17	3.81	39	185	147
	变异系数	27%	4.7%	7.5%	15%	5.9%
CVCC	平均值	60	81.12	533	1226	2437
	标准差	12	2.35	26	158	78
	变异系数	20%	2.9%	4.9%	13%	3.2%

表 2.16-2　出现在不同音节类型中［ə］元音的声学参数统计（F）

		VC	VA	F1	F2	F3
V	平均值	92	76.08	655	1251	2919
	标准差	11	2.06	45	76	171
	变异系数	12%	2.7%	6.9%	6.1%	5.8%
VC	平均值	91	77.25	663	1279	2877
	标准差	12	1.8	71	93	173
	变异系数	14%	2.3%	11%	7.2%	6%

续表

		VC	VA	F1	F2	F3
VCC	平均值	95	77	667	1217	2896
	标准差	11	3	57	91	400
	变异系数	12%	3.8%	8.4%	7.4%	14%
CV	平均值	68	75.75	599	1488	2894
	标准差	23	3.7	81	238	248
	变异系数	34%	4.8%	14%	16%	8.5%
CVC	平均值	55	76.25	611	1546	2901
	标准差	20	3.7	76	212	209
	变异系数	37%	4.8%	12%	14%	7.2%
CVCC	平均值	70	76.3	587	1622	2915
	标准差	23	2.56	83	301	141
	变异系数	32%	3.3%	14%	19%	4.8%

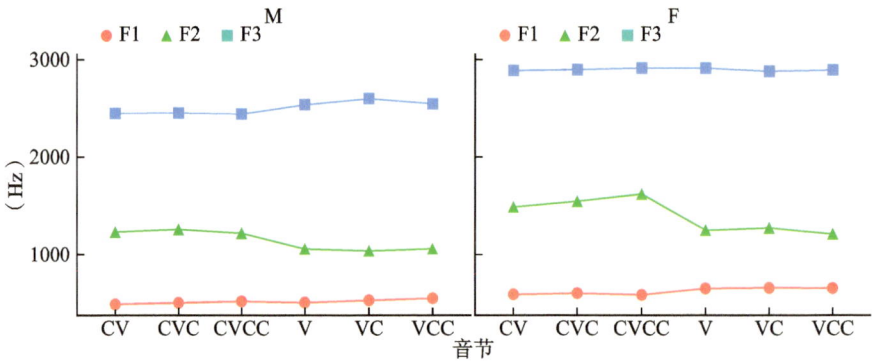

图 2.18　出现在不同音节中〔ə〕元音的第一、第二、第三共振峰均值比较

　　我们对不同音节词中出现的〔ə〕元音 F1/F2、时长做了单因素方差分析，结果见表 2.17。

表 2.17　不同音节词中〔ə〕元音 F1/F2 方差分析

	sig（显著性）					
	M		F		M	F
	F1	F2	F1	F2	CD	CD
V—VC	.347	1.000	.996	.938	.144	1.000

续表

	sig（显著性）					
	M		F		M	F
	F1	F2	F1	F2	CD	CD
V—VCC	.021	.999	.999	.985	.982	.990
V—CV	.632	.000	.011	.000	.000	.000
V—CVC	1.000	.000	.043	.000	.000	.000
V—CVCC	.533	.133	.135	.008	.002	.055
VC—VCC	.681	.993	1.000	.857	.815	.979
VC—CV	.012	.000	.003	.000	.000	.000
VC—CVC	.389	.000	.010	.000	.000	.000
VC—CVCC	.998	.114	.077	.014	.000	.064
VCC—CV	.011	.091	.520	.078	.103	.130
VCC—CVC	.037	.077	.643	.054	.158	.056
VCC—CVCC	.367	.209	.464	.014	.053	.152
CV—CVC	.281	.942	.968	.584	.991	.017
CV—CVCC	.043	1.000	.998	.656	.996	1.000
CVC—CVCC	.592	.987	.929	.946	.922	.296

表 2.17 表明，不同音节类型中［ə］元音的 F1/F2 在元音同类音节，例如元音开头的 V、VC、VCC 音节之间差异性不明显，辅音开头的 CV、CVC、CVCC 音节之间差异性不明显。但是不同类型元音开头的音节和辅音开头的音节之间有不同的表现（除了 VCC—CVC 之间）。

从时长检验结果来看，不同音节类型中［ə］元音的时长在元音同类音节，以 V、VC、VCC 音节之间差异性不明显；辅音开头的 CV、CVC、CVCC 音节之间差异性不明显。但是不同类型元音开头的音节和辅音开头的音节之间有不同的表现（除了男发音人 CV—CVCC 之间）。

4. 辅音音质与声学参数之间的关系

图 2.19 为词首音节（包括单音节词）［p-、x-、t-、k-、n-、m-、s-、tʰ-、ʧʰ-、kʰ-］等辅音之后和 V 开头音节（无前置辅音）中［ə］元音音长比较图。从图 2.19 中可以看出，辅音音质与［ə］元音有些声学参数之间具有较好的相关性。如，不送气辅音和浊辅音后接的元音音长长于送气辅音。

图 2.20 为词首音节（包括单音节词）［p-、x-、t-、k-、n-、m-、s-、tʰ-、ʧʰ-、kʰ-］等辅音之后［ə］元音第一、第二和第三共振峰前过

渡 TF1、TF2、TF3 的变化示意图，以 TF2 的上升为准排列的，即以舌位自后至前排列示意图。从图 2.20 中可以看到，〔ə〕元音前过渡在〔p-，x-，k-，m-〕等辅音之后较低，而在〔t-，n-，s-，tʰ-，ʧʰ-，ʧ-〕等辅音之后较高。相比前过渡，〔ə〕元音目标位置的 F2 受前置辅音影响的程度不如前过渡显著，但同样表现为在〔p-，x-，k-，m-〕等辅音之后较低，而在〔t-，n-，s-，tʰ-，ʧʰ-，ʧ-〕等辅音之后较高的特征。

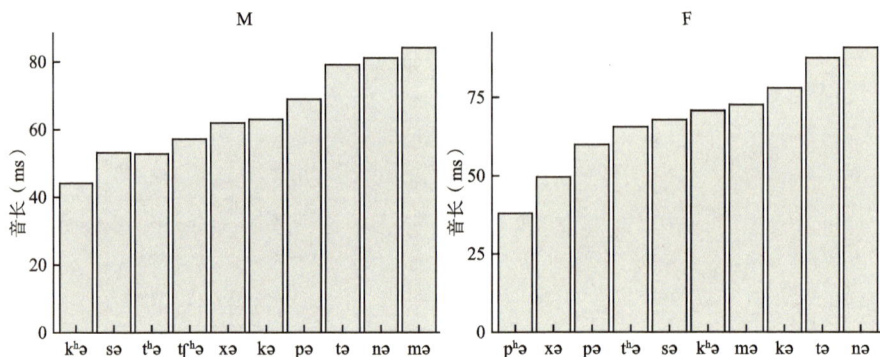

图 2.19 词首音节不同辅音之后和无前置辅音音节中〔ə〕元音音长比较

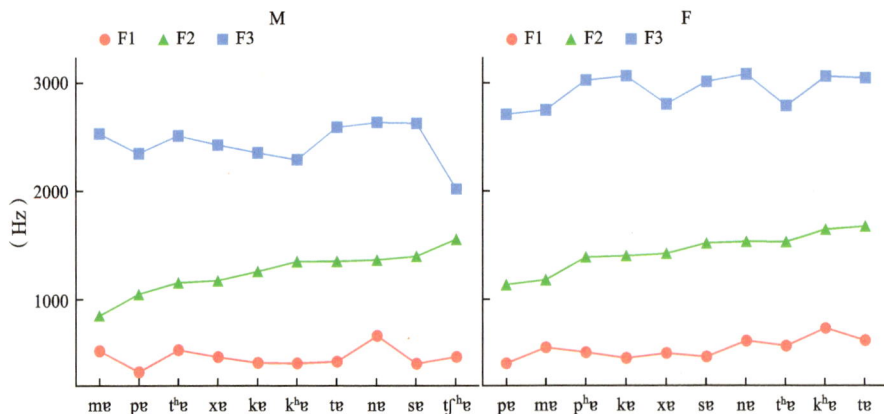

图 2.20 词首音节〔ə〕元音三个共振峰前过渡 TF1、TF2、TF3 等的变化示意（M&F）

（三）〔i〕元音

1. 参数平均值及其音质定位

表 2.18 为〔i〕元音声学参数总统计总表。表 2.18 显示，男、女发音

人 [i] 元音的平均时长、平均音强分别为 M = 75ms，F = 63ms；M =
75.04dB，F = 71.38dB。该元音 F1 和 F2 的频率均值分别为 M：F1 = 329Hz，
F2 = 2089Hz；F：F1 = 364Hz，F2 = 2430Hz。

表 2.18　　[i] 元音声学参数统计

	M					F				
	VD	VA	F1	F2	F3	VD	VA	F1	F2	F3
平均值	75	75.04	329	2089	2699	63	71.38	364	2430	3310
标准差	34	4.73	51	161	237	27	3.9	57	196	259
变异系数	46%	6.3%	16%	7.7%	8.7%	43%	5.4%	16%	8%	7.8%

　　我们认为该元音为高、前、展唇、松元音。图 2.21 为男发音人 [itə:]
"食物"一词的三维语图和三层标注实例。其中，词首元音 [i] 的目标位
置的 F1 ~ F4 共振峰分别为 249Hz、2300Hz、2936Hz、3690Hz。这是 [i]
元音比较典型的声学语图。虽然其后半段（后过渡段）受 [t] 的影响，F2
有所下降。图 2.22 为男、女发音人 [i] 元音在声学元音图中的位置及其声
学空间中的分布模式。显然，该元音的分布位置较靠前，声学空间中的分
布离散度相对小。

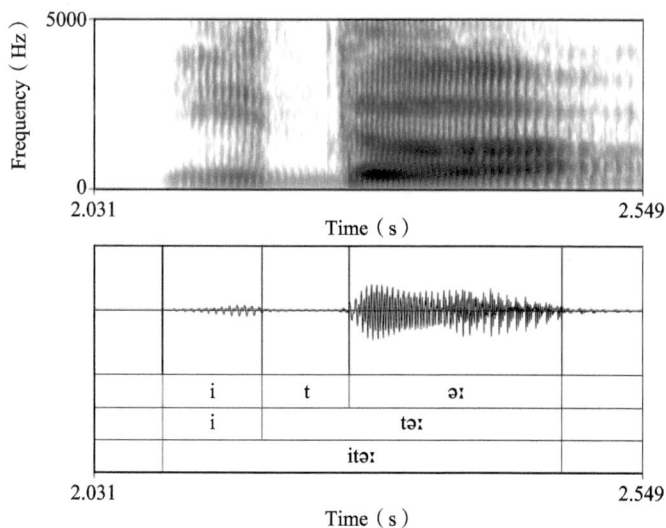

图 2.21　男发音人 [itə:]"食物"一词的三维语图和三层标注实例

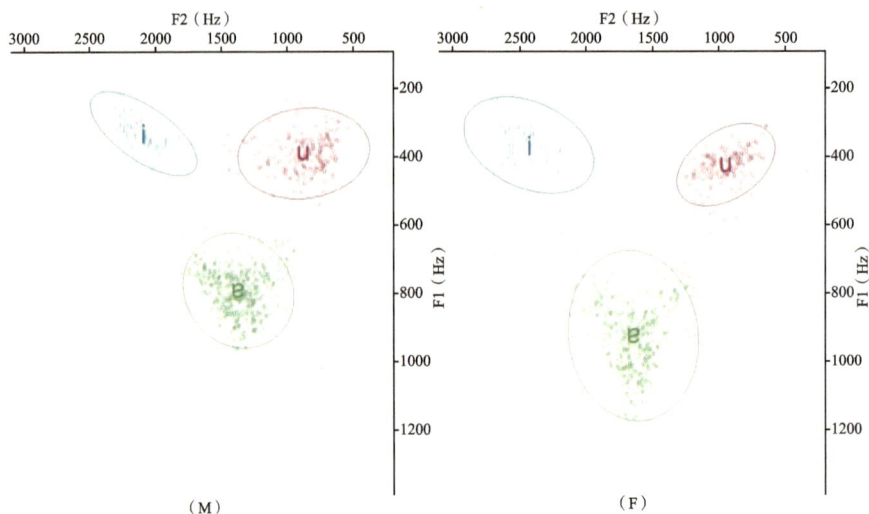

图 2.22　[i] 元音在声学元音图中的位置及其声学空间中的分布模式（M&F）

　　图 2.23～2.24 为 [i] 元音目标位置共振峰及其前、后过渡段共振峰比较图。其中，图 2.23 为目标位置共振峰 F1/F2 和前过渡 TF1/TF2 比较图，图 2.24 为目标位置共振峰 F1/F2 和后过渡 TP1/TP2 比较图。从图 2.23～2.24 中可以看出，与目标位置共振峰频率相比，[i] 元音前、后过渡段共振峰频率都有所变化。其中，前过渡段 TF1 的频率上升，后过渡段 TP1 和 TP2 的频率都有所下降。相比之下，"后段变化大于前段"。

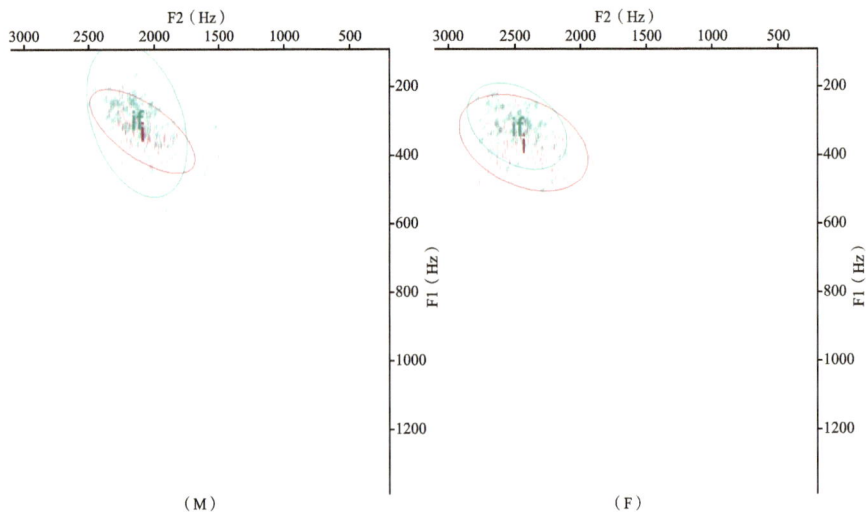

**图 2.23　[i] 元音目标位置共振峰（F1/F2）及其前过渡段
共振峰（TF1/TF2）比较（M&F）**

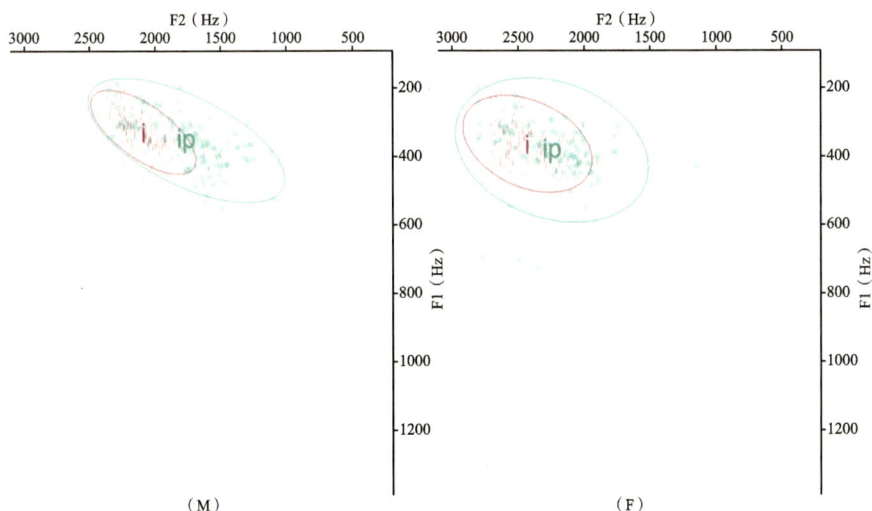

图 2.24　[i] 元音目标位置共振峰（F1/F2）及其后过渡段

共振峰（TP1/TP2）比较（M&F）

我们对目标位置第一、第二共振峰 F1/F2 及其前过渡段 TF1/TF2 和后过渡段 TP1/TP2 共振峰之间做了单因素方差分析，结果见表 2.19。

表 2.19　检验结果

	sig（显著性）			
	M		F	
	F1	F2	F1	F2
目标元音—前过渡元音	.001	.085	.000	.073
目标元音—后过渡元音	.005	.000	.118	.000
前过渡元音—后过渡元音	.000	.000	.000	.000

从检验结果来看，男发音人 F1 上目标元音与前、后过渡段元音有显著性差异；F2 上目标元音与前过渡段元音之间没有显著性差异，目标元音与后过渡段元音之间有显著性差异，前、后过渡段元音之间，男、女发音人表现出相同的规律。

2. 音节数量与声学参数之间的关系

表 2.20 为 [i] 元音在单音节和多音节单词中的出现频率统计表。表 2.20 显示，大约 60%（M）和 54%（F）的 [i] 元音是在双音节词中出

现的。

表 2.20　[i] 元音在不同音节词中出现频率统计

发音人	单音节词		双音节词		三音节词		四音节词		共计	
	M	F	M	F	M	F	M	F	M	F
出现次数	16	16	76	65	31	29	4	11	127	121
百分比	13%	13%	60%	54%	24%	24%	3%	9%	100%	100%

表 2.21 为出现在单音节词、双音节词、三音节词和四音节词中 [i] 元音的音长（VD）、音强（VA）、共振峰目标值（F）统计表。从表 2.21 和图 2.25 中可以看出，音节数量与 [i] 元音有些声学参数之间没有太大的相关性。

M:92ms→73ms→74ms→58ms;M:76.25dB→75.52dB→73.25dB→75dB

F:68ms→66ms→54ms→66ms;F:76.12dB→70.92dB→74.1dB→70.54dB

表 2.21 还显示，[i] 元音目标位置的 F1 和 F2 与音节个数之间有一定相关性。相对音节增多的话 F1（舌位高低）下降，F2（舌位前后）靠口，如 M：F1 = 319Hz（单），F1 = 331Hz（双），F1 = 325Hz（三），F1 = 350Hz（四）；F：F1 = 342Hz（单），F1 = 361Hz（双），F1 = 380Hz（三），F1 = 374Hz（四）。M：F2 = 2141Hz（单），F2 = 2080Hz（双），F2 = 2087Hz（三），F2 = 2068Hz（四）；F：F2 = 2480Hz（单），F2 = 2429Hz（双），F2 = 2420Hz（三），F2 = 2389Hz（四）。

表 2.21　出现在不同音节词中 [i] 元音的声学参数统计

发音人统计项		M					F				
		VD	VA	F1	F2	F3	VD	VA	F1	F2	F3
单音节词	平均值	92	76.25	319	2141	2750	68	76.12	342	2480	3311
	标准差	32	2.76	62	106	205	24	3.59	36	134	244
	变异系数	35%	3.6%	20%	4.9%	7.4%	34%	4.7%	11%	5.3%	7.3%
双音节词	平均值	73	75.52	331	2080	2689	66	70.92	361	2429	3309
	标准差	33	5.02	47	166	242	27	3.67	61	188	247
	变异系数	45%	6.6%	14%	7.9%	9%	41%	5.1%	17%	7.7%	7.4%

续表

发音人统计项		M					F				
		VD	VA	F1	F2	F3	VD	VA	F1	F2	F3
三音节词	平均值	74	73.25	325	2087	2712	54	74.1	380	2420	3328
	标准差	39	4.6	57	175	253	22	3.27	53	225	310
	变异系数	53%	6.2%	18%	8.4%	9.3%	41%	4.6%	14%	9.3%	9.3%
四音节词	平均值	58	75	350	2068	2595	66	70.54	374	2389	3269
	标准差	14	3.8	29	143	86	40	2.29	58	243	237
	变异系数	25%	5.1%	8.4%	6.9%	3.3%	60%	3.2%	15%	10%	7.2%

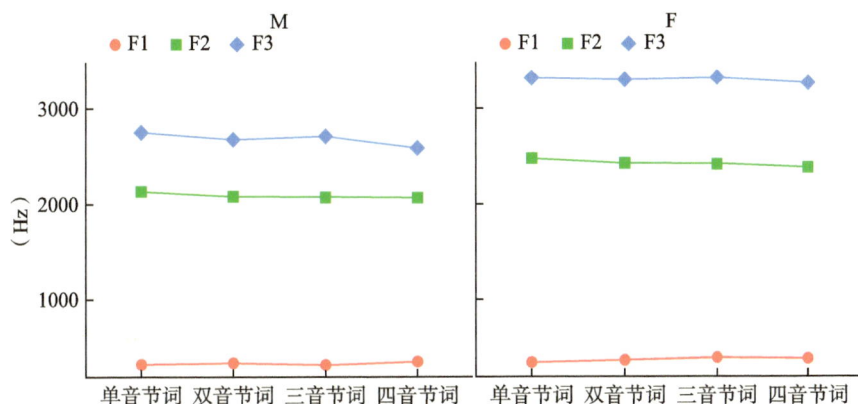

图 2.25　出现在不同音节中［i］元音的三个共振峰均值比较（M&F）

我们对不同音节词中出现的［i］元音 F1/F2、时长的单因素方差分析，结果见表 2.22。

表 2.22　检验结果

	sig（显著性）				M	F
	M		F			
	F1	F2	F1	F2	CD	CD
单音节词—双音节词	.885	.255	.392	.606	.188	.983
单音节词—三音节词	.985	.569	.034	.687	.348	.231
单音节词—四音节词	.520	.775	.376	.685	.034	.999
双音节词—三音节词	.965	.996	.421	.998	1.000	.143

续表

	sig（显著性）					
	M		F		M	F
	F1	F2	F1	F2	CD	CD
双音节词—四音节词	.678	.998	.886	.955	.318	1.000
三音节词—四音节词	.581	.993	.993	.983	.409	.782

从检验结果来看，除了女发音人的单音节词与三音节词之间，该元音 F1 有显著性差异，其他项男、女发音人表现出相同的规律，不同音节词中 [i] 元音 F1/F2 之间差异性不明显。

从时长检验结果来看，除了男发音人单音节词和四音节词的时长之间差异性显著，其他项男、女发音人表现出相同的规律，不同音节词中 [i] 元音时长之间差异性不明显。

3. 音节类型与声学参数之间的关系

表 2.23 为不同音节类型中 [i] 元音出现的频率。[i] 元音在统一平台中共出现 127 次（M）和 121 次（F）。其中，大部分 [i] 都在 CV 或 CVC 音节中出现过。如，男发音人 99 次和女发音人 93 次，所占比例为 77%～78%。

表 2.23　[i] 元音在不同音节类型中的出现频率统计

发音人	音节类型	V	VC	CV	CVC	CVCC	共计
M	出现次数	10	14	56	43	4	127
	百分比	9%	11%	44%	34%	3%	100%
F	出现次数	12	12	56	37	4	121
	百分比	10%	10%	46%	31%	3%	100%

表 2.24 为出现在不同音节类型中 [i] 元音的声学参数统计表，图 2.26 为根据表 2.24 绘制的不同音节中 [i] 元音三个共振峰均值比较图。从表 2.24 和图 2.26 中可以看出，音节类型与元音声学参数之间具有较好相关性。音长在一定程度上受到音节类型的影响，[i] 元音在 V、VC 等元音开头的音节中的音长比其在 CV、CVC、CVCC 等以辅音开头的音节中音长相对长。如，M：在 V、VC 等以元音开头的音节中 [i] 元音音长均值为

119ms，而在 CV、CVC、CVCC 等以辅音开头的音节中其音长均值为 67ms，相差 52ms；F：在 V、VC 等以元音开头的音节中［i］元音的音长均值为 98ms，而在 CV、CVC、CVCC 等音节中为 56ms，相差 42ms。［i］元音 F1 与音节类型之间具有一定的相关性，即以元音开头的音节中［i］元音的 F1 频率比以辅音开头的音节中的频率低，但 F2、F3 正相反。

表 2.24-1　出现在不同音节类型中［i］元音的声学参数统计（M）

		VC	VA	F1	F2	F3
V	平均值	100	68.9	269	2271	3009
	标准差	25	5.21	29	73	75
	变异系数	25%	7.5%	11%	3.2%	2.4%
VC	平均值	137	74.71	260	2237	3003
	标准差	32	3.29	28	36	91
	变异系数	23%	4.4%	11%	1.6%	3%
CV	平均值	54	74.17	343	2030	2629
	标准差	17	4.98	52	181	223
	变异系数	32%	6.7%	15%	8.8%	8.4%
CVC	平均值	77	77.41	343	2078	2626
	标准差	26	2.79	28	112	169
	变异系数	33%	3.6%	8%	5.3%	6.4%
CVCC	平均值	70	78.25	374	2063	2633
	标准差	29	3.77	35	131	258
	变异系数	41%	4.8%	9.4%	6.3%	9.7%

表 2.24-2　出现在不同音节类型中［i］元音的声学参数统计（F）

		VC	VA	F1	F2	F3
V	平均值	97	68.83	292	2532	3547
	标准差	31	3.01	54	205	262
	变异系数	32%	4.3%	19%	8%	7.3%
VC	平均值	98	73.58	318	2520	3452
	标准差	23	4.71	56	166	200
	变异系数	23%	6.4%	18%	6.5%	5.7%

续表

		VC	VA	F1	F2	F3
CV	平均值	50	69.98	374	2411	3254
	标准差	18	3.58	48	190	211
	变异系数	35%	5.1%	13%	7.9%	6.4%
CVC	平均值	62	73.35	387	2397	3272
	标准差	21	3.13	45	204	292
	变异系数	33%	4.2%	12%	8.5%	8.9%
CVCC	平均值	55	73.75	368	2430	3313
	标准差	18	2.62	36	138	265
	变异系数	32%	3.5%	9.8%	5.6%	8%

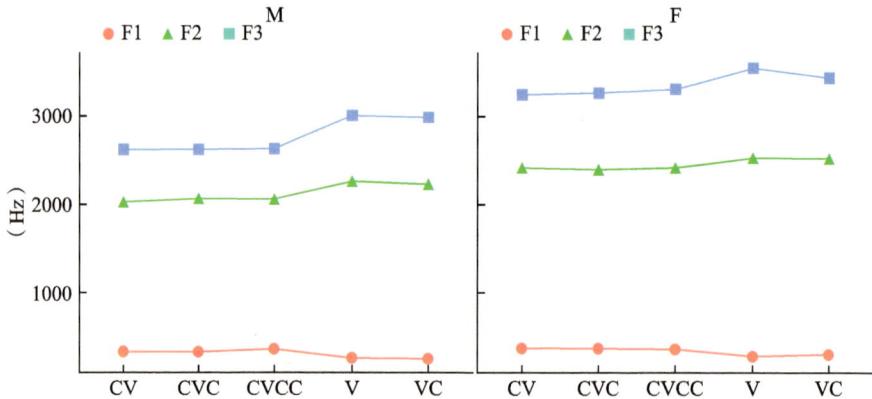

图 2.26　不同音节中［i］元音三个共振峰均值比较（M&F）

我们对不同音节类型中出现的［i］元音共振峰 F1/F2、时长做了单因素方差分析，结果见表 2.25。

表 2.25　检验结果

	sig（显著性）					
	M		F		M	F
	F1	F2	F1	F2	CD	CD
V—VC	.937	.637	.776	1.000	.028	1.000
V—CV	.000	.000	.002	.364	.002	.002
V—CVC	.000	.000	.000	.307	.130	.020

续表

	sig（显著性）					
	M		F		M	F
	F1	F2	F1	F2	CD	CD
V—CVCC	.019	.166	.074	.789	.444	.053
VC—CV	.000	.000	.041	.303	.000	.000
VC—CVC	.000	.000	.010	.254	.000	.001
VC—CVCC	.016	.258	.322	.816	.042	.039
CV—CVC	1.000	.491	.650	.997	.000	.039
CV—CVCC	.547	.986	.997	.999	.818	.977
CVC—CVCC	.512	.999	.847	.990	.982	.937

从检验结果来看，不同音节类型中［i］元音的 F1/F2 在元音同类音节，例如元音开头的 V、VC、VCC 音节之间差异性不明显，辅音开头的 CV、CVC、CVCC 音节之间差异性不明显。但是不同类型元音开头的音节和辅音开头的音节之间有不同的表现。

从时长检验结果来看，女发音人不同音节类型中［i］元音的时长在元音同类音节，例如元音开头的 V、VC、VCC 音节之间差异性不明显，辅音开头的 CV、CVC、CVCC 音节之间差异性不明显；男发音人辅音开头的 CV、CVC、CVCC 音节之间差异性不明显，元音开头的 V、VC、VCC 音节之间差异性显著。但是不同类型元音开头的音节和辅音开头的音节之间有不同的表现（除了男发音人 V—CVCC 之间）。

4. 辅音音质与声学参数之间的关系

图 2.27 为词首音节（包括单音节词）［p-、x-、t-、k-、n-、m-、tʰ-、ʧʰ-、ʧ-、j-、kʰ］等辅音之后和 V 开头音节（无前置辅音）中［i］元音音长比较图。从图 2.27 中可以看出，辅音音质与［i］元音有些声学参数之间具有较好的相关性。如，总体上看出现在送气辅音［tʰ、kʰ、ʧʰ］之后［i］元音的音长比出现在不送气塞音和塞擦音之后的音长相对短；浊辅音［n，m，j］之后的元音音长相对比其他元音长。

图 2.28 为词首音节（包括单音节词）［p-、x-、t-、k-、n-、m-、tʰ-、ʧʰ-、ʧ-、j-、kʰ］等辅音之后［i］元音第一、第二和第三共振峰前过渡 TF1、TF2、TF3 的变化示意图，以 TF2 的上升为准排列，即以舌位自后至

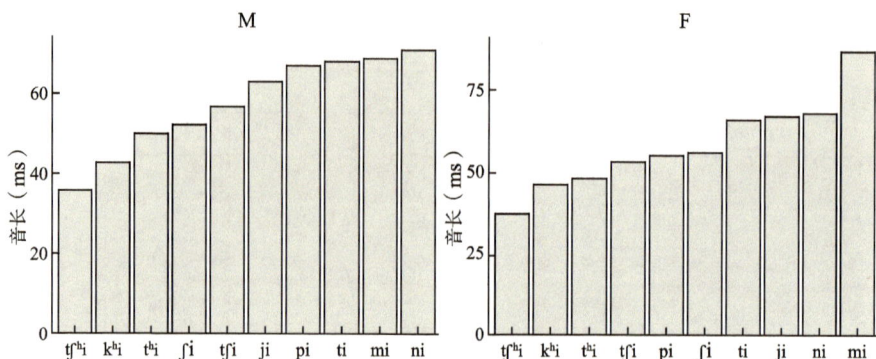

图 2.27　出现在词首音节不同辅音之后和无前置辅音音节中
［i］元音音长比较（M&F）

前排列。从图中可以看出，男发音人［i］元音前过渡在［tʰ，ʧʰ，p，kʰ，
ʃ］辅音之后较低，而在其他辅音之后较高；女发音人［i］元音前过渡在
［kʰ，ʃ，p，ʧʰ］辅音之后较低，而在其他辅音之后较高。

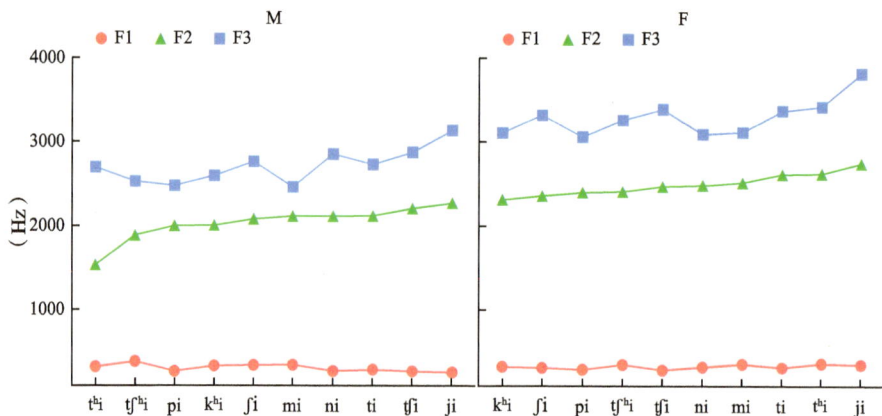

图 2.28　词首音节［i］元音三个共振峰前过渡 TF1、TF2、TF3
等的变化示意（M&F）

（四）［ʉ］元音

1. 参数平均值及其音质定位

表 2.26 为［ʉ］元音声学参数总统计表。该元音词首音节在男发音人
中没出现，在女发音人中出现 30 次。

表 2.26 ［ʉ］元音声学参数统计

	F				
	VD	VA	F1	F2	F3
平均值	52	72.13	419	1388	2818
标准差	21	3.24	50	120	267
变异系数	41%	4.4%	12%	8.6%	9.6%

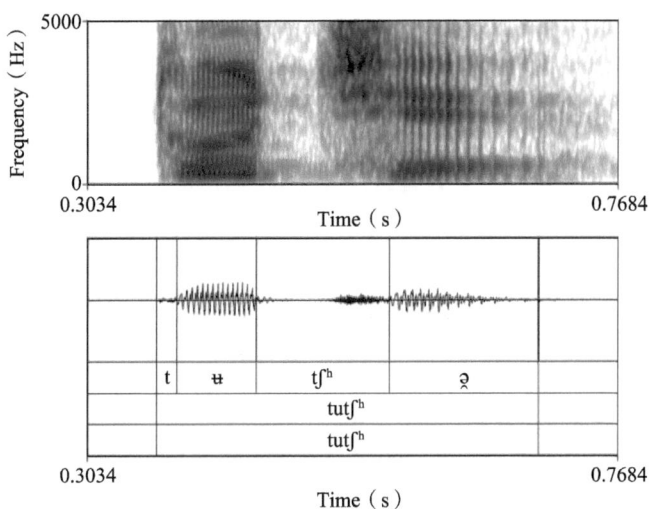

图 2.29 女发音人［tʉʧʰ］"四十"一词的三维语图和三层标注实例

图 2.29 为女发音人［tʉʧʰ］"四十"一词的三维语图和三层标注实例。其中，词首元音［ʉ］的目标位置的 F1～F4 共振峰分别为 508Hz、1409Hz、3007Hz、3858Hz。

（五）［o］元音

1. 参数平均值及其音质定位

表 2.27 为［o］元音声学参数统计总表。该表显示，男、女发音人［o］元音平均时长、平均音强分别为 M = 86ms，F = 83ms；M = 78.67dB，F = 75.6dB。该元音 F1 和 F2 的频率均值分别为 M：F1 = 594Hz，F2 = 933Hz；F：F1 = 637Hz，F2 = 1148Hz。

表 2.27 ［o］元音声学参数统计

	M					F				
	VD	VA	F1	F2	F3	VD	VA	F1	F2	F3
平均值	86	78.67	594	933	2343	83	75.6	637	1148	2768
标准差	29	2.96	51	127	175	30	2.75	56	147	193
变异系数	34%	3.7%	8.5%	14%	7.4%	36%	3.6%	8.8%	13%	6.9%

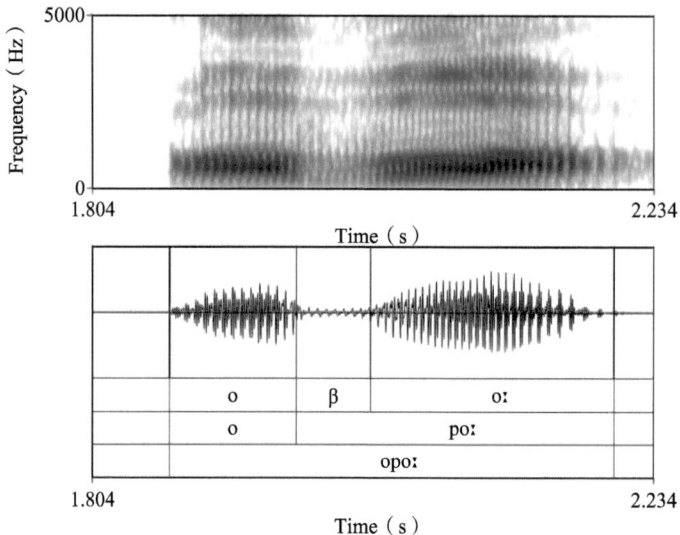

图 2.30 男发音人［oβoː］"土堆，敖包"一词的三维语图和三层标注实例

我们认为该元音为中、后、圆唇、紧元音。图 2.30 为男发音人
［oβoː］"土堆，敖包"一词的三维语图和三层标注实例。其中，词首元音
［o］的目标位置的 F1~F4 共振峰分别为 574Hz、805Hz、2623Hz、3350Hz。
这是［o］元音比较典型的声学语图。虽然其后半段（后过渡）受［β］的
影响 F1 有所下降。图 2.31 为男、女发音人［o］元音在声学元音图中的位
置及其声学空间中的分布模式图。显然，该元音在声学空间中的分布相对
离散，其分布特点为主要上、下（↑↓）方向扩散。

图 2.32~2.33 为［o］元音目标位置共振峰及其前、后过渡段共振峰比
较图。其中，图 2.32 为目标位置共振峰 F1/F2 和前过渡段 TF1/TF2 比较图，
图 2.33 为目标位置共振峰 F1/F2 和后过渡段 TP1/TP2 比较图。从图 2.32~
2.33 中可以看出，与目标位置共振峰频率相比，［o］元音前、后过渡段共

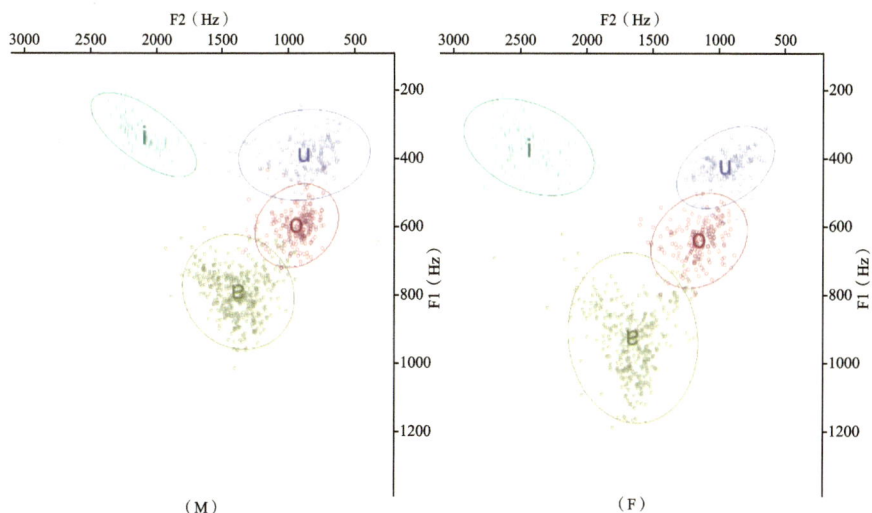

图 2.31　[o] 元音在声学元音图中的位置及其声学空间中的分布模式（M&F）

振峰频率显然都有所变化。其中，前过渡段频率 TF1/TF2 都有所上升，后过渡段 TP1 频率上升，TP2 频率却明显上升，与目标位置共振峰 F1/F2 相比趋向于前高，仍遵循"前段变化大于后段"规律。

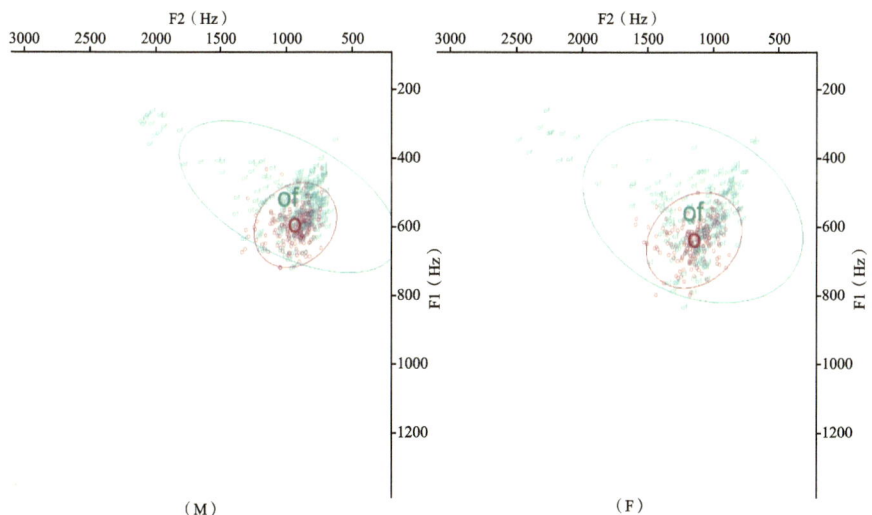

**图 2.32　[o] 元音目标位置共振峰（F1/F2）及其前过渡段
共振峰（TF1/TF2）比较（M&F）**

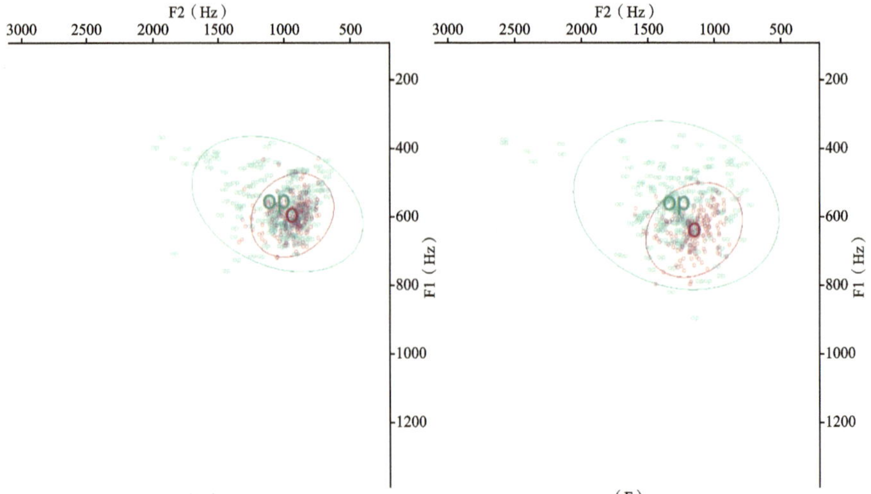

图 2.33　[o] 元音目标位置共振峰（F1/F2）及其后过渡段共振峰（TP1/TP2）比较（M&F）

我们对目标位置第一、第二共振峰 F1/F2 及其前过渡段 TF1/TF2 和后过渡段 TP1/TP2 共振峰之间做了单因素方差分析，结果见表 2.28。

表 2.28　检验结果

	sig（显著性）			
	F		M	
	F1	F2	F1	F2
目标元音—前过渡元音	.000	.087	.000	.967
目标元音—后过渡元音	.000	.000	.000	.000
前过渡元音—后过渡元音	.000	.110	.463	.001

从检验结果来看，男、女发音人 F1 上目标元音与前、后过渡段元音之间有显著性差异；F2 上目标元音与前过渡段元音之间没有显著性差异，目标元音与后过渡段元音之间有显著性差异；前、后过渡段元音之间，男、女发音人表现出不同的规律。

2. 音节数量声学参数与之间的关系

表 2.29 为不同音节中 [o] 元音的频率统计表。表 2.29 显示，大约 55%（M）和 51%（F）的 [o] 元音都在双音节词中出现的。表 2.30 为单

音节词、双音节词、三音节词和四音节词中［o］元音的音长（VD）、音强（VA）、共振峰目标值（F）统计表。表 2.30 显示，音节数量与该元音音长、音强之间没有太大的相关性。

M：110ms→80ms→86ms→83ms；M：81.57dB→78.44dB→77.4dB→77.11dB

F：86ms→83ms→75ms→103ms；F：77.52dB→75.15dB→74.88dB→75.75dB

表 2.30 和图 2.34 显示，男、女发音人［o］元音目标位置上 F1 和 F2 频率基本上不受音节数量的影响。如，M：F1 = 610Hz，594Hz，587Hz，565Hz；F：F1 = 655Hz，629Hz，639Hz，634Hz；M：F2 = 942Hz，926Hz，949Hz，920Hz；F：F2 = 1140Hz，1147Hz，1167Hz，1098Hz。

表 2.29　不同音节中 ［o］ 元音的频率统计

	单音节词		双音节词		三音节词		四音节词		共计	
发音人	M	F	M	F	M	F	M	F	M	F
出现次数	33	36	105	90	45	42	9	8	192	176
百分比	17%	20%	55%	51%	23%	24%	5%	5%	100%	100%

表 2.30　不同音节词中 ［o］ 元音的声学参数统计

发音人统计项		M					F				
		VD	VA	F1	F2	F3	VD	VA	F1	F2	F3
单音节词	平均值	110	81.57	610	942	2373	86	77.52	655	1140	2694
	标准差	31	2.93	51	129	197	29	2.69	61	169	245
	变异系数	27.8%	3.6%	8.3%	14%	8.3%	33%	3.4%	9.3%	15%	9%
双音节词	平均值	80	78.44	594	926	2333	83	75.15	629	1147	2778
	标准差	26	2.61	52	113	172	30	2.6	58	128	167
	变异系数	33%	3.3%	8.8%	12%	7.3%	36%	3.4%	9.2%	11%	6%
三音节词	平均值	86	77.4	587	949	2332	75	74.88	639	1167	2813
	标准差	26	2.27	45	149	167	24	2.17	45	168	197
	变异系数	31%	2.9%	7.6%	16%	7.1%	32%	2.9%	7%	14%	6.9%
四音节词	平均值	83	77.11	565	920	2408	103	75.75	634	1098	2763
	标准差	33	3.29	44	164	176	49	3.84	50	142	107
	变异系数	40%	4.2%	7.7%	18%	7.2%	47%	5%	7.8%	13%	3.8%

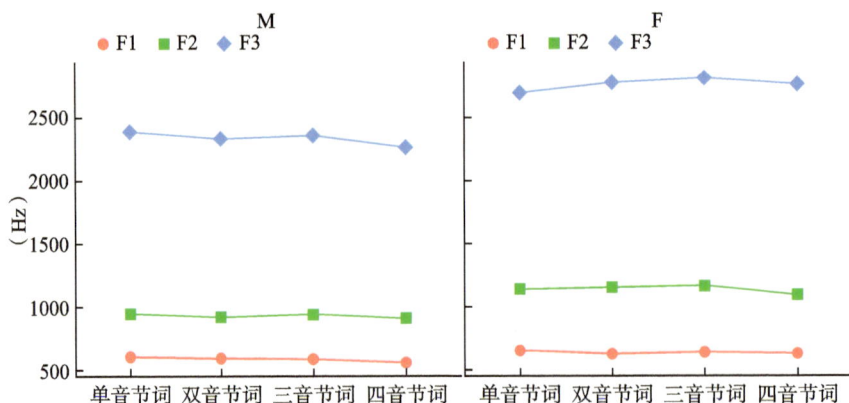

图 2.34　不同音节中［o］元音的三个共振峰频率均值比较（M&F）

我们对不同音节词中出现的［o］元音共振峰 F1/F2、时长做了单因素方差分析，结果见表 2.31。

表 2.31　检验结果

	sig（显著性）					
	M		F		M	F
	F1	F2	F1	F2	CD	CD
单音节词—双音节词	.424	.916	.127	.996	.000	.947
单音节词—三音节词	.188	.997	.534	.891	.002	.222
单音节词—四音节词	.080	.982	.738	.883	.182	.795
双音节词—三音节词	.848	.793	.714	.900	.542	.301
双音节词—四音节词	.289	1.000	.990	.781	.987	.689
三音节词—四音节词	.523	.961	.996	.622	.996	.432

我们从共振峰检验结果来看，男、女发音人表现出相同的规律，不同音节词中［o］元音 F1/F2 之间差异性不明显。

从时长检验结果来看，男发音人中，单音节词—双音节词，单音节词—三音节词之间的时长有显著性差异，其他项男女发音人表现出相同的规律，不同音节词中［o］元音时长之间差异性不明显。

3. 音节类型与声学参数之间的关系

表 2.32 为［o］元音在不同音节类型中的出现频率统计表，［o］元音主要在 CV、CVC 等两种音节中出现。如男、女两位发音人 73%～76% 的

[o] 都在这两类音节中出现的。可见，每一个元音所出现的音节类型都有其自身的特点。

表 2.32　[o] 元音在不同音节类型中的出现频率统计

发音人	音节类型	V	VC	VCC	CV	CVC	CVCC	共计
M	出现次数	14	20	5	68	73	12	192
	百分比	7%	11%	3%	35%	38%	6%	100%
F	出现次数	9	18	7	66	67	9	176
	百分比	5%	10%	4%	38%	38%	5%	100%

表 2.33 为不同音节类型中 [o] 元音的声学参数统计表，图 2.35 为根据表 2.33 绘制的不同音节中 [o] 元音的三个共振峰频率均值比较图。从图表中可以看出，音节类型与元音有些声学参数之间具有一定的相关性。如，出现在 V、VC、VCC 等以元音开头的音节中 [o] 元音的音长比其在 CV、CVC、CVCC 等以辅音开头的音节中音长相对长。如，男发音人在 V、VC、VCC 等以元音开头的音节中 [o] 元音音长均值为 109ms，而在 CV、CVC、CVCC 等以辅音开头的音节中其音长均值为 88ms，相差 21ms（有差异）；女发音人在 V、VC、VCC 等以元音开头的音节中 [o] 元音的音长均值为 96ms，而在 CV、CVC、CVCC 等音节中其音长均值为 78ms，相差 18ms（有差异）；本次实验结果显示，该元音音强、共振峰与音节类型之间没有明显的相关性。如，两个发音人出现在 V、VC、VCC 等音节中的 [o] 元音 F1 和 F2 的频率相对低于出现在 CV、CVC、CVCC 等音节中的频率；两个发音人出现在 V、VC、VCC 等音节中的 [o] 元音 F3 的频率高于出现在 CV、CVC、CVCC 等音节中的频率，请见图 2.35。

表 2.33-1　出现不同音节类型中 [o] 元音的声学参数统计（M）

		VC	VA	F1	F2	F3
V	平均值	110	79.21	595	858	2413
	标准差	17	2.11	45	92	146
	变异系数	15	2.6	7.5	11	6

续表

		VC	VA	F1	F2	F3
VC	平均值	113	80.05	591	842	2379
	标准差	24	3.05	57	57	132
	变异系数	21	3.8	9.6	6.8	5.5
VCC	平均值	103	81.2	589	931	2304
	标准差	12	0.8	25	63	103
	变异系数	11	1	4.2	6.8	4.4
CV	平均值	70	77.01	579	940	2327
	标准差	24	2.8	56	124	192
	变异系数	35	3.6	9.6	13	8.2
CVC	平均值	97	79.36	602	963	2345
	标准差	28	2.65	44	140	178
	变异系数	33	3.3	7.3	15	7.6
CVCC	平均值	98	79.91	629	961	2291
	标准差	26	2.81	38	106	167
	变异系数	27	3.5	5.9	11	7.3

表 2.33-2 出现不同音节类型中［o］元音的声学参数统计（F）

		VC	VA	F1	F2	F3
V	平均值	99	74.88	595	1011	2859
	标准差	21	3.68	44	84	163
	变异系数	21	4.9	7.3	8.3	5.6
VC	平均值	98	75.66	614	1022	2762
	标准差	28	2.58	53	90	127
	变异系数	28	3.4	8.6	8.7	4.6
VCC	平均值	92	77	587	1045	2609
	标准差	29	2	36	63	306
	变异系数	32	2.5	6.1	6	12
CV	平均值	78	74.48	635	1162	2809
	标准差	31	2.65	54	137	167
	变异系数	40	3.5	8.5	12	5.9

续表

		VC	VA	F1	F2	F3
CVC	平均值	81	76.67	653	1199	2758
	标准差	29	2.19	56	142	198
	变异系数	36	2.8	8.6	12	7.1
CVCC	平均值	76	75.33	651	1136	2584
	标准差	27	4	44	197	230
	变异系数	35	5.3	6.8	17	8.9

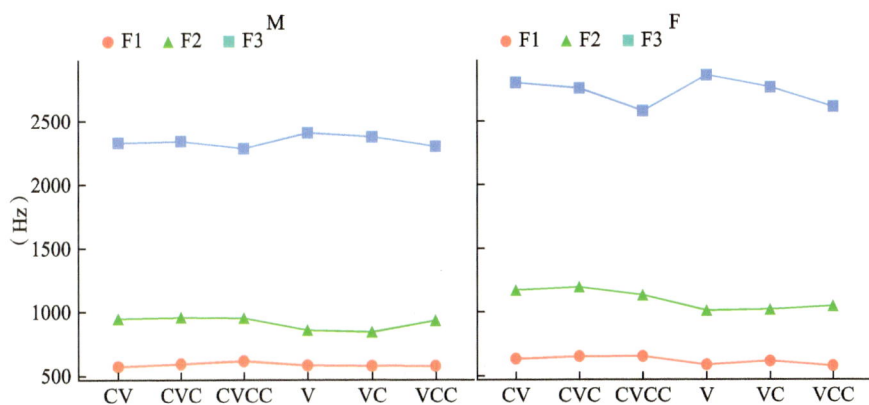

图 2.35　不同音节中［o］元音的三个共振峰频率均值比较（M&F）

我们对不同音节类型中出现的［o］元音共振峰 F1/F2、时长做了单因素方差分析，结果见表 2.34。

表 2.34　检验结果

	sig（显著性）					
	M		F		M	F
	F1	F2	F1	F2	CD	CD
V—VC	1.000	.993	.928	.999	.999	1.000
V—VCC	.999	.421	.998	.936	.908	.993
V—CV	.857	.083	.204	.004	.000	.154
V—CVC	.992	.016	.035	.000	.003	.258
V—CVCC	.314	.133	.135	.533	.702	.382
VC—VCC	1.000	.175	.698	.980	.794	.995

续表

	sig（显著性）					
	M		F		M	F
	F1	F2	F1	F2	CD	CD
VC—CV	.960	.000	.639	.000	.000	.114
VC—CVC	.962	.000	.087	.000	.003	.216
VC—CVCC	.239	.028	.410	.594	.574	.384
VCC—CV	.974	1.000	.080	.015	.008	.831
VCC—CVC	.857	.918	.014	.002	.193	.922
VCC—CVCC	.173	.977	.058	.779	.987	.870
CV—CVC	.078	.906	.424	.632	.004	.994
CV—CVCC	.009	.988	.920	.999	.040	1.000
CVC—CVCC	.280	1.000	1.000	.928	.779	.996

我们从共振峰检验结果来看，不同音节类型中［o］元音的 F1/F2 在元音同类音节，例如元音开头的 V、VC、VCC 音节之间差异性不明显，辅音开头的 CV、CVC、CVCC 音节之间差异性不明显（除了 CV—CVCC）。

从时长检验结果来看，不同音节类型中［o］元音的时长在元音同类音节，女发音人的所有不同音节类型之间差异性不显著。男发音人的规律不明显。

4. 辅音音质与声学参数之间的关系

图 2.36 为词首音节不同辅音之后和无前置辅音音节中［o］元音音长比较图，图 2.37 为词首音节（包括单音节词）［o］元音第一、第二和第三共振峰前过渡段 TF1、TF2、TF3 的变化示意图，以 TF2 的上升为序排列的，即以舌位自后至前排列示意图。

从这些图中可以看出，辅音音质与［o］元音有些声学参数之间具有一定的相关性。如，出现在送气辅音和清擦音之后的［o］元音音长比出现在不送气塞音和塞擦音，以及其他辅音之后的［o］元音音长相对短。［o］在［x，p，k，m］辅音后接的元音的前过渡段频率低于其他辅音之后的频率。

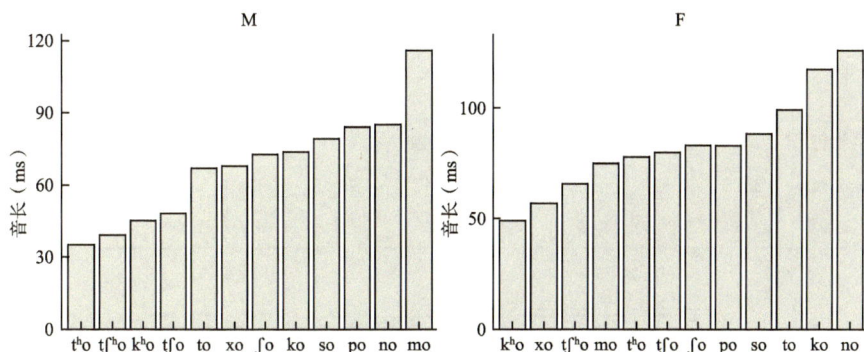

图 2.36　出现在词首音节不同辅音之后和无前置辅音音节中 [o] 元音音长比较（M&F）

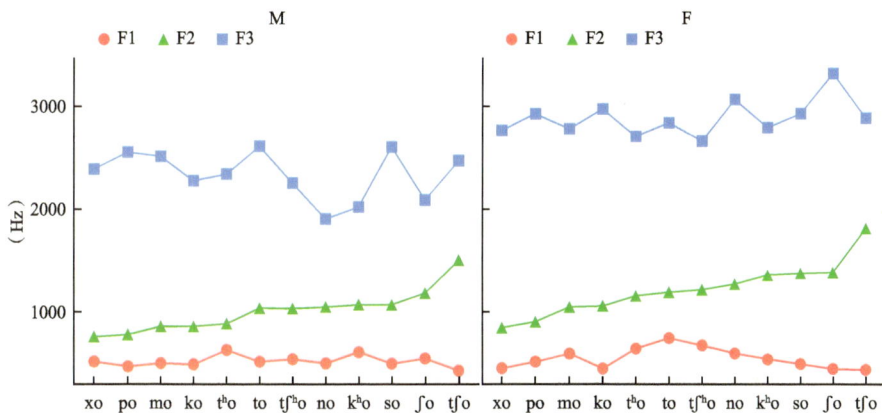

图 2.37　词首音节 [o] 元音三个共振峰前过渡 TF1、TF2、TF3 等的变化示意（M&F）

（六）[u] 元音

1. 参数平均值及其音质定位

表 2.35 为 [u] 元音声学参数统计总表。该统计表显示，男、女发音人 [u] 元音平均时长、平均音强分别为 M＝72ms，F＝62ms；M＝73.62dB，F＝71.01dB。该元音 F1 和 F2 的频率均值分别为 M：F1＝387Hz，F2＝873Hz；F：F1＝422Hz，F2＝949Hz。

表 2.35　　[u] **元音声学参数统计**

	M					F				
	VD	VA	F1	F2	F3	VD	VA	F1	F2	F3
平均值	72	73.62	387	873	2422	62	71.01	422	949	2829
标准差	32	3.87	54	200	147	26	3.23	48	149	210
变异系数	45%	5.2%	14%	23%	6%	42%	4.5%	11%	15%	7.4%

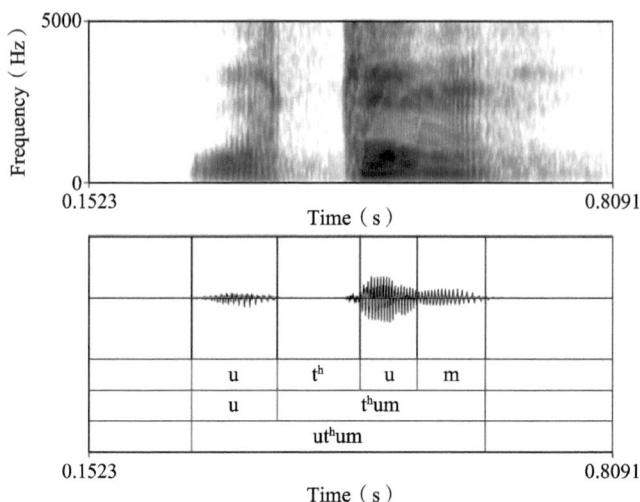

图 2.38　**男发音人** [utʰum] **"点心，饽饽"一词的三维语图和三层标注实例**

　　我们认为该元音为高、后、圆唇、松元音。图 2.38 为男发音人 [utʰum] "点心，饽饽"一词的三维语图和三层标注实例。其中，词首元音 [u] 的目标位置的 F1~F4 共振峰分别为 360Hz、714Hz、2471Hz、3281Hz。这是 [u] 元音比较典型的声学语图。图 2.39 为男、女发音人 [u] 元音在声学元音图中的位置及其声学空间中的分布模式图。

　　显然，该元音在声学空间中的分布特点为前、后（↔）方向扩散。

　　图 2.40~2.41 为 [u] 元音目标位置共振峰及其前、后过渡段共振峰比较图。其中，图 2.40 为 [u] 元音目标位置共振峰 F1/F2 和前过渡段 TF1/TF2 比较图，图 2.41 为 [u] 元音目标位置共振峰 F1/F2 和后过渡段 TP1/TP2 比较图。从图 2.40~2.41 中可以看出，与目标位置共振峰频率相比，[u] 元音前、后过渡段共振峰频率都有所变化，总体上"后段变化大于前段"。其中，前过渡段和后过渡段 TP2 的频率发生了较大的变化，与目标位

置共振峰相比整体上趋向于"前高"。

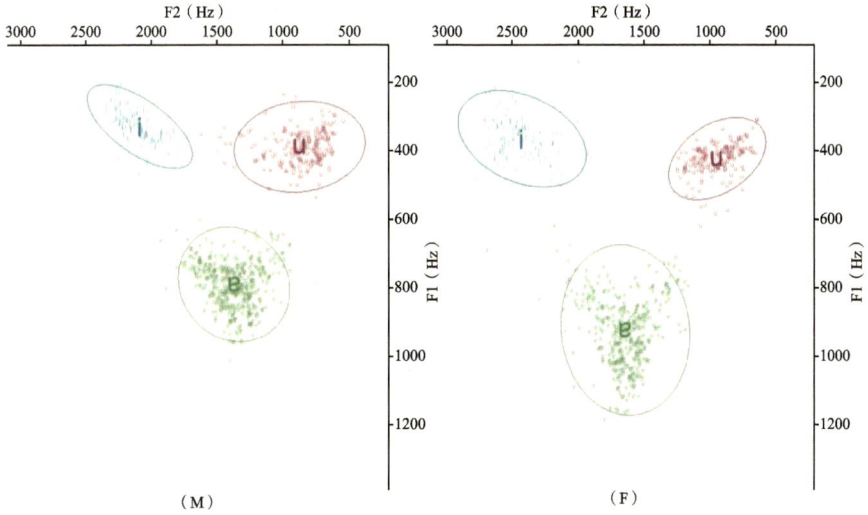

图 2.39　［u］元音在声学元音图中的位置及其声学空间中的分布模式（M&F）

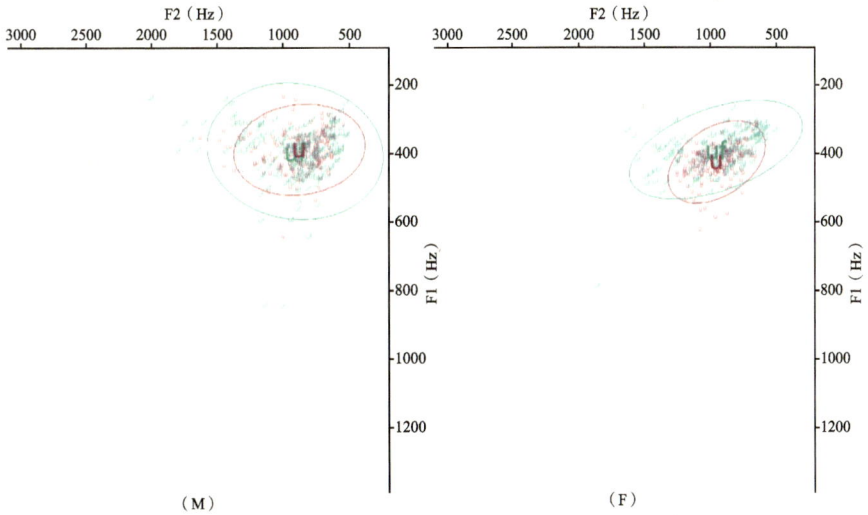

图 2.40　［u］元音目标位置共振峰（F1/F2）及其前过渡段
共振峰（TF1/TF2）比较（M&F）

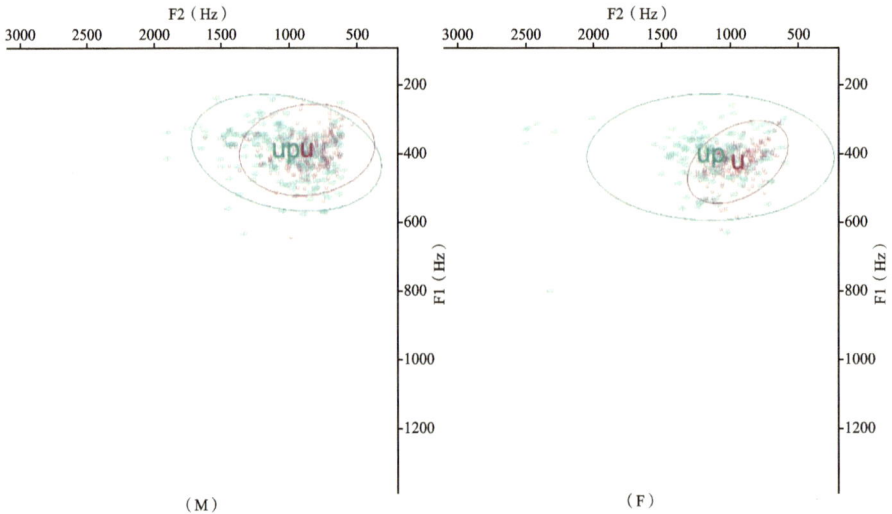

图 2.41 ［u］元音目标位置共振峰（F1/F2）及其后过渡段
共振峰（TP1/TP2）比较（M&F）

我们对目标位置第一、第二共振峰 F1/F2 及其前过渡段 TF1/TF2 和后过渡段 TP1/TP2 共振峰之间做了单因素方差分析，结果见表 2.36。

表 2.36 检验结果

	sig（显著性）			
	M		F	
	F1	F2	F1	F2
目标元音—前过渡元音	.778	.366	.000	.988
目标元音—后过渡元音	.424	.000	.144	.000
前过渡元音—后过渡元音	.904	.000	.017	.000

从检验结果来看，男发音人的 F1 上目标元音与前、后过渡段元音差异不显著，前、后过渡段元音之间差异不显著；女发音人的 F1 上目标元音与前过渡段元音之间，前、后过渡段元音之间有显著性差异，目标元音与后过渡段元音差异不显著。F2 上目标元音与前过渡段元音之间没有显著性差异，目标元音与后过渡段元音之间，前、后过渡段元音之间有显著性差异。男、女发音人表现出相同的规律。

2. 音节数量与声学参数之间的关系

表 2.37 为 [u] 元音在单音节和多音节单词中的出现频率统计表。表 2.37 显示，大约 62%（M）和 68%（F）的 [u] 元音都是在双音节词中出现的。

表 2.37　出现在不同音节词中 [u] 元音频率统计

发音人	单音节词		双音节词		三音节词		四音节词		共计	
	M	F	M	F	M	F	M	F	M	F
出现次数	24	17	119	103	42	20	6	12	191	152
百分比	13%	11%	62%	68%	22%	13%	3%	8%	100%	100%

表 2.38 为出现在单音节词、双音节词、三音节词、四音节词中 [u] 元音的音长（VD）、音强（VA）、共振峰目标值（F）统计表。从图 2.42 中可以看出，音节数量和共振峰之间没有相关性。从表 2.38 中可以看出，音节数量与 [u] 元音音长没有相关性，和音强之间具有较好的相关性。音强随着音节数量的增多相对变弱。

M:70ms→69ms→81ms→81ms;M:76.04dB→73.52dB→72.8dB→71.66dB

F:66ms→62ms→63ms→47ms;F:73.41dB→71.13dB→70.03dB→69dB

表 2.38　出现在不同音节词中 [u] 元音的声学参数统计

发音人统计项		M					F				
		VD	VA	F1	F2	F3	VD	VA	F1	F2	F3
单音节词	平均值	70	76.04	394	883	2406	66	73.41	423	923	2723
	标准差	28	2.91	46	212	126	32	2.06	60	139	162
	变异系数	40%	3.8%	12%	24%	5.2%	48%	2.8%	14%	15%	5.9%
双音节词	平均值	69	73.52	390	865	2413	62	71.13	420	953	2833
	标准差	32	3.99	56	182	146	25	3.11	45	150	227
	变异系数	46%	5.4%	14%	21%	6%	41%	4.3%	11%	16%	8%
三音节词	平均值	81	72.8	375	882	2434	63	70.03	428	898	2846
	标准差	34	3.56	51	237	160	23	2.91	60	128	188
	变异系数	42%	4.8%	14%	27%	6.5%	37%	4.1%	14%	14%	6.6%

续表

发音人统计项		M					F				
		VD	VA	F1	F2	F3	VD	VA	F1	F2	F3
四音节词	平均值	81	71.66	377	934	2574	47	69	431	1077	2910
	标准差	33	3.55	53	261	103	24	4.26	32	137	106
	变异系数	41%	4.9%	14%	28%	3.9%	52%	6.1%	7.4%	13%	3.6%

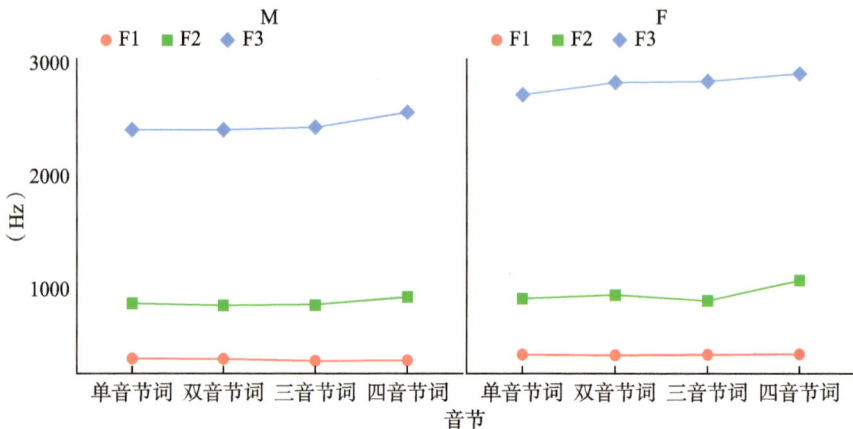

图 2.42　不同音节中〔u〕元音的三个共振峰均值比较（M&F）

我们对不同音节词中出现的〔u〕元音 F1/F2、时长做了单因素方差分析，结果见表 2.39。

表 2.39　检验结果

	sig（显著性）					
	M		F		M	F
	F1	F2	F1	F2	CD	CD
单音节词—双音节词	.980	.981	.997	.842	.996	.974
单音节词—三音节词	.412	1.000	.992	.930	.450	.993
单音节词—四音节词	.873	.969	.960	.031	.862	.281
双音节词—三音节词	.399	.976	.899	.200	.147	.997
双音节词—四音节词	.925	.916	.675	.046	.793	.199
三音节词—四音节词	1.000	.965	.995	.005	1.000	.209

我们从共振峰检验结果来看，男、女发音人表现出相同的规律，不同

音节词中［u］元音 F1/F2 之间差异性不明显，只有女发音人的三音节词—四音节词中［u］的 F2 有显著性差异。

不同音节词中［u］元音时长的单因素方差分析结果如下。

从时长检验结果来看，男、女发音人表现出相同的规律，不同音节词中［u］元音时长之间差异性不明显。

3. 音节类型与声学参数之间的关系

统一平台统计结果显示，［u］元音主要在 CV、CVC 音节中出现。如，在统一平台中出现的 191 次（M）和 162 次（F）［u］元音中，72% 的［u］都在这两类音节中出现过，见表 2.40。

表 2.40 不同音节类型中［u］元音的频率统计

发音人	音节类型	V	VC	VCC	CV	CVC	CVCC	共计
M	出现次数	27	18		68	68	10	191
	百分比	14%	9%		36%	36%	5%	100%
F	出现次数	25	14	1	69	46	7	162
	百分比	15%	9%		43%	29%	4%	100%

* 空白为未出现，下同。

表 2.41 为不同音节类型中［u］元音的声学参数统计表，图 2.43 为根据表 2.41 所画的不同音节中［u］元音的第一、第二、第三共振峰均值比较图。上述图表显示，音节类型与元音有些声学参数之间具有一定的相关性。如，出现在 V、VC、VCC 等以元音开头的音节中［o］元音的音长比其在 CV、CVC、CVCC 等以辅音开头的音节中音长相对长。如，男发音人在 V、VC 等以元音开头的音节中［o］元音音长均值为 114ms，而在 CV、CVC、CVCC 等以辅音开头的音节中其音长均值为 59ms，相差 55ms；女发音人在 V、VC、VCC 等以元音开头的音节中［u］元音的音长均值为 89ms，而在 CV、CVC、CVCC 等音节中［u］元音的音长均值为 56ms，相差 33ms。

该元音共振峰与音节类型之间有较好的相关性。出现在 V、VC、VCC 等音节中［u］元音共振峰 F1、F2、F3 低于在 CV、CVC、CVCC 等音节中的频率。

显然，［u］元音共振峰（F1、F2、F3）与音节类型之间的关系较密切。

表 2.41-1　不同音节类型中［u］元音的声学参数统计（M）

		VC	VA	F1	F2	F3
V	平均值	110	69.88	363	731	2416
	标准差	30	4.77	45	106	186
	变异系数	27%	6.8%	12%	15%	7.7%
VC	平均值	117	72.22	368	750	2435
	标准差	16	4.86	76	108	96
	变异系数	14%	6.7%	21%	14%	3.9%
CV	平均值	59	74.1	389	933	2422
	标准差	25	3.15	55	205	166
	变异系数	42%	4.2%	14%	219%	6.8%
CVC	平均值	60	74.69	399	899	2437
	标准差	18	2.96	46	201	122
	变异系数	30%	3.9%	12%	22%	4.9%
CVCC	平均值	57	75.7	389	907	2321
	标准差	23	2.45	50	237	98
	变异系数	41%	3.2%	13%	26%	4.2%

表 2.41-2　不同音节类型中［u］元音的声学参数统计（F）

		VC	VA	F1	F2	F3
V	平均值	85	68.4	384	813	2848
	标准差	24	2.44	33	99	260
	变异系数	28%	3.5%	8.5%	12%	9.1%
VC	平均值	81	70.57	388	853	2897
	标准差	18	2.4	17	115	116
	变异系数	23%	3.4%	4.2%	14%	4%
VCC	平均值	100	75	385	831	2539
	标准差					
	变异系数					
CV	平均值	55	70.59	433	993	2854
	标准差	22	3.44	51	129	192
	变异系数	41%	4.8%	12%	13%	6.7%

续表

		VC	VA	F1	F2	F3
CVC	平均值	52	72.78	433	983	2788
	标准差	18	2.25	41	158	221
	变异系数	34%	3%	9.4%	16%	7.9%
CVCC	平均值	61	73.28	462	989	2730
	标准差	45	2.87	55	132	216
	变异系数	74%	3.9%	12%	13%	7.9%

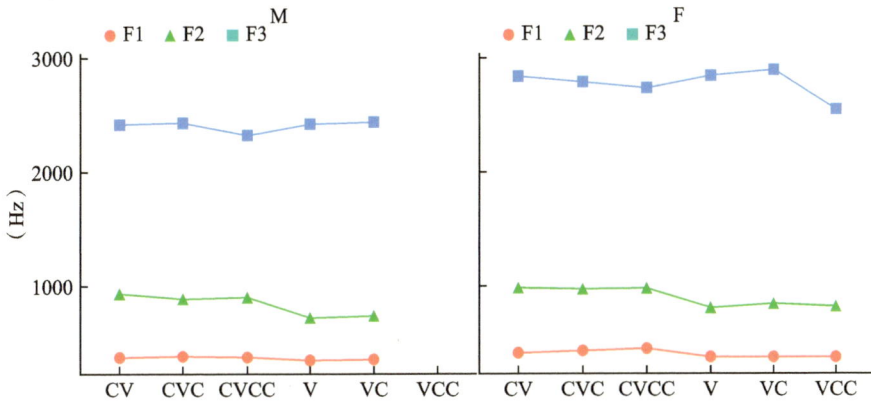

图 2.43 不同音节中 [u] 元音的三个共振峰均值比较 （M&F）

我们对不同音节词中出现的 [u] 元音 F1/F2、时长做了单因素方差分析，结果见表 2.42。

表 2.42 检验结果

	sig（显著性）					
	M		F		M	F
	F1	F2	F1	F2	CD	CD
V—VC	.999	.979	.986	.811	.877	.960
V—CV	.142	.000	.000	.000	.000	.000
V—CVC	.009	.000	.000	.000	.000	.000
V—CVCC	.622	.233	.051	.063	.000	.660
VC—CV	.795	.000	.000	.005	.000	.001

续表

	sig（显著性）					
	M		F		M	F
	F1	F2	F1	F2	CD	CD
VC—CVC	.474	.001	.000	.018	.000	.000
VC—CVCC	.897	.335	.064	.209	.000	.795
CV—CVC	.793	.860	1.000	.996	.989	.970
CV—CVCC	1.000	.997	.696	1.000	.999	.996
CVC—CVCC	.973	1.000	.688	1.000	.989	.986

我们从共振峰检验结果来看，不同音节类型中［u］元音的F1/F2在元音同类音节，例如元音开头的 V、VC 音节之间差异性不明显，辅音开头的 CV、CVC、CVCC 音节之间差异性不明显。但是不同类型元音开头的音节和辅音开头的音节之间有不同的表现。

从时长检验结果来看，女发音人不同音节类型中［u］元音的时长在元音同类音节，例如元音开头的 V、VC 音节之间差异性不明显，辅音开头的 CV、CVC、CVCC 音节之间差异性不明显；男发音人的其他类型之间有显著性差异，而女发音人的元音开头的音节和辅音开头的音节之间有不同的表现。

4. 辅音音质与声学参数之间的关系

图 2.44 为出现在词首音节不同辅音之后和无前置辅音音节中［u］元音音长比较图，图 2.45 为出现在词首音节（包括单音节词）［u］元音第一、第二和第三共振峰前过渡段 TF1、TF2、TF3 的变化示意，以 TF2 的上升为序排列的，即以舌位自后至前排列示意图。

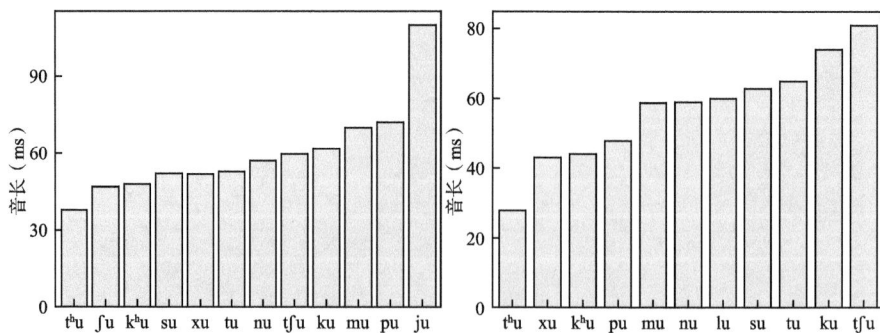

图 2.44 词首音节不同辅音之后和无前置辅音音节中［u］元音音长比较（M&F）

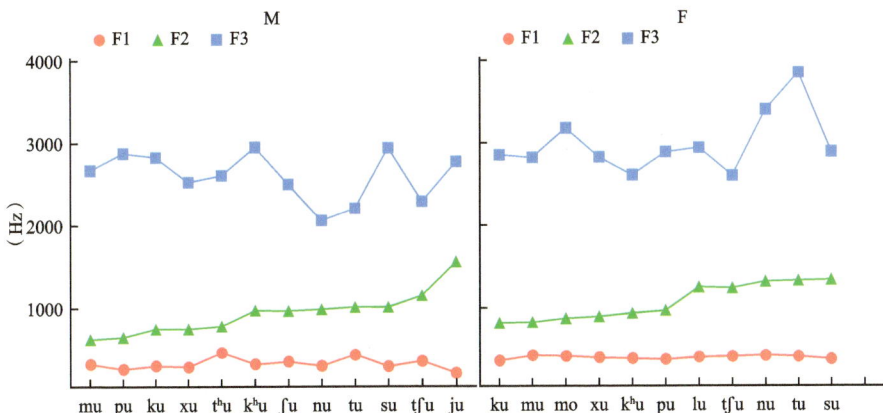

图 2.45 词首音节［u］元音三个共振峰前过渡 TF1、TF2、TF3 等的变化示意（M&F）

从上述图中可以看出，辅音音质与［u］元音有些声学参数之间具有一定的相关性。如，在送气辅音和清擦音之后出现的［u］元音音长比出现在不送气塞音和塞擦音，以及其他辅音之后的［u］元音音长相对短。

辅音音质与［u］元音目标位置第二共振峰 F2 及其前过渡段 TF2 的频率之间具有较好的相关性。如，出现在［p-，x-，k-，m-，kʰ-，tʰ-，ʧʰ-］等双唇音、软腭音以及送气辅音之后［u］元音目标位置第二共振峰 F2 的频率低于其在其他辅音之后的频率。

（七）［ɛ］元音

1. 参数平均值及其音质定位

表 2.43 为［ɛ］元音声学参数统计总表。该统计表显示，男、女发音人［ɛ］元音平均时长、平均音强分别为 M = 86ms，F = 90ms；M = 80.44dB，F = 74.97dB。该元音 F1 和 F2 的频率均值分别为 M：F1 = 676Hz，F2 = 1693Hz；F：F1 = 647Hz，F2 = 2240Hz。

表 2.43 ［ɛ］元音声学参数统计

	M					F				
	VD	VA	F1	F2	F3	VD	VA	F1	F2	F3
平均值	86	80.44	676	1693	2437	90	74.97	647	2240	3141

续表

	M					F				
	VD	VA	F1	F2	F3	VD	VA	F1	F2	F3
标准差	29	3.23	52	68	159	26	2.67	89	242	304
变异系数	34%	4%	7.6%	4%	6.5%	29%	3.5%	14%	11%	9.6%

我们认为该元音为次低、前、展唇、紧元音。图 2.46 为男发音人 [nʲɛtəm] "脸" 一词的三维语图和三层标注实例。其中，词首元音 [ɛ] 的目标位置的 F1~F4 共振峰分别为 685Hz、1748Hz、2629Hz、3651Hz。这是 [ɛ] 元音比较典型的声学语图。图 2.47 为男、女发音人 [ɛ] 元音在声学元音图中的位置及其声学空间中的分布模式图。显然，该元音在声学空间中的分布特点为前上下方向扩散大，即趋向 [i] 和 [ɐ]。

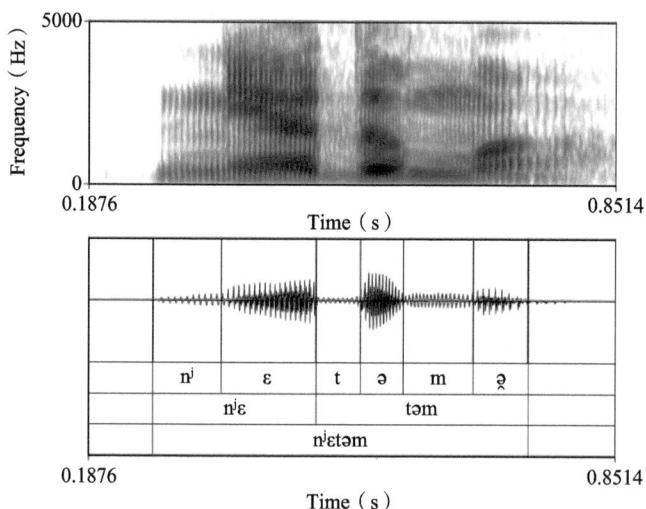

图 2.46　男发音人 [nʲɛtəm] "脸" 一词的三维语图和三层标注实例

图 2.48~2.49 为 [ɛ] 元音目标位置共振峰及其前、后过渡段共振峰比较图。其中，图 2.48 为目标位置共振峰 F1/F2 和前过渡段 TF1/TF2 比较图，图 2.49 为目标位置共振峰 F1/F2 和后过渡段 TP1/TP2 比较图。从图 2.48~2.49 中可以看出，与目标位置共振峰频率相比，[ɛ] 元音前、后过渡段共振峰频率都有所变化，总体上 "前段变化大于后段"。其中，前过渡段 TF1 的频率有所下降（开口度相对变小），后过渡段 TP1 和 TP2 频率都有较明显的下降，与目标位置共振峰相比趋向于 "高前"。

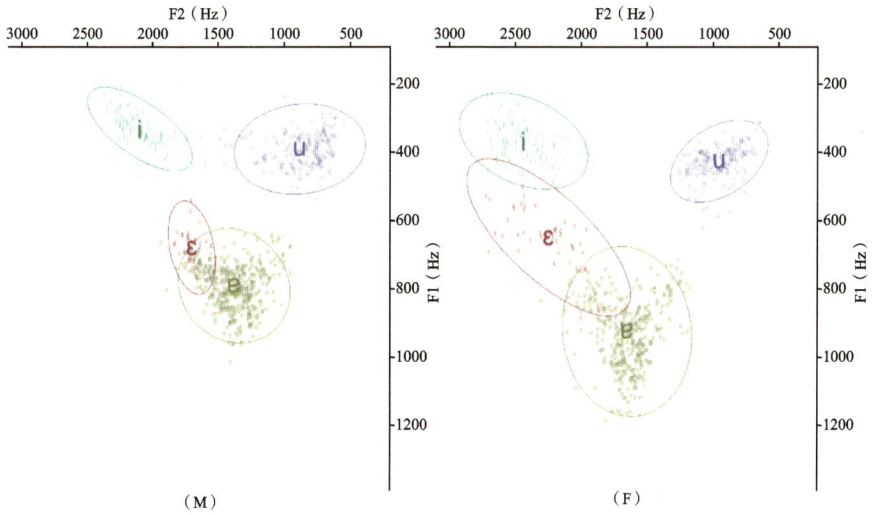

图 2.47　[ε] 元音在声学元音图中的位置及其声学空间中的分布模式（M&F）

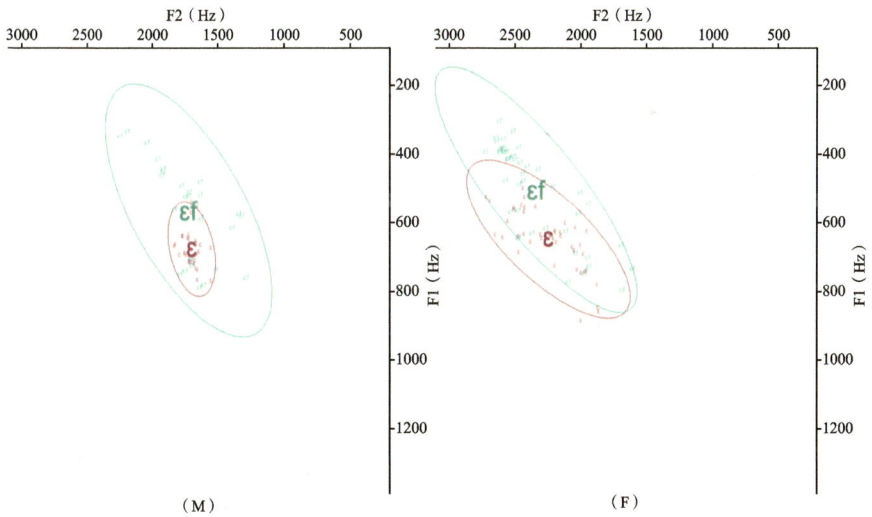

图 2.48　[ε] 元音目标位置共振峰（F1/F2）及其前过渡段
共振峰（TF1/TF2）比较（M&F）

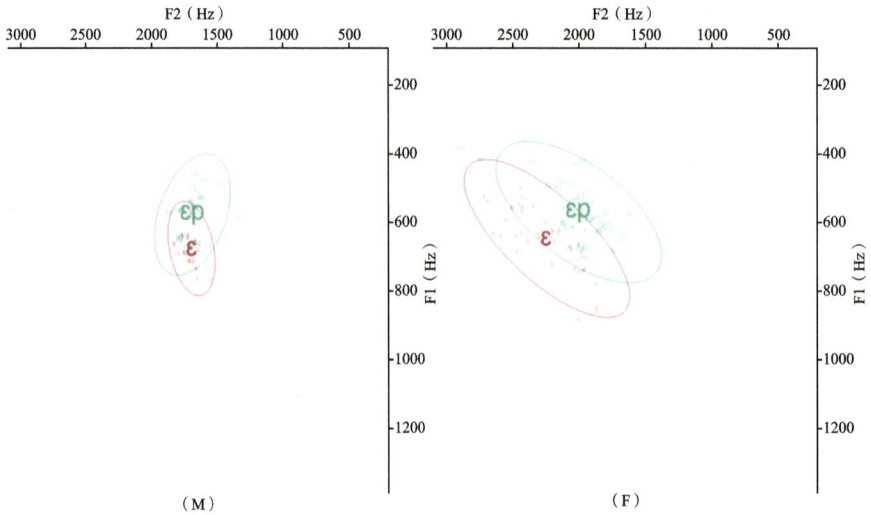

图 2.49　［ɛ］元音目标位置共振峰（F1/F2）及其后过渡段
共振峰（TP1/TP2）比较（M&F）

我们对目标位置第一、第二共振峰 F1/F2 及其前过渡段 TF1/TF2 和后过渡段 TP1/TP2 共振峰之间做了单因素方差分析，结果见表 2.44。

表 2.44　检验结果

	sig（显著性）			
	M		F	
	F1	F2	F1	F2
目标元音—前过渡元音	.001	.860	.000	.255
目标元音—后过渡元音	.000	.971	.000	.000
前过渡元音—后过渡元音	.885	.816	.021	.000

从检验结果来看，男、女发音人在 F1 上目标元音与前、后过渡段元音有显著性差异；男发音人在 F2 上目标元音与前、后过渡段元音之间，前、后过渡段元音之间没有显著性差异；女发音人在 F2 上目标元音与后过渡段元音之间，前、后过渡段元音之间有显著性差异。

2. 音节数量与声学参数之间的关系

表 2.45 为出现在单音节和多音节单词中 ［ɛ］ 元音频率统计表。表 2.45 显示，大约 46%（M）和 43%（F）的 ［ɛ］ 元音都是在双音节词中

出现的。表 2.46 为出现在单音节词、双音节词、三音节词和四音节词中
［ɛ］元音的音长（VD）、音强（VA）、共振峰目标值（F）统计表。从表
2.46 中可以看出，音节数量与［ɛ］元音音长、音强之间没有太大的相
关性。

M：93ms→82ms→84ms→76ms；M：82.66dB→79.08dB→80.2dB→76dB

F：106ms→89ms→81ms→81ms；F：76.22dB→74.66dB→74.36dB→75.25dB

表 2.45　出现在不同音节词中［ɛ］元音频率统计

	单音节词		双音节词		三音节词		四音节词		共计	
发音人	M	F	M	F	M	F	M	F	M	F
出现次数	9	9	12	18	5	11	1	4	27	42
百分比	35%	21%	46%	43%	19%	26%		10%	100%	100%

表 2.46　出现在不同类型词中［ɛ］元音的声学参数统计

发音人统计项		M					F				
		VD	VA	F1	F2	F3	VD	VA	F1	F2	F3
单音节词	平均值	93	82.66	695	1701	2444	106	76.22	618	2311	3224
	标准差	34	3.74	35	50	143	43	2.38	64	252	382
	变异系数	37%	4.5%	5%	2.9%	5.8%	41%	3.1%	10%	11%	12%
双音节词	平均值	82	79.08	660	1685	2423	89	74.66	631	2258	3122
	标准差	29	2.71	63	69	187	15	2.93	92	267	333
	变异系数	35%	3.4%	9.5%	4%	7.7%	17%	3.9%	15%	12%	11%
三音节词	平均值	84	80.2	683	1670	2437	81	74.36	700	2115	3050
	标准差	23	1.64	49	85	150	21	2.6	100	173	204
	变异系数	27%	2%	7.1%	5.1%	6.1%	26%	3.5%	14%	8.1%	6.6%
四音节词	平均值	76	79	661	1819	2555	81	75.25	637	2341	3293
	标准差						19	2.06	52	189	154
	变异系数						24%	2.7%	8.1%	8%	4.6%

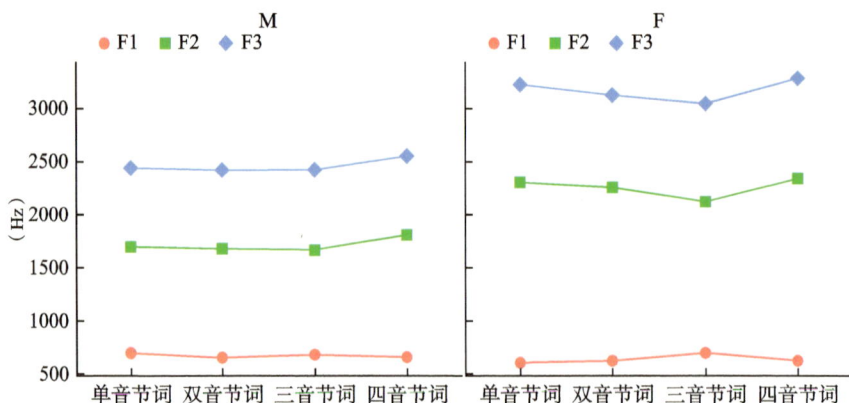

图 2.50 不同音节中 [ɛ] 元音的三个共振峰均值比较（M&F）

我们对不同音节词中 [ɛ] 元音共振峰 F1/F2 之间做了单因素方差分析，结果见表 2.47。

表 2.47 检验结果

	sig（显著性）					
	M		F		M	F
	F1	F2	F1	F2	CD	CD
单音节词—双音节词	.269	.811	.973	.958	.722	.665
单音节词—三音节词	.889	.738	.154	.242	.827	.436
单音节词—四音节词			.938	.995		.499
双音节词—三音节词	.704	.930	.271	.318	.989	.738
双音节词—四音节词			.998	.883		.865
三音节词—四音节词			.426	.272		1.000

我们从共振峰检验结果来看，男、女发音人表现出相同的规律，不同音节词中 [ɛ] 元音 F1/F2 之间差异性不显著（男发音人中四音节词只出现一次）。

从时长检验结果来看，男、女发音人表现出相同的规律，不同音节词中 [ɛ] 元音时长之间差异性不显著。

3. 音节类型与声学参数之间的关系

统一平台统计结果显示，[ɛ] 元音主要在 CVC 音节中出现。统一平台中出现的 27 次（男）和 42 次（女）[ɛ] 元音中 67% 都在 CVC 音节中出现的，结果见表2.48。

表2.48　不同音节类型中［ɛ］元音的频率统计

发音人	音节类型	CV	CVC	CVCC	共计
M	出现次数	8	18	1	27
M	百分比	29%	67%	4%	100%
F	出现次数	10	28	4	42
F	百分比	24%	67%	9%	100%

表2.49为出现在不同音节类型中［ɛ］元音的声学参数统计表，图2.51为根据表2.49绘制的不同音节中［ɛ］元音的第一、第二共振峰均值比较。从上述图表中可以看出，音节类型与元音有些声学参数之间具有一定的相关性。如，CV、CVC、CVCC等以辅音开头的音节中音素增加而后接元音音长相对长；音节类型和音强关系不大；［ɛ］元音共振峰比较平稳，与音节类型相关性不大。

表2.49-1　不同音节类型中［ɛ］元音的声学参数统计（M）

		VC	VA	F1	F2	F3
CV	平均值	72	79.62	645	1706	2471
CV	标准差	30	1.68	62	79	184
CV	变异系数	41%	2.1%	9.6%	4.6%	7.4%
CVC	平均值	88	81.11	692	1683	2418
CVC	标准差	24	3.59	41	64	153
CVC	变异系数	27%	4.4%	5.9%	3.8%	6.3%
CVCC	平均值	150	76	638	1762	2517
CVCC	标准差					
CVCC	变异系数					

表2.49-2　不同音节类型中［ɛ］元音的声学参数统计（F）

		VC	VA	F1	F2	F3
CV	平均值	84	73.3	617	2315	3135
CV	标准差	16	2.21	77	303	326
CV	变异系数	18%	3%	12%	13%	10%

续表

		VC	VA	F1	F2	F3
CVC	平均值	88	75.5	661	2213	3140
	标准差	23	2.72	96	220	299
	变异系数	26%	3.6%	15%	9.9%	9.5%
CVCC	平均值	115	75.5	614	2243	3166
	标准差	53	1.91	44	246	374
	变异系数	46%	2.5%	7.2%	11%	12%

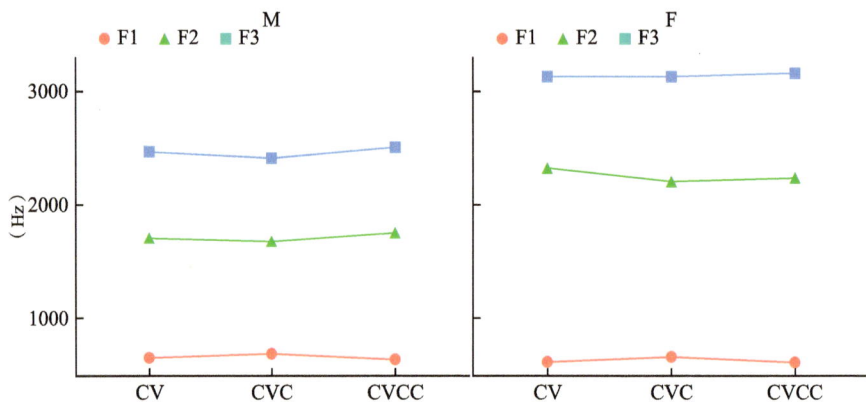

图 2.51　不同音节中［ɛ］元音的三个共振峰均值比较（M&F）

我们对不同音节词中出现的［ɛ］元音共振峰 F1/F2、时长做了单因素方差分析，结果见表 2.50。

表 2.50　检验结果

	sig（显著性）					
	M		F		M	F
	F1	F2	F1	F2	CD	CD
CV—CVC	.31	.432	.331	.331	.158	.788
CV—CVCC			.999	.999		.550
CVC—CVCC			.303	.303		.628

我们从共振峰检验结果来看，不同音节类型中［ɛ］元音的 F1/F2 之间有差异性不显著（男发音人中 CVCC 只出现一次）。

从时长检验结果来看，不同音节类型中［ɛ］元音的 F1/F2 之间差异性不显著。

4. 辅音音质与声学参数之间的关系

图 2.52 为出现在词首音节不同辅音之后［ɛ］元音音长比较图，图 2.53 为出现在词首音节（包括单音节词）中［ɛ］元音第一、第二和第三共振峰前过渡段 TF1、TF2、TF3 的变化示意图，以 TF2 的上升为序排列，即以舌位自后至前排列示意图。

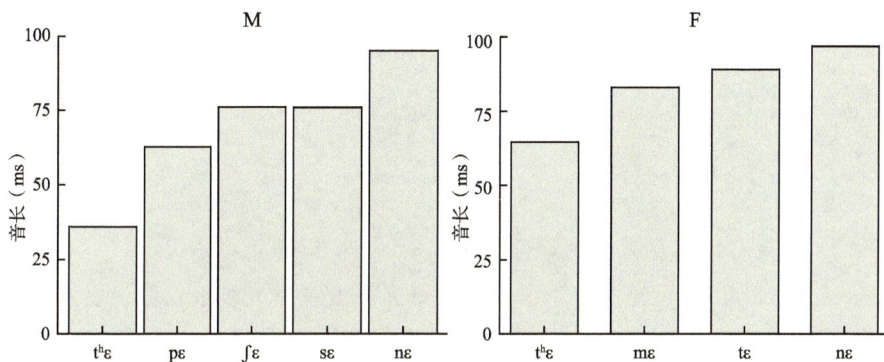

图 2.52　出现在词首音节不同辅音之后和无前置辅音音节中［ɛ］元音音长比较（M&F）

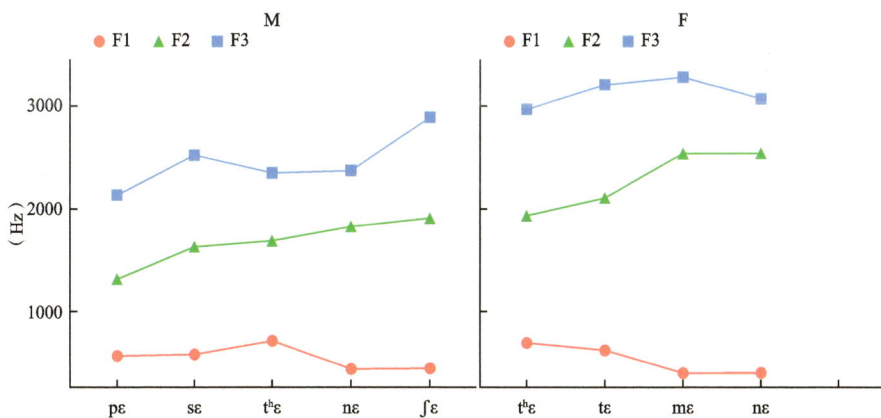

图 2.53　词首音节［ɛ］元音三个共振峰前过渡段 TF1、TF2、TF3 等的变化示意（M&F）

从这些图中可以看出，辅音音质与［ɛ］元音有些声学参数之间具有一定的相关性。如，在浊辅音和清擦音之后出现的 [ɛ] 元音音长比出现在送气塞音、辅音音质与其后置元音 [ɛ] 的目标位置第二共振峰 F2 及其前过渡段 TF2 之间具有一定的相关性。如，出现在 [p-，s-，tʰ-，t-] 等塞音之后的 [ɛ] 元音目标位置第二共振峰及其前过渡段频率低于其在其他辅音之后的频率。

四 非词首音节短元音

据"统一平台"统计结果，在达斡尔语标准话非词首共出现了 [ɐ，ə，i，o，u，ʉ] 等短元音。

(一) [ɐ] 元音

1. 参数平均值及其音质定位

表 2.51 为 [ɐ] 元音声学参数统计总表。该统计表显示，男、女发音人 [ɐ] 元音的平均时长、平均音强分别为 M = 89ms，F = 92ms；M = 79.47dB，F = 74.55dB。该元音 F1 和 F2 的频率均值分别为 M：F1 = 776Hz，F2 = 1333Hz；F：F1 = 966Hz，F2 = 1686Hz。该元音非词首音节，男发音人中出现 21 次，女发音人中出现 38 次。

我们认为达斡尔语标准话非词首音节 [ɐ] 元音为低、央、展唇、(紧) 元音，用 [ɐ] 音标标记该元音接近其实际音值。图 2.54 为男发音人 [kɛʃkʰer]"单个的"一词的三维语图和三层标注实例。其中，非词首元音 [ɐ] 目标位置的 F1~F4 共振峰分别为 805Hz、1253Hz、2057Hz、4104Hz。这是 [ɐ] 元音比较典型的声学语图。

表 2.51 [ɐ] 元音声学参数统计

单位：VD 为 ms，VA 为 dB，下同

	M					F				
	VD	VA	F1	F2	F3	VD	VA	F1	F2	F3
平均值	89	79.47	776	1333	2278	92	74.55	966	1686	2792
标准差	18	2.85	51	138	180	43	2.78	114	107	229
变异系数	20%	3.5%	6.6%	10%	7.9%	47%	3.7%	12%	6.3%	8.2%

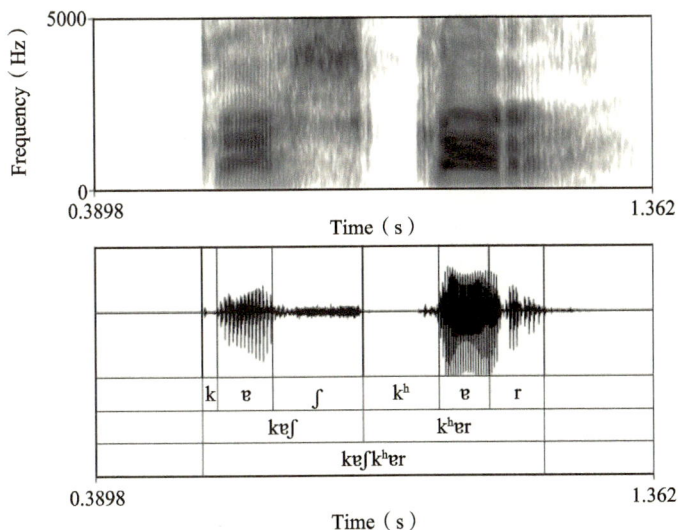

图 2.54 男发音人 [keʃkʰɐr]"单个的"一词的三维语图和三层标注实例

图 2.55 为男、女发音人非词首音节 [ɐ] 元音在声学空间中的分布模式图（国际音标位置为其总均值）。可以看出，与词首音节 [ɐ] 相比达斡尔语非词首音节短元音 [ɐ]① 男发音人略高、后趋势，女发音人略低、前趋势，但没有像蒙古语标准话非词首音节短元音那样明显。

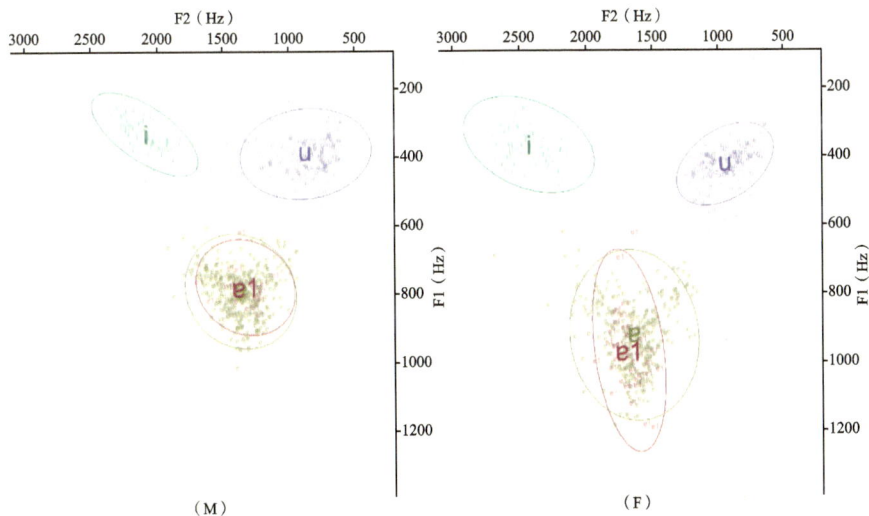

图 2.55 [ɐ] 元音在声学元音图中的位置及其声学空间中的分布模式（M&F）

---

① 元音声学空间图中"元音 +1"表示非词首音节元音，例如：ɐ1。

　　图 2.56~2.57 为非词首音节［ɐ］元音目标位置第一、第二共振峰 F1/ F2 及其前过渡段 TF1/TF2 和后过渡段 TP1/TP2 共振峰比较图。从两个图中可以看出，与目标位置共振峰频率相比，［ɐ］元音前、后过渡段共振峰频率都有所变化，总体上"前段变化大于后段"。前过渡段 TF1 和后过渡段

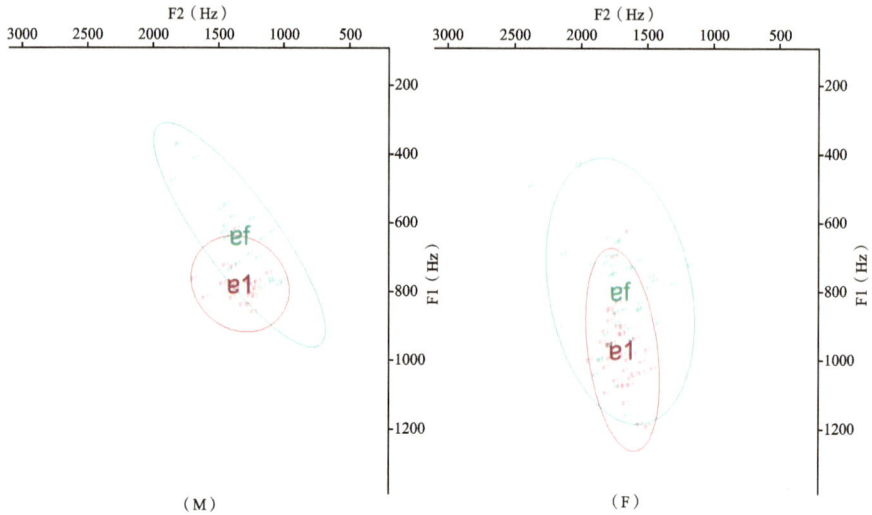

（M）　　　　　　　　　　　　　　　（F）

图 2.56　［ɐ］元音目标位置共振峰（F1/F2）及其前过渡段
共振峰（TF1/TF2）比较

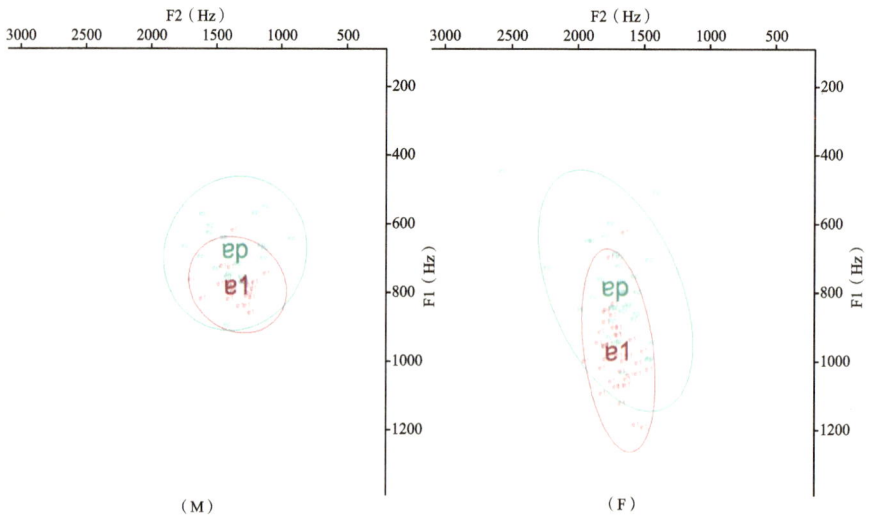

（M）　　　　　　　　　　　　　　　（F）

图 2.57　［ɐ］元音目标位置共振峰（F1/F2）及其后过渡段
共振峰（TP1/TP2）比较

TP1 频率有较明显的下降，舌位相对上升（开口度相对变小），前过渡段 TF2 和后过渡段 TP2 稳定，与目标位置共振峰相比趋向于"高"。

[ɐ] 非词首音节主要在 CVC 音节中出现，我们将词首 CVC 音节中出现的 [ɐ] 与非词首 CVC 音节中出现的 [ɐ] 元音共振峰 F1/F2 做了配对样本 T 检验，检验结果见表 2.52。

表 2.52　[ɐ] 元音在词首和非词首音节中的 T 检验

	sig（双侧）			
	M		F	
	F1	F2	F1	F2
词首—非词首	.245	.456	.026	.755

从检验结果看，男发音人的 F1/F2 参数在词首与非词首音节之间差异性不显著；女发音人在 F1 上差异性显著，在 F2 上差异性不显著。

（二）[ə] 元音

1. 参数平均值及其音质定位

表 2.53 为 [ə] 元音声学参数统计总表。该统计显示男、女发音人 [ə] 元音的平均时长、平均音强分别为 M = 57ms，F = 64ms；M = 77.04dB，F = 73.45 dB。该元音 F1 和 F2 的频率均值分别为 M：F1 = 497Hz，F2 = 1299Hz；F：F1 = 592Hz，F2 = 1604Hz。

我们认为达斡尔语 [ə] 元音为中、央、展唇、松元音，用 [ə] 音标标记该元音接近其实际音值。图 2.58 为男发音人 [xəsər] "跳，蹦" 一词的三维语图和三层标注实例。其中，元音 [ə] 的目标位置的 F1~F4 共振峰分别为 520Hz、1300Hz、2591Hz、3578Hz。这是 [ə] 元音比较典型的声学语图。

表 2.53　[ə] 元音声学参数统计总表

单位：VD 为 ms、VA 为 dB、p 为 Hz

	M					F				
	VD	VA	F1	F2	F3	VD	VA	F1	F2	F3
平均值	57	77.04	497	1299	2414	64	73.45	592	1604	2902

续表

	M					F				
	VD	VA	F1	F2	F3	VD	VA	F1	F2	F3
标准差	29	3.17	88	213	233	41	3.07	104	229	238
变异系数	50%	4.1%	18%	16%	9.6%	63%	4.1%	18%	14%	8.1%

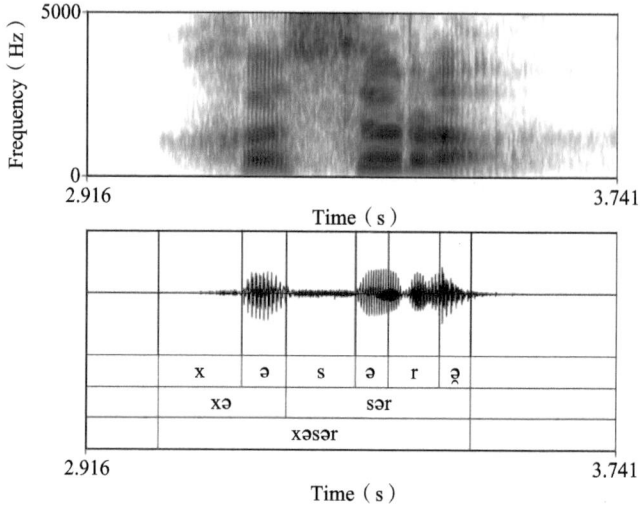

图 2.58 男发音人 [xəsər]"跳，蹦"一词的三维语图和三层标注实例

图 2.59 为男、女发音人 [ə] 元音在声学空间中的分布模式。可以看出，[ə] 元音在声学空间中的位置为：F1 = 400~700Hz，F2 = 900~1700Hz（M）；F1 = 400~800Hz，F2 = 1100~2000Hz（F）。[ə] 元音在声学空间中的分布方向（趋势）为前高↖后高↗后低↘前低↙（爆炸式扩散），离散度较大。

图 2.60~2.61 为 [ə] 元音目标位置第一、第二共振峰 F1/F2 及其前过渡段 TF1/TF2 和后过渡段 TP1/TP2 共振峰比较。从图 2.60~2.61 中可以看出，与目标位置共振峰频率相比，[ə] 元音前、后过渡段共振峰频率均无明显差异。[ə] 元音在前、后过渡段中的舌位变化（开口度变化）不明显。

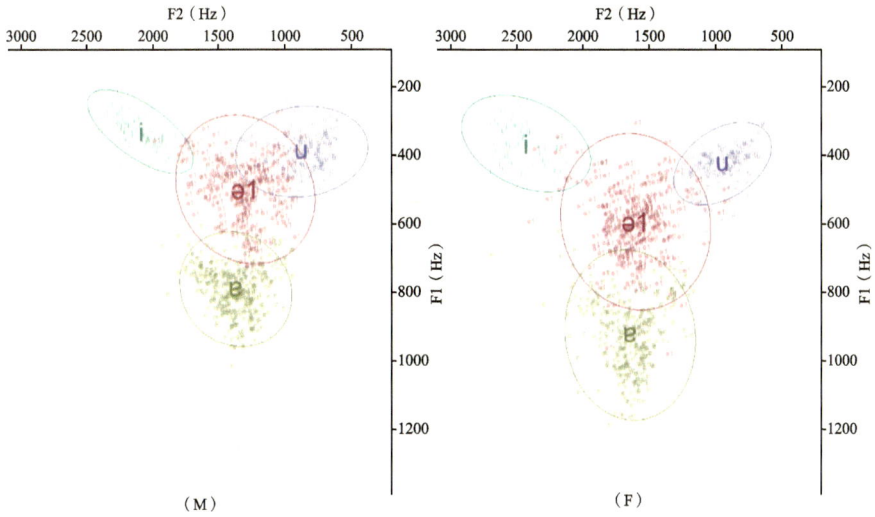

图 2.59 [ə] 元音在声学元音图中的位置及其声学空间中的分布模式

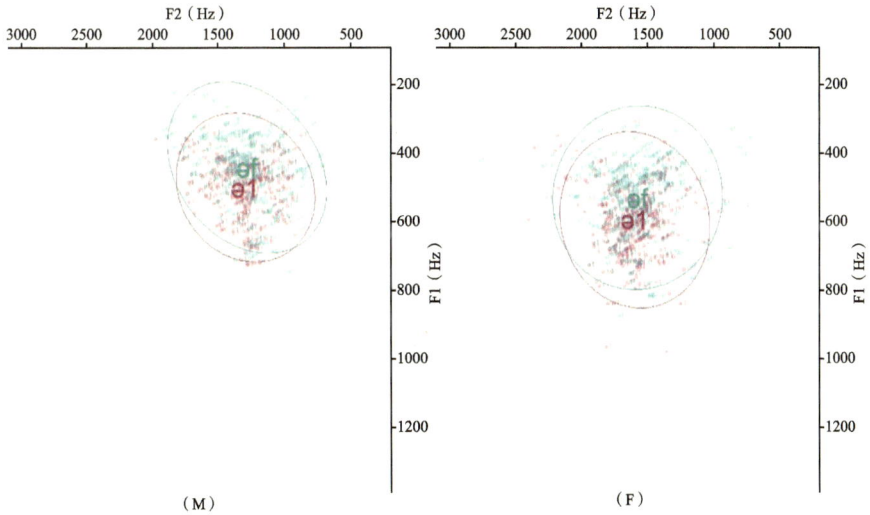

图 2.60 [ə] 元音目标位置共振峰（F1/F2）及其前过渡段
共振峰（TF1/TF2）比较

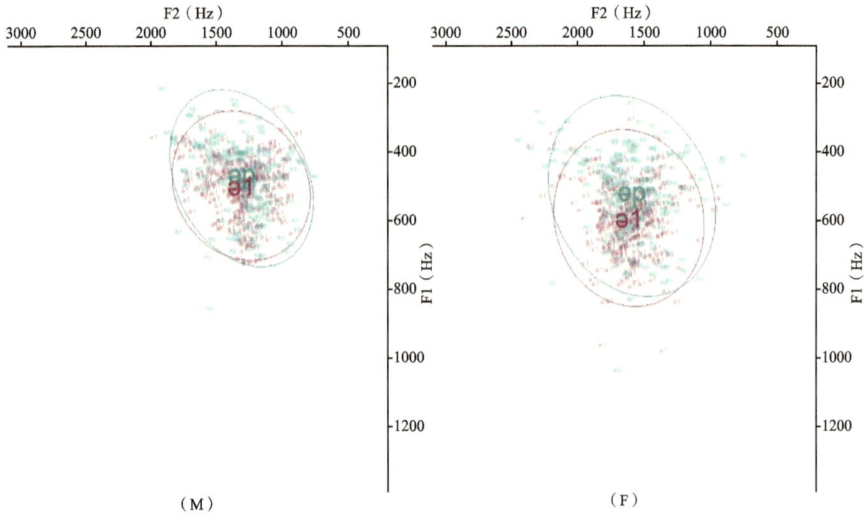

（M）　　　　　　　　　　　　　（F）

图 2.61　［ə］元音目标位置共振峰（F1/F2）及其后过渡段
共振峰（TP1/TP2）比较

2. 音节数量与元音声学参数之间的关系

表 2.54 为［ə］元音在多音节单词中出现的频率统计。表 2.54 显示，［ə］元音在双音节和三音节词中出现的比例较高，双音节占 88%，三音节占 81%。

表 2.54　［ə］元音出现频率统计

发音人	双音节词		三音节词		四音节词		共计	
	M	F	M	F	M	F	M	F
出现次数	109	105	93	104	26	51	228	260
百分比	48%	40%	41%	40%	11%	20%	100%	100%

表 2.55 为多音节词中［ə］元音音长（VD）、音强（VA）、共振峰（F）目标值统计，图 2.62~2.63 为根据表 2.55 所画的图。从这些表和图中可以看出，音节数量与［ə］元音音长、音强之间相关性不明显，音节数量与［ə］元音共振峰之间没有相关性。

表 2.55 不同音节词中［ə］元音声学参数统计

发音人统计项		M					F				
		VD	VA	F1	F2	F3	VD	VA	F1	F2	F3
双音节词	平均值	64	77.34	516	1256	2436	77	74.4	602	1559	2889
	标准差	34	3.37	87	181	252	53	2.75	90	229	239
	变异系数	55%	4.3%	17%	14%	10%	68%	3.7%	15%	15%	8.2%
三音节词	平均值	51	76.74	477	1341	2381	54	72.65	584	1629	2899
	标准差	17	2.95	86	233	185	29	3.2	121	229	244
	变异系数	33%	3.8%	18%	17%	7.7%	53%	4.4%	21%	14%	8.4%
四音节词	平均值	51	76.88	483	1335	2439	58	73.09	587	1647	2937
	标准差	29	3.08	77	235	293	23	2.92	94	217	222
	变异系数	56%	4%	16%	18%	12%	40%	3.9%	16%	13%	7.5%

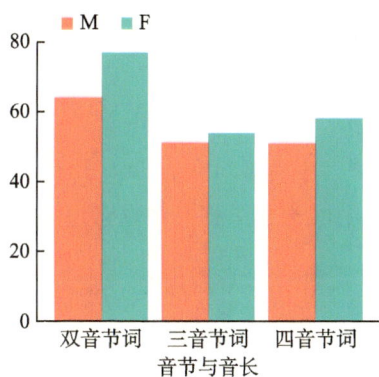

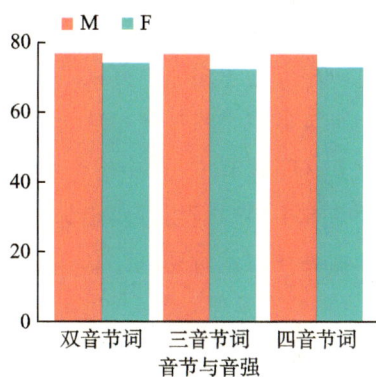

图 2.62 音节数量与音长、音强之间的关系示意

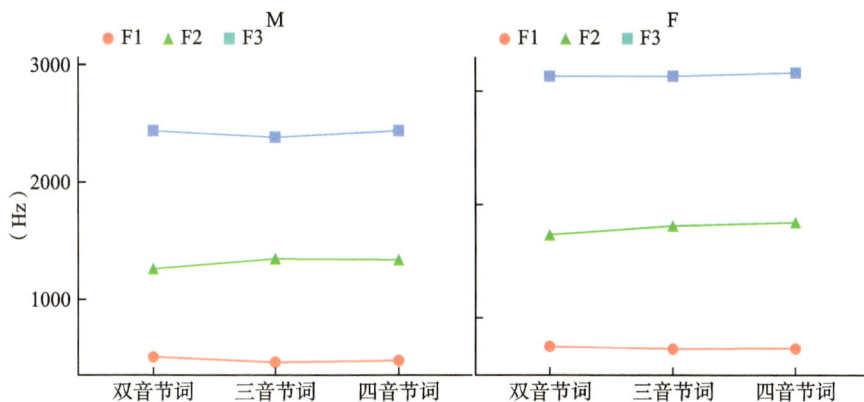

图 2.63 音节数量与共振峰之间的关系示意

3. 音节类型与声学参数之间的关系

非词首音节的［ə］元音主要在 CVC 音节中出现，男发音人占 74%，女发音人占 60%。见表 2.56。

表 2.56　不同音节类型中［ə］元音的频率统计

单位：次

发音人	音节类型	CV	CVC	CVCC	共计
M	出现次数	54	168	6	228
	百分比	24%	74%	2%	100%
F	出现次数	99	156	5	260
	百分比	38%	60%	2%	100%

表 2.57 为不同音节中［ə］元音的声学参数统计。图 2.64～2.65 为根据表 2.57 绘制的不同音节中［ə］元音的第一、第二共振峰，音强和音长均值比较图。上述图表中可以看出，非词首［ə］元音音长、音强、共振峰频率与音节类型之间具有一定的相关性。如，［ə］元音在开音节 CV 中的音长比其在闭音节 CVC 中的音长要长；音节中音素增多，［ə］元音音长缩短；闭音节中的音强相对强于其在开音节中的音强。音节中音素增多，［ə］元音共振峰频率相对稳定。

表 2.57-1　不同音节类型中［ə］元音声学参数统计（M）

单位：VD 为 ms，VA 为 dB，F 为 Hz，下同

		VC	VA	F1	F2	F3
CV	平均值	73	75.42	522	1310	2542
	标准差	48	2.8	100	226	246
	变异系数	66%	3.7%	19%	17%	9.6%
CVC	平均值	53	77.5	488	1296	2378
	标准差	16	3.13	211	212	212
	变异系数	31%	4%	17%	16%	8.9%
CVCC	平均值	37	79	522	1294	2242
	标准差	17	2.75	113	154	260
	变异系数	45%	3.4%	22%	12%	12%

表 2.57-2　不同音节类型中［ə］元音声学参数统计（F）

单位：VD 为 ms，VA 为 dB，F 为 Hz

		VC	VA	F1	F2	F3
CV	平均值	84	72.57	590	1576	2968
	标准差	56	3.29	115	250	196
	变异系数	67%	4.5%	19%	16%	6.5%
CVC	平均值	53	73.94	593	1622	2863
	标准差	20	2.77	99	215	255
	变异系数	38%	3.7%	17%	13%	8.9%
CVCC	平均值	44	75.4	595	1611	2831
	标准差	15	3.71	78	171	154
	变异系数	35%	4.9%	13%	11%	5.4%

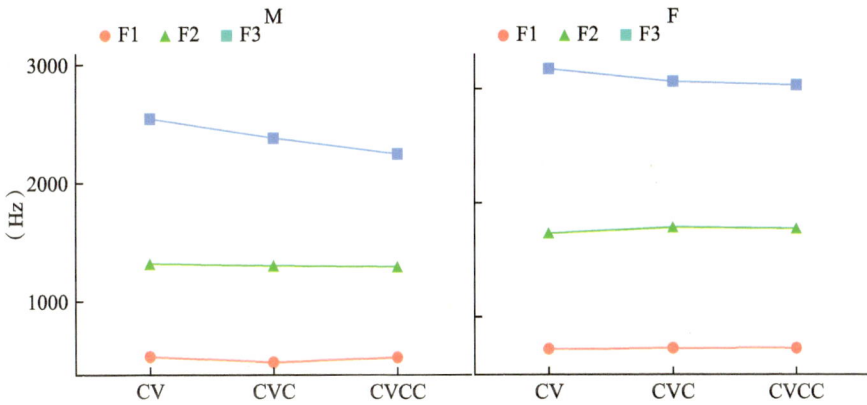

图 2.64　不同音节中［ə］元音的第一、第二共振峰均值比较

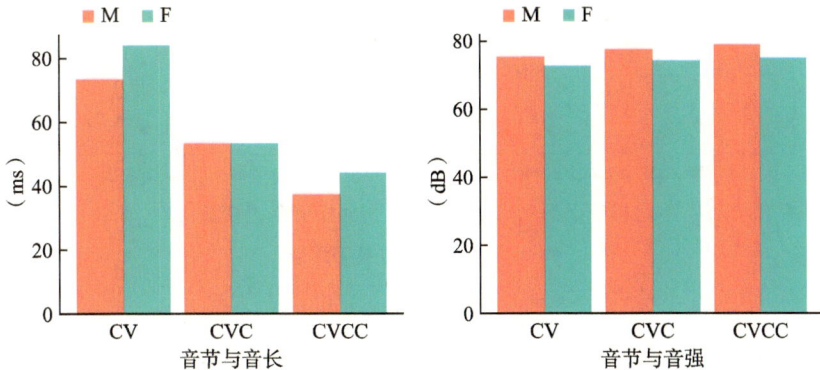

图 2.65　音节数量与音长、音强之间的关系

4. 辅音音质与元音声学参数之间的关系

图 2.66 为非词首音节不同辅音之后 [ə] 元音音长比较图，图 2.67 为非词首音节 [l-、ɾ-、n-、t-、tʰ-、m-、k-、s-、p-、kʰ-、w-、ŋ-、ʧʰ-] 等辅音（前置辅音）之后 [ə] 元音的第一、第二和第三共振峰前过渡段（TF1、TF2、TF3）和后过渡段（TF1、TF2、TF3）的变化示意图。这些图显示，辅音音质与 [ə] 元音声学参数之间的相关性不显著。

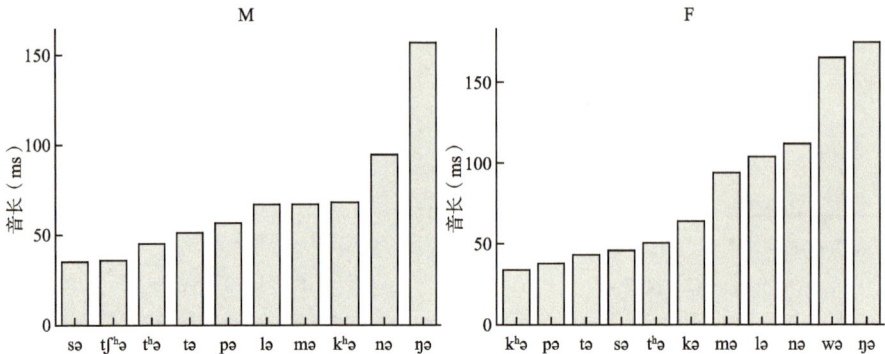

图 2.66　出现在非词首音节不同辅音之后和无前置辅音音节中 [ə] 元音音长比较

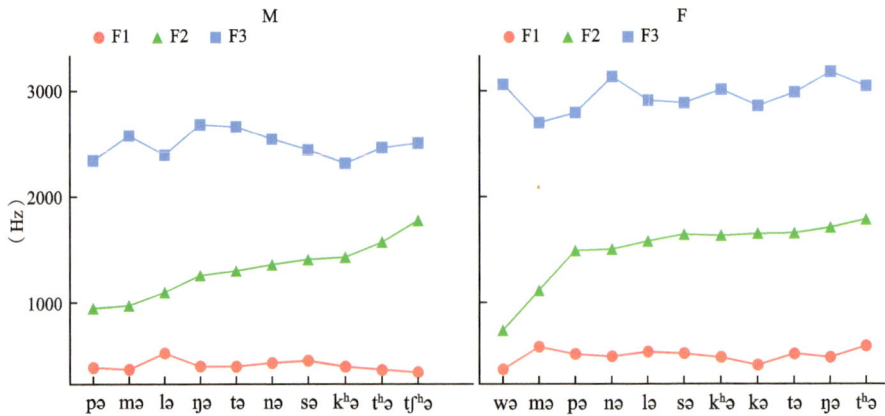

图 2.67-1　不同辅音之后的 [ə] 元音三个共振峰前过渡段 TF1、TF2、TF3 等的变化示意

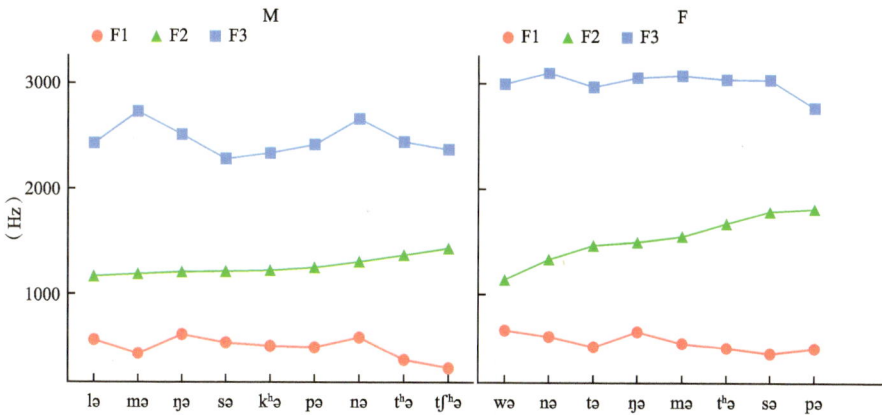

图 2.67-2　不同辅音之后的［ə］元音三个共振峰后过渡段 TF1、TF2、TF3 等的变化示意

我们对词首 CV、CVC、CVCC 音节中出现的［ə］元音与非词首 CV、CVC、CVCC 音节［ə］元音共振峰 F1/F2、时长参数做了配对样本 T 检验（词首 CV、CVC、CVCC 为一组，非词首 CV、CVC、CVCC 为一组），结果见表 2.58。

表 2.58　［ə］元音在词首、非词首 CV、CVC、CVCC 音节共振峰中的 T 检验

	sig（双侧）					
	M		F		M	F
	F1	F2	F1	F2	CD	CD
词首—非词首	.632	.192	.319	.021	.000	.000

我们从共振峰检验结果看，男发音人的 F1/F2 参数在词首与非词首音节之间差异性不显著，女发音人在 F1 上差异性不显著，F2 上差异性显著。

从时长检验结果看，男、女发音人的 CD 参数在词首与非词首音节之间差异性显著。

非词首 CV、CVC、CVCC 音节与词首 V、VC、VCC 音节中出现的［ə］元音共振峰、时长参数进行了配对样本 T 检验（非词首 CV、CVC、CVCC 为一组，词首 V、VC、VCC 为一组），结果见表 2.59。

表 2.59　检验结果

	sig（双侧）					
	M		F		M	F
	F1	F2	F1	F2	CD	CD
词首—非词首	.025	.000	.000	.000	.000	.041

从共振峰检验结果看，男、女发音人的 F1/F2 参数在词首与非词首音节之间差异性显著。从时长检验结果看，男、女发音人的时长参数在词首与非词首音节之间差异性显著。

（三）［i］元音

1. 参数平均值及其音质定位

表 2.60 为［i］元音声学参数统计。该统计表显示男、女发音人［i］元音的平均时长、平均音强分别为 M = 66ms，F = 75ms；M = 75.79dB，F = 71.68dB。该元音 F1 和 F2 的频率均值分别为 M：F1 = 401Hz，F2 = 1899Hz；F：F1 = 416Hz，F2 = 2336Hz。

表 2.60　　［i］元音声学参数统计

	M					F				
	VD	VA	F1	F2	F3	VD	VA	F1	F2	F3
平均值	66	75.79	401	1899	2546	75	71.68	416	2336	3098
标准差	25	3.66	49	179	181	48	3.66	67	292	266
变异系数	37%	4.8%	12%	9.4%	7%	64%	5.1%	16%	13%	8.5%

我们认为达斡尔语非词首音节［i］元音为闭（高）、前、展唇、松元音，用［i］音标记该元音接近其实际音值。图 2.68 为男发音人［ɐmis］"呼吸"一词的三维语图和三层标注实例。

图 2.69 为男、女发音人［i］元音在声学元音图中的位置及其声学空间中的分布模式。可以看出，［i］元音在声学空间中的位置为：F1 = 300 ~ 500Hz，F2 = 1600 ~ 2200Hz（M）；F1 = 300 ~ 550Hz，F2 = 1800 ~ 2900Hz（F）。其声学空间中的分布在上、下、前、后维度上比词首音节大。

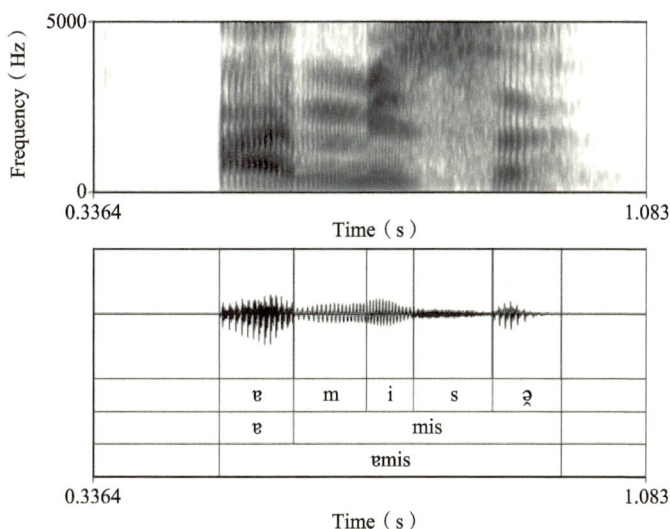

图 2.68　男发音人［ɐmis］"呼吸"一词的三维语图和三层标注实例

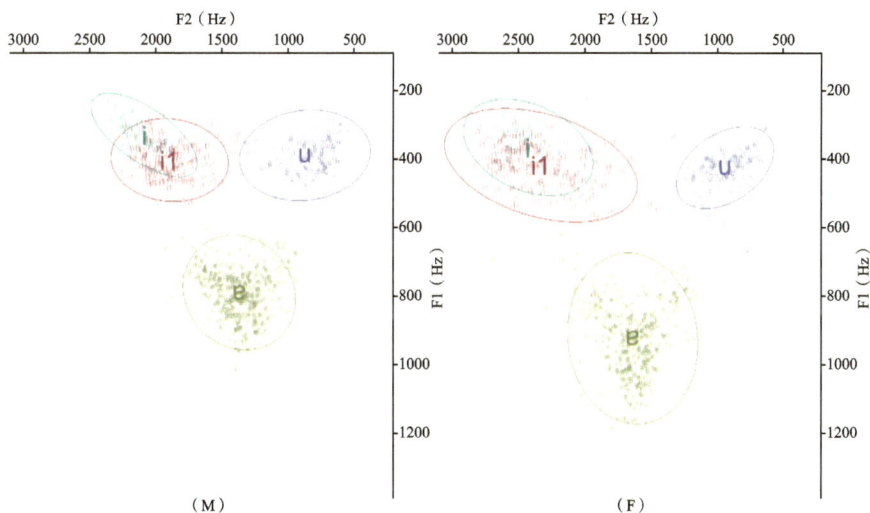

图 2.69　［i］元音在声学元音图中的位置及其声学空间中的分布模式

图 2.70~2.71 为［i］元音目标位置第一、第二共振峰 F1/F2 及其前过渡段 TF1/TF2 和后过渡段 TP1/TP2 共振峰比较图。其中，图 2.70 为目标位置共振峰和前过渡段共振峰比较图，图 2.71 为目标位置共振峰和后过渡段共振峰比较图。从图 2.70~2.71 中可以看出，与目标位置共振峰频率相比，［i］元音前、后过渡段 TF1、TP1 共振峰频率略靠后，分布较大。

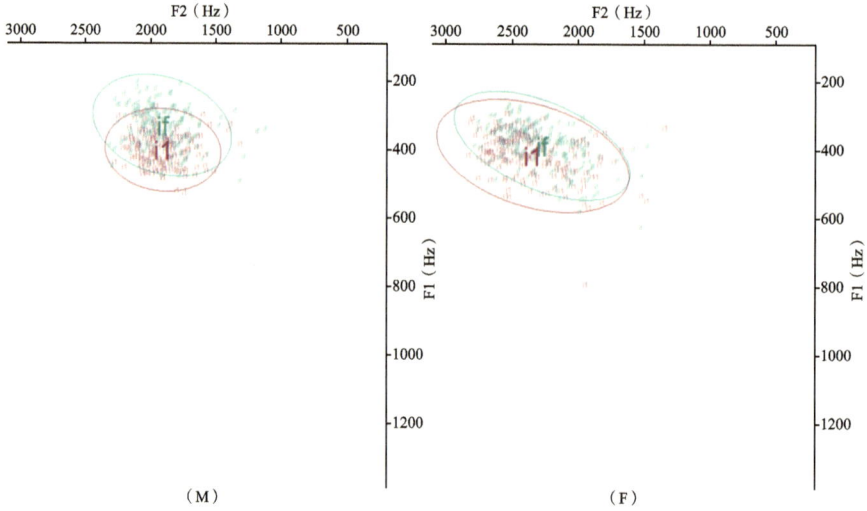

图 2.70 [i] 元音目标位置共振峰 (F1/F2) 及其前过渡段
共振峰 (TF1/TF2) 比较

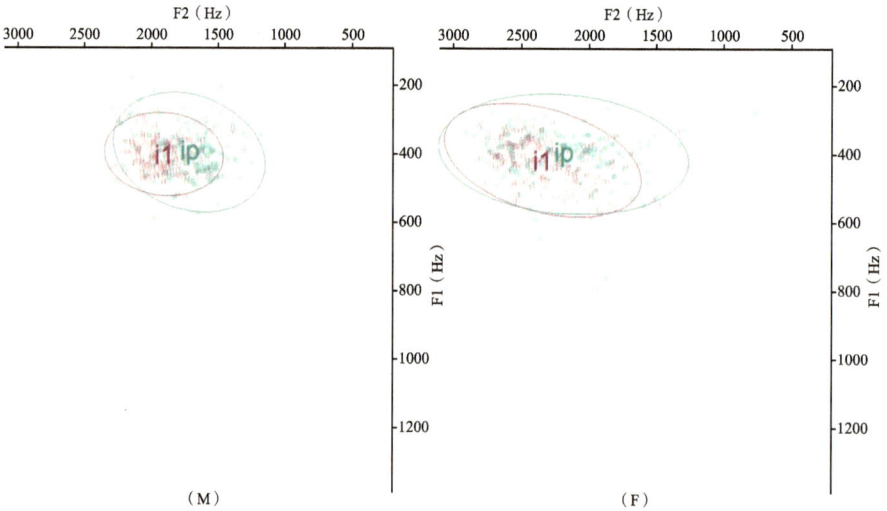

图 2.71 [i] 元音目标位置共振峰 (F1/F2) 及其后过渡段
共振峰 (TP1/TP2) 比较

2. 音节数量与元音声学参数之间的关系

表 2.61 为 [i] 元音在不同音节单词中出现的频率统计。表 2.61 显示，[i] 元音在双音节和三音节词中出现的比例较高，分别占 75%、83%。

表 2.62 为出现在多音节词中 [i] 元音的音长（VD）、音强（VA）、共振峰目标值统计，图 2.72~2.73 为根据表 2.62 所画的音节数量与音长、音强及共振峰之间的关系示意图。从上述表和图中可以看出，男发音人中，音节数量与 [i] 元音音长之间具有一定的相关性，即音长随着音节数量的增多相对变短。音节数量与 [i] 元音音强之间的相关性不明显。音节数量与 [i] 元音共振峰之间具有一定的相关性，即男发音人中，随着音节数量的增多 F1 上升（舌位往高移），女发音人正相反；男、女发音人中，随着音节的增多 F2 下降（舌位往后移）。

表 2.61　[i] 元音在多音节单词中出现频率统计

发音人	双音节词		三音节词		四音节词		共计	
	M	F	M	F	M	F	M	F
出现次数	61	57	68	64	21	47	150	168
百分比	41%	34%	45%	38%	14%	28%	100%	100%

表 2.62　出现在不同音节词中 [i] 元音声学参数统计

发音人统计项		M					F				
		VD	VA	F1	F2	F3	VD	VA	F1	F2	F3
双音节词	平均值	72	76	413	1948	2552	74	74.35	400	2394	3143
	标准差	23	4.02	53	156	146	50	3.53	58	250	259
	变异系数	32%	5.2%	13%	8%	5.7%	67%	4.7%	14%	10%	8.2%
三音节词	平均值	68	75.55	396	1908	2569	78	70.12	416	2334	3069
	标准差	24	3.69	47	173	201	49	3.01	57	315	285
	变异系数	36%	4.8%	12%	9.1%	7.8%	63%	4.2%	14%	13%	9.2%
四音节词	平均值	44	75.95	382	1734	2453	72	70.57	435	2269	3082
	标准差	18	2.37	31	169	182	44	2.76	84	299	246
	变异系数	42%	3.1%	8.1%	9.7%	7.4%	61%	3.9%	19%	13%	7.9%

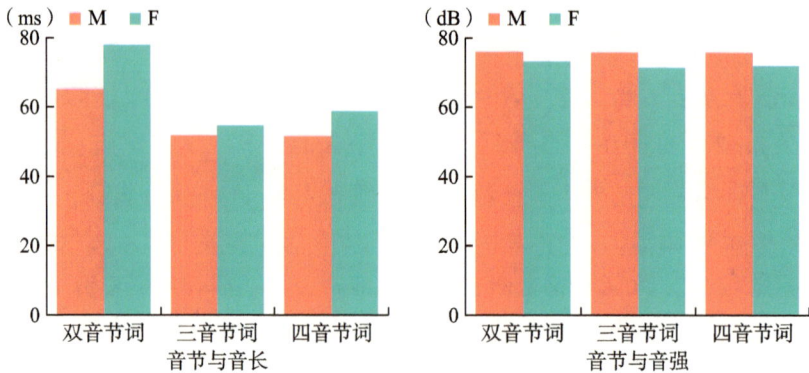

图 2.72　音节数量与音长、音强之间的关系示意

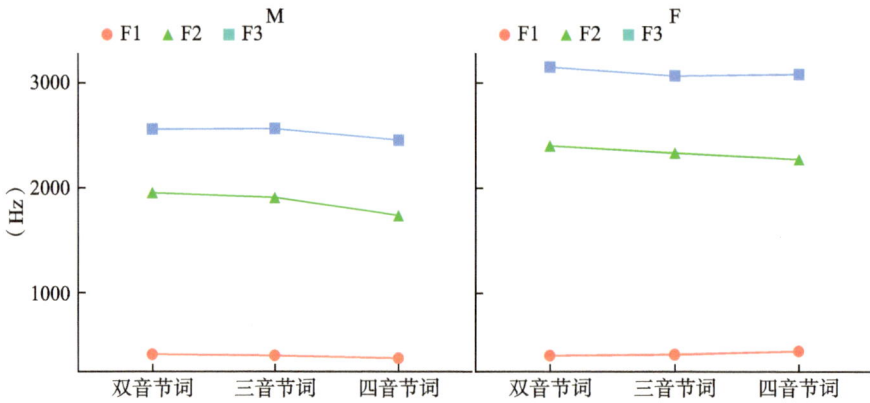

图 2.73　音节数量与共振峰之间的关系示意

3. 音节类型与声学参数之间的关系

男、女发音人［i］元音在统一平台中共出现 150 次（M）和 168 次（F）。其中，大部分［i］都在 CVC 音节中出现的。如，男发音人 107 次和女发音人 84 次，所占比例分别为 71%、50%，见表 2.63。

表 2.63　不同音节类型中［i］元音的频率统计

发音人	音节类型	CV	CVC	CVCC	共计
M	出现次数	39	107	4	150
	百分比	26%	71%	3%	100%

续表

发音人	音节类型	CV	CVC	CVCC	共计
F	出现次数	82	84	2	168
	百分比	49%	50%	1%	100%

表 2.64 为出现在不同音节类型中［i］元音的声学参数统计，图 2.74～
2.75 为根据表 2.64 所绘制的不同音节中［i］元音第一、第二共振峰均值、
音长和音强比较图。从表 2.64 和图 2.74～2.75 中可以看出，音节类型与元
音声学参数之间相关性不明显。

表 2.64-1　不同音节类型中［i］元音声学参数统计（M）

单位：VD 为 ms, VA 为 dB, F 为 Hz

		VC	VA	F1	F2	F3
CV	平均值	67	74.84	406	1833	2567
	标准差	40	3.88	48	205	210
	变异系数	59%	5.1%	12%	11%	8.1%
CVC	平均值	66	76.13	398	1930	2547
	标准差	17	3.59	49	160	163
	变异系数	25%	4.7%	12%	8.2%	6.4%
CVCC	平均值	59	76	450	1740	2310
	标准差	15	1.82	12	176	212
	变异系数	25%	2.4%	2.7%	10%	9.1%

表 2.64-2　不同音节类型中［i］元音声学参数统计（F）

单位：VD 为 ms, VA 为 dB, F 为 Hz

		VC	VA	F1	F2	F3
CV	平均值	97	70.26	426	2375	3122
	标准差	57	2.9	75	308	275
	变异系数	59%	4.1%	17%	13%	8.8%
CVC	平均值	55	73.08	406	2300	3079
	标准差	23	3.84	56	272	255
	变异系数	42%	5.2%	14%	12%	8.2%

续表

		VC	VA	F1	F2	F3
CVCC	平均值	56	71	417	2275	2932
	标准差	18	1.41	124	467	399
	变异系数	33%	1.9%	30%	21%	14%

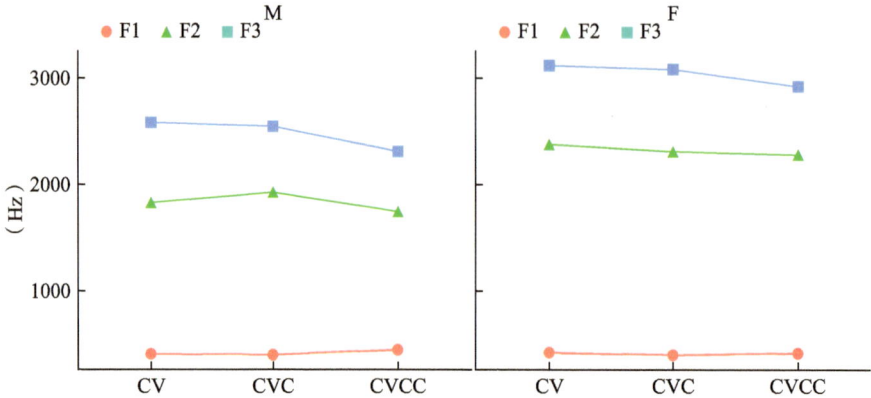

图 2.74　不同音节中［i］元音第一、第二共振峰均值比较

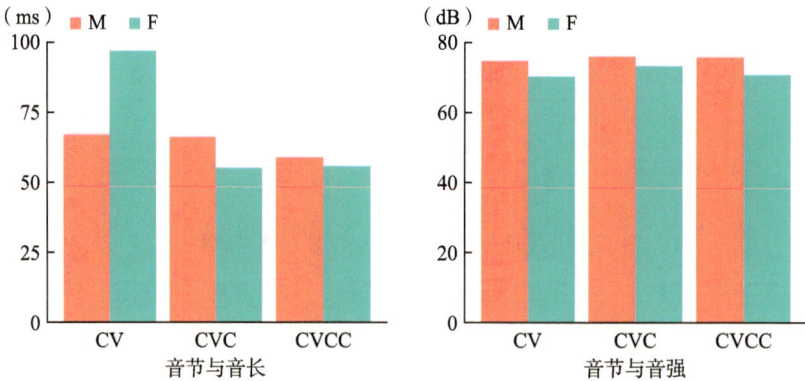

图 2.75　音节数量与音长、音强之间的关系示意

4. 辅音音质与元音声学参数之间的关系

图 2.76 为非词首音节不同辅音之后和无前置辅音音节中［i］元音音长比较图，图 2.77 为出现在非词首音节四个辅音（前置辅音）之后［i］元音的第一、第二和第三共振峰前过渡段（TF1、TF2、TF3）和后过渡段（TP1、TP2、TP3）的变化示意图，以 TF2 的上升为准排列，即以舌位自后

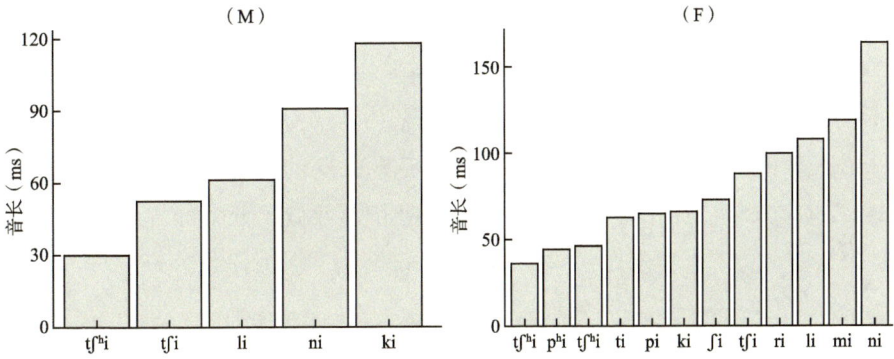

图 2.76 不同辅音之后和无前置辅音音节中 ［i］元音音长比较

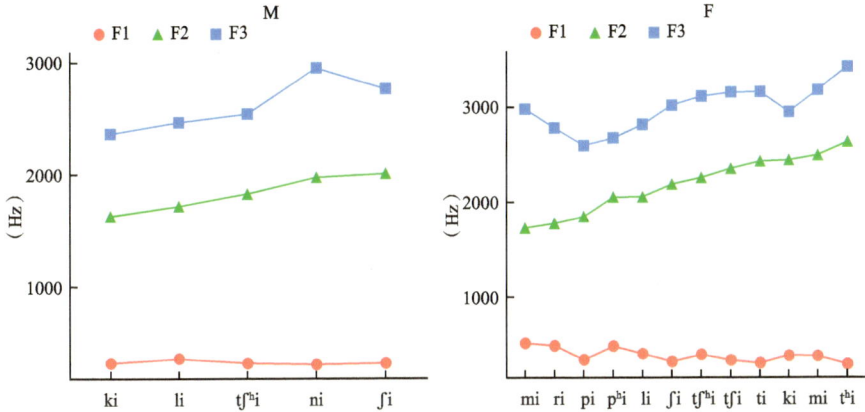

图 2.77-1 不同辅音之后的 ［i］元音三个共振峰前过渡段 TF1、TF2、TF3 的
变化示意

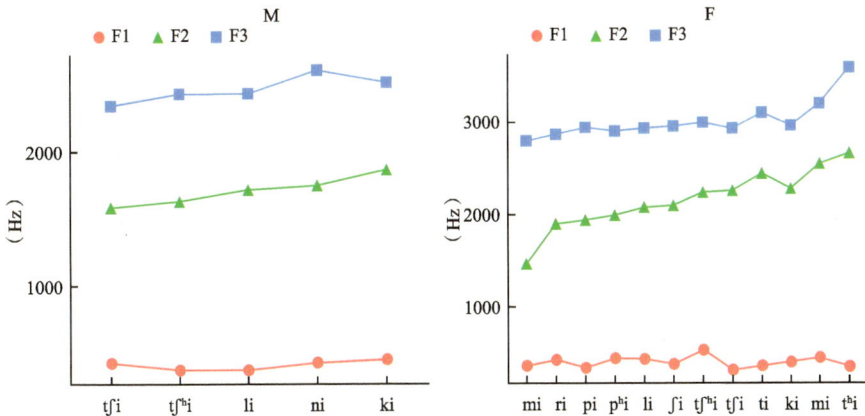

图 2.77-2 不同辅音之后的 ［i］元音三个共振峰后过渡段 TP1、TP2、TP3 的
变化示意

至前排列示意图。这些图显示，浊辅音后接元音的音长最长，其次是不送气辅音后接元音长于送气辅音后接元音音长。[tʰ，ʧ，ʧʰ，t，k] 辅音之后 [i] 元音 TF2 高于（舌位往前）其他辅音。

我们对非词首 CV、CVC、CVCC 音节出现的 [i] 元音与词首 CV、CVC、CVCC 出现的 [i] 之间共振峰、时长参数做了配对样本 T 检验，见表 2.65。

表 2.65　[i] 元音与词首和非词首 CV、CVC、CVCC 中共振峰、时长 T 检验

	sig（双侧）					
	M		F		M	F
	F1	F2	F1	F2	CD	CD
词首—非词首	.000	.000	.000	.224	.026	.000

检验结果反映，男发音人的共振峰参数差异性显著；女发音人的 F1 差异性显著，F2 差异性不显著；男、女发音人的时长参数差异性显著。

词首 V、VC 音节出现的 [i] 元音与非词首的 CV、CVC、CVCC 出现的 [i] 元音之间共振峰、时长参数做了配对样本 T 检验，结果见表 2.66。

表 2.66　[i] 元音与词首 V、VC 和非词音 CV、CVC、CVCC 共振峰、时长 T 检验

	sig（双侧）					
	M		F		M	F
	F1	F2	F1	F2	CD	CD
词首—非词首	.000	.000	.000	.041	.000	.000

检验结果表明，男、女发音人的共振峰参数之间差异性显著；男、女发音人的时长参数之间差异性显著。

（四）[u] 元音

1. 参数平均值及其音质定位

表 2.67 为 [u] 元音参数统计总表。该统计表显示，男、女发音人 [u] 元音的平均时长、平均音强分别为 M＝62ms，F1＝63ms；M＝75.81dB，F1＝72dB。该元音 F1 和 F2 的频率均值分别为 M：F1＝436Hz，F2＝910Hz；

F1：F1＝468Hz，F2＝1057Hz。

表 2.67　［u］元音声学参数统计总表

	M					F				
	VD	VA	F1	F2	F3	VD	VA	F1	F2	F3
平均值	62	75.81	436	910	2412	63	72	468	1057	2783
标准差	29	3.09	67	155	225	37	2.92	83	176	237
变异系数	48%	4%	15%	17%	9.3%	58%	4%	18%	17%	8.5%

我们认为达斡尔语标准话非词首音节［u］元音为高、后、圆唇、（紧）元音，用［u］音标标记该元音接近其实际音值。图 2.78 为男发音人［ku-luw］"狗崽子"一词的三维语图和三层标注实例。

图 2.79 为男、女发音人［u］元音在声学空间中的分布模式。可以看出，［u］元音在声学空间中的位置为：F1＝300~600Hz，F2＝650~1200Hz（M）；F1＝300~630Hz，F2＝650~1200Hz（F）。该元音在声学空间中的分布方向（趋势）为上、下离散度较大。

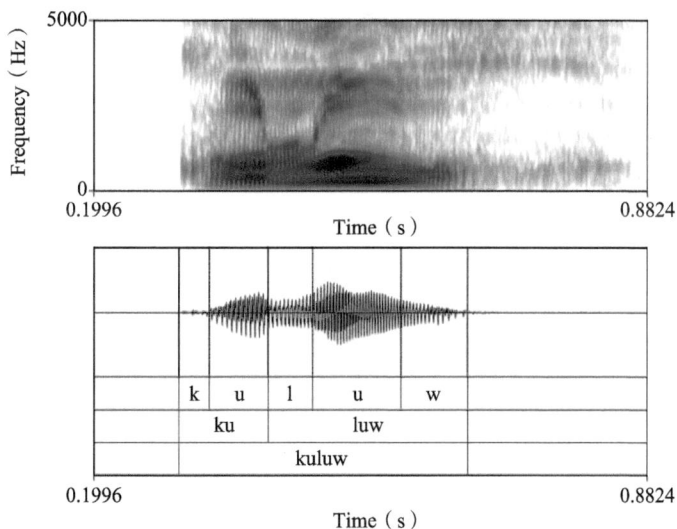

图 2.78　男发音人［kuluw］"狗崽子"一词的三维语图和三层标注实例

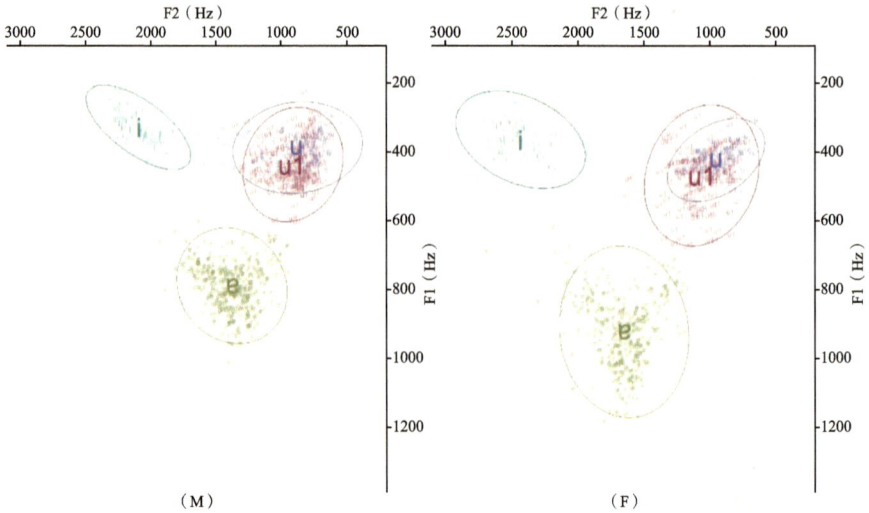

图 2.79 [u] 元音在声学元音图中的位置及其声学空间中的分布模式（M&F）

图 2.80~2.81 为 [u] 元音目标位置第一、第二共振峰 F1/F2 及其前过渡段 TF1/TF2 和后过渡段 TP1/TP2 共振峰比较图。从图 2.80~2.81 中可以看出，与目标位置共振峰频率相比，[u] 元音前、后过渡段 TF1、TP1 共振峰频率分布在前、后维度上较大。

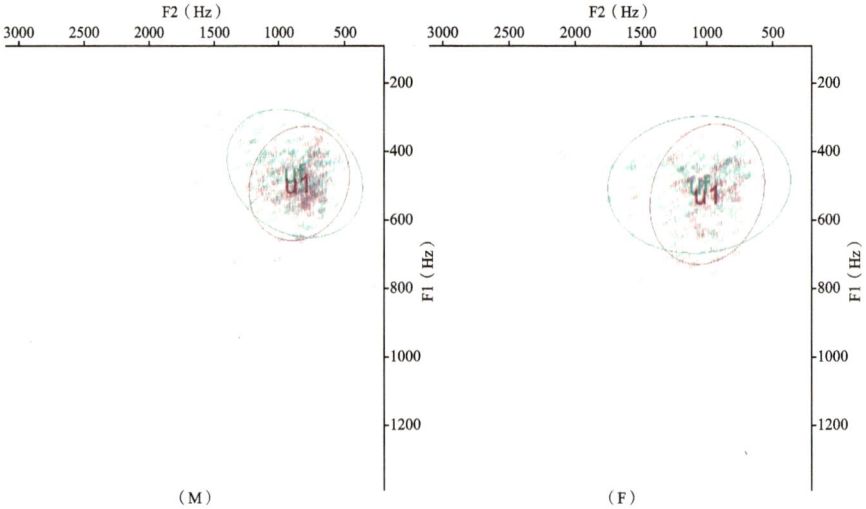

**图 2.80 [u] 元音目标位置共振峰（F1/F2）及其前过渡段
共振峰（TF1/TF2）比较（M&F）**

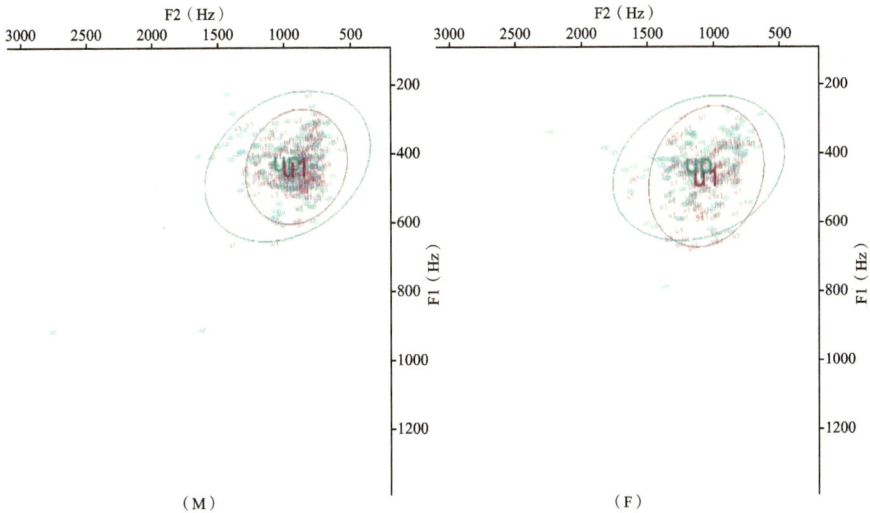

图 2.81　[u] 元音目标位置共振峰（F1/F2）及其后过渡段
共振峰（TP1/TP2）比较（M&F）

2. 音节数量与元音声学参数之间的关系

表 2.68 为 [u] 元音在多音节单词中出现的频率统计表。表 2.68 显示，在双音节和三音节词中 [u] 元音出现的比例比较高。

表 2.69 为出现在多音节词中 [u] 元音的音长（VD）、音强（VA）、共振峰目标值（F）统计表，图 2.82~2.83 为根据表 2.69 绘制的图。从表和图中可以看出，音节数量与 [u] 元音第二共振峰之间有一定的相关性，即随着音节数量的增加其频率相对上升。

表 2.68　[u] 元音出现频率统计

发音人	双音节词		三音节词		四音节词		共计	
	M	F	M	F	M	F	M	F
出现次数	105	91	68	46	16	13	189	150
百分比	56%	60%	36%	331%	8%	9%	100%	100%

表 2.69　不同音节词中 [u] 元音声学参数统计

发音人统计项		M					F				
		VD	VA	F1	F2	F3	VD	VA	F1	F2	F3
双音节词	平均值	67	76.29	432	876	2443	67	72.8	467	1020	2803
	标准差	33	3.06	65	138	237	35	2.63	86	153	202

续表

发音人统计项		M					F				
		VD	VA	F1	F2	F3	VD	VA	F1	F2	F3
	变异系数	50%	4%	15%	16%	9.6%	52%	3.6%	18%	15%	7.2%
三音节词	平均值	54	74.97	444	949	2364	54	70.41	461	1103	2760
	标准差	21	2.9	73	162	203	30	2.88	73	188	288
	变异系数	39%	3.8%	17%	17%	8.5%	55%	4.1%	16%	17%	10%
四音节词	平均值	62	76.25	436	966	2411	71	72.07	495	1155	2728
	标准差	26	3.5	50	183	219	62	2.9	92	217	259
	变异系数	42%	4.6%	12%	19%	9%	87%	4%	19%	19%	9.4%

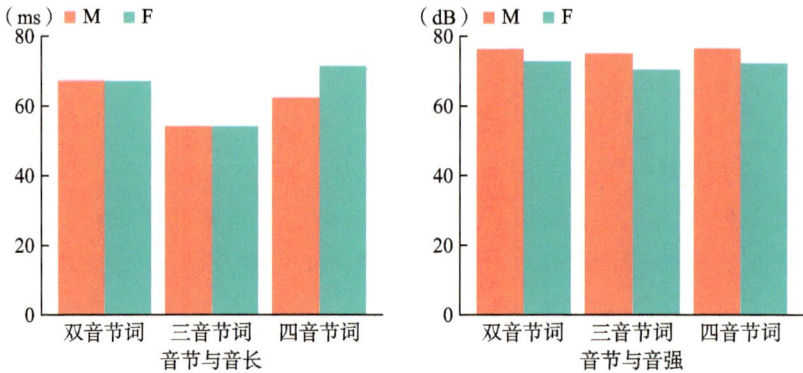

图 2.82　音节数量与音长，音强之间的关系示意（M&F）

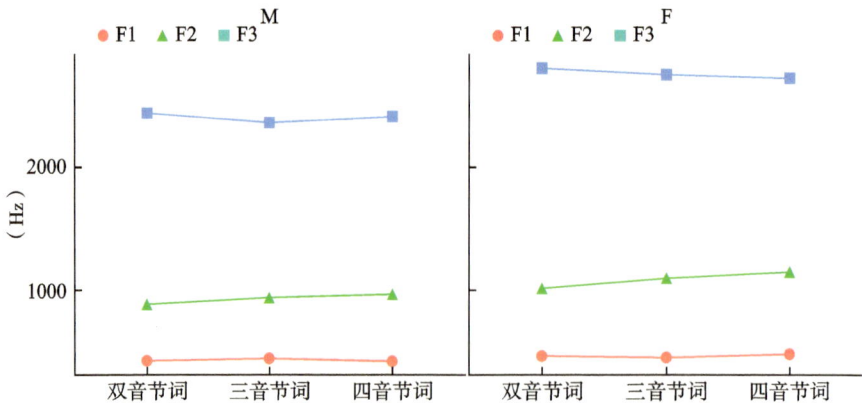

图 2.83　音节数量与共振峰之间的关系示意（M&F）

3. 音节类型与声学参数之间的关系

统一平台统计结果显示，[u] 元音主要在 CVC 音节中出现。如，在统一平台中出现的 189 次（M）和 150 次（F）[u] 元音中，66% 和 72% 的 [u] 都在这 CVC 音节中出现的，见表 2.70。

表 2.70　不同音节类型中 [u] 元音的频率统计

发音人	音节类型	CV	CVC	CVCC	共计
M	出现次数	43	136	10	189
M	百分比	23%	72%	5%	100%
F	出现次数	42	99	9	150
F	百分比	28%	66%	6%	100%

表 2.71 为不同音节类型中 [u] 元音的声学参数统计表，图 2.84 ~ 2.85 为根据表 2.71 所绘制的不同音节中 [u] 元音的第一、第二共振峰均值、音长和音强比较图。上述图表显示，音节类型与元音有些声学参数之间具有一定的相关性。如，音节中音素的增多而元音音长缩短，CV 音节中的元音最长，其次是 CVC 中的元音，最短的是 CVCC 中的元音；音节中音素的增加而元音音强增强，强到弱排序：CVCC>CVC>CV。

该元音共振峰与音节类型之间有较好的相关性。音节类型与 [u] 元音第二共振峰之间有一定的相关性，即随着音节中音素的增加其频率相对上升。显然，[u] 元音第二共振峰与音节类型之间的关系较密切。

表 2.71-1　不同音节类型中 [u] 元音声学参数统计（M）

单位：VD 为 ms，VA 为 dB，F 为 Hz

		VC	VA	F1	F2	F3
CV	平均值	82	74.55	458	899	2412
CV	标准差	47	3.52	63	149	191
CV	变异系数	58%	4.7%	14%	17%	7.9%
CVC	平均值	56	76.11	430	911	2423
CVC	标准差	18	2.9	69	158	235
CVC	变异系数	32%	3.8%	16%	17%	9.7%

续表

		VC	VA	F1	F2	F3
CVCC	平均值	55	77.1	433	942	2258
	标准差	16	2.28	37	136	179
	变异系数	30%	2.9%	8.6%	14%	7.9%

表 2.71-2　不同音节类型中［u］元音声学参数统计（F）

单位：VD 为 ms，VA 为 dB，F 为 Hz

		VC	VA	F1	F2	F3
CV	平均值	90	71.02	473	1014	2844
	标准差	55	2.89	71	177	220
	变异系数	61%	4%	15%	17%	7.7%
CVC	平均值	53	72.36	455	1079	2751
	标准差	20	2.92	80	177	232
	变异系数	37%	4%	18%	16%	8.4%
CVCC	平均值	52	72.66	582	1013	2864
	标准差	10	2.06	77	117	323
	变异系数	19%	2.8%	13%	12%	11%

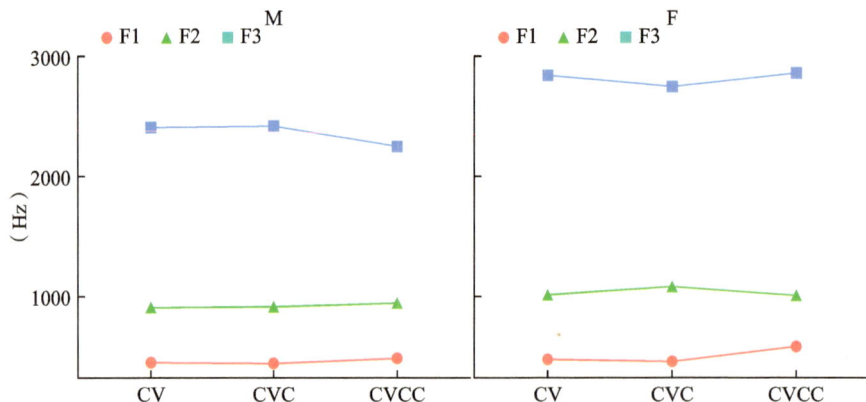

图 2.84　不同音节中［u］元音的第一、第二、第三共振峰均值比较（M&F）

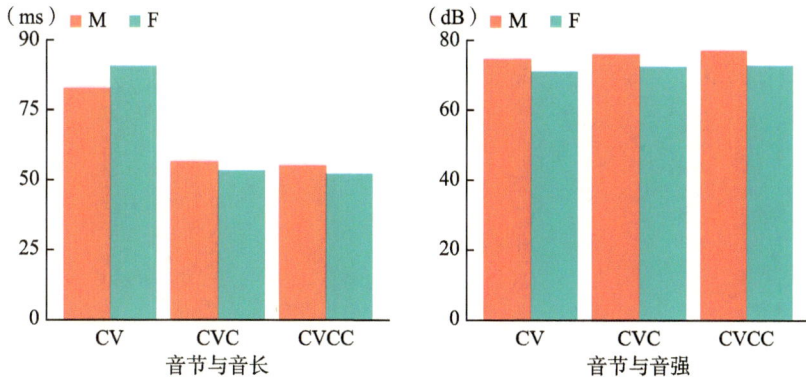

图 2.85　音节数量与音长、音强之间的关系示意（M&F）

4. 辅音音质与元音声学参数之间的关系

图 2.86 为出现在非词首音节不同辅音之后［u］元音音长比较图，图 2.87 为出现在非词首音节的辅音（前置辅音）之后［u］元音的第一、第二和第三共振峰前过渡段（TF1、TF2、TF3）和后过渡段（TP1、TP2、TP3）的变化示意图，以 TF2 的上升为准排列的，即以舌位自后至前排列示意图。这些图显示，辅音音质与［u］元音第二共振峰前过渡段（TF2）和后过渡段（TP2）之间的相关性不明显。

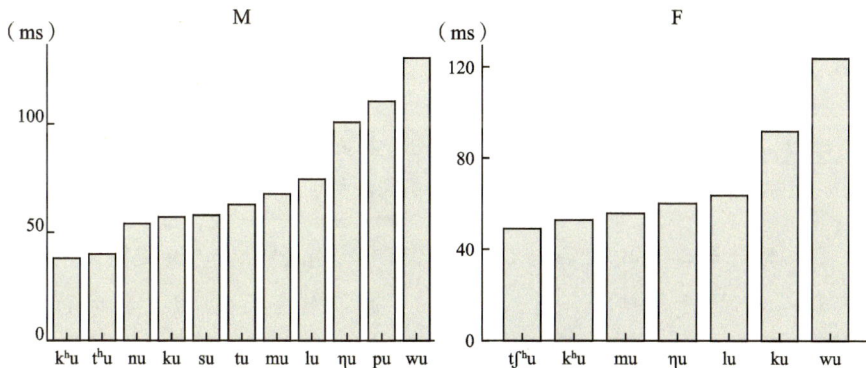

图 2.86　不同辅音之后和无前置辅音音节中［u］元音音长比较（M&F）

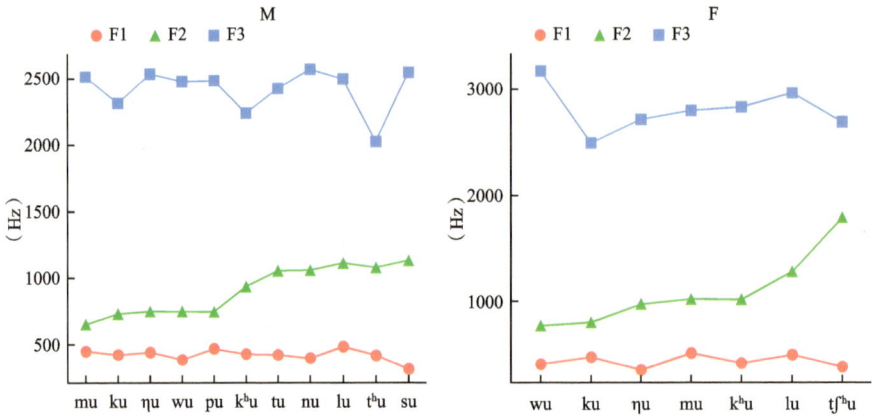

**图 2.87-1　不同辅音之后的 ［u］元音三个共振峰前过渡段 TF1、TF2、TF3
等的变化示意（M&F）**

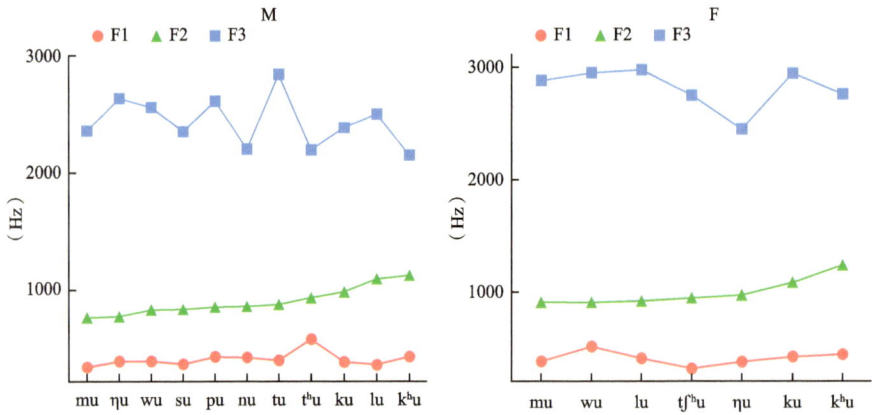

**图 2.87-2　不同辅音之后的 ［u］元音三个共振峰后过渡段 TP1、TP2、TP3
等的变化示意**

　　我们对非词首 CV、CVC、CVCC 音节与词首 CV、CVC、CVCC 音节中
出现的 ［ə］元音共振峰、时长参数做了配对样本 T 检验（非词首 CV、
CVC、CVCC 为一组，词首 CV、CVC、CVCC 为一组）。结果见表 2.72。

表 2.72　检验结果

	sig（双侧）					
	M		F		M	F
	F1	F2	F1	F2	CD	CD
词首—非词首	.000	.291	.000	.006	.157	.016

我们从检验结果看，女发音人的 F1/F2 参数在词首与非词首音节之间差异性不显著，男发音人在 F1 上差异性显著，F2 上差异性不显著；男发音人的时长参数在词首与非词首音节之间差异性不显著，女发音人时长差异性显著。

非词首 CV、CVC、CVCC 音节与词首 V、VC、VCC 音节中出现的 [ə] 元音共振峰、时长参数做了配对样本 T 检验（非词首 CV、CVC、CVCC 为一组，词首 V、VC、VCC 为一组）。结果见表 2.73。

表 2.73　检验结果

	sig（双侧）					
	M		F		M	F
	F1	F2	F1	F2	CD	CD
词首—非词首	.000	.000	.000	.000	.000	.818

从检验结果看，男、女发音人的 F1/F2 参数在词首与非词首音节之间差异性显著；男发音人的时长参数在词首与非词首音节之间差异性显著，女发音人时长参数差异性不显著。

（五）[o] 元音

1. 参数平均值及其音质定位

表 2.74 为 [o] 元音参数统计总表。该统计表显示男、女发音人 [o] 元音的平均时长、平均音强分别为 M = 65ms，F1 = 66ms；M = 78dB，F1 = 74.23dB。该元音 F1 和 F2 的频率均值分别为 M：F1 = 592Hz，F2 = 968Hz；F1：F1 = 611Hz，F2 = 1220Hz。

表 2.74　[o] 元音声学参数统计

	M					F				
	VD	VA	F1	F2	F3	VD	VA	F1	F2	F3
平均值	65	78	592	968	2218	66	74.23	611	1220	2851
标准差	22	4.42	85	92	287	35	3.55	92	249	205
变异系数	34%	5.6%	14%	9.5%	13%	53%	4.7%	15%	20%	7.1%

我们认为达斡尔语非词首音节 [o] 元音为次高、后、圆唇、松元音，

用［o］音标标记该元音接近其实际音值。图 2.88 为男发音人［onnolo:］
"骗人"一词的三维语图和三层标注实例。

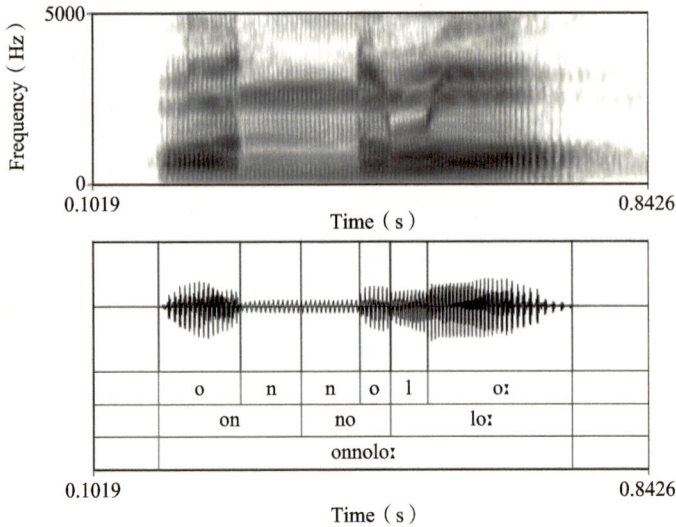

图 2.88　男发音人［onnolo:］"骗人"一词的三维语图和三层标注实例

图 2.89 为男、女发音人［o］元音在声学空间中的分布模式。可以看
出，［o］元音在声学空间中的位置为：F1＝500～700Hz，F2＝800～1100Hz
（M）；F1＝450～800Hz，F2＝900～1500Hz（F）。该元音在声学空间中的分
布方向（趋势）为上、下扩散，离散度较大。

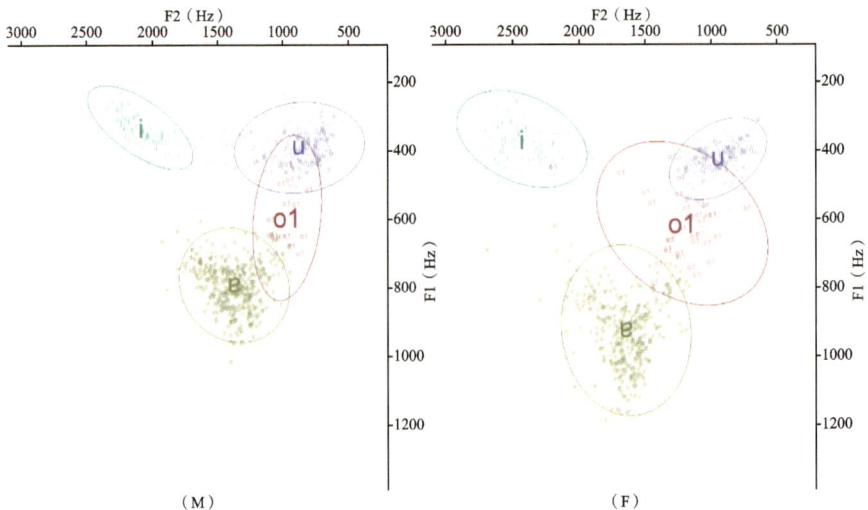

图 2.89　［o］元音在声学元音图中的位置及其声学空间中的分布模式（M&F）

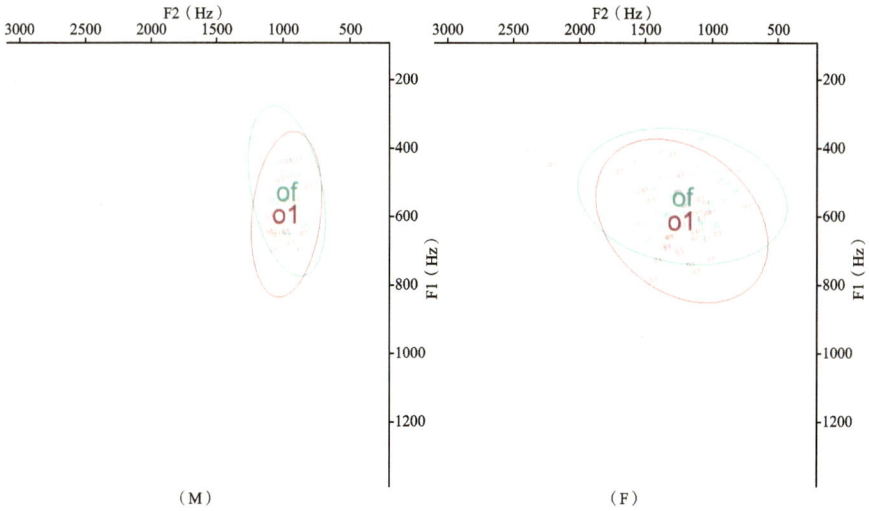

图 2.90　[o] 元音目标位置共振峰（F1/F2）及其前过渡段
共振峰（TF1/TF2）比较（M&F）

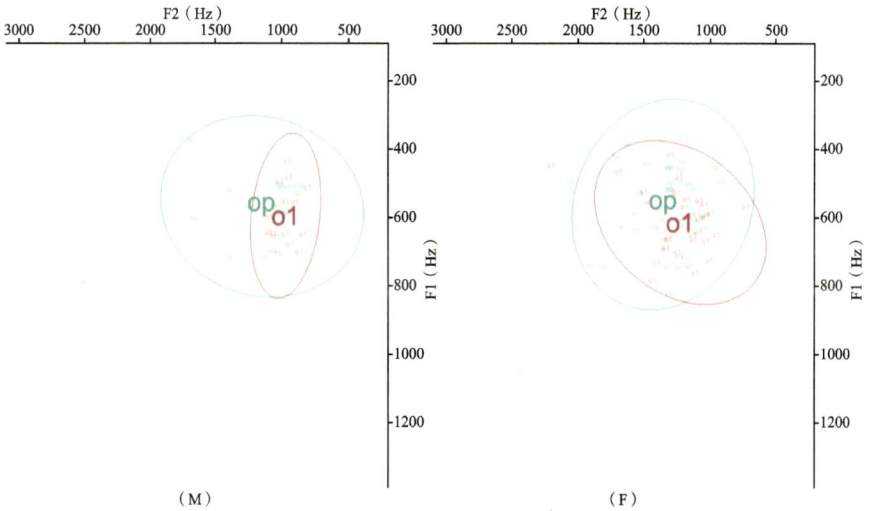

图 2.91　[o] 元音目标位置共振峰（F1/F2）及其后过渡段
共振峰（TP1/TP2）比较

　　图 2.90~2.91 为 [o] 元音目标位置第一、第二共振峰 F1/F2 及其前过渡段 TF1/TF2 和后过渡段 TP1/TP2 共振峰比较图。其中，图 2.90 为目标位置共振峰和前过渡段共振峰比较图，图 2.91 为目标位置共振峰和后过渡段共振峰比较图。从这两个图中可以看出，[o] 元音前过渡段共振峰 TF、TP

频率与目标位置共振峰频率之间的差距较小，［o］元音后过渡段共振峰 TF、TP 频率与目标位置共振峰频率之间比较的话舌位往前、高移动。

（六）［ʉ］元音

1. 参数平均值及其音质定位

表 2. 75 为［ʉ］元音声学参数统计总表。该统计表显示，男、女发音人［ʉ］元音的平均时长、平均音强分别为 F = 49ms，F = 71. 73dB。该元音 F1 和 F2 的频率均值分别为 F1 = 493，F2 = 1474。男发音中没出现，女发音人中出现 15 次。图 2. 92 为女发音人［isʉr］"衣服里子"一词的三维语图和三层标注实例。

因该元音出现次数较少，忽略了其声学元音图。

表 2. 75　［ʉ］元音声学参数统计总表

	F				
	VD	VA	F1	F2	F3
平均值	49	71. 73	493	1474	2894
标准差	15	1. 98	42	75	140
变异系数	30%	2. 7%	8. 6%	5%	4. 8%

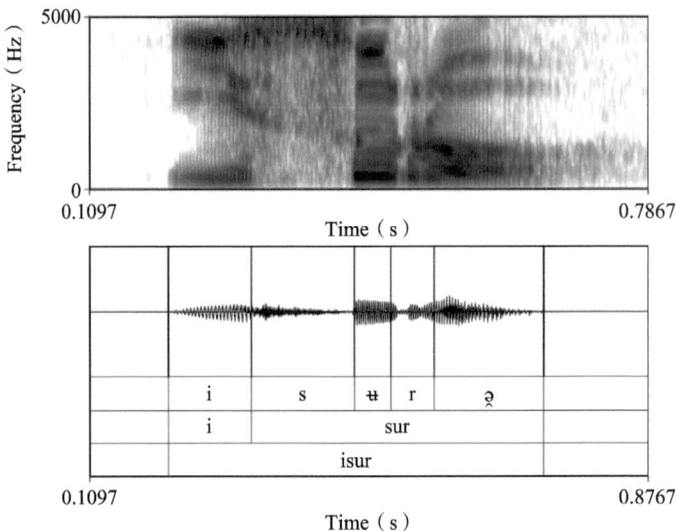

图 2. 92　女发音人［isʉr］"衣服里子"一词的三维语图和三层标注实例

五 长元音

在"达斡尔语语音声学参数数据库"中共出现了 [eː，əː，iː，oː，uː，eː] 等长元音。请见图 2.93~2.94。

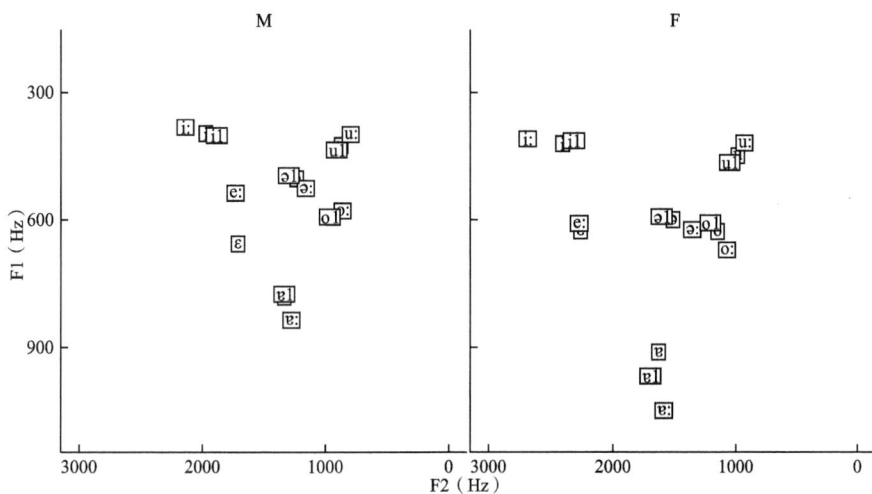

图 2.93 词首音节长元音、短元音和非词首音节短元音（元音+1）的声学元音

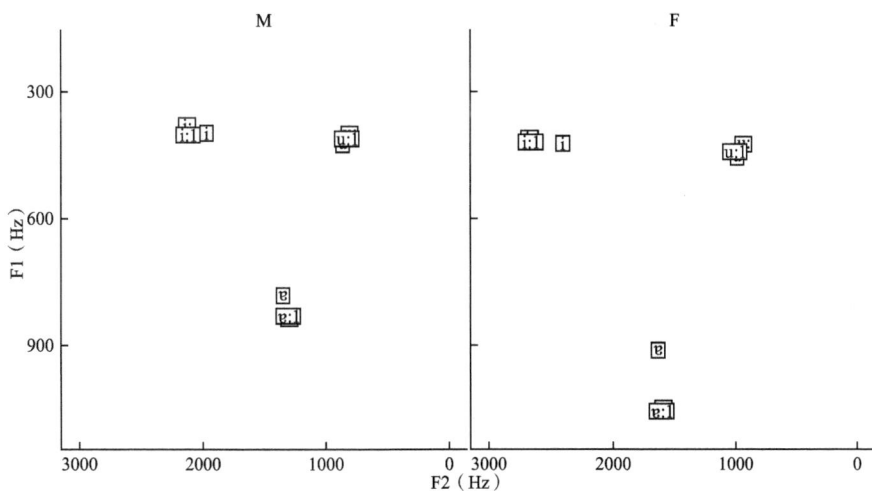

图 2.94 词首音节长元音、短元音和非词首音节长元音（元音+1）的舌位三角形

从图 2.93~2.94 中，随着词首音节长元音、非词首音节长元音和词首音节短元音的发音时间（音长）的相对缩短，元音舌位三角形变小，构成了大、中、小三个不同的三角形。三角形大小排列为（由大到小）：词首音节长元音的舌位三角形>非词首音节长元音的舌位三角形>词首音节短元音的舌位三角形。其中，词首音节短元音的舌位三角形最小。

达斡尔语中已形成了词首音节长元音、非词首音节长元音、词首音节短元音和非词首音节短元音等舌位三角形的格局。其中，短元音和长元音之间的差异性较大，而短元音与短元音之间（词首短元音和非词首短音间）、长元音与长元音之间（词首长元音和非词首长元音）的差异较小。这与蒙古语标准话元音特点有所不同。其中，较明显的差异是达斡尔语非词首音节短元音的央化程度远不如蒙古语标准话非词首音节短元音。

（一）［ɐː］元音

1. 参数平均值及其音质定位

表 2.76~2.77 为词首和非词首音节［ɐː］元音参数总统计表。这两个表显示，词首音节男、女发音人［ɐː］元音音长、音强和共振峰均值分别为：M = 212ms，F = 205ms；M = 80.15dB，F = 76.07dB；M：F1 = 860Hz，F2 = 1245Hz；F：F1 = 1032Hz，F2 = 1548Hz；非词首音节男、女发音人［ɐː］元音音长、音强和共振峰均值分别为：M = 143ms，F = 180ms；M = 80.56dB，F = 76.63dB；F1 和 F2 的频率均值分别为 M：F1 = 827Hz，F2 = 1301Hz；F：F1 = 1055Hz，F2 = 1609Hz。可以看出，词首和非词首音节［ɐː］元音声学参数具有一定的差异。如，在音长、音强和共振峰均值方面的差异分别为：M：+69ms，F：+25ms；M：−0.41dB，F：−0.56dB；MF1：+33Hz，MF2：−56Hz；FF1：−23Hz，FF2：−61Hz。其中，"+"表示词首大于非词首；"−"表示词首小于非词首，下同。

我们认为该元音为中、央、展唇、紧元音（请见词首音节短［ɐː］的描述）。图 2.95 为男发音人［sɐːtʰɐː］"让耽搁，设障碍"一词的三维语图和三层标注实例。其中，词首元音［ɐː］的目标位置 F1~F4 共振峰分别为 920Hz、1300Hz、2248Hz、3288Hz。这是［ɐː］元音比较典型的声学语图。图 2.96 为词首和非词首音节长元音［ɐː］在声学空间中所处位置及其分布模式比较图。图中，正常表音，如［ɐː］为词首音节长元音，［ɐː1］（元音

+1）图标为非词首音节长元音，下同；其中，左为男发音人图，右为女发音人图，下同。从图 2.96 中可以看出，男发音人中，非词首音节［ɐː］元音舌位比词首［ɐː］相对高；女发音人中相对低。

表 2.76　词首［ɐː］元音统计总表

单位：VD 为 ms，VA 为 dB，F 为 Hz，下同

	M					F				
	VD	VA	F1	F2	F3	VD	VA	F1	F2	F3
平均值	212	80.15	860	1245	2287	205	76.07	1032	1548	2726
标准差	43	3.86	52	92	166	45	3.09	75	125	177
变异系数	20%	4.8%	6%	7.3%	7.2%	22%	4%	7.2%	8%	6.4%

表 2.77　非词首［ɐː］元音统计总表

单位：VD 为 ms，VA 为 dB，F 为 Hz，下同

	M					F				
	VD	VA	F1	F2	F3	VD	VA	F1	F2	F3
平均值	143	80.56	827	1301	2289	180	76.63	1055	1609	2699
标准差	54	2.47	47	101	167	61	2.64	75	103	181
变异系数	38%	3%	5.6%	7.7%	7.2%	34%	3.5%	7.1%	6.3%	6.6%

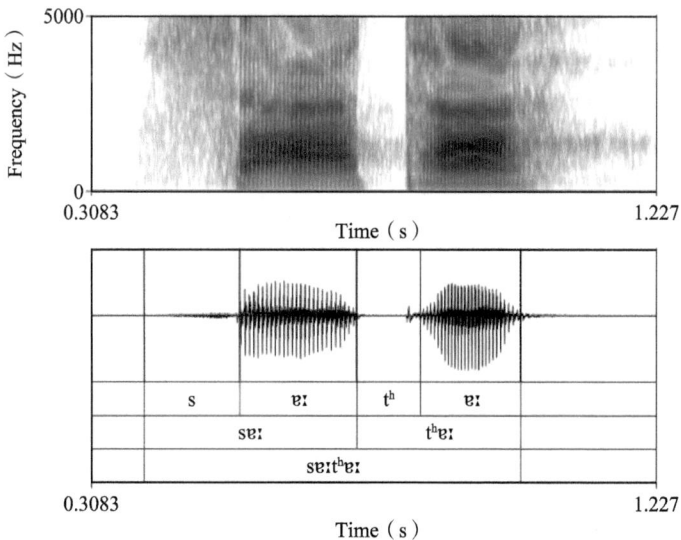

图 2.95　男发音人［sɐːtʰɐːs］"让耽搁，设障碍"一词的三维语图和三层标注实例

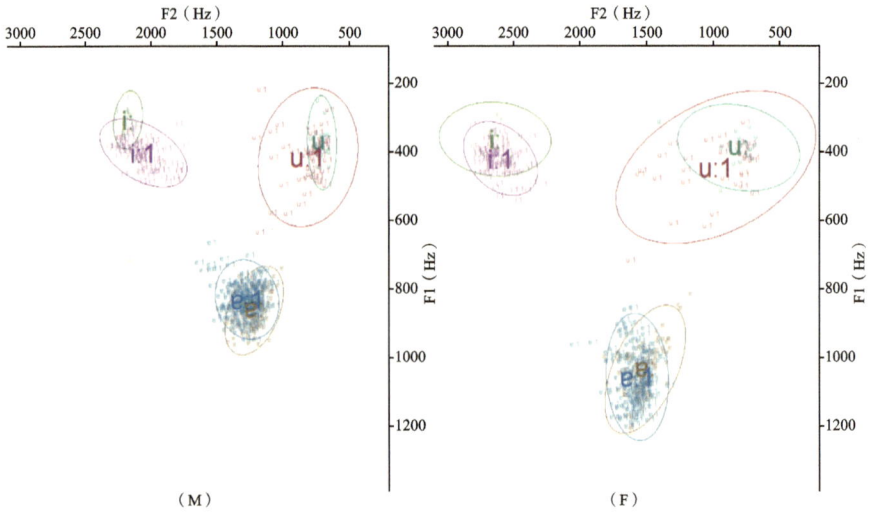

图 2.96　词首和非词首音节长元音［ɐː］在声学空间中所处位置及其分布模式比较（M&F）

　　图 2.97～2.98 为词首音节和非词首音节长元音［ɐː］的目标位置共振峰（F1/F2）及其前过渡段共振峰（TF1/TF2）和后过渡段共振峰（TP1/TP）比较图。图中，［ɐː］为目标位置共振峰分布图；"ɐːf"为前过渡段共振峰分布图；"ɐːp"为后过渡段共振峰分布图。其中，左为男发音人图，右为女发音人图，下同。

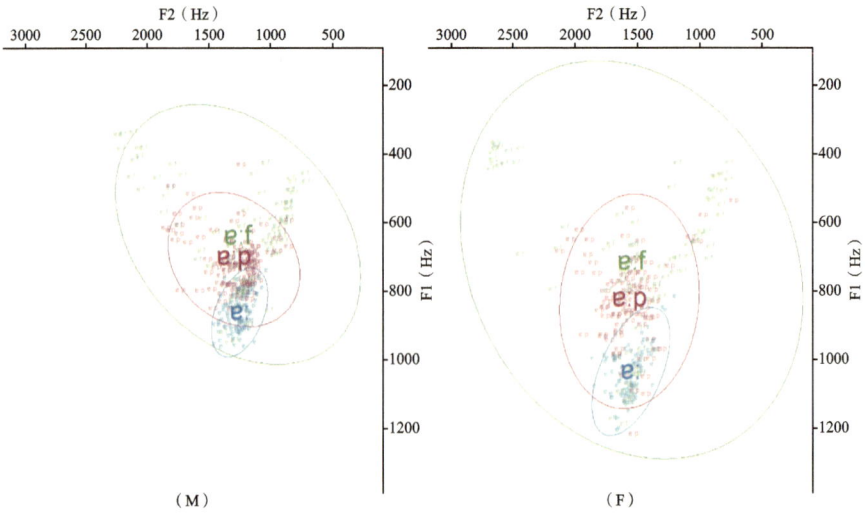

图 2.97　词首音节［ɐː］元音目标位置共振峰及其前后过渡段共振峰比较（M&F）

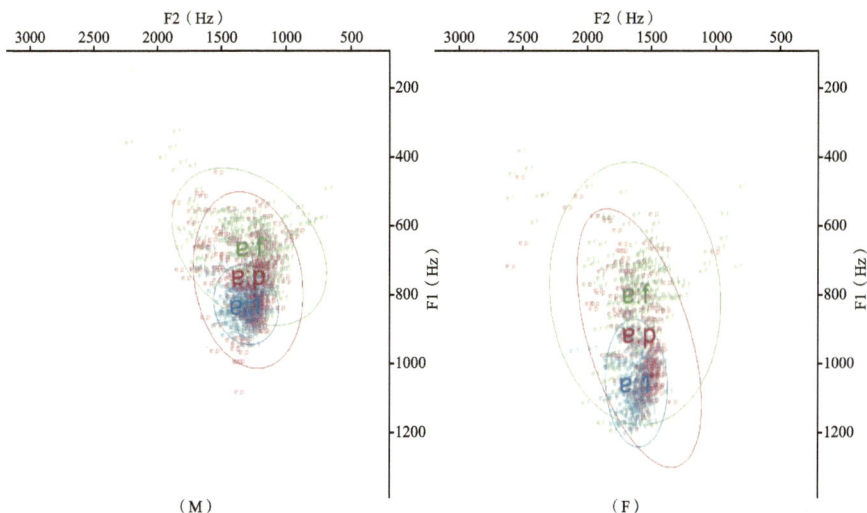

图 2.98 非词首音节 [ɐ:] 元音目标位置共振峰及其前后过渡段共振峰比较 (M&F)

从图 2.97~2.98 中可以看出，与目标位置共振峰频率相比，词首和非词首音节 [ɐ] 元音前、后过渡段共振峰频率都有所变化。其中，词首音节 [ɐ] 元音前、后过渡段变化基本上"前段变化大于后段"，与词首、非词首音节短元音的"后段变化大于前段"正相反，但非词首音节 [ɐ] 元音前、后过渡段共振峰频率变化基本上与词首、非词首音节短元音的"后段变化大于前段"相符合。

2. 辅音音质与声学参数之间的关系

图 2.99 为词首音节不同辅音之后 [ɐ:] 元音音长比较图，图 2.100 为词首音节不同辅音之后 [ɐ:] 元音三个共振峰 (F1~F3) 前过渡段频率 (TF1、TF2、TF3) 比较图，图 2.101 为非词首音节不同辅音之后 [ɐ:] 元音三个共振峰 (F1~F3) 前过渡段频率 (TF1、TF2、TF3) 比较图。其中，图 2.100 和图 2.101 是以 TF2 的上升为准排列的，即以舌位自后至前排列的。从这些图中可以看出，辅音音质与 [ɐ] 元音第二共振峰前过渡段频率之间具有一定的相关性。如，[ʧ-，ʧʰ-，ʃ-，j-] 等辅音之后 [ɐ] 元音第二共振峰前过渡频率比其他辅音之后的相对高。[k，ʧ，x，s] 辅音之后的 [ɐ:] 元音音长相对长。送气辅音后的 [ɐ:] 元音时长短于不送气辅音后的时长，如 ʧ>ʧʰ。

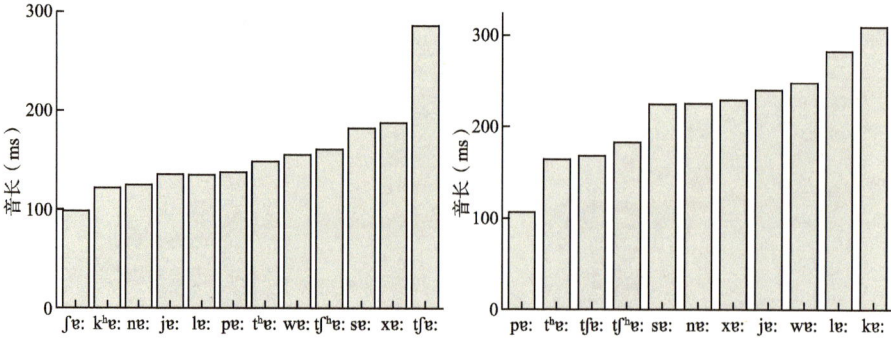

图 2.99　词首音节不同辅音之后和无前置辅音音节中［ɐ:］元音音长比较（M&F）

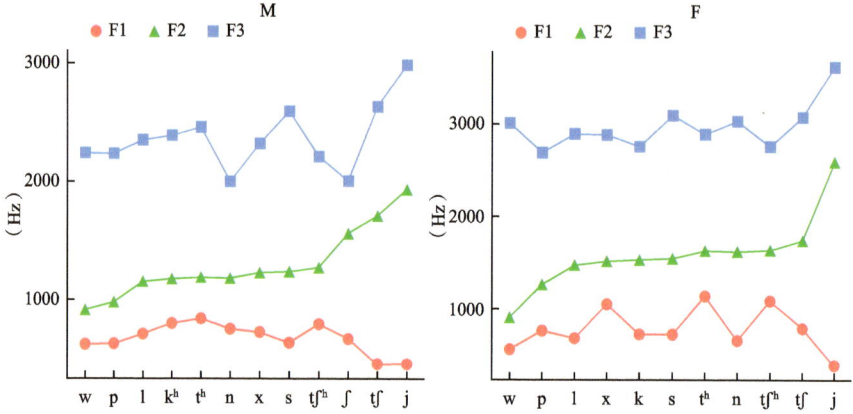

图 2.100　词首音节不同辅音之后［ɐ:］元音第一、第二和第三共振峰
前过渡段频率比较（M&F）

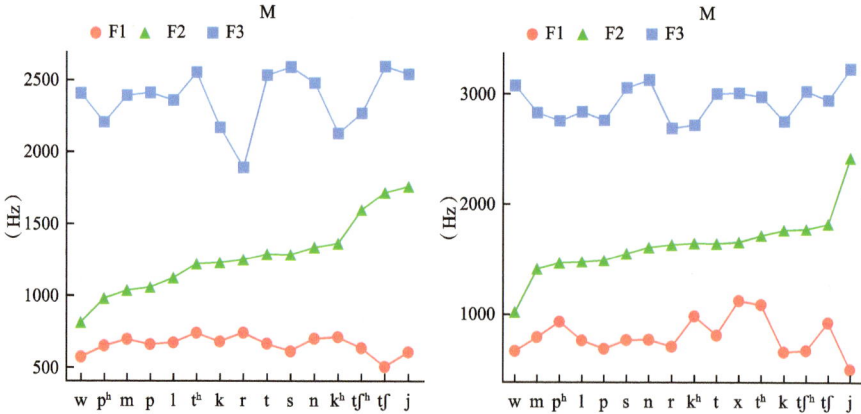

图 2.101　非词首音节不同辅音之后［ɐ:］元音第一、第二和第三共振峰
前过渡段频率比较（M&F）

3. 音节数量与声学参数之间的关系

表 2.78 为在单音节词、双音节词和三音节词中出现的［ɐː］元音的音长（VD）、音强（VA）、目标位置共振峰目标值（F）均值统计表，图 2.102～2.103 为音节数量与［ɐː］元音音长、音强和目标位置共振峰之间的关系示意图。从上述表和图中可以看出，音节数量与［ɐː］元音声学参数之间具有一定的相关性。如，随着音节数量的增多该元音音长相对变短；男发音人随着音节数量的增多该元音音强相对变弱（女发音正相反）。音节数量与［ɐː］元音目标位置共振峰频率之间几乎看不到相关性。

表 2.78　不同音节词中［ɐː］元音声学参数统计

单位：VD 为 ms，VA 为 dB，F 为 Hz，下同

发音人统计项		M					F				
		VD	VA	F1	F2	F3	VD	VA	F1	F2	F3
单音节词	平均值	225	80.84	858	1238	2336	206	75.48	1038	1551	2667
	标准差	47	5.05	55	97	173	43	3.19	81	127	215
	变异系数	21%	6%	6.3%	7.8%	7.4%	21%	4.2%	7.7%	8.2%	8%
双音节词	平均值	206	79.78	869	1251	2241	209	76.32	1026	1549	2771
	标准差	36	2.4	43	80	145	50	3.03	65	127	131
	变异系数	18%	3%	4.9%	6.3%	6.4%	24%	3.9%	6.3%	8.1%	4.7%
三音节词	平均值	192	79	845	1253	2241	186	77.87	1029	1511	2791
	标准差	36	1.8	60	106	161	24	2.53	95	105	84
	变异系数	19%	2.2%	7%	8.4%	7.1%	13%	3.2%	9.2%	6.9%	3%

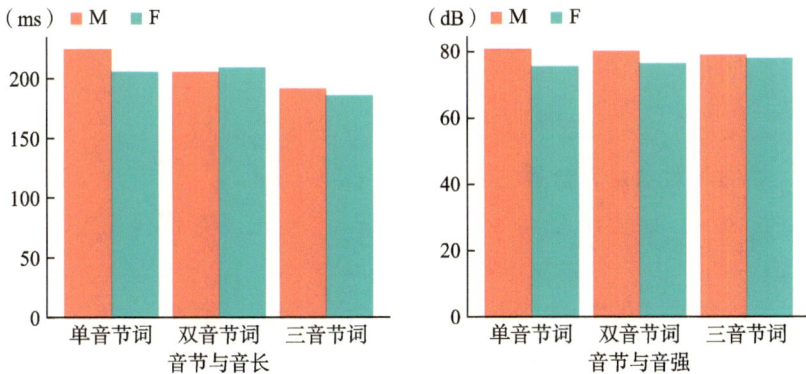

图 2.102　音节数量与［ɐː］元音音长、音强之间的关系示意（M&F）

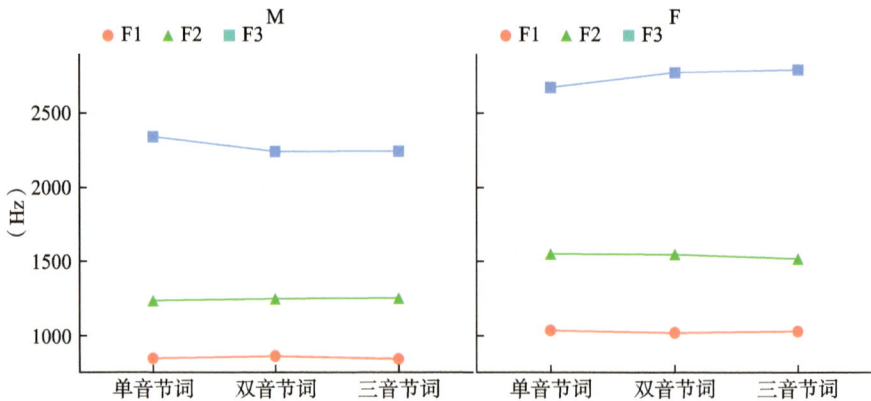

图 2.103 音节数量与 [ɐ:] 元音目标位置共振峰之间的关系示意（M&F）

我们对词首和非词首音节 [ɐ:] 元音之间共振峰、时长参数做了配对样本 T 检验，结果见表 2.79。

表 2.79 检验结果

	sig（双侧）					
	M		F		M	F
	F1	F2	F1	F2	CD	CD
词首—非词首	.000	.245	.150	.072	.000	.305

我们从共振峰检验结果看，男发音中词首音节和非词首 [ɐ:] 在 F1 有显著性差异，其他情况下差异性不显著。

从时长检验结果看，男发音人的时长参数在词首与非词首音节之间差异性显著，女发音人在时长上差异性不显著。

（二）[ə:] 元音

1. 参数平均值及其音质定位

表 2.80～2.81 为词首和非词首音节 [ə:] 元音参数统计总表。可以看出，词首音节 [ə:] 元音音长、音强和共振峰均值分别为：M = 208ms，F = 190ms；M = 80.14dB，F = 77dB；M：F1 = 450Hz，F2 = 1003Hz；F：F1 = 501Hz，F2 = 1202Hz；非词首音节 [ə:] 元音音长：音强和共振峰均值分别

为：M = 147ms，F = 188ms；M = 80.72dB，F = 76.43dB；F1 和 F2 的频率均值分别为 M：F1 = 543Hz，F2 = 1197Hz；F：F1 = 656Hz，F2 = 1407Hz。显然，词首和非词首音节［ə:］元音的声学参数具有一定的差异。如，M：+61ms，F：+2ms；M：+0.58dB，F：+0.57dB；MF1：-93Hz，MF2：-194Hz；FF1：-155Hz，FF2：-205Hz。

表 2.80 词首［ə:］元音统计

	M					F				
	VD	VA	F1	F2	F3	VD	VA	F1	F2	F3
平均值	208	80.14	450	1003	2524	190	77	501	1202	2898
标准差	52	2.56	54	133	116	52	2.01	69	171	127
变异系数	25%	3.1%	12%	13%	4.6%	27%	2.6%	14%	14%	4.3%

表 2.81 非词首［ə:］元音统计

	M					F				
	VD	VA	F1	F2	F3	VD	VA	F1	F2	F3
平均值	147	80.72	543	1197	2598	188	76.43	656	1407	2926
标准差	54	2.2	59	166	131	75	2.69	77	187	152
变异系数	37%	2.7%	11%	14%	5.1%	40%	3.5%	12%	13%	5.1%

我们认为该元音为中、央、展唇、松元音（请见词首音节短［ə］的描述）。图 2.104 为男发音人［xə:tə:］"分得，摊得"一词的三维语图和三层标注实例。其中，词首元音［ə:］的目标位置的 F1～F4 共振峰分别为 427Hz、979Hz、2489Hz、3318Hz。这是［ə:］元音比较典型的声学语图。

图 2.105 为词首和非词首音节长元音［ə:］在声学空间中所处位置及其分布模式比较图。可以看出，非词首音节长元音［ə:］在声学空间中的离散度比词首音节［ə:］相对大。

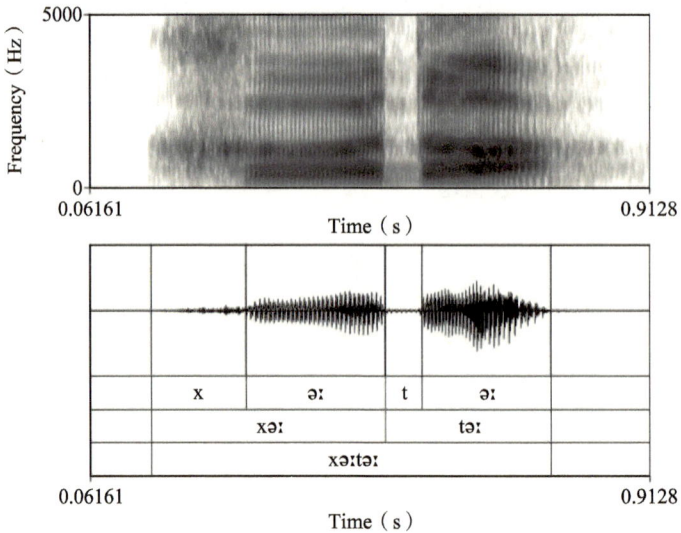

图 2.104　男发音人 [xəːtəː]"分得，摊得"一词的三维语图和三层标注实例

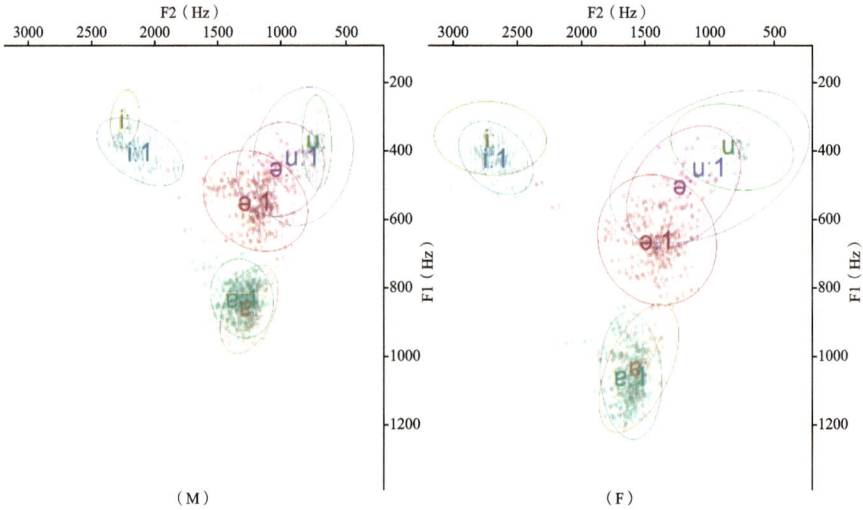

（M）　　　　　　　　　　　　　　　（F）

图 2.105　词首和非词首音节长元音 [əː] 在声学空间中所处
位置及其分布模式比较（M&F）

2. 目标位置共振峰及其前后过渡段共振峰比较

图 2.106~2.107 为词首音节和非词首音节长元音 [əː] 的目标位置共振峰（F1/F2）及其前过渡段共振峰（TF1/TF2）和后过渡段共振峰（TP1/TP）比较图。可以看出，与目标位置共振峰频率相比，词首和非词首音节

［ə:］元音前、后过渡段共振峰频率都有所变化。其中，词首音节［ə:］的前、后过渡段频率变化相对大，而非词首音节［ə:］元音在前过渡段中的变化小于其在后过渡段中的变化，即"后段变化大于前段"。另外，词首音节［ə:］元音前、后过渡段在舌位前、后维度上的变化大于其在舌位高、低维度上的变化，即第二共振峰离散度较大。而非词首音节［ə:］元音前、后过渡段在舌位高低（开口度）维度上的变化大于其在舌位前、后维度上的变化，即第一共振峰离散度较大。

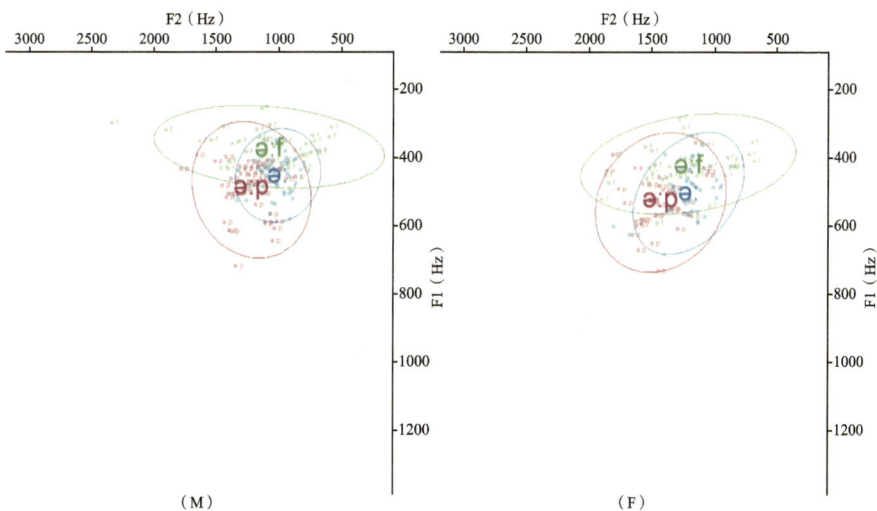

图 2.106　词首音节［ə:］元音目标位置共振峰及其前、后过渡段共振峰比较（M&F）

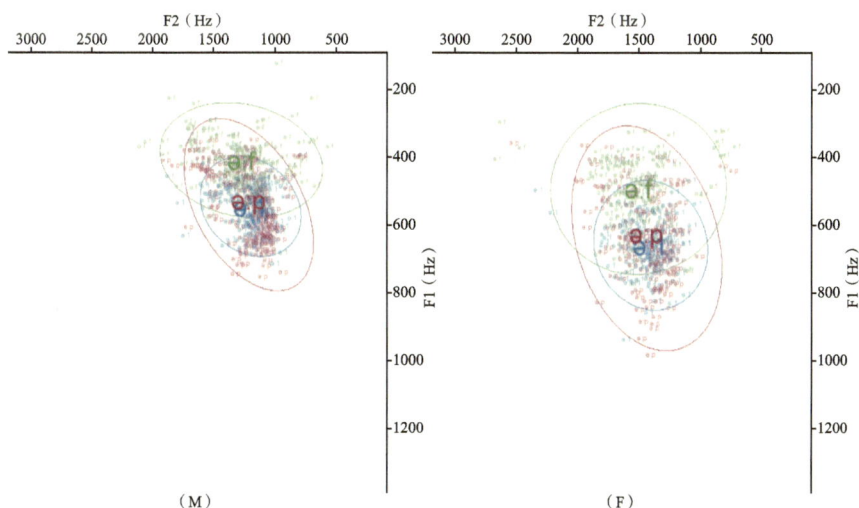

图 2.107　非词首音节［ə:］元音目标位置共振峰及其前、后过渡段共振峰比较（M&F）

3. 音节数量与声学参数之间的关系

表 2.82 为在单音节词、双音节词和三音节词中出现的 [ə:] 元音的音长（VD）、音强（VA）、目标位置共振峰目标值（F）均值统计表，图 2.108~2.109 为音节数量与 [ə:] 元音音长、音强和目标位置共振峰之间的关系示意图。从上述表和图中可以看出，音节数量与 [ə:] 元音声学参数之间具有一定的相关性。如，随着音节数量的增多该元音音长相对变短，男发音人音强相对变弱。显然，元音音长的这种变化不是随着音节数量的增多而不断缩短，而只在单音节词与多音节词之间比较明显。音节数量与 [ə:] 元音目标位置共振峰频率之间几乎看不到相关性。

表 2.82 不同音节词中 [ə:] 元音声学参数统计

单位：VD 为 ms，VA 为 dB，F 为 Hz

发音人统计项		M					F				
		VD	VA	F1	F2	F3	VD	VA	F1	F2	F3
单音节词	平均值	220	80.7	462	983	2551	199	76.41	486	1177	2933
	标准差	55	2.92	63	118	112	49	2.09	63	93	150
	变异系数	25%	3.6%	14%	12%	4.3%	25%	2.7%	13%	7.8%	5.1%
双音节词	平均值	198	79.65	438	1018	2498	189	76.35	510	1235	2884
	标准差	49	2.18	43	153	123	60	1.82	81	210	109
	变异系数	25%	2.7%	9.8%	15%	4.9%	32%	2.3%	16%	17%	3.7%
三音节词	平均值	190	79.5	436	1046	2521	169	77	521	1194	2842
	标准差	26	2.12	8.5	30	36	42	2.38	59	241	80
	变异系数	19%	2.6%	1.9%	2.9%	1.4%	25%	3%	11%	20%	2.8%

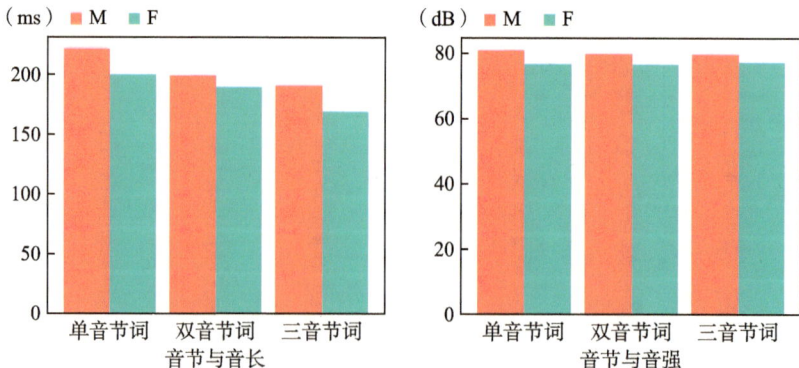

图 2.108 音节数量与 [ɐ:] 元音音长、音强之间的关系示意（M&F）

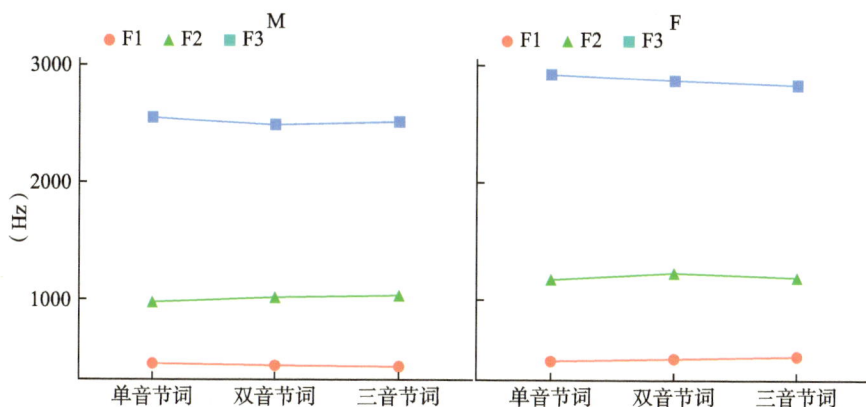

图 2.109 音节数量与［əː］元音目标位置共振峰之间的关系示意（M&F）

我们对词首和非词首音节［əː］元音之间的共振峰、时长参数做了配对样本 T 检验，结果见表 2.83。

表 2.83 检验结果

	sig（双侧）				M	F
	M		F		CD	CD
	F1	F2	F1	F2		
词首—非词首	.000	.000	.000	.001	.001	.453

从共振峰检验结果看，男、女发音人的 F1/F2 参数在词首与非词首音节之间差异性显著。

从时长检验结果看，男发音人的时长参数在词首与非词首音节之间差异性显著，女发音人在时长参数差异性不显著。

（三）［iː］元音

1. 参数平均值及其音质定位

表 2.84~2.85 为词首和非词首音节［iː］元音参数统计总表。可以看出，词首和非词首音节［iː］元音声学参数具有一定的差异。如，词首音节［iː］元音音长、音强和共振峰均值分别为：M = 189ms，F = 162ms；M = 74.8dB，F = 71.73dB；M：F1 = 304Hz，F2 = 2231Hz；F：F1 = 360Hz，F2 =

2709Hz；非词首音节［iː］元音音长、音强和共振峰均值分别为：M＝146ms，F＝203ms；M＝76.17dB，F＝73.65dB；F1 和 F2 的频率均值分别为 M：F1＝399Hz，F2＝2111Hz；F：F1＝417Hz，F2＝2667Hz。差异分别为：M：+43ms，F：−41ms；M：−1.37dB，F：−1.92dB；MF1：−95Hz，MF2：+120Hz；FF1：−57Hz，FF2：+42Hz。

表 2.84　词首音节［iː］元音统计

	M					F				
	VD	VA	F1	F2	F3	VD	VA	F1	F2	F3
平均值	189	74.8	304	2231	2915	162	71.73	360	2709	3523
标准差	49	2.44	31	42	97	52	2.34	38	153	264
变异系数	26%	3.2%	10%	1.8%	3.3%	32%	3.2%	10%	5.6%	7.4%

表 2.85　非词首音节［iː］元音统计

	M					F				
	VD	VA	F1	F2	F3	VD	VA	F1	F2	F3
平均值	146	76.17	399	2111	2723	203	73.65	417	2667	3480
标准差	43	2.27	40	137	124	48	3.35	43	117	311
变异系数	30%	2.9%	9.9%	6.4%	4.5%	24%	4.5%	10%	4.3%	8.9%

我们认为该元音为高、前、展唇、松元音（请见词首音节短［i］的描述）。图 2.110 为男发音人［tʰiːkʰəːniː］"那么些，那么多"一词的三维语图和三层标注实例。其中，词首元音［iː］的目标位置的 F1~F3 共振峰分别为 234Hz、2220Hz、2933Hz。这是［iː］元音比较典型的声学语图。

图 2.111 为词首和非词首音节长元音［iː］在声学空间中所处位置及其分布模式比较图。可以看出，非词首音节长元音［iː］的舌位比词首［iː］相对低，并且离散度较大。

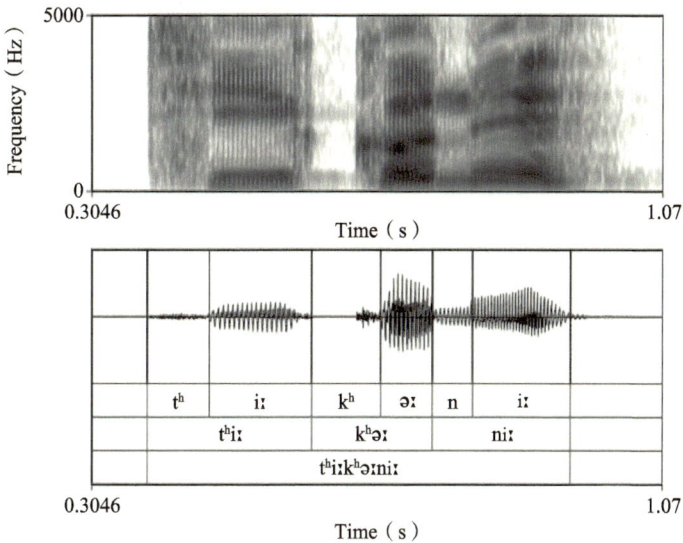

图 2.110 男发音人 [tʰiːkʰəːniː] "那么些，那么多" 一词的三维语图和三层标注实例

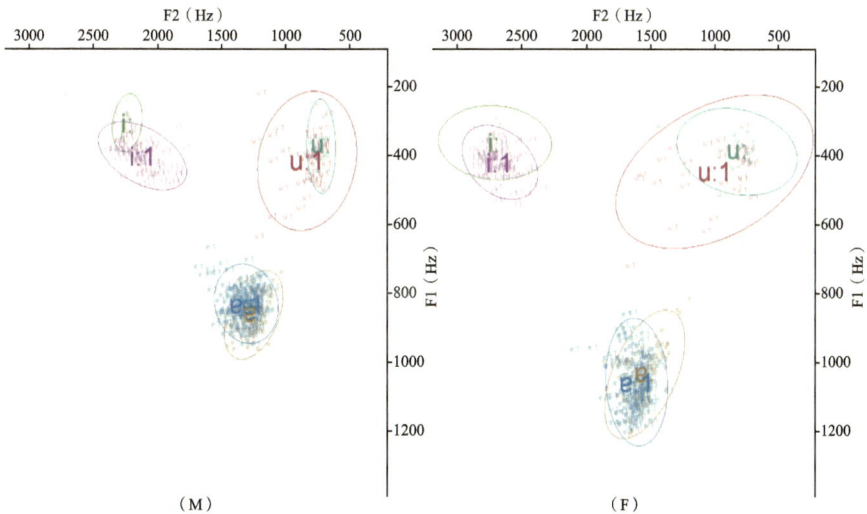

图 2.111 词首和非词首音节长元音 [iː] 在声学空间所处位置
及其分布模式比较 (M&F)

2. 目标位置共振峰及其前后过渡段共振峰比较

图 2.112~2.113 为词首音节和非词首音节长元音 [iː] 的目标位置共振峰 (F1/F2) 及其前过渡段共振峰 (TF1/TF2) 和后过渡段共振峰 (TP1/

TP）比较图。可以看出，与目标位置共振峰频率相比，词首音节后过渡段频率基本上没有变化，后过渡段频率在舌位前后纬度上的离散度较大，而非词首音节［iː］元音前、后过渡段频率基本上没有变化。

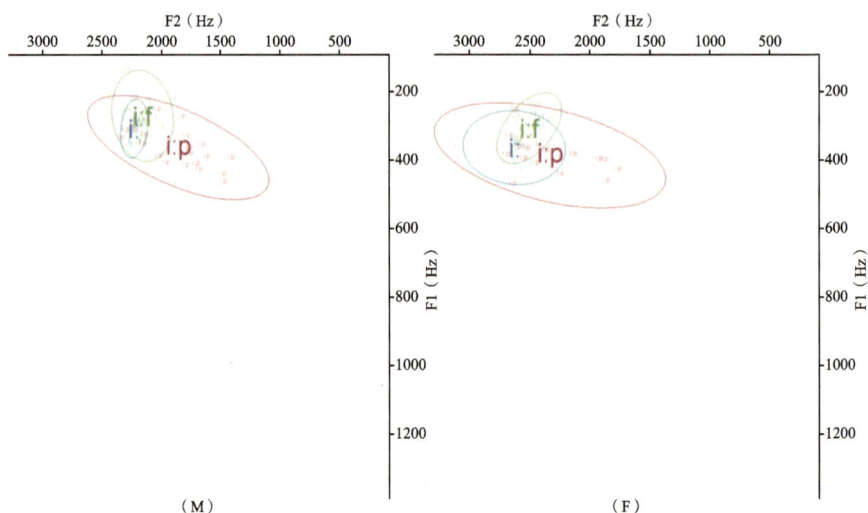

图 2.112　词首音节［iː］元音目标位置共振峰及其前后过渡段共振峰比较（M&F）

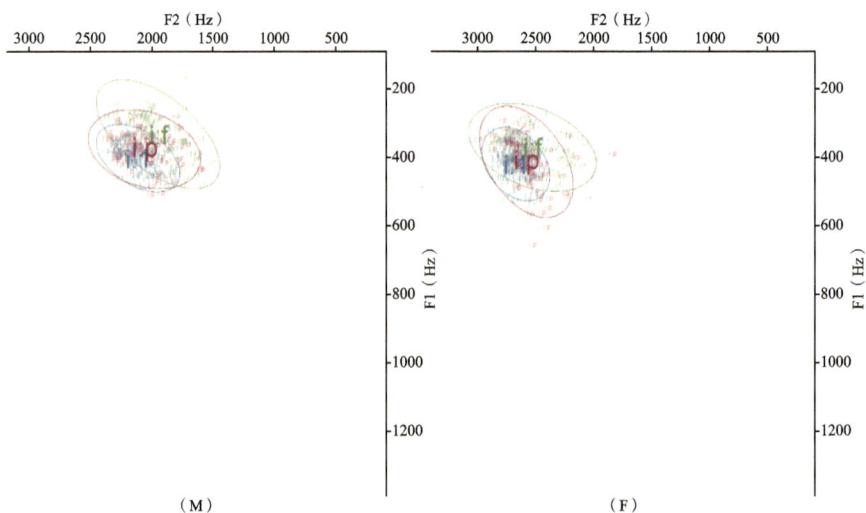

图 2.113　非词首音节［iː］元音目标位置共振峰及其前后过渡段共振峰比较（M&F）

我们对词首和非词首音节［iː］元音之间的共振峰、时长参数做了配对样本 T 检验，结果见表 2.86。

表 2.86 检验结果

	sig（双侧）					
	M		F		M	F
	F1	F2	F1	F2	CD	CD
词首—非词首	.000	.001	.039	.484	.064	.261

从共振峰检验结果看，男、女发音人的 F1 参数在词首与非词首音节之间差异性显著，F2 上男发音人差异性显著，女发音人差异性不显著。

从时长检验结果看，男、女发音人的时长参数在词首与非词首音节之间差异性不显著。

（四）［oː］元音

1. 参数平均值及其音质定位

表 2.87~2.88 为 ［oː］词首和非词首音节元音参数统计总表。可以看出，词首音节 ［oː］元音音长、音强和共振峰均值分别为：M = 226ms，F = 210ms；M = 80.62dB，F = 76.58 dB；M：F1 = 521Hz，F2 = 767Hz；F：F1 = 628Hz，F2 = 1000Hz；非词首音节 ［oː］元音音长、音强和共振峰均值分别为：M = 156ms，F = 180ms；M = 80.57dB，F = 76.33dB；F1 和 F2 的频率均值分别为 M：F1 = 610Hz，F2 = 913Hz；F：F1 = 702Hz，F2 = 1131Hz。词首和非词首音节 ［oː］元音声学参数之间的差异是：M：+70 ms，F：+30ms；M：+0.05dB，F：+0.25dB；MF1：−89Hz，MF2：−146Hz；FF1：−74Hz，FF2：−131Hz。

表 2.87 词首 ［oː］元音统计

	M					F				
	VD	VA	F1	F2	F3	VD	VA	F1	F2	F3
平均值	226	80.62	521	767	2594	210	76.58	628	1000	2851
标准差	48	2.4	51	55	99	38	2.31	71	111	133
变异系数	21%	2.9%	9.7%	7.1%	3.8%	18%	3%	11%	11%	4.6%

表 2.88 非词首 [oː] 元音统计总表

	M					F				
	VD	VA	F1	F2	F3	VD	VA	F1	F2	F3
平均值	156	80.57	610	913	2520	180	76.33	702	1131	2835
标准差	61	2.19	58	113	203	73	3.16	73	130	179
变异系数	39%	2.7%	9.5%	12%	8%	40%	4.1%	10%	12%	6.3%

我们认为该元音为中、后、圆唇、紧元音（请见词首音节短 [o] 的描述）。图 2.114 为男发音人 [kʰoːtoː] "疯子，糊涂" 一词的三维语图和三层标注实例。其中，非词首元音 [oː] 的目标位置的 F1～F3 共振峰分别为 542Hz、797Hz、2615Hz。这是词首音节 [oː] 元音比较典型的声学语图。

图 2.115 为词首和非词首音节长元音 [oː] 在声学空间中所处位置及其分布模式比较图。可以看出，非词首音节长元音 [oː] 的舌位比词首 [oː] 相对前而低。

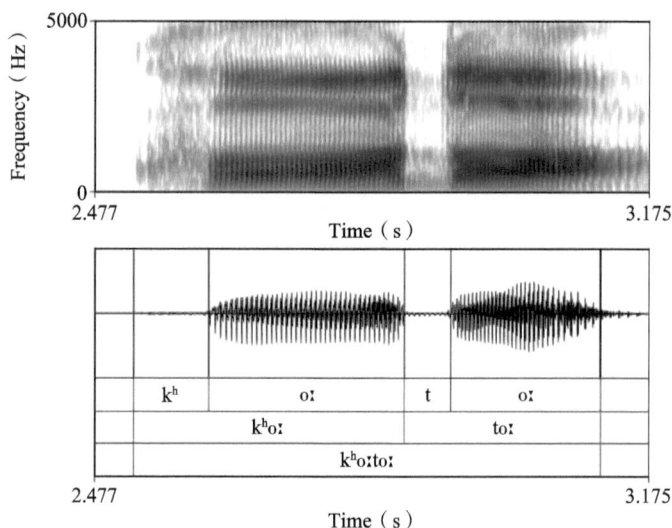

图 2.114 男发音人 [kʰoːtoː] "疯子，糊涂" 一词的三维语图和三层标注实例

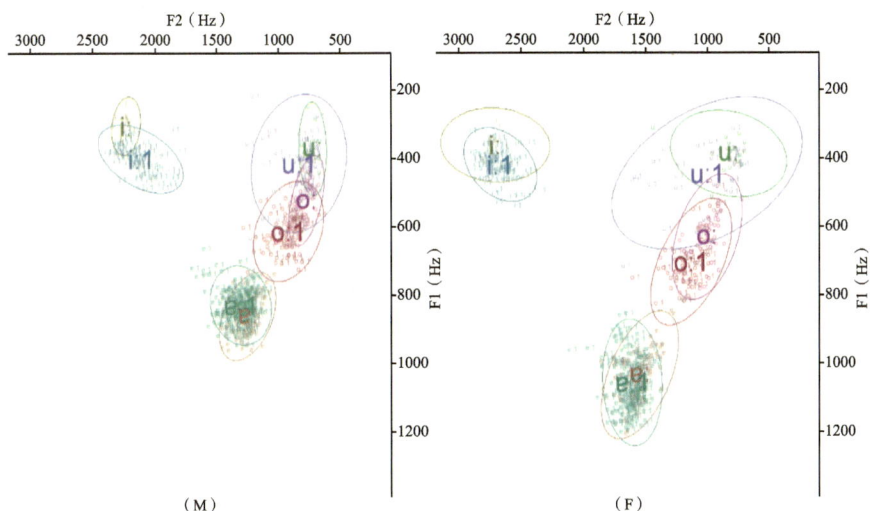

**图 2.115　词首和非词首音节长元音［oː］在声学空间中所处位置
及其分布模式比较（M&F）**

2. 目标位置共振峰及其前后过渡段共振峰比较

图 2.116～2.117 为词首音节和非词首音节长元音［oː］的目标位置共
振峰（F1/F2）及其前过渡段共振峰（TF1/TF2）和后过渡段共振峰（TP1/
TP）比较图。可以看出，与目标位置共振峰频率相比，词首和非词首音节
［oː］元音前、后过渡段共振峰频率都有所变化。总体上词首和非词首音节

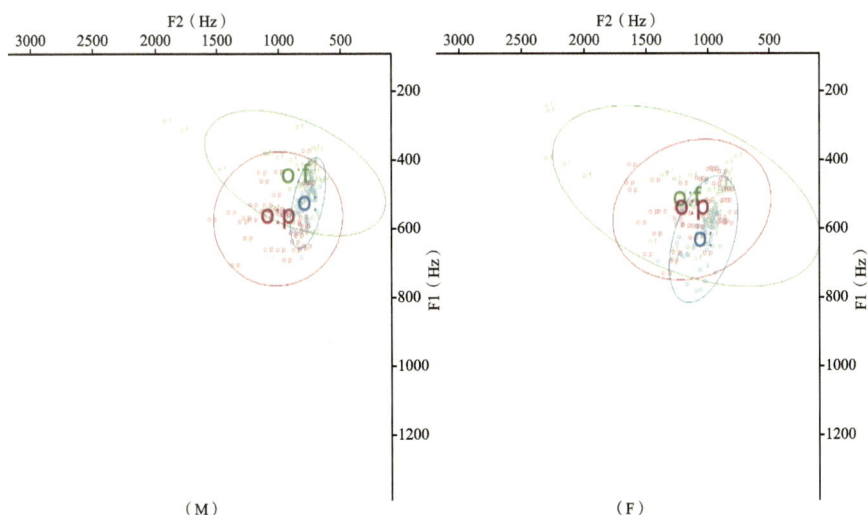

图 2.116　词首音节［oː］元音目标位置共振峰及其前、后过渡段共振峰比较（M&F）

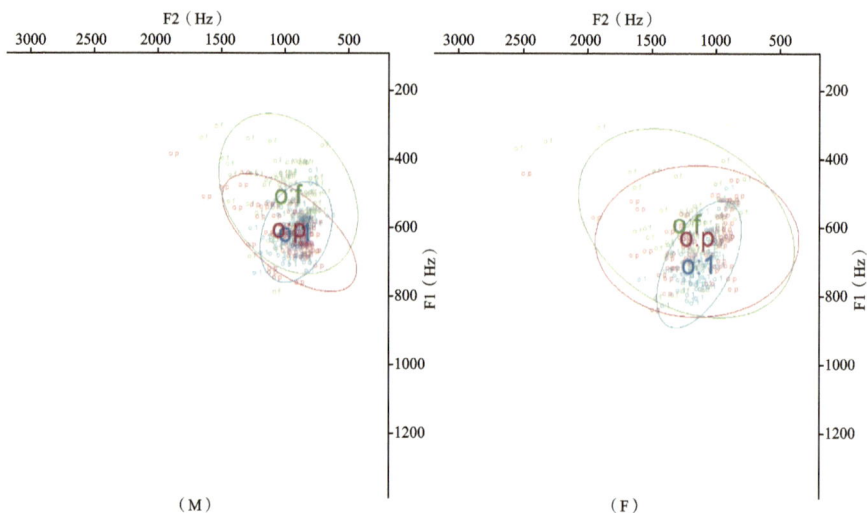

图 2.117 非词首音节 [oː] 元音目标位置共振峰及其前、后过渡段共振峰比较 (M&F)

[oː] 的前过渡段频率变化趋向于高、前（前、后维度上的变化相对大），而后过渡段变化趋向于前、低（前、后维度上的变化相对大）。相比之下，词首音节的后段变化大于前段，非词首音节的前段变化大于后段，非词首 [oː] 元音前、后过渡段共振峰频率离散度都较大。

3. 辅音音质与声学参数之间的关系

图 2.118 为词首音节不同辅音之后 [oː] 元音音长比较图，图 2.119 为词首音节不同辅音之后 [oː] 元音三个共振峰（F1～F3）前过渡段频率（TF1、TF2、TF3）比较图，图 2.120 为非词首音节不同辅音之后 [oː] 元音三个共振峰（F1～F3）前过渡段频率（TF1、TF2、TF3）比较图。其中，

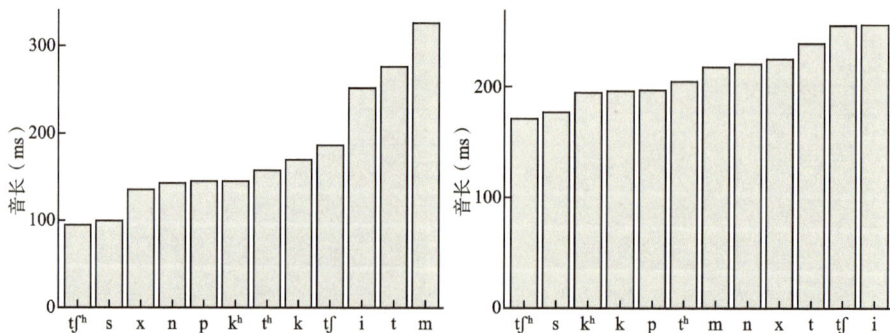

图 2.118 词首音节不同辅音之后和无前置辅音音节中 [oː] 元音音长比较 (M&F)

图 2.119 和图 2.120 是以 TF2 的上升为准排列的，即以舌位自后至前排列的。从这些图中可以看出，辅音音质与［ɐː］元音第二共振峰前过渡频率之间具有一定的相关性。如，［ʧ-，ʧʰ-，s-，n-，j-］等辅音之后［ɐː］元音第二共振峰前过渡频率比其他辅音之后的相对高。相比之下非词首［ɐː］元音的变化不显著。不送气辅音后的［ɐː］元音音长相对比送气长，如，ʧ>ʧʰ，t>tʰ，k>kʰ。

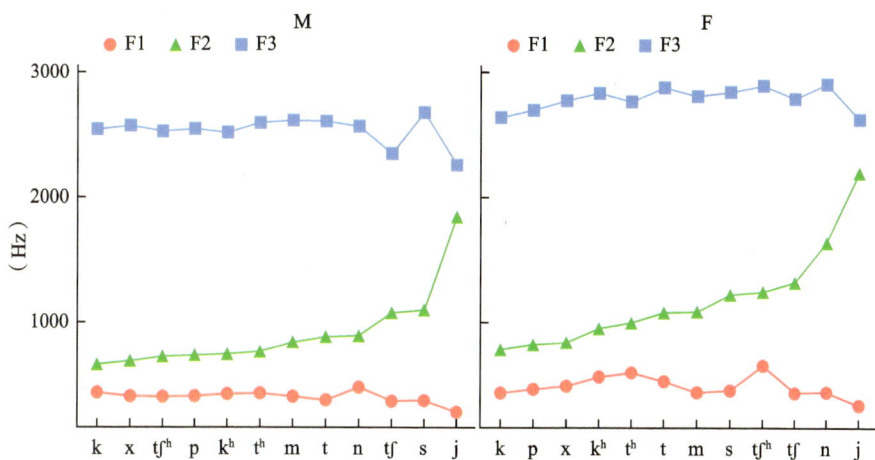

图 2.119 词首音节不同辅音之后［oː］元音第一、第二和第三共振峰前过渡段频率比较

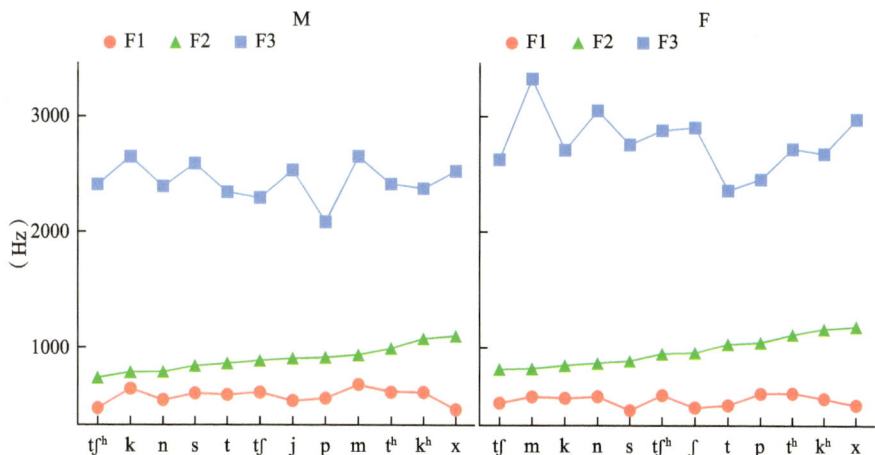

图 2.120 非词首音节不同辅音之后［oː］元音第一、第二和第三共振峰前过渡段频率比较

4. 音节数量与声学参数之间的关系

表 2.89 为 [o:] 元音在单音节和多音节词中出现的频率统计表。表 2.90 为在单音节词、双音节词和三音节词中出现的 [o:] 元音的音长（VD）、音强（VA）、目标位置共振峰目标值（F）均值统计表，图 2.121~2.122 为音节数量与 [o:] 元音音长、音强和目标位置共振峰之间的关系示意图。从上述表和图中可以看出，音节数量与 [o:] 元音声学参数之间具有一定的相关性。如，随着音节数量的增多该元音音长相对变短；男发音人随着音节数量的增多该元音音强相对变弱，女发音人正相反。显然，元音音长的这种变化不是随着音节数量的增多而不断缩短，而只在单音节词与多音节词之间比较明显。音节数量与 [o:] 元音目标位置共振峰频率之间几乎看不到相关性。

表 2.89　[o:] 元音出现频率统计

发音人	单音节词		双音节词		三音节词		共计	
	M	F	M	F	M	F	M	F
出现次数	21	10	14	14	2	3	37	27
百分比	57%	37%	38%	52%	5%	11%	100%	100%

表 2.90　不同音节词中 [o:] 元音声学参数统计

单位：VD 为 ms，VA 为 dB，F 为 Hz，下同

发音人统计项		M					F				
		VD	VA	F1	F2	F3	VD	VA	F1	F2	F3
单音节词	平均值	232	81	525	773	2602	215	75.6	615	956	2861
	标准差	54	2.6	45	47	118	42	2.67	69	60	220
	变异系数	23%	3.2%	8.5%	6.1%	4.5%	19%	3.5%	11%	6.3%	7.6%
双音节词	平均值	222	80.35	511	757	2588	216	77.71	651	1021	2833
	标准差	42	2.13	40	66	70	36	2.23	68	88	67
	变异系数	19%	2.6%	7.8%	8.7%	2.6%	17%	2.8%	11%	8.6%	2.3%
三音节词	平均值	198	78.5	561	769	2549	189	78.66	666	1257	2904
	标准差	9.1	0.7	165	63	98	42	0.6	26	103	69
	变异系数	4.6%	0.9%	29%	8.1%	3.8%	22%	0.7%	3.8%	8.1%	2.3%

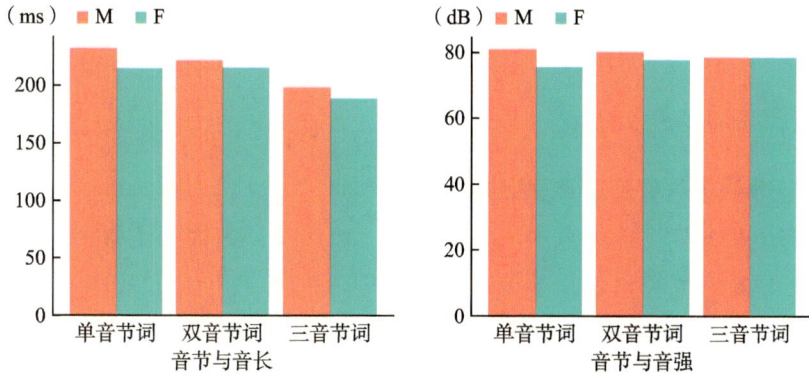

图 2.121 音节数量与 ［oː］元音音长、音强之间的关系示意（M&F）

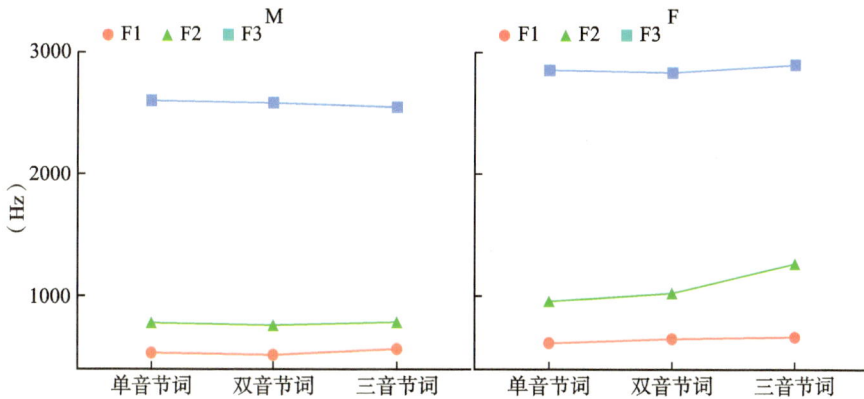

图 2.122 音节数量与 ［oː］元音共振峰之间的关系示意（M&F）

我们对词首和非词首音节 ［oː］元音之间的共振峰、时长参数做了配对样本 T 检验，结果见表 2.91。

表 2.91 检验结果

	sig（双侧）					
	M		F		M	F
	F1	F2	F1	F2	CD	CD
词首—非词首	.000	.000	.000	.000	.000	.058

从共振峰检验结果看，男、女发音人的 F1/F2 参数在词首与非词首音节之间差异性显著。

从时长检验结果看，男发音人的时长参数在词首与非词首音节之间差异性显著，女发音人在时长上差异性不显著。

（五）［uː］元音

1. 参数平均值及其音质定位

表 2.92~2.93 为词首和非词首音节［uː］元音参数统计总表。统计表显示，词首音节［uː］元音音长、音强和共振峰均值分别为：M = 206ms，F = 198ms；M = 74.31dB，F = 72.38dB；M：F1 = 370Hz，F2 = 717Hz；F：F1 = 385Hz，F2 = 824Hz；非词首音节［uː］元音音长、音强和共振峰均值分别为：M = 116ms，F = 135ms；M = 76.25dB，F = 72.3dB；F1 和 F2 的频率均值分别为 M：F1 = 412Hz，F2 = 826Hz；F：F1 = 443Hz，F2 = 999Hz。显然，词首和非词首音节［uː］元音声学参数具有一定的差异。如，在音长、音强和共振峰均值方面的差异分别为：M：+90ms，F：+63ms；M：−1.94dB，F：+0.08dB；MF1：−42Hz，MF2：−109Hz；FF1：−58Hz，FF2：−175Hz。

我们认为该元音为高、后、圆唇、紧元音。图 2.123 为男发音人［kuːruːl］"智力，理解力"一词的三维语图和三层标注实例。其中，词首元音［uː］的目标位置 F1~F4 共振峰分别为 379Hz、772Hz、2409Hz、3225Hz。这是［uː］元音比较典型的声学语图。图 2.124 为词首和非词首音节长元音［uː］在声学空间中所处位置及其分布模式比较图。显然，非词首音节［uː］元音舌位比词首音节［uː］相对靠前、低。

表 2.92　词首［uː］元音统计

	M					F				
	VD	VA	F1	F2	F3	VD	VA	F1	F2	F3
平均值	206	74.31	370	717	2478	198	72.38	385	824	2853
标准差	49	2.13	50	41	112	66	2.5	46	171	125
变异系数	24%	2.8%	13%	5.6%	4.5%	33%	3.4%	12%	21%	4.3%

表 2.93　非词首［uː］元音统计

	M					F				
	VD	VA	F1	F2	F3	VD	VA	F1	F2	F3
平均值	116	76.25	412	826	2466	135	72.3	443	999	2903

续表

	M					F				
	VD	VA	F1	F2	F3	VD	VA	F1	F2	F3
标准差	57	2.5	79	152	236	84	2.45	85	296	213
变异系数	49%	3.2%	19%	18%	9.5%	62%	3.3%	19%	30%	7.3%

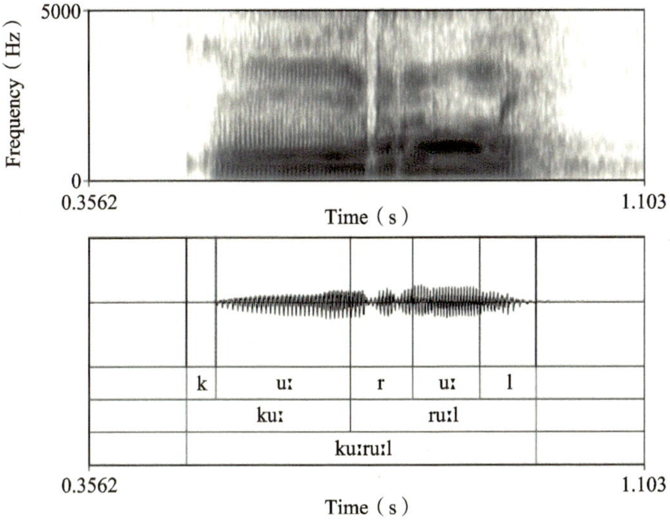

图 2.123　男发音人［kuːruːl］"智力，理解力"一词的三维语图和三层标注实例

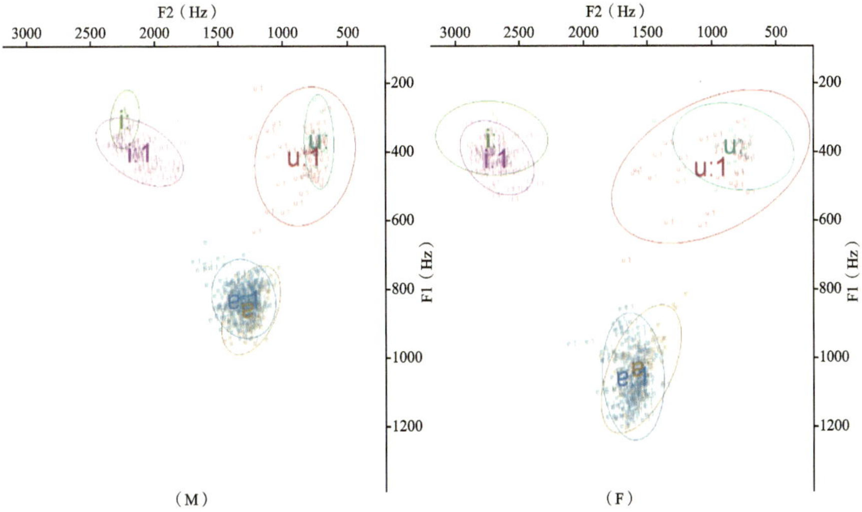

图 2.124　词首和非词首音节长元音［uː］在声学空间中所处位置

及其分布模式比较（M&F）

2. 目标位置共振峰及其前后过渡段共振峰比较

图 2.125~2.126 为词首音节和非词首音节长元音 ［uː］ 的目标位置共振峰 （F1/F2） 及其前过渡段共振峰 （TF1/TF2） 和后过渡段共振峰 （TP1/ TP） 比较图。可以看出，与目标位置共振峰频率相比，词首和非词首音节 ［uː］ 元音前、后过渡段共振峰频率都有所变化。总体上词首和非词首音节 ［uː］ 的前、后过渡频率变化趋向于前 （前、后维度上的变化相对大）。总体上，前段变化大于后段。无论是在词首还是非词首 ［uː］ 元音前、后过渡段共振峰频率离散度都较大。

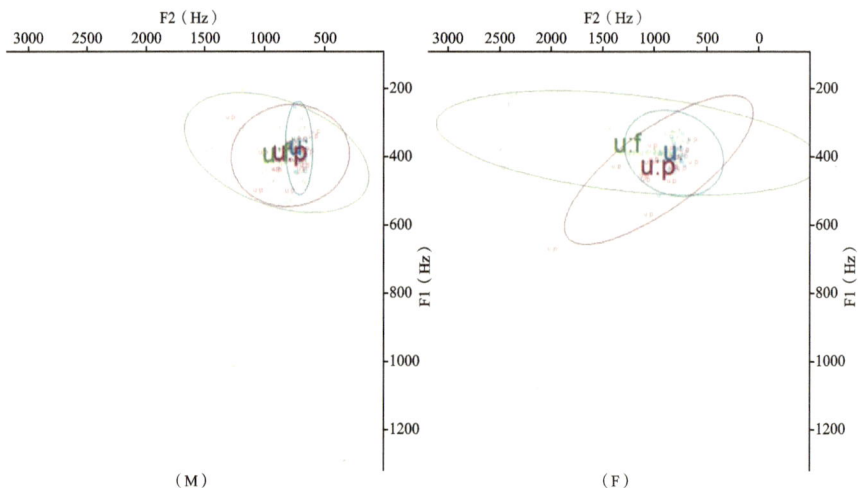

图 2.125　词首音节 ［uː］ 元音目标位置共振峰及其前、后过渡段共振峰比较 （M&F）

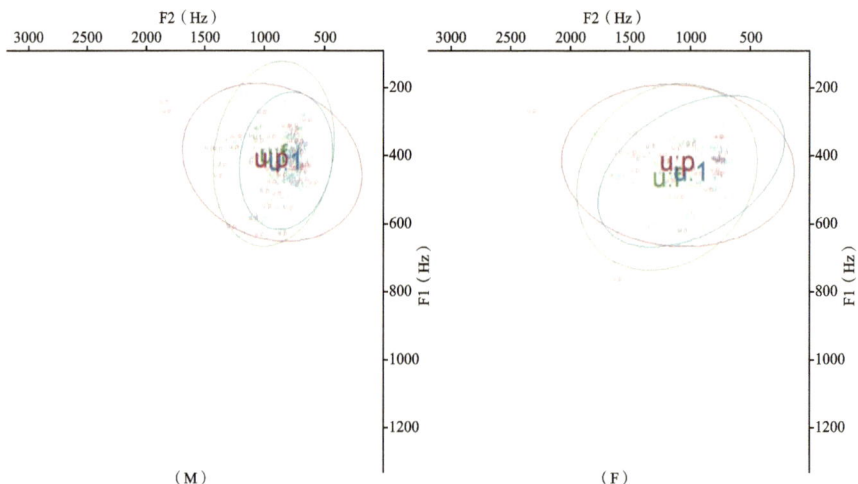

图 2.126　非词首音节 ［uː］ 元音目标位置共振峰及其前、后过渡段共振峰比较 （M&F）

我们对词首和非词首音节［u:］元音之间的共振峰、时长参数做了配对样本 T 检验，结果见表 2.94。

表 2.94　检验结果

	sig（双侧）					
	M		F		M	F
	F1	F2	F1	F2	CD	CD
词首—非词首	.020	.022	.041	.386	.002	.424

从共振峰检验结果看，男发音人的 F1/F2 参数在词首与非词首音节之间差异性显著，女发音人 F1 上差异性显著。

从时长检验结果看，男发音人的时长参数在词首与非词首音节之间差异性显著，女发音人差异性不显著。

（六）［e:］元音

1. 参数平均值及其音质定位

表 2.95~2.96 为词首和非词首［e:］元音参数统计总表。统计表显示，词首音节［e:］元音音长、音强和共振峰均值分别为：M = 234ms，F = 179ms；M = 80.25dB，F = 76.33dB；M：F1 = 431Hz，F2 = 1893Hz；F：F1 = 536Hz，F2 = 2443Hz；非词首音节男、女发音人［e:］元音音长、音强和共振峰均值分别为：M = 161ms，F = 195ms；M = 79.58dB，F = 74.42dB；F1 和 F2 的频率均值分别为 M：F1 = 541Hz，F2 = 1716Hz；F：F1 = 609Hz，F2 = 2266Hz。差异分别为：M：+73ms，F：−16ms；M：+0.617dB，F：+1.91dB；MF1：−110Hz，MF2：+177Hz；FF1：−73Hz，FF2：+177Hz。

我们认为该元音为中高（开）、前、展唇、紧元音。图 2.127 为男发音人［je:kʰe:］"多少"一词的三维语图和三层标注实例。这是［e:］元音比较典型的声学语图。其中，词首元音［e:］的目标位置 F1~F4 共振峰分别为 378Hz、2032Hz、2755Hz、3564Hz。图 2.128 为词首和非词首音节长元音［e:］在声学空间中所处位置及其分布模式比较图。其中，［e:］元音在词首音节，男发音语料中出现 8 次，女发音人语料中出现 9 次；［e:］元音在非词首音节，男发音语料中出现 156 次，女发音人语料中出现 161 次。该元音主要在非词首音节出现。男、女发音人非词首音节［e:］元音舌位比词首音节［eː］相对后而低（见图 2.128 左）。

表 2.95　词首［eː］元音统计

	M					F				
	VD	VA	F1	F2	F3	VD	VA	F1	F2	F3
平均值	234	80.25	431	1893	2656	179	76.33	536	2443	3348
标准差	51	2.31	74	160	108	84	4.44	114	208	200
变异系数	22%	2.8%	17%	8.4%	4%	47%	5.8%	21%	8.5%	5.9%

表 2.96　非词首［eː］元音统计

	M					F				
	VD	VA	F1	F2	F3	VD	VA	F1	F2	F3
平均值	161	79.58	541	1716	2526	195	74.42	609	2266	3062
标准差	52	2.5	59	147	162	73	2.94	72	199	204
变异系数	33%	3.1%	11%	8.5%	6.4%	38%	3.9%	12%	8.7%	6.6%

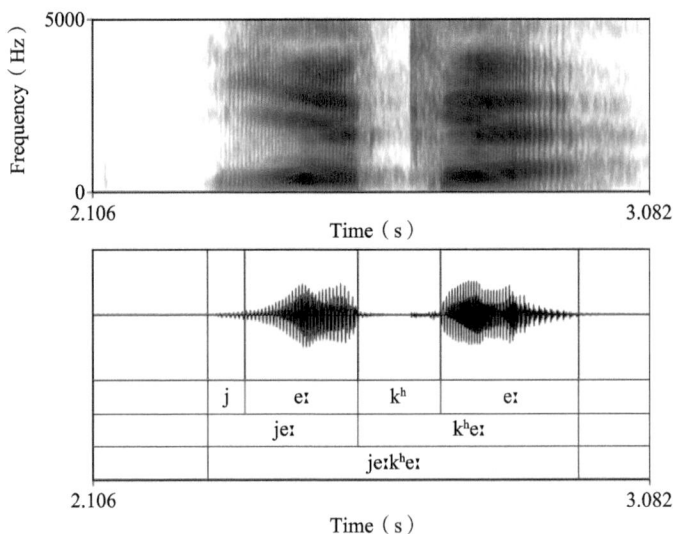

图 2.127　男发音人［jeːkʰeː］"多少"一词的三维语图和三层标注实例

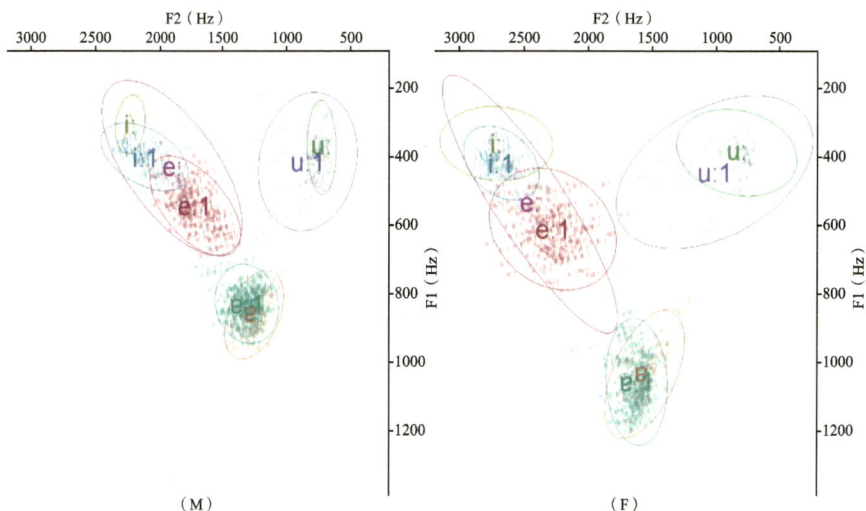

图 2.128 词首和非词首音节长元音 [eː] 在声学空间中所处位置
及其分布模式比较 （M&F）

2. 目标位置共振峰及其前后过渡段共振峰比较

图 2.129~2.130 为词首音节和非词首音节长元音 [eː] 的目标位置共
振峰（F1/F2）及其前过渡段共振峰（TF1/TF2）和后过渡段共振峰（TP1/
TP）比较图。可以看出，与目标位置共振峰频率相比，男、女发音人词首

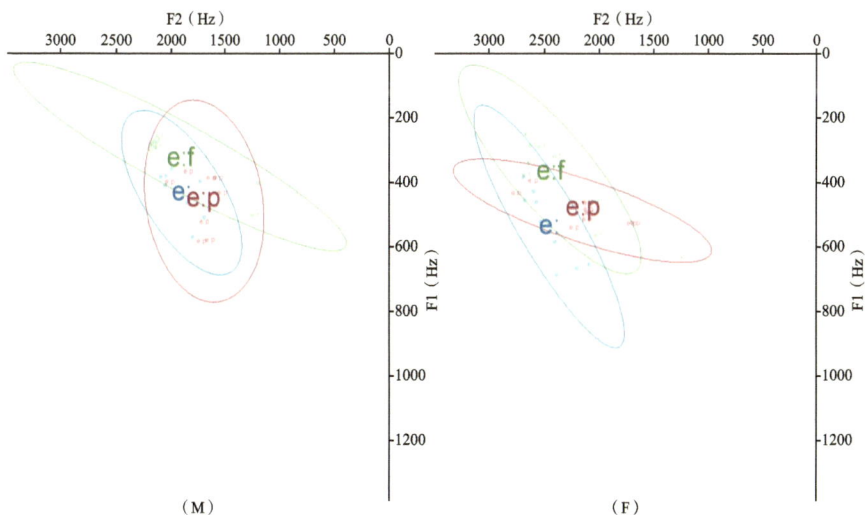

图 2.129 词首音节 [eː] 元音目标位置共振峰及其前、后过渡段共振峰比较 （M）

音节［eː］元音前过渡段相对升高（舌位上升），后过渡段共振峰频率相对后移（舌位后移）。男、女发音人非词首音节［eː］前过渡段频率变化相对上升，离散度较大，后过渡段频率相对下降，离散度也较大。

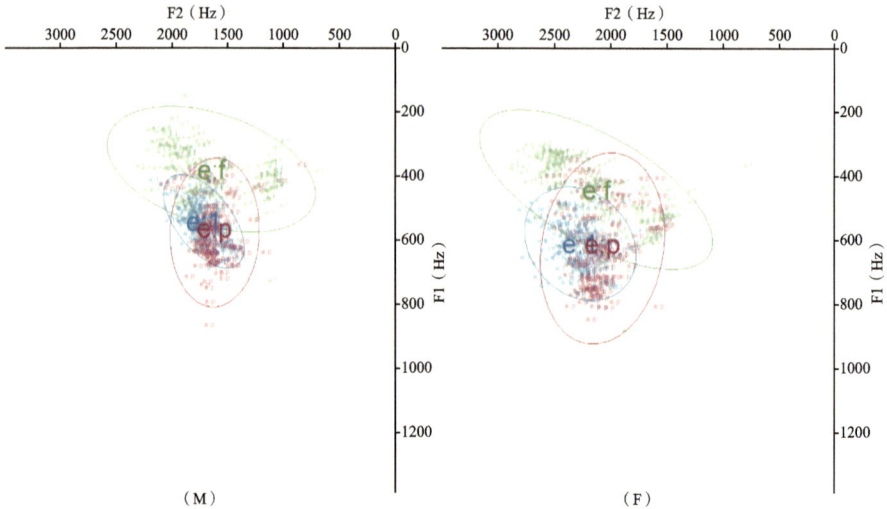

图 2.130　非词首音节［eː］元音目标位置共振峰及其前、后过渡段共振峰比较（M&F）

六　达斡尔语长、短元音多元方差分析研究

我们用实验语音学和统计学（SPSS 多元方差分析）的理论和方法，对达斡尔语标准音中长短对立的 6 对元音的音长和音质特征进行较系统地定量和定性分析，探讨并解答了在现代达斡尔语中相互对立的长、短元音音长和音质差异的显著性和孰主孰次问题。

基于达斡尔语相互对立的 6 对长、短元音在声学空间（声学元音图）中的分布特征，设定以长元音为自变量，以元音各项声学参数（时长和共振峰均为均值）为因变量，用 SPSS 软件对因变量进行了多元方差分析。先用 Pillai 的跟踪、Wilks 的 Lambda、Hotelling 的跟踪、Roy 的最大根等四种方法检验长、短元音音长和第一、第二共振峰参数的显著差异。再用主体间效应检验法（P 值、偏 Eta 方和调整 R 方等）验证了长短对立的两个元音在音长和音质方面的差异性。

（一）长短对立相应两个元音的音长比较

图 2.131 为根据 ［ɐ-ɐ̃，ə-əɪ，i-iɪ，o-oɪ，ɛ-eɪ］等 6 对长短对立的两个元音音长平均值及其标准偏差参数绘制的 2 位发音人长、短元音时长比较图。

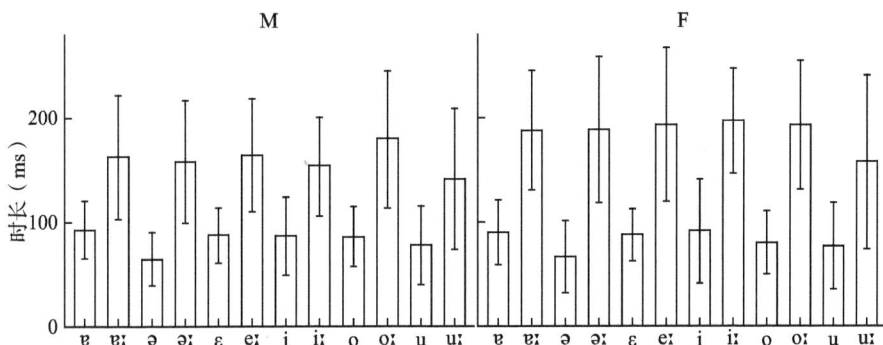

图 2.131　两位发音人长、短元音时长比较

从图 2.131 中可以看出，达斡尔语长短对立的两个元音中长元音都明显长于短元音，而短元音与短元音之间，长元音与长元音之间的音长差异不明显。M 和 F 发音人的短元音音长在 100ms 以下；长元音都在 15ms 以上。其中，最高音长值为 200ms。

（二）长短对立相应两个元音的第一和第二共振峰比较

表 2.97 为两位发音人长、短元音第一、第二共振峰（F1、F2）平均值及标准偏差参数统计表。图 2.132 为根据表 2.97 绘制的两位发音人长、短元音声学元音图。图 2.132 显示，两位发音人共同的特点如下。（1）四个后圆唇长元音 ［uɪ，oɪ］ 的舌位比其相应的短元音 ［u，o］ 的舌位相对靠后；展唇低长元音 ［ɐ̃］ 的舌位比其相应短元音 ［ɐ］ 的舌位相对低，而它们的舌位前后基本相同；前展唇长元音 ［iɪ］ 的舌位比其相应短元音 ［i］ 的舌位相对前而高；前长元音 ［eɪ］ 的舌位比其相应短元音 ［ɛ］ 的舌位相对靠前、高。（2）从总体上看，长元音都分布在其相应短元音的外围，即长元音元音声学空间大于短元音的声学空间，这是由音长引起的音质变化，长元音声学空间变大的主要关联参数是音长。

表 2.97　两位发音人共振峰平均与标准差参数统计

单位：Hz

	M		F	
	F1	F2	F1	F2
ɐ	779±68.5	1339±191	909±103	1628±212.7
ɐː	837±50.4	1284±101.4	1047±75.4	1589±113.8
ə	503±74.1	1231±216.5	598±93.2	1522±262.3
əː	525±69.4	1156±178.4	623±98.5	1363±201.7
i	398±79.5	1970±183.7	423±87.4	2397±239.6
iː	381±53.1	2133±133.3	409±46.6	2672±122.2
o	593±53.8	943±131.5	628±65.3	1166±171.1
oː	580±69.9	863±119	671±80.5	1075±138.1
u	425±73.3	865±171.7	453±76.4	988±203.2
uː	400±74	795±138.8	423±78.4	937±270.6
ɛ	655±69.4	1706±107.4	626±92.7	2262±241.3
eː	537±65	1724±151.8	605±75.9	2276±203

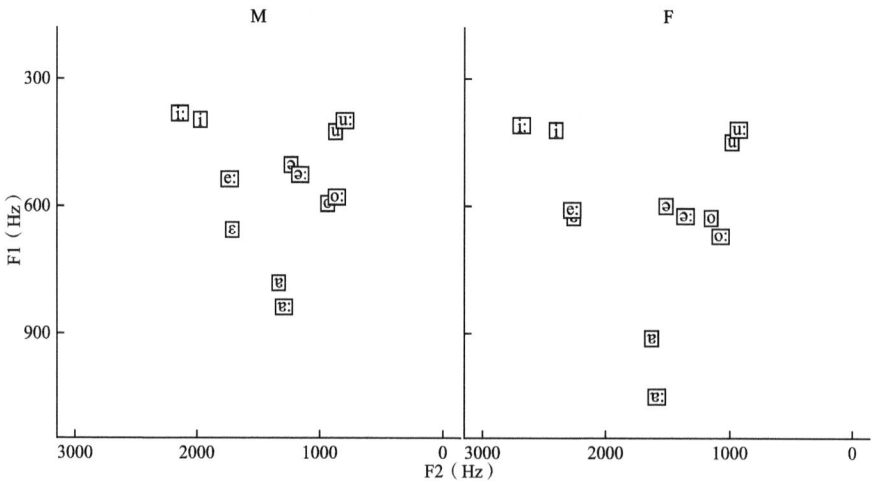

图 2.132　两位发音人长、短元音声学元音

（三）长短对立相应两个元音的音长和第一、第二共振峰参数检验

表 2.98~2.99 为对两位发音人长短对立相应两个元音的音长和第一、第二共振峰（F1、F2）参数进行多元方差分析和检验结果。从表 2.98 中可以看出，用 Pillai 的跟踪、Wilks 的 Lambda、Hotelling 的跟踪和 Roy 的最大

根四种方法对男发音人的 [ɐ-ɜ，ə-əː，i-iː，o-oː，u-uː，ɛ-eː] 等 6 对长短对立的元音进行检验的结果一致，p 值都小于 0.05，即 p<0.05。这说明长、短元音之间的声学参数有显著的差异。

表 2.98 中的主体间效应检验结果显示，（1）在音长差异性方面，达斡尔语长短对立的相应两个元音在音长方面的显著性水平均为 p<0.05，说明所有长短对立的相应两个元音在音长方面都存在显著差异。（2）在音质差异性方面，第一共振峰 F1（舌位高低）的检验结果显示，元音 [i] 与 [iː]、[o] 与 [oː] 的显著性水平均为 p>0.05，说明这些元音之间的 F1 差异不明显（舌位高低变化不显著）；第二共振峰 F2（舌位前后）的检验结果显示，[ɛ] 与 [eː] 的显著性水平均为 p>0.05，说明这些元音之间的 F2 差异不明显（舌位前后变化不显著）。（3）偏 Eta 方和调整 R 方检验结果显示，音长检验值都大于共振峰检验值（[ɛ] 与 [eː] 中 F1 的偏 Eta 方和调整 R 方值大于音长），说明达斡尔语长短对立的相应两个元音在音长方面的显著性远大于其舌位高低和前后方面的显著性。

表 2.98　男发音人的长、短元音音长和第一、第二共振峰参数检验结果

| | Pillai 的跟踪 Wilks 的 Lambda Hotelling 的跟踪 Roy 的最大根 | 主体间效应的检验 | | | | | | | | |
| | | p 值 | | | 偏 Eta 方 | | | 调整 R 方 | | |
		VD	F1	F2	VD	F1	F2	VD	F1	F2
ɐ/ɜ	0.000	0.000	0.000	0.000	0.388	0.168	0.026	0.388	0.167	0.025
ə/əː	0.000	0.000	0.000	0.000	0.553	0.018	0.028	0.552	0.017	0.026
i/iː	0.000	0.000	0.053	0.000	0.317	0.007	0.125	0.316	0.005	0.123
o/oː	0.000	0.000	0.058	0.000	0.497	0.011	0.080	0.495	0.008	0.077
u/uː	0.000	0.000	0.009	0.002	0.187	0.012	0.017	0.185	0.010	0.015
ɛ/eː	0.000	0.000	0.000	0.318	0.232	0.389	0.000	0.228	0.385	0.000

表 2.99　女发音人的长、短元音时长和第一、第二共振峰参数检验结果

| | Pillai 的跟踪 Wilks 的 Lambda Hotelling 的跟踪 Roy 的最大根 | 主体间效应的检验 | | | | | | | | |
| | | p 值 | | | 偏 Eta 方 | | | 调整 R 方 | | |
		VD	F1	F2	VD	F1	F2	VD	F1	F2
ɐ/ɜ	0.000	0.000	0.000	0.005	0.550	0.286	0.010	0.549	0.285	0.009
ə/əː	0.000	0.000	0.002	0.990	0.568	0.014	0.072	0.567	0.012	0.071

续表

	Pillai 的跟踪 Wilks 的 Lambda Hotelling 的跟踪 Roy 的最大根	主体间效应的检验								
		p 值			偏 Eta 方			调整 R 方		
		VD	F1	F2	VD	F1	F2	VD	F1	F2
i/iː	0.000	0.000	0.094	0.000	0.415	0.005	0.197	0.414	0.003	0.195
o/oː	0.000	0.000	0.000	0.000	0.596	0.073	0.062	0.595	0.070	0.059
u/uː	0.000	0.000	0.009	0.101	0.213	0.014	0.006	0.211	0.012	0.004
ɛ/eː	0.000	0.000	0.109	0.693	0.325	0.012	0.001	0.322	0.007	0.004

从表 2.99 中可以看出，用 Pillai 的跟踪、Wilks 的 Lambda、Hotelling 的跟踪和 Roy 的最大根四种方法对女发音人的 [ɐ-ɐː；ə-əː；i-iː，o-oː，u-uː；ɛ-eː] 等 6 对长短对立的元音进行检验的结果一致，p 值都小于 0.05，即 $p < 0.05$。这说明长、短元音之间的声学参数有显著的差异。

表 2.99 中的主体间效应检验结果显示，（1）在音长差异性方面，达斡尔语长短对立的相应两个元音在音长方面的显著性水平均为 $p < 0.05$，说明所有长短对立的相应两个元音在音长方面都存在显著差异。（2）在音质差异性方面，第一共振峰 F1（舌位高低）的检验结果显示，元音 [i] 与 [iː]、[ɛ] 与 [eː] 的显著性水平均为 $p > 0.05$，说明这些元音之间的 F1 差异不明显（舌位高低变化不显著）；第二共振峰 F2（舌位前后）的检验结果显示，[ə] 与 [əː]、[u] 与 [uː]、[ɛ] 与 [eː] 的显著性水平均为 $p > 0.05$，说明这些元音之间的 F2 差异不明显（舌位前后变化不显著）。（3）偏 Eta 方和调整 R 方检验结果显示，音长检验值都大于共振峰检验值，说明达斡尔语长短对立的相应两个元音在音长方面的显著性远大于其舌位高低和前后方面的显著性。

为凸显达斡尔语长短对立的相应两个元音在音长和音质方面的显著性差异，我们列出了表 2.100。表 2.100 中用 "+" 符号标记具有显著性差异，用 "-" 符号标记没有显著性差异。

表 2.100 达斡尔语长短对立的相应两个元音在音长和共振峰参数的显著性比较

	音长		第一共振峰 F1		第二共振峰 F2	
	M	F	M	F	M	F
ɐː/ɐ	+	+	+	+	+	+

	音长		第一共振峰 F1		第二共振峰 F2	
	M	F	M	F	M	F
ə/əː	+	+	+	+	+	-
i/iː	+	+	-	-	+	+
o/oː	+	+	-	+	+	+
u/uː	+	+	+	+	+	-
ɛ/eː	+	+	+	-	-	-

表 2.100 显示，（1）在音长方面，达斡尔语 [ɐ-ɐː，ə-əː，i-iː，o-oː，u-uː，ɛ-eː] 等 6 对长短对立的元音在音长方面具有显著的差异性，长、短元音与其时长之间具有绝对的相关性，"长元音一定长，短元音一定短"。（2）在音质方面，差异性特征不稳定，即差异性与元音和发音人的不同而有所改变，长、短元音与其音质之间的相关性较差。

在现代达斡尔语中元音音长扮演着非常重要的角色，它不但承担着音位任务，也扮演着区别词重音的角色。显然，达斡尔语中相互对立的长、短元音的音长和音质等两种因素在长短对立中的作用不同，其中音长差异为主，音质差异为次。为此，达斡尔语 [ɐ-ɐː，iː-ə，i-iː，o-oː，u-uː，ɛ-eː] 等 6 对长短对立的元音在音质方面的差异的显著性不稳定，即差异性因元音和发音人的不同而有所改变。但通过仔细观察，我们发现，发音时长的延续会引起前元音舌位相对靠前，后圆唇元音舌位相对靠后，低元音舌位降低，导致长元音的声学空间比短元音的声学空间相对变大等现象。从发音机制层面看，一般发前长元音时舌位相对牵伸（靠前，导致 F2 频率上升），而发后长元音时舌位相对收缩（靠后，导致 F2 频率降低。对后圆唇元音来说唇突度增加引起共鸣腔变长也是不可忽视的因素），即"前的更前，后的更后"；对低长元音 [ɐː] 来说，发音时间的相对延长容易使其舌肌松弛，引起舌体总体相对下降，导致其 F1 频率上升。因上述发音机制的差异性不区别意义，即不受音位系统的限制，所以具有相对性。

在达斡尔语长、短元音的区别因素中，元音时长和音质的对立差异是同时存在的。但是在音位区分中音长的差异起主要作用（超音段音位），音质差异是由音长差异引起的伴随性特征（因素），没有区别意义的功能。所以音长差异具有显著的差异性，长、短元音与其音长之间具有绝对的相关性。而音质差异的显著性不稳定，因不同元音和不同发音人而异，即长、短元音与其音质之间的相关性较差。

在音系层面，达斡尔语 ［ɐ-ɐː，ə-əː，i-iː，o-oː，u-uː，ɛ-eː］ 等 6 对长短对立的元音音位在音长方面具有显著的差异性，长、短元音与其音长之间具有绝对的相关性，即"长元音一定长，短元音一定短"；而在物理层面，这些长、短元音与其音长之间没有绝对相关性，即不一定是"长元音一定长，短元音一定短"。例如，在四个音节词中长元音的物理时长不一定比单音节或双音节词中单元音的物理时长长。所以，分析和讨论达斡尔语长、短元音音长差异时一定要区分分析层面。对达斡尔语长、短元音物理时长和音质差异的认识对达斡尔语言语声学工程具有重要的意义。

七　复合元音

达斡尔语中复合元音与其他蒙古语族语言比较的话，数量相对多。"统一平台"中出现/ɐi/、/ɐu/、/əu/、/ue/、/oi/、/ɜɐ/、/ie/、/ui/、/æi/、/ɛi/、/æɛ/、/ʉi/、/əɜ/等 12 个复合元音。

我们先把复合元音分成三段，即起始段、过渡段和目标段，然后从每段上自动提取 10 个参数点，即第一共振峰 F1、第二共振峰 F2 及其时长等，

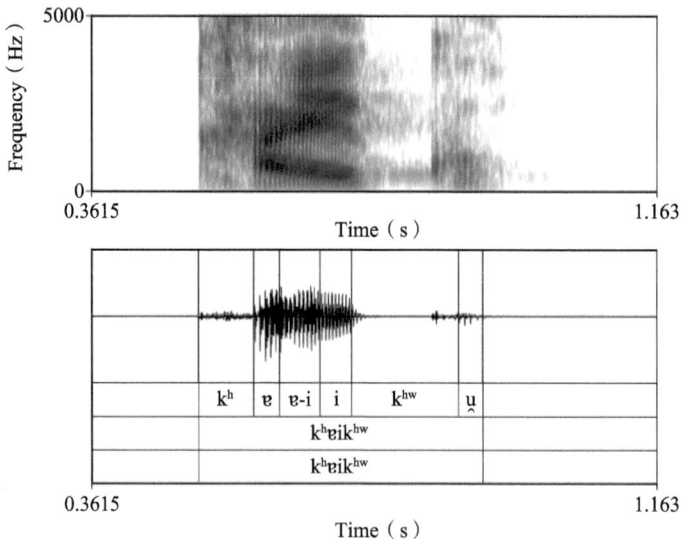

图 2.133　男发音人［kʰɐikʰʷ］"鲫鱼"一词的三维语图和三层标注实例

见图 2.133。为探索了解达斡尔语复合元音特点，我们进行了以下三种统计分析：（1）复合元音共振峰动态滑移的连续性分析；（2）复合元音共振峰与时长的非对称性分析；（3）复合元音共振峰变化率分析等。

（一）复合元音共振峰动态滑移的连续性分析

为了观察达斡尔语复合元音共振峰的动态变化及其在动态变化过程中的连续性和不可分割性特点，我们绘制了复合元音第一、第二共振峰动态模式图 2.134 和复合元音声学空间动态分布图图 2.135~2.136。为方便比较，在绘制共振峰模式图时，我们采用 0~10 为起始段、10~20 过渡段、20~30 目标段。

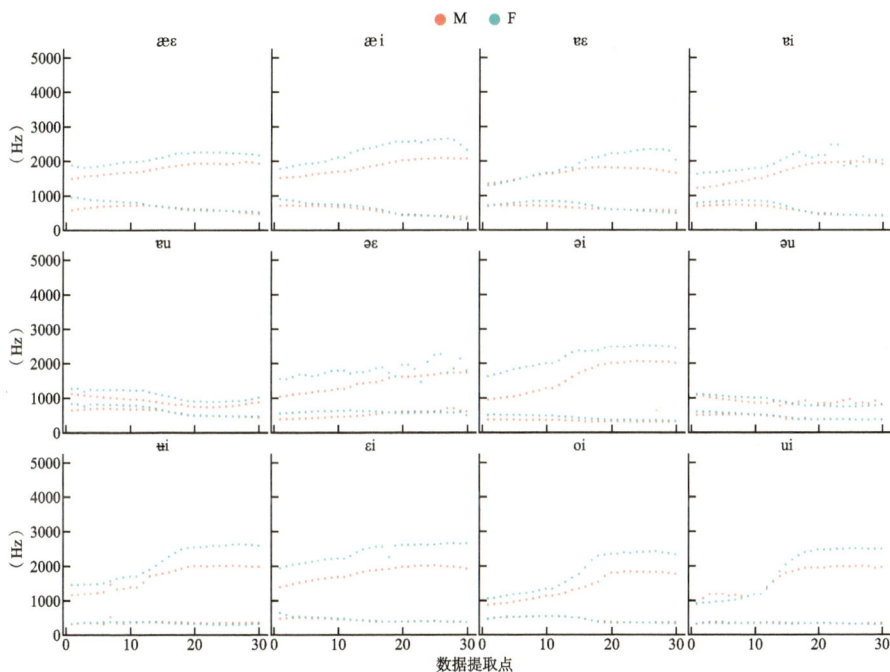

图 2.134　达斡尔语复合元音第一共振峰 F1 和第二共振峰 F2 动态模式

从图 2.134 中可以看出，达斡尔语复合元音的 F1 和 F2 都有一个连续的、无间断的滑动过程（动态变化），即自前稳定段滑到过渡段，再从过渡段滑到后稳定段。显然，每个复合元音都是一个连续滑动变化的音段，而不是两个音段的简单直接黏合。例如，复合元音 [oi] 的 [o] 与 [i] 之间有一段从 [o] 到 [i] 的过渡段。其中，因 [o] 的 F1 频率大于 [i] 频率的缘故，F1 自 [o] 至 [i] 向下滑动；而因 [o] 的 F2 频率小于 [i]

频率的缘故，F2 自［o］至［i］向上滑动。显然，［oi］的共振峰走势突显出自窄变宽的滑移趋势。

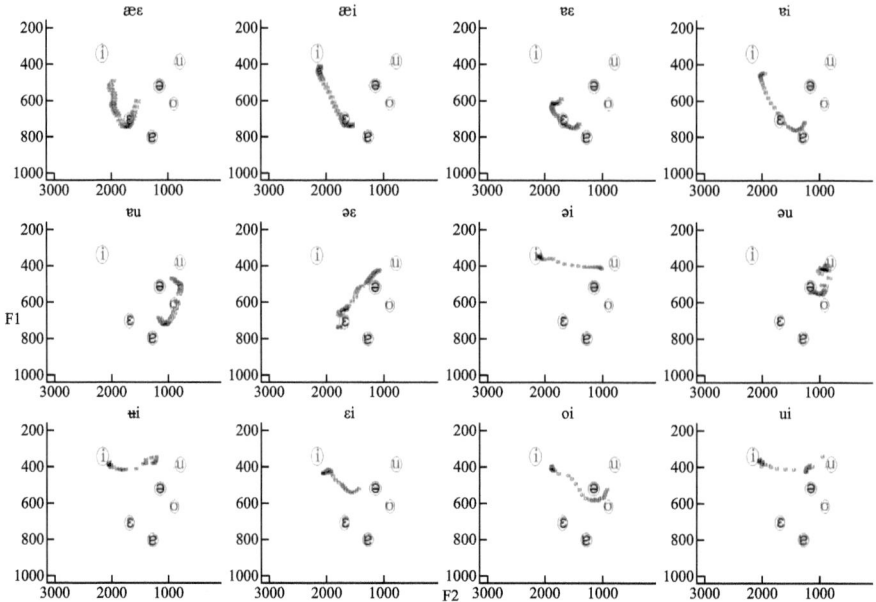

图 2.135　男发音人达斡尔语复合元音声学空间动态分布（复合元音发音动程图，单位：Hz）

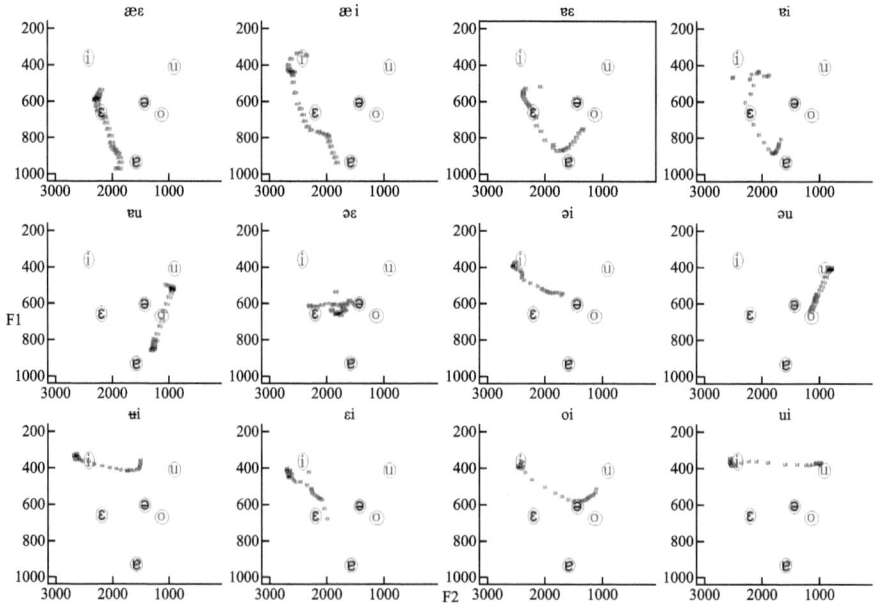

图 2.136　女发音人达斡尔语复合元音声学空间动态分布（复合元音发音动程图，单位：Hz）

图 2.135~2.136 为达斡尔语复合元音声学空间动态分布图（复合元音发音动程图）。图 2.135~2.136 上的圆形中的国际音标位置为单元音第一、第二共振峰均值位置。从图 2.135~2.136 中可以看出，达斡尔语复合元音的舌位活动轨迹（发音动程）是一个个连续不断的动态画面，是自前稳定段滑向过渡段，再从过渡段滑向后稳定段的曲线图。复合元音的起始元音（前置元音）与相应的单元音相比（只是记音问题，前置元音实际音值与其相应的单元音音值之间的差距较大），这些前置元音的舌位有的前化，有的央化，目标元音（后置元音）的舌位与其相应单元音的舌位基本相同。

显然，达斡尔语复合元音中前置元音的舌位变化起关键作用，是复合元音的中心或骨架。但从舌头运动姿势看，达斡尔语复合元音的发音机制基本上是"自后至前"的滑动过程，其目标位置为后置前元音（除 ɐu、ue 外）。这是达斡尔语书面语复合元音的演变目标为什么会是"前长元音"的主要原因，即前置后元音被后置前元音前引而变成前长元音。这说明在达斡尔语音变中后置音段的影响远大于前置音段对后置音段的影响。这与蒙古语长元音形成过程中，后音节短元音的影响远大于前音节短元音对后元音的影响的规律相似。如，ᠠᠭᠤᠯᠠ ɑ gulɑ "山" ［ɐkulɐ］→ ［ɐkuɐ］→ ［ɐʊlɐ̌］→ ［ɐulɐ］→ ［ʊːlə ~ ʊːl］。

（二）复合元音共振峰与时长的非对称性分析

为进一步观察达斡尔语复合元音起始元音（前置元音）和目标元音（后置元音）的共振峰和时长的非对称性特点，我们对复合元音的起始元音和目标元音共振峰进行了比较，见表 2.101~2.102。其中，表 2.101 为复合元音的起始元音和目标元音共振峰比较，表 2.102 为复合元音动态时长比较。

1. 共振峰参数的非对称性

我们从表 2.101 中得知，达斡尔语标准音 12 个复合元音的起始元音与其相应单元音相比，有的高化、前化，有的央化，而目标元音的舌位与其相应单元音的舌位基本相同。这说明目标元音在达斡尔语复合元音中起主导作用，即处于核心地位。起始元音的舌位则达不到其单元音实际音质位置，基本上失去了其独立音段的特点，处于滑音状态（动态）。

表 2.101　达斡尔语复合元音的起始元音和目标元音共振峰比较

单位：Hz

M	起始元音值		目标元音值		F	起始元音值		目标元音值	
	F1	F2	F1	F2		F1	F2	F1	F2
æɛ	600	1521	489	1958	æɛ	965	1906	532	2185
æi	728	1549	407	2101	æi	930	1811	341	2342
ɐɜ	723	1380	608	1806	ɐɜ	745	1312	512	2060
ɐi	713	1240	445	1977	ɐi	800	1649	428	2044
ɐu	681	1143	467	914	ɐu	853	1293	494	1037
əɛ	423	1074	647	1768	əɛ	581	1588	533	1826
əi	411	988	349	2042	əi	540	1664	367	2478
ɛɜ	514	1425	407	1963	ɛɜ	673	1974	399	2684
əu	538	1118	391	841	əu	641	1133	412	824
oi	515	898	407	1831	oi	503	1089	359	2373
ui	334	926	388	1992	ui	364	950	338	2524
ʉi	341	1204	396	2012	ʉi	352	1486	347	2620

2. 时长的非对称性

表 2.102 为达斡尔语复合元音动态时长参数统计表，图 2.137 为根据表 2.102 数据绘制的达斡尔语复合元音动态时长比例。我们从表 2.102 和图 2.137 中可以看出，达斡尔语复合元音目标元音段的时长都比起始元音音长相对长。达斡尔语复合元音过渡段时长占复合元音总时长的 45%～50%（M1：39%～45%；F1：39%～55%）。这说明发复合元音时，发音时间的一半都会用在音质的转换上（过渡段）。时长的非对称性特点是复合元音向长元音过渡的重要声学线索。

表 2.102　达斡尔语复合元音动态时长比较

单位：ms

M	起始段	过渡段	目标段	F	起始段	过渡段	目标段
æɛ	48.0	72.5	41.5	æɛ	46.0	70.7	41.3
æi	45.7	69.0	40.8	æi	57.0	73.0	55.0
ɐɜ	47.3	66.8	41.5	ɐɜ	48.3	85.3	46.5
ɐi	61.1	85.4	60.2	ɐi	57.3	103.5	51.0

M	起始段	过渡段	目标段	F	起始段	过渡段	目标段
ɐua	61.9	92.4	59.7	ɐua	62.0	118.0	51.2
əɛ	32.0	51.0	35.0	əɛ	44.0	83.3	54.7
əi	46.7	75.2	56.9	əi	34.4	85.2	56.8
ɛi	46.5	65.2	53.0	ɛi	33.0	79.0	62.0
əu	52.8	86.1	51.5	əu	59.4	100.8	54.8
oi	56.5	78.6	57.4	oi	41.8	98.5	66.3
ui	39.1	67.4	66.2	ui	31.5	106.0	55.5
ʉi	29.0	66.3	59.7	ʉi	30.0	66.0	58.0

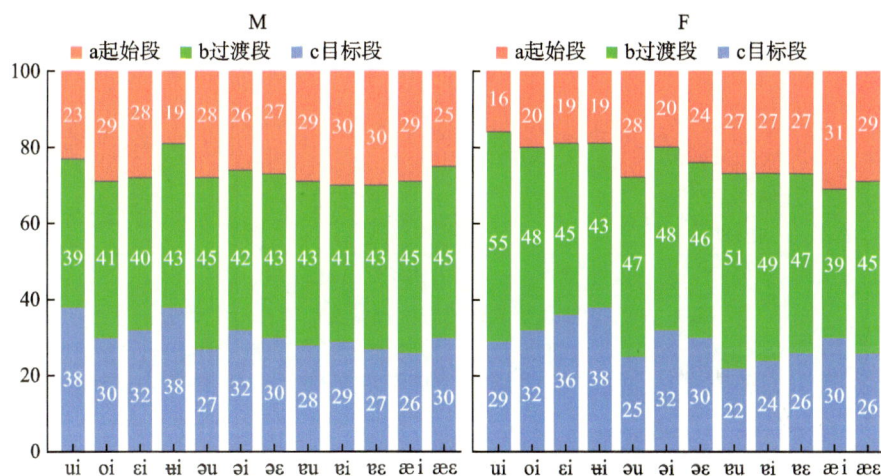

图 2.137　达斡尔语复合元音动态时长比例

3. 共振峰的变化率

为探讨达斡尔语复合元音 [ei，ua，əu，oi，ɐɛ，əi，ui，æi，ɛi，ɐɛ，ʉi，əɛ] 的共振峰变化率，我们从复合元音第一（F1）、第二（F2）共振峰频率中提取出总体频率跨度、总体斜率、过渡段频率跨度和过渡段斜率这四个参数。具体方法如下：用 A 表示复合元音起始段 F2/F1 值；用 B 表示复合元音过渡段起始 F2/F1 值；用 C 表示复合元音过渡段末 F2/F1 值（也是复合元音稳定段的开始）；用 D 表示复合元音目标段 F2/F1 值。为减少前后辅音对复合元音共振峰的影响，我们在提取复合元音起始段和目标段的共振峰时，尽量选择了共振峰的平缓部分，见图 2.138。以下是参数的具体定义：

总体频率跨度＝〔D-A（复合元音目标段 F2/F1 值与复合元音起始段 F2/F1 值的差值）〕；总斜率＝〔总体频率跨度/总时长（D-A 的差值与总时长比率）〕；

过渡段频率跨度＝〔C-B（复合元音过渡段末 F2/F1 值与复合元音过渡段起始 F2/F1 值的差值）〕；

过渡段斜率＝〔过渡段频率跨度/过渡段时长（C-B 的差值与过渡段时长的比率）〕。

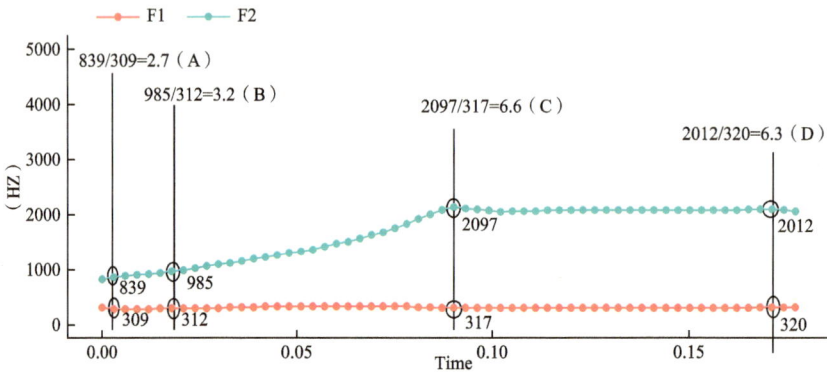

图 2.138　达斡尔语复合元音共振峰变化率计算实例

表 2.103 是通过上述方法得到的达斡尔语复合元音共振峰的总体频率跨度、总体斜率、过渡段频率跨度和过渡段斜率的具体参数。以下是把表 2.103 的数据自大至小排序结果：

（1）总体频率跨度：əi>æi>oi>ɐi>ui>ɛi>ɥi>æɛ>ɜɐ>ua>uɛ>ɜɛ>əu（M）；æi>ui>oi>ɛi>əi>ɥi>ɐi>ɜɐ>æɛ>ɜɛ>ɐu>əu（F）；

（2）总体斜率：əi>æi>oi>ui>ia>ɛi>ɥi>æɛ>ɜɐ>ɜɛ>ɐu>uɛ（M）；æi>ui>oi>ɛi>ɥi>əi>ɐɛ>ɐi>æɛ>əɛ>ɐu>əu（F）；

（3）过渡段频率跨度：əi>oi>ui>ɐi>æi>ɥi>ɛi>æɛ>ɜɐ>uɛ>ɐu>ɜɛ（M）；oi>ui>ɥi>æi>ɐi>ɛi>əi>ɜɐ>æɛ>əɛ>ua>əu（F）；

（4）过渡段斜率：əi>oi>æi>ɥi>ui>ɐi>ɛi>æɛ>ɐu>əu>uɛ>ɜɛ（M）；ɥi>æi>oi>ui>ɐi>ɛi>əi>æɛ>ɜɐ>əɛ>ua>əu（F）。

从表 2.103 数据和上述排序可以看出，（1）达斡尔语复合元音的总体频率跨度（总跨度）和过渡段频率跨度（过渡跨度）小于总体斜率（总斜率）和过渡段斜率（过渡斜率），即"斜率大于跨度"；（2）目标元音为 i 元音的复合元音跨度和斜率都明显大于其他组合的复合元音，说明目标元音为 i 的复合元音的复合性质相对显著而稳定。（3）总体频率跨度和过渡段斜率可以作为检验达斡尔语复合元音单音化程度的主要声学参数（线索）。

表 2.103　达斡尔语复合元音共振峰变化率

M	总跨度	总斜率	过渡跨度	过渡斜率	F	总跨度	总斜率	过渡跨度	过渡斜率
æɛ	1.47	9.09	0.82	11.63	æɛ	2.14	13.52	1.46	20.60
æi	3.04	19.53	1.79	24.50	æi	4.92	26.60	2.93	40.09
ɐɜ	1.16	7.46	0.71	8.29	ɐɜ	2.85	15.80	1.67	19.63
ɐi	2.70	13.07	1.86	17.93	ɐi	3.16	14.91	2.58	24.88
ɐu	0.28	1.29	0.04	0.35	ɐu	0.58	2.52	0.23	1.97
əɛ	0.19	1.62	-0.01	-0.08	əɛ	1.26	6.90	0.56	6.72
ɔi	3.72	20.83	2.55	29.88	ɔi	3.67	20.82	1.86	21.81
ɛi	2.05	12.43	1.21	15.27	ɛi	3.79	21.80	1.88	23.82
əu	0.07	0.39	0.45	4.46	əu	0.14	0.63	0.11	1.13
oi	2.82	14.67	2.45	24.85	oi	4.59	22.21	3.83	38.89
ui	2.36	13.67	2.34	22.07	ui	4.87	25.21	3.41	32.21
ʉi	1.60	10.32	1.57	23.80	ʉi	3.33	21.62	3.26	49.42

八　弱短元音

弱短元音指不构成音节，不承担音位功能，只是因辅音破裂所需而在词末或音节末出现的，相对不稳定的元音。达斡尔语的弱短元音主要出现在词中音节末和词末辅音，有三种弱短元音，我们可以用 [ə̣, i̥, ṳ] 来标记弱短元音。如，图 2.139~2.142 为男发音人 [tʰət]"他们"、[ʧʰinʧʰ]"单衣"、[tʰulʷ]"烧"、[ilɣɛː]"花"的三维语图中的弱短元音 [ə̣, i̥, ṳ]，出现频率为 [ə̣]：M=517 次，F=576 次；[i̥]：M=8 次，F=70 次；[ṳ]：M=12 次，F=95 次。表 2.104~2.106 为弱短元音的声学参数统计表。

表 2.104　弱短元音［ə̯］参数统计（M）

	M					F				
	VD	VA	F1	F2	F3	VD	VA	F1	F2	F3
平均值	77	73.86	527	1274	2410	131	72.35	567	1473	2868
标准差	38	3.69	96	291	231	64	3.74	98	277	217
变异系数	49%	5%	18%	23%	9.5%	49%	5.1%	17%	19%	7.5%

表 2.105　弱短元音［i̯］参数统计（M）

	M					F				
	VD	VA	F1	F2	F3	VD	VA	F1	F2	F3
平均值	90	71.75	418	1906	2573	145	71.02	384	2542	3227
标准差	39	4.74	78	137	167	32	3.14	64	137	200
变异系数	43%	6.6%	19%	7.1%	6.4%	22%	4.4%	17%	5.3%	6.1%

表 2.106　弱短元音［u̯］参数统计（M）

	M					F				
	VD	VA	F1	F2	F3	VD	VA	F1	F2	F3
平均值	62	73	465	840	2439	154	73.4	481	922	2778
标准差	32	3.86	90	139	179	49	2.72	62	124	202
变异系数	51%	5.2%	19%	17%	7.3%	32%	3.7%	13%	13%	7.2%

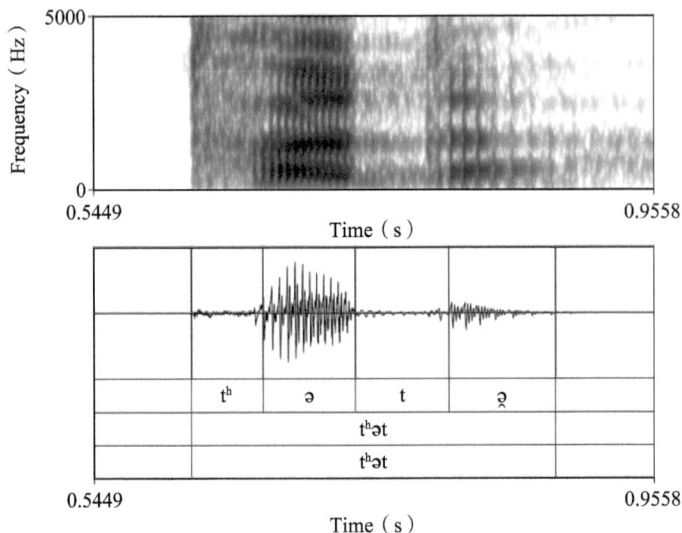

图 2.139　男发音人［tʰə̯t］"他们"一词的三维语图和三层标注实例

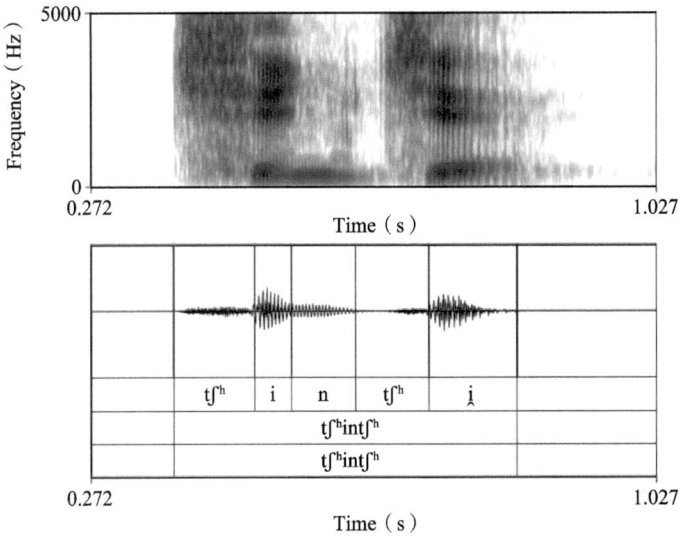

图 2.140 男发音人 [tʃʰintʃʰ] "单衣" 一词的三维语图和三层标注实例

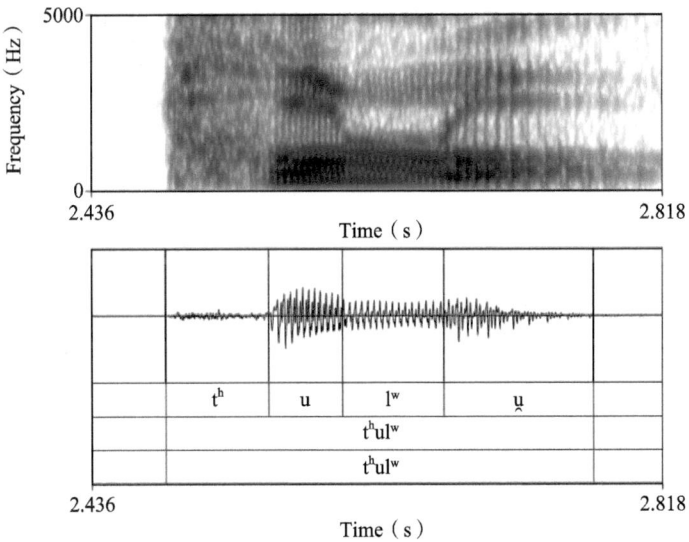

图 2.141 男发音人 [tʰulʷ] "烧" 一词的三维语图和三层标注实例

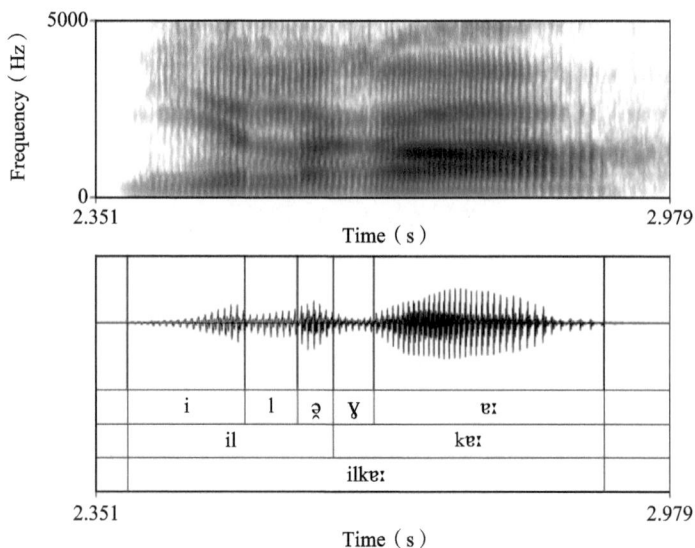

图 2.142　男发音人 [ilɣɐ:] "花" 一词的三维语图和三层标注实例

九　元音和谐律

元音和谐律是阿尔泰语系诸语言的重要语音特征。蒙古语族语言中存在元音和谐律是学界共识。但是，学者在元音和谐律的语音学类型、内容等方面，存在不同的认识。

在传统达斡尔语语音学里，元音可分为相互对立的松元音和紧元音两类，即通常所说的阴性元音和阳性元音。这种松紧或阴阳对立现象是元音和谐律的基础。按照元音和谐规律，阴性元音和阳性元音（除中性元音）互相排斥，不出现在同一个词里。除阴阳和谐外，还存在唇形和谐规则。

有些学者认为在蒙古语族语言和方言土语中，元音和谐律受到不同程度的破坏，例如达斡尔语元音和谐律。但我们认为，达斡尔语元音和谐律不规范的一个主要原因是对达斡尔语借词和固有词的界限不明显。

在本次研究中，我们依据实验数据，对达斡尔语中的元音和谐律现象进行了初步的探讨。表 2.107 为达斡尔语元音和谐律实验数据的概括情况。

表 2.107-1　达斡尔语元音和谐律

词首音节	非词首音节短元音	非词首音节长元音	非词首音节复合元音
ɐ	ə, u, i, ɐ	ɐː, iː, oː, uː, eː	ui
ɐː	ə, i, u, ɐ	ɐː, uː, iː, eː	ɜɛ
ə	ə, i, ɐ, u	əː, uː, eː, iə, iː, oː	ui
əː	ə, i, u	uː, əː, iə	
ɛ	u, ə, i	ɐː, iː, eː	
eː	u, ə	eː, iː, uː	
i	ɐ, ə, e, u, i	eː, iː, uː, iə, oː, iː	
iː	ɐ, ə	ɐː, iː, iː	
o	u, ə, i, o	əː, iː, ɐː, uː, oː	ui, ɜɛ, eɛ, əi
oː	u, o, i	iː, eː	əi
u	ɐ, ə, i, u	əː, iː, uː, ɐː, eː, oː	ei, iə
uː	ə, u	eː, uː	iə

表 2.107-2　达斡尔语元音和谐律

词首音节	非词首音节短元音	非词首音节长元音
əu	i, u, ə	əː, iː, eː
oi	o, u	oː, iə
ɐi	i, u, ə, ɐ	ɐː, iː, eː, oː
ɐu	u, i, ə,	eː, ɐː, oː, iː
aɛ	ə, ɐ, u	ɐː, iə, eː
əi	ə	eː, iː, iə
ui	u, ə	iə
æi	ə	oː;, iː, iə,
ɛi	ə	
æɛ		iː, əː

|第三章|

达斡尔语辅音声学特征

鲍怀翘研究员在其实验语音学讲义中，从以下几个方面比较准确地总结了辅音的发音特点。（1）声源：气流克服阻碍通过口腔时激发阻碍的各部位而形成声波。发浊辅音时在上述声源上加载声带振动波。（2）感知：噪声（除半元音外）。（3）时程：虽然相对短促，但不一定比元音短。（4）气流类型：脉冲波（塞音）和湍流（擦音）。（5）气流受阻方式：口腔中存在不同程度的阻塞（塞音）或阻碍（擦音）。（6）肌肉活动范围：发音成阻部位肌肉紧张，这是辅音的共性。下面从达斡尔语自身的特点总结其辅音系统的特点。

一 达斡尔语辅音基本特点

（一）单辅音系统

从辅音自身的结构，达斡尔语辅音可以分为单辅音和辅音。其中，单辅音系统比较简单，有/n，ŋ，p，pʰ，x，k，kʰ，m，l，s，ʃ，tʰ，t，ʧʰ，ʧ，j，r，w/等18个基本辅音音位。按发音方法可以把达斡尔语基本辅音分为：（1）清塞音/p，pʰ，tʰ，t，k，kʰ/；（2）清塞擦音/ʧʰ，ʧ/；（3）擦音/s，ʃ，x/；（4）鼻音/n，ŋ，m/；（5）边音/l/；（6）颤音/r/；（7）半元音/j，w/。其中，/n，ŋ，m，l，j，r，w/为浊辅音。表3.1为达斡尔语基本辅音发音表。

表 3.1　达斡尔语基本辅音发音

发音部位\\发音方法		双唇阻	舌尖前阻	舌叶阻	舌叶阻	舌面阻	舌面阻
		上唇下唇	舌尖齿区	舌叶齿龈前区	舌叶齿龈后区	舌面前硬腭区	舌面后硬腭区
塞音	不送气	p	t				k
	送气	pʰ	tʰ				kʰ
塞擦音	不送气				ʧ		
	送气				ʧʰ		
擦音	清				s	ʃ	x
	浊	w			j		
鼻音		m	n				ŋ
边音			l				
颤音					r		

（二）辅音群问题

无论从词层面，还是从音节层面看，达斡尔语是辅音群比较丰富的语言之一。我们把词中跨音节和音节内的辅音组合统称辅音群。辅音群指出现在同一个音节（一起发音）或跨音节（有音节停顿）的有两个或三个甚至四个连续的辅音组合，其中发音的称复辅音（在英文文献中叫作 consonantcluster），这是不可分割的音节单元，可以用 CC、CCV#、#VCC 表示（# 表示任何元音和辅音）；不发音（跨音节，有音节停顿）的称辅音串，在音节层面上辅音串是跨音节的，而在词层面上它们属同一个单元，可以用#C/C#、#CC/C#、#C/CC#表示。复辅音分独立复辅音（单独构成音节）或非独立复辅音（与元音一起构成音节），辅音串分二辅音串、三辅音串等。复辅音的组合规律比较严谨，而辅音串的组合没有特定的组合规律，随机性和自由度较大。图 3.1 是达斡尔辅音群分类图。

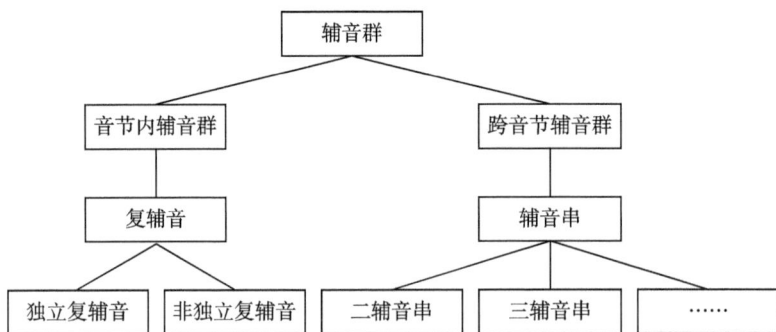

图 3.1　达斡尔语辅音群分类

(三) "长辅音" 问题

本节将分析和讨论上述辅音串中由同一个辅音组成的辅音串，如 [n/n，m/m，l/l，s/s，k/k，tʰ/tʰ] 等的问题。图 3.2 为达斡尔语 [n/n，m/m] (同一个辅音组成的) 等辅音串和 [n，m] 等音节首单辅音的声学语图比较图。从该图可以看出，同一个辅音在特殊位置 (跨音节，即前音节末、后音节首) 上出现时的辅音串、发音机制 (方式) 因其特殊位置而有些特别。如，相同两个清擦音和浊擦音前置辅音的除阻段和后置辅音成阻段的界限模糊或相同两个塞音共享一个较长的持阻段 (前音节末辅音不破裂，两个辅音享用共同的持阻段，比单一辅音的相对长)。

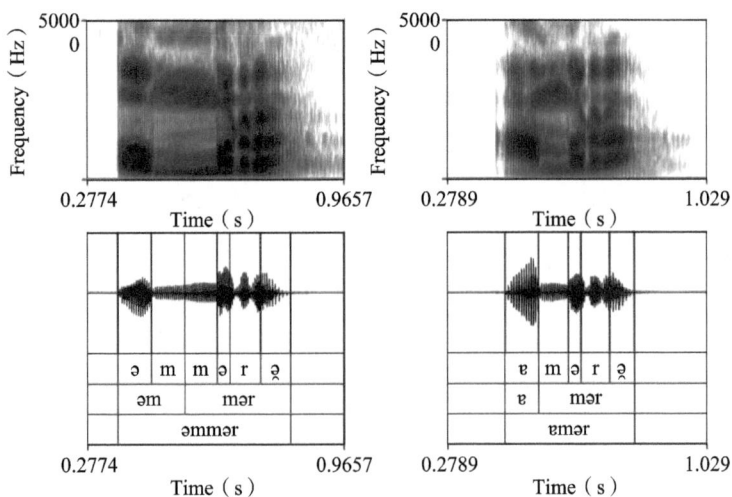

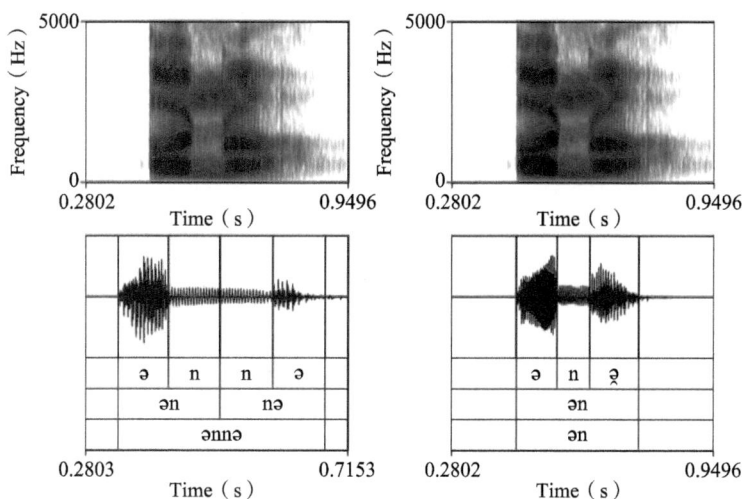

图 3.2 由 [n/n，m/m] 同一个辅音组成的辅音串和 [n，m] 单辅音的声学语图比较

（四）辅音的腭化问题

达斡尔语辅音的腭化问题是达斡尔语语音声学研究中比较棘手的问题之一。它不仅是辅音本身的问题，而且涉及元音的前化、音位系统和言语声学工程等重要研究领域。"腭化"是指一个音段的次要发音为舌前部向腭部抬起，或（带后辅音）收紧点移向腭部，而主要发音在别的位置上产生的现象（R. L. 特拉斯克，2000）。达斡尔语辅音腭化问题中分歧最多的是有关腭化辅音的数量问题。

（五）辅音的唇化问题

有些传统语音学论著认为，有些辅音因受其前、后置元音舌位的影响而其发音部位发生变化。按照上述推理，辅音是否同样也受其前、后元音唇形的影响，即在圆唇元音前、后辅音是否有唇化现象？从发音机理看，所有圆唇元音前、后辅音都可能被圆唇化。有关辅音唇化问题的研究应该从视位的角度去探讨更为直接，本书只从声学语音学的理论和方法去分析该问题。

（六）辅音的浊化和清化问题

达斡尔语在语流中辅音因受前、后置或前、后位音段的影响而改变其发音方法和部位的现象比较普遍。例如，元音之间出现的 [p] 通常会变成 [β]（清塞音变成浊擦音），元音之间出现的 [k] 通常会变成 [ɣ]（清塞音变成浊擦音），送气辅音之前的 [r] 会变成 [ɹ]（浊音变成清擦音）等，见图 3.3~3.4。

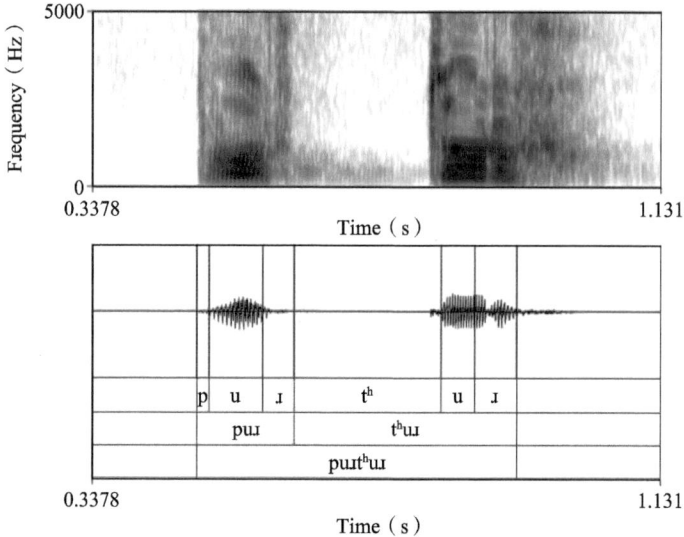

图 3.3   [r] 辅音清化变体 [ɹ] 音实例

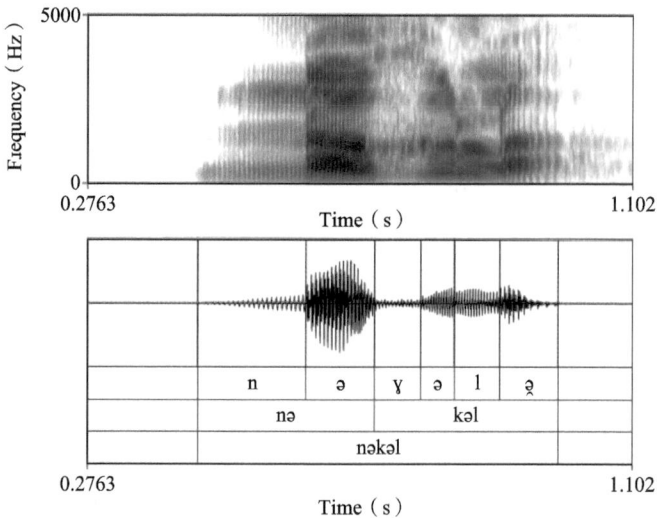

图 3.4   [k] 辅音浊化变体 [ɣ] 音实例

二 辅音声学特征参数及分析方法

根据声学语音学理论和鲍怀翘研究员的研究，辅音的基本声学特征可以归纳为如下几个模式。

1. 冲直条（Spike）

塞音破裂产生的脉冲频谱，表现为一直条。时程较短，为 10～20ms，说明在所有的频率成分上都有能量分布。图 3.5 为在［tuːtʰ］"抄近的"一词中［t］和［tʰ］的冲直条示例。请看该图中两个"右指箭头"所指位置。

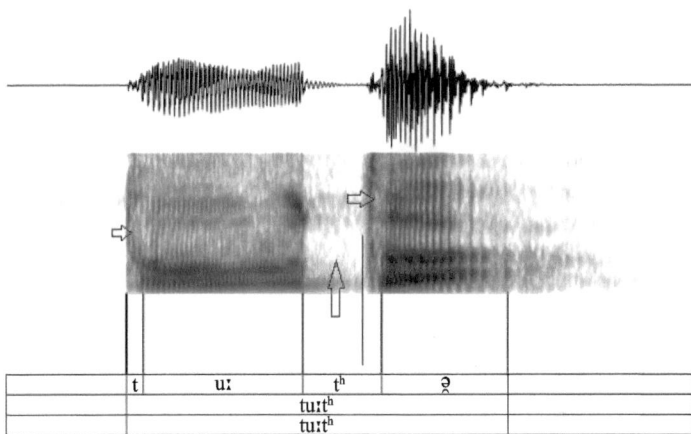

图 3.5 在［tuːtʰ］"抄近的"一词中［t］和［tʰ］的冲直条示例

2. 无声空间（GAP）

在塞音和塞擦音破裂之前有一段空白，这是辅音成阻、持阻时段的表现，造成清塞音的效果。这一段虽是空白，但对塞音感知来说是不可缺少的，可以说"此处无声胜有声"。请看图 3.5 中"上指箭头"所指位置。

3. 嗓音横杠（Voice Bar）

这是声带振动的浊音流经鼻腔辐射到空气中在语图上的表现。冲直条之前若有一条 500Hz 以下较宽的嗓音横杠，说明这是浊塞音。达斡尔语中没有浊塞音。请见图 3.7。

4. 乱纹（Fills）

这是气流经口腔某部位狭窄通道造成的湍流，所有的擦音在语图上都表现为乱纹。图 3.6 为在〔səːs〕"尿"一词中〔s〕的乱纹示例，请看"上指箭头"所指位置。

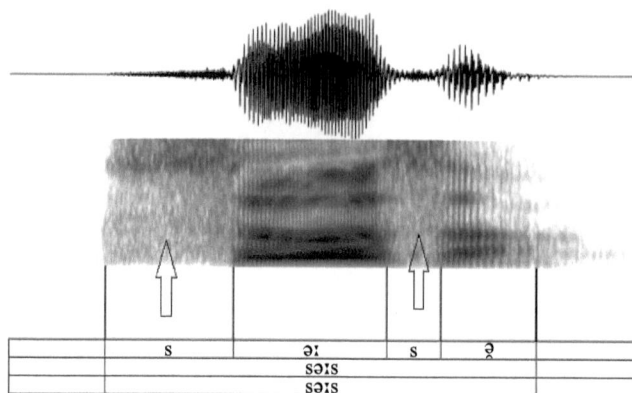

图 3.6　在〔səːs〕"尿"一词中〔s〕的乱纹示例

5. 共振峰 （Formant）

共振峰是由声带振动作为激励源经声腔共鸣形成的，鼻音、边音等浊辅音都有共振峰。请见图 3.7 中直线箭头所指位置。

图 3.7 是引自鲍怀翘讲义的辅音声学特征基本模式图。

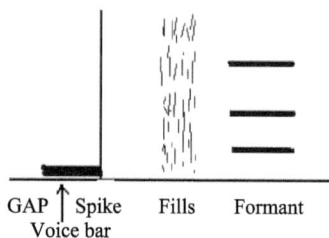

图 3.7　辅音声学特征基本模式

因辅音发音方法的不同，这些基本模式的组合方式也不同。如，浊塞音的声学表现为嗓音横杠与冲直条，清塞音为无声间隙与冲直条，清塞擦音为冲直条与一段较短时程的乱纹，清送气塞擦音为冲直条与一段较长时程的乱纹，清擦音为较长的乱纹，浊擦音为乱纹与共振峰等。

6. 嗓音起始时间 （Voice Onset Time，VOT）

如图 3.8 所示，嗓音起始时间是指声带振动产生的浊音流（嗓音）出现在冲直条前后的位置及其时间。出现在冲直条之前，就是浊音，VOT 为负值，出现在冲直条之后为正值，就是清辅音。它们都分布在时间轴上，因此都可以用时间来量化。根据 VOT 数据，比较容易区分清塞音、清塞擦音、清塞送气音、清塞擦送气音。图 3.8 为引自鲍怀翘讲义的嗓音起始时间（VOT）示意图。

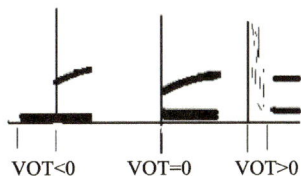

图 3.8　嗓音起始时间（VOT）示意

GAP 和 VOT 参数对塞音/塞擦音有较明确的区别意义。图 3.9 为达斡尔语词中音节首塞音、塞擦音的声学格局图。图中的 X 轴为 GAP，Y 轴为 VOT。从该图中我们可以看到：（1）[p]、[pʰ]、[t]、[tʰ]、[k]、[kʰ]、[ʧ]、[ʧʰ] 等 8 个清塞音、塞擦音，在格局图上总是分布在三个区域，形成三个聚合；（2）送气塞音 [tʰ]、[pʰ] 在格局图中居于最高的位置，而不送气塞音 [t]、[p] 在格局图中居于最左边的位置，送气塞擦音 [ʧʰ] 在格局图中居于最右边的位置，而不送气 [k] 音在格局图中居于最低位置；（3）在送气和不送气塞音、塞擦音中，送气音在格局图中居于不送气的右、上的位置（除了 [k] 辅音）。

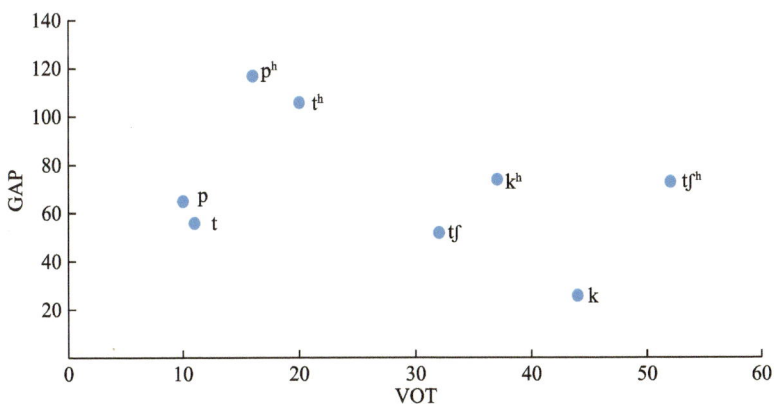

图 3.9　词中音节首塞音、塞擦音的声学格局

7. 强频集中区（Concentrated Frequency Area，CFA）

强频集中区又称辅音共振峰，是清擦音和一切摩擦噪声（塞擦音中的

摩擦段和送气音）经声腔共鸣形成的共振峰（我们在参数数据库中标记为CF1、CF2、…）。擦音是一种摩擦噪声，在语图上表现为乱纹。但由于发音部位的不同（气流受阻位置不同），形成特定的共鸣腔和反共鸣腔，于是某些频率位置的能量得到加强，这就是强频集中区。发音部位越靠前，共鸣腔越短，共鸣频率（特别是最强共鸣）就越高，反之则低。所以［s］音最高，［h］音最低。［f］是唇齿音，几乎没有共鸣腔体，因此它的乱纹也没有特别强的频率集中区（鲍怀翘，2005）。我们利用"达斡尔语语音声学参数数据库"，对达斡尔语［s，ʃ，x］等清擦音的共振峰分布模式分析后得出：［s，ʃ，x］等清擦音的CF在词中不同位置上的分布模式相对稳定，这说明清辅音共振峰频率是有效参数。该三个清擦音的共振峰（CF2～CF4）随着舌位的后移，呈现整体下降的趋势，请见图3.10。

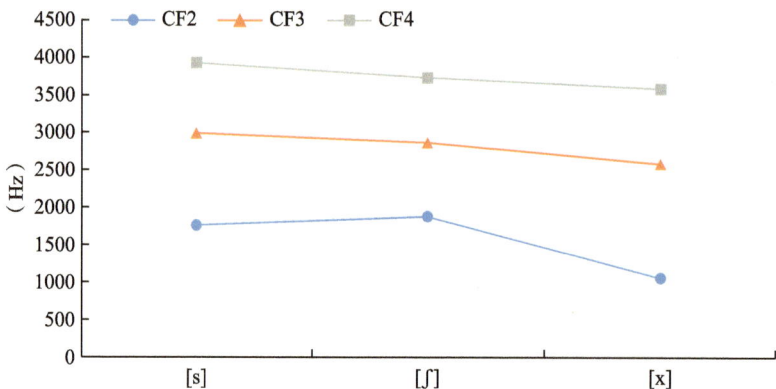

图 3.10　［s，ʃ，x］等三个辅音共振峰（CF2～CF4）分布模式

虽然清擦音、清塞音和清塞擦音的CF是有效参数，但与其他声学参数相比提取该参数需要经验。我们在"中国少数民族语言方言语音声学参数统一平台"中采用自动提取和手工修改相结合的方法。提取原则和方法是：每个人的共鸣腔是固定的，决定上、下移动幅度的是舌位（高低前后）。这对准确采集擦音、清塞音和塞擦音等的共振峰具有非常重要的意义。我们采用这种"顺藤摸瓜"的方法，比较容易找到这些辅音的共振峰，请见图3.11。

8. 辅音谱特征

在清擦音噪声谱分析中，Svantesson（1986）提出了"谱重心"（COG，Center of Gravity）和"离散"（Dispersion）程度方法。具体做法是在擦音频谱稳定段的某一时间点上做FFT分析，然后将其转换为临界带（critical

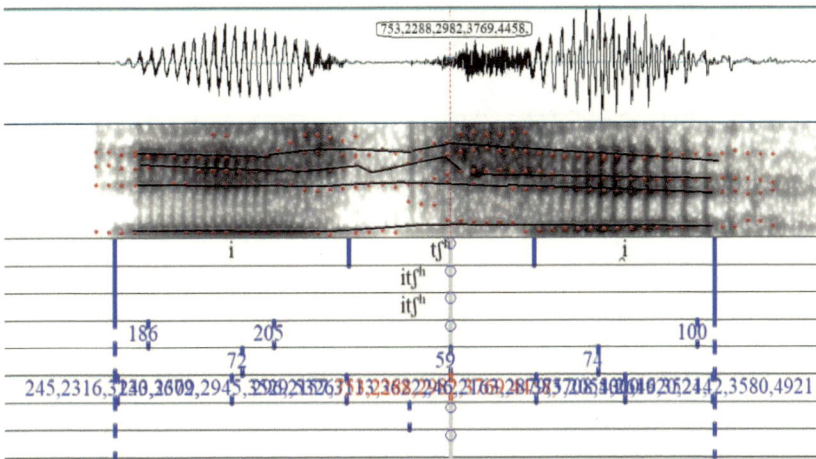

图 3.11　达斡尔语［itʃʰ］"去"一词中的音段共振峰分布模式

band）。将 0~10000Hz 频率范围划分为 24 个子带，计算出每个子带的平均能量。谱重心即为能量最强的子带的频率，计算重心的公式为：

$$m = \sum n \times 10^{(xn/10)} / F \qquad \text{其中 } m \text{ 为重心子带}, n \text{ 为 } 1 \sim 24 \text{ 个子带}$$

离散度表示语音频谱的离散程度，离散度越大表示频谱越离散，反之则越聚合。离散度的计算公式为：

$$s = \sqrt{\left(\sum (n-m)^2 \times 10^{(xn/10)} / F \right)} \qquad s \text{ 为离散度}$$

$$F = \sum 10^{(xn/10)} \qquad F \text{ 为语音谱能量}$$

以谱重心为横轴，离散度为纵轴可以绘制图 3.12 擦音空间分布图。

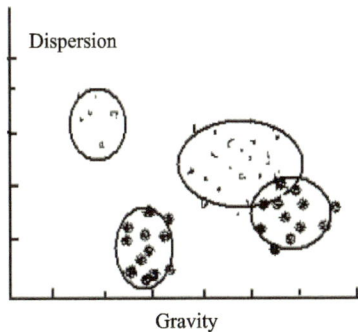

图 3.12　擦音谱重心—离散度分布示例

对以上公式做一些修正，用 $S(f)$ 表示语音的复数谱，f 表示频率，将频率域改为连续域，则参数的积分式定义如下：

谱能量（Energy） $= \int_0^\infty |S(f)|^2 df$ ；

谱重心（COG）为：$\int_0^\infty f|S(f)|^2 df$ 除以谱能量，单位赫兹，以下公式中 fc 等于谱重心 COG；

离散度（Dispersion）为：$\int_0^\infty (f-fc)^2|S(f)|^2 df$ 除以谱能量，单位赫兹，然后取平方根；

令 A 为：$\int_0^\infty (f-fc)^3|S(f)|^2 df$ 除以 $\int_0^\infty |S(f)|^2 df$；B 为：$\int_0^\infty (f-fc)^2|S(f)|^2 df$ 除以 $\int_0^\infty |S(f)|^2 df$，则倾斜度 SKEW 为：A/（B）$^{1.5}$。

倾斜度 SKEW 表示低于谱重心的谱与平均频率以上的谱的差，无单位。

上述描述引自周学文《彝语辅音谱特征分析》（周学文，2013）一文。

冉启斌在他的博士学位论文（2005）中引入了这种方法并对普通话及几种方言的擦音进行了深入的研究并给出了具体的数据。结论是：普通话五个清擦音可分为两类，/s/、/ɕ/、/ʂ/谱重心高而分散度小，分布范围小；/f/、/x/谱重心低而分散度大，分布范围也大。该文表明，谱重心对应的频率比语图中实际显示的高得多，从统计上看，擦辅音两两比较时才有显著性意义。尽管如此，该方法在清擦音研究中是一种值得重视的方法。

我们在"中国少数民族语言语音声学参数统一平台"中采用了 COG、Dispersion 和 SKEW 这三个谱参数。为了避免辅音随便取点可能带来的野点问题和受其前、后置音段的影响因素，在经过多次实验的基础上，我们采用辅音中间 1/3 段进行计算的方法。

呼和用这三个参数分析蒙古语标准话辅音后得出：COG、STD 和 SKEW 等三个谱参数相对稳定，能够有效区别达斡尔语标准话辅音的清、浊和不同发音部位的清擦音，具有语言学意义。其中，清辅音的 COG 和 STD 值都明显大于浊辅音，而其 SKEW 值则小于浊辅音；这三个参数与清辅音发音部位之间具有较好的相关性，而与浊辅音发音部位之间的相关性较差（呼和《满语研究》，2015）。

三　单辅音

达斡尔语有/n，ŋ，p，pʰ，x，k，kʰ，m，l，s，ʃ，tʰ，t，ʧʰ，ʧ，j，r，w/等 18 个基本辅音音位。按照发音方法可以分为塞音 [p，pʰ，tʰ，t，k，kʰ]、塞擦音 [ʧʰ，ʧ]、擦音 [s，ʃ，x]、鼻音 [n，ŋ，m]、边音 [l]、半元音 [j，w]、颤音 [r]。其中，[p，pʰ，x，k，kʰ，s，ʃ，tʰ，t，ʧʰ，ʧ] 为清音，[n，ŋ，m，l，j，r，w] 为浊音。

具体分析方法如下。我们从以下几个方面观察辅音声学特征：（1）词首（CV-）和（2）词末（-VC）。其中，V 为任何一个能够在该位置上出现的元音。满足上述两种条件的是在单音节或多音节词中出现的所有开头或结尾的辅音。（3）词中音节首（-CV-）。其中，V 为任何一个能够在该位置上出现的元音。满足这种条件的是在多音节词中出现的所有非词首音节首的辅音。（4）词中音节末（-VC-）。其中 V 为任何一个能够在该位置上出现的元音。满足这种条件的是在多音节词中出现的所有非词末音节末的辅音。（5）复辅音后置辅音（-VC1C2）。其中，C2 为后置辅音，包括词末和非词末位置。（6）复辅音前置辅音（-VC1C2-）。C1 为前置辅音，C2 为能够与 C1 组成复辅音的辅音。满足这种条件的是在音节尾（包括词尾和非词尾）出现的能够与其他辅音组成复辅音的所有辅音，见图 3.13。其中，1~4 针对单辅音，5~6 针对复辅音，显然，这 6 种位置是不重复的。

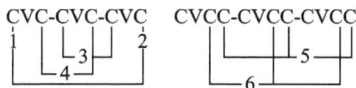

图 3.13　辅音分析条件示意

（一）塞音

塞音（stop），又称作爆破音（plosive），是按发音方法区分的一个基本类别。塞音的发音特点是：（1）主动发音器官上举与被动发音器官构成完全性的接触，从而关闭了口腔或鼻腔的气流通路，这就是塞音的成阻阶段；（2）声门下的气流被阻塞在关闭点后部，随着气流的积聚，口腔内形成超压（即大于体外的大气压力），这就是持阻阶段；（3）关闭点被突然打开，释放出一股强气流，冲破空气的阻力，形成一个冲击波，这就是除阻阶段。

由于发这类辅音时，口腔或鼻腔完全关闭，气流被阻塞，故而称之为塞音。塞音与塞擦音的主要区别是：发音时两个器官必须构成阻塞，气流不断在口腔内集聚，口腔内就会形成超压，突然释放，发出一个爆破音。因此塞音又叫破裂音；先是塞音破裂，口腔不马上打开，而是留有一窄缝，紧接着口腔内余气从缝隙中挤出，产生摩擦，发出塞擦音（鲍怀翘，2005）。

1. /p/辅音

在统一平台中/p/辅音以［p］［β］［ɸ］［b］等4种变体形式共出现了249次（M）或258次（F）。其中，M的［p］为106次，占所有/p/辅音的43%；F为241次，占所有/p/辅音的93%。该变体，男发音人主要在词首出现，女发音人词中各位置都出现；M的［β］为112次，占所有/p/辅音的45%，F为10次，占所有/p/辅音的4%。该变体一般在词中音节首元音之间或音节末［n］［k］［m］［l］［t］［ʧ］［j］［ɾ］等辅音之前或词末出现；M的［ɸ］为8次，占所有/p/辅音的3%，F为7次，占所有/p/辅音的3%。变体［ɸ］一般在音节末［s］［ʃ］［x］［tʰ］［ʧʰ］［kʰ］等辅音之前出现；M的［b］出现了23次，占所有/p/辅音的9%，F中未出现。该变体一般在两个元音之后出现。从/p/辅音［p］［β］［ɸ］［b］等四种变体的统计分析结果看，无论是从词和音节里的分布特点，还是从词中的出现位置和条件以及出现频率，［p］已具备了作为典型变体的条件，把［p］作为典型变体，符合达斡尔语语音特点。/p/辅音的四个变体［p］［β］［ɸ］［b］等是在不同条件下出现的条件变体，请见表3.2。

表 3.2　/p/辅音变体统计

	M		F	
	出现次数	百分比	出现次数	百分比
/p/	249	100%	258	100%
［p］	106	43%	241	93%
［β］	112	45%	10	4%
［ɸ］	8	3%	7	3%
［b］	23	9%		

1.1　［p］辅音

1.1.1　声学语图特点

达斡尔语/p/辅音的典型变体［p］为双唇、不送气、清塞音。图3.14为男发音人［pɐtɐː］"饭"一词的三维语图、三层标注实例和［p］辅音频谱图。显然，达斡尔语［p］辅音是比较典型的双唇、不送气、清塞音。有些论著中把达斡尔语该辅音标记为［b］，这是不符国际音标的标记原则的。

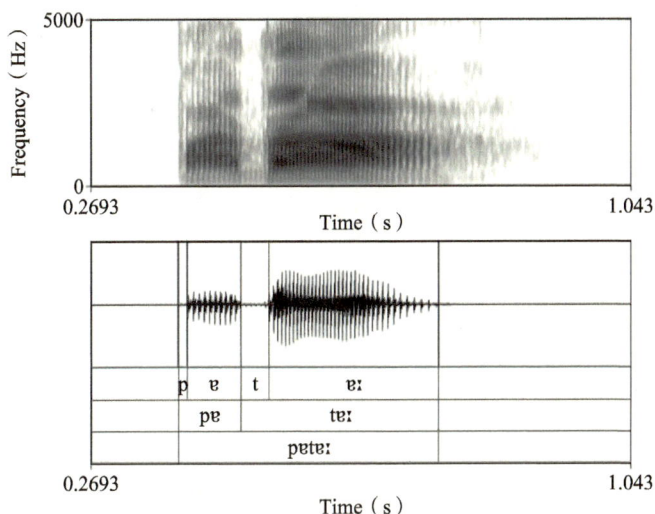

图 3.14-1　男发音人［pɐtɐː］"饭"一词的三维语图和三层标注实例

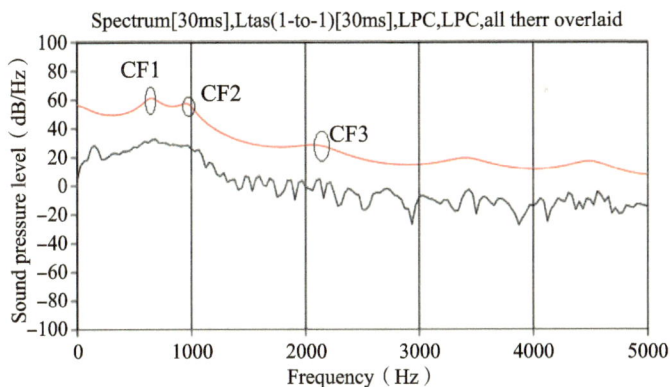

图 3.14-2　男发音人［pɐtɐː］"饭"一词的［p］辅音频谱

1.1.2　共振峰分布模式

表 3.3 为男、女发音人［p］辅音的声学参数统计表。图 3.15 为男、女发音人［p］辅音第一、第二和第三共振峰的分布图，图 3.16 为男、女发音人［p］辅音三个共振峰均值比较图。表 3.3 显示了两位发音人［p］辅音三个共振峰均值，即 M：CF1 = 608Hz，CF2 = 1395Hz，CF3 = 2435Hz；

F：CF1 = 640Hz，CF2 = 1714Hz，CF3 = 2776Hz。从图 3.15 中可以看出，男、女发音人共振峰频率围绕 M：CF1 = 300 ~ 1000Hz，CF2 = 800 ~ 2200Hz，CF3 = 1700 ~ 3300Hz；F：CF1 = 300 ~ 1200Hz，CF2 = 1200 ~ 2300Hz，CF3 = 2100 ~ 3500Hz 浮动。

表 3.3　[p] 辅音声学参数统计

单位：VOT 为 ms，CA 为 dB，CF 为 Hz，下同

发音人统计项	M					F				
	VOT	CA	CF1	CF2	CF3	VOT	CA	CF1	CF2	CF3
平均值	15	61.08	608	1395	2435	14	55.8	640	1714	2776
标准差	4.2	6.83	145	356	385	5.3	6.79	220	278	320
变异系数	29%	11%	24%	26%	16%	39%	12%	34%	16%	12%

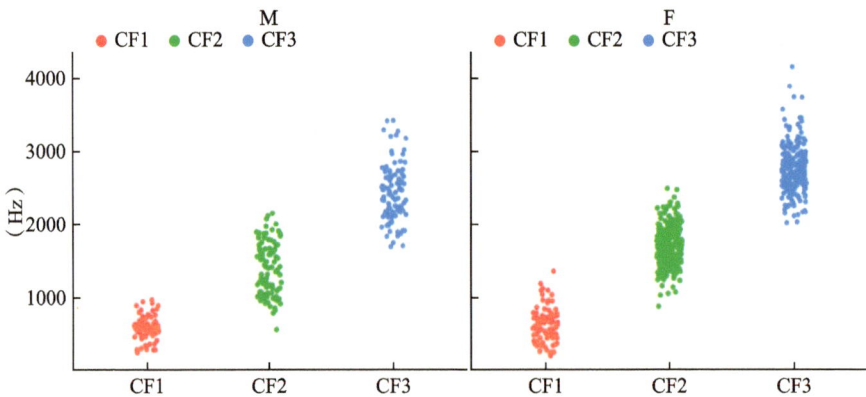

图 3.15　[p] 辅音共振峰分布

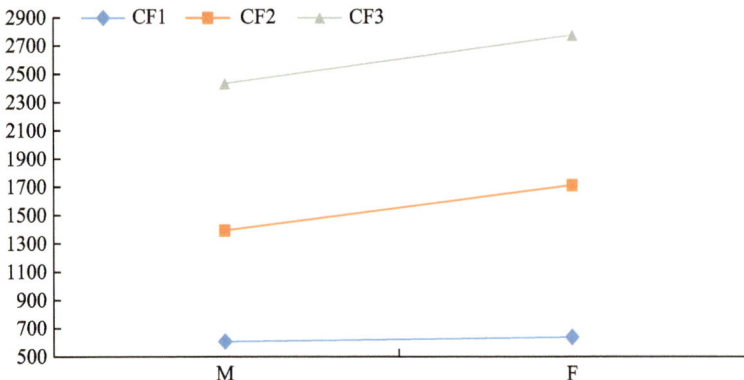

图 3.16　男、女发音人 [p] 辅音三个共振峰均值比较

从表 3.3 可以看出，[p] 辅音的 VOT 比较短，十几毫秒，男发音人的音强略高于女发音人（目前词首塞音的 GAP 无法测量）。图 3.16 显示，女发音人的 CF 频率总体上略高于男发音人。

1.1.3 词中位置与声学参数之间的关系

表 3.4 为词中不同位置 [p] 辅音声学参数统计表。图 3.17 为根据表 3.4 所画的词中不同位置 [p] 辅音音长比较图，图 3.18 为词中不同位置 [p] 辅音音强比较图。图 3.19 为词中不同位置 [p] 辅音第一、第二和第三共振峰比较图。上述表和图显示，词中位置与 [p] 辅音声学参数之间具有一定的相关性。如，（1）词首辅音 [p] 的 VOT 最短，词中 [p] 的 VOT 居中，词末辅音 [p] 的 VOT 最长；（2）复辅音前置辅音 VOT 长于复辅音后置辅音。

表 3.4-1 词中不同位置 [p] 辅音的声学参数统计（M）

单位：GAP 为 ms，VOT 为 ms，CD 为 ms，CA 为 dB，CF 为 Hz，下同

位置	参数	N	GAP	VOT	CD	CA	CF1	CF2	CF3
词首	平均值	99		15		60.36	612	1382	2413
	标准差			4.2		6.36	140	349	375
	变异系数			28%		11%	23%	25%	16%
词中音节首	平均值	3	65	10	75	69	314	1145	2486
	标准差		15	2.08	13	3	14	306	141
	变异系数		22%	22%	17%	4.3%	4.5%	27%	5.6%

表 3.4-2 词中不同位置 [p] 辅音的声学参数统计（F）

单位：GAP 为 ms，VOT 为 ms，CD 为 ms，CA 为 dB，CF 为 Hz，下同

位置	参数	N	GAP	VOT	CD	CA	CF1	CF2	CF3
词首	平均值	97		13		56.69	712	1675	2740
	标准差			4		6.61	181	284	345
	变异系数			31%		12%	25%	17%	13%
词中音节首	平均值	108	74	14	87	54.77	559	1742	2799
	标准差		20	6	22	5.92	246	243	294
	变异系数		28%	44%	25%	11%	44%	14%	10%

续表

位置	参数	N	GAP	VOT	CD	CA	CF1	CF2	CF3
词中音节末	平均值	12	61	15	76	53.5	594	1748	2764
	标准差		15	7.9	19	4.68	99	255	209
	变异系数		25%	54%	25%	8.7%	17%	15%	7.5
词末	平均值	16	74	15	89	53.68	561	1629	2735
	标准差		14	4.8	14	7	152	338	312
	变异系数		19%	32%	16%	13%	27%	21%	11%
复辅音前置辅音	平均值	1	63	17	80	48	566	1567	2801
	标准差								
	变异系数								
复辅音后置辅音	平均值	2	96	13	109	56.5	716	1625	2795
	标准差		57	2.1	59	0.7	369	644	769
	变异系数		59%	17%	54%	1.2%	52%	40%	28%

再看 GAP 时长：以单辅音为例，词中音节末音节首最短，词中音节首最长；辅音组合 GAP 的影响同样较明显，复辅音后置辅音最长。

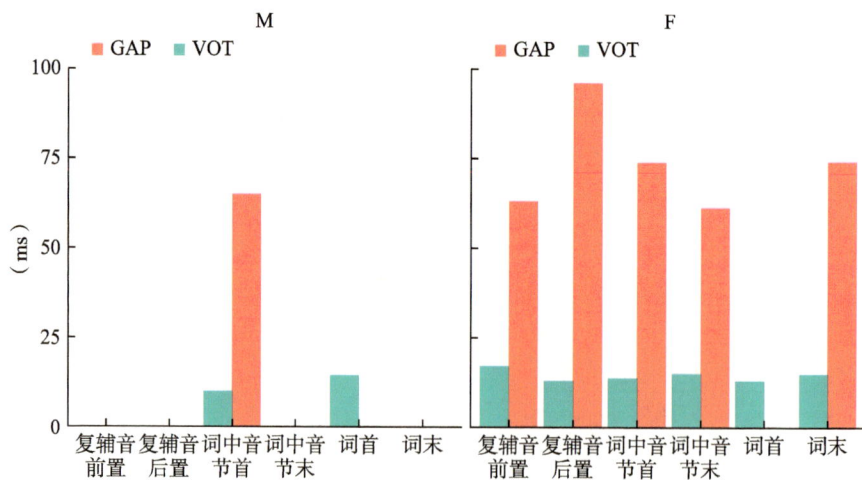

图 3.17 词中不同位置 ［p］辅音音长均值比较

图 3.18 显示，词中位置与 ［p］辅音音强之间也有一定的相关性。如，以单辅音为例，词首和音节首音强比其他位置音强相对强。复辅音后置辅音比前置辅音强。图 3.19 显示词中位置与 ［p］辅音共振峰频率之间几乎

没有相关性（词首 CF1、CF2 相对高）。

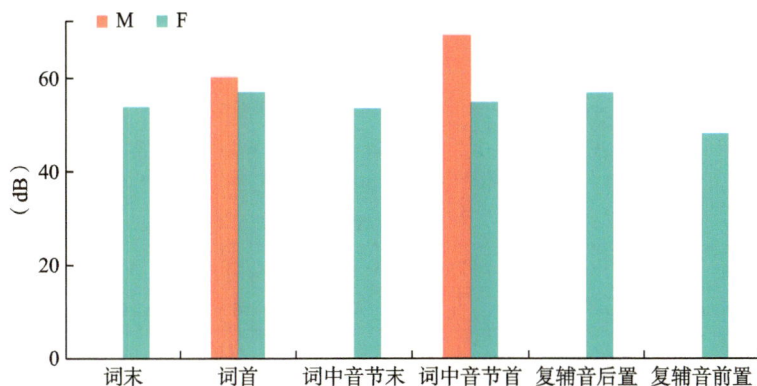

图 3.18　词中不同位置 ［p］辅音音强均值比较

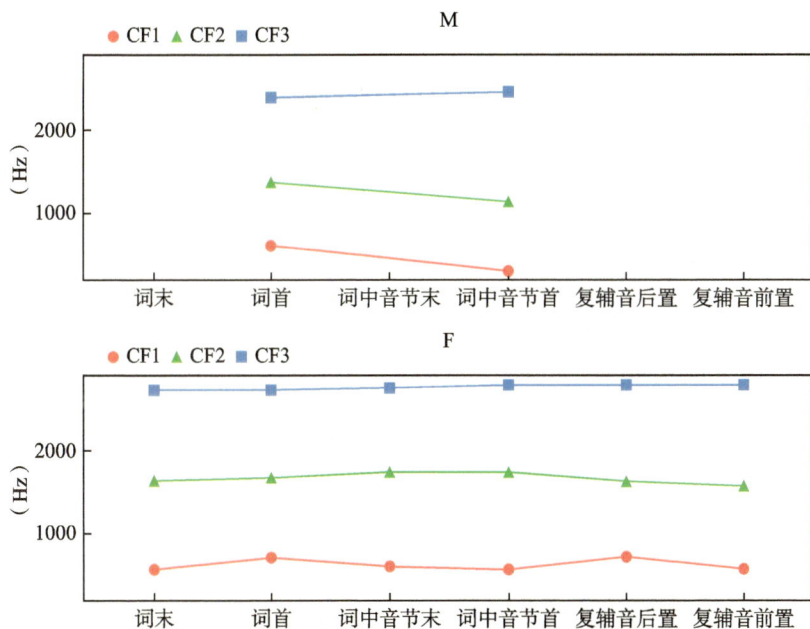

图 3.19　词中不同位置 ［p］辅音的共振峰均值比较

1.1.4　后置元音音质与声学参数之间的关系

表 3.5 为词首不同元音之前 ［p］辅音声学参数统计表，图 3.20～3.22
为不同元音之前 ［p］辅音音长、音强和共振峰比较图。从表 3.5 和图 3.20～
3.22 中可以看出，后置元音与 ［p］辅音音长（VOT）和音强之间有一定的相关性。如，高元音［u］（高、后元音）之前的音长比其他元音之前的相对长，［ɐ］之前的最短；［ɐ］元音之前［p］辅音的音强比其他辅音之前的音强相对强，在［u］之前的音强最弱；［i, o］元音之前［p］辅音第二共振峰（CF2）比其他元音之前的共振峰相对高。

表 3.5-1　词首不同元音之前［p］辅音声学参数统计（M）

单位：VOT 为 ms，CA 为 dB，CF 为 Hz，下同

	N		VOT	CA	CF1	CF2	CF3
pɐ	18	平均值	12	66.38	626	1161	2299
		标准差	1.5	2.2	71	138	160
		变异系数	13%	3.3%	11%	12%	6.9%
pə	5	平均值	16	58.8	550	1511	2401
		标准差	3.7	4.91	316	561	461
		变异系数	23%	8.3%	57%	37%	19%
pi	5	平均值	18	53	314	1778	2317
		标准差	5.5	6.59	52	219	309
		变异系数	30%	12%	16%	12%	13%
po	9	平均值	17	56.66	681	1623	2646
		标准差	2.7	2.12	163	231	634
		变异系数	17%	3.7%	24%	14%	24%
pu	8	平均值	18	52.62	685	1603	2611
		标准差	3.5	3.2	152	142	475
		变异系数	19%	6%	22%	8.8%	18%

表 3.5-2　词首不同元音之前［p］辅音声学参数统计（F）

单位：VOT 为 ms，CA 为 dB，CF 为 Hz，下同

	N		VOT	CA	CF1	CF2	CF3
pɐ	20	平均值	11	59.25	730	1706	2709
		标准差	2.8	3.95	152	155	262
		变异系数	26%	6.6%	21%	9%	9.6%
pə	7	平均值	19	53.85	769	1745	2885
		标准差	9.9	7.94	371	373	135
		变异系数	52%	15%	48%	21%	4.6%

续表

	N		VOT	CA	CF1	CF2	CF3
pi	6	平均值	14	54.33	321	1988	2827
		标准差	3.4	5.57	64	210	191
		变异系数	24%	10%	20%	11%	6.7%
po	11	平均值	16	49.9	783	1806	2660
		标准差	3.8	5.2	188	356	360
		变异系数	24%	10%	24%	20%	14%
pu	8	平均值	19	48	980	1528	2669
		标准差	3	2.32	187	388	499
		变异系数	16%	4.9%	19%	25%	19%

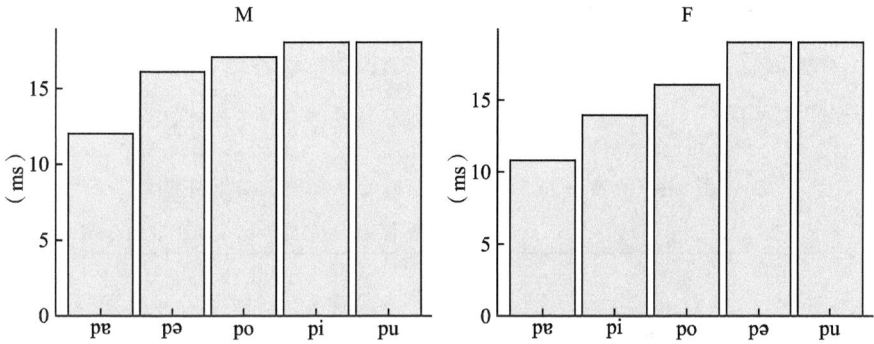

图 3.20 不同元音之前［p］辅音 VOT 均值比较

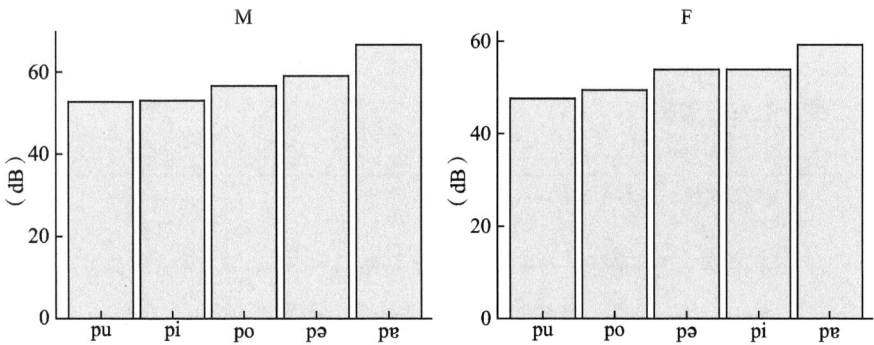

图 3.21 不同元音之前［p］辅音音强均值比较

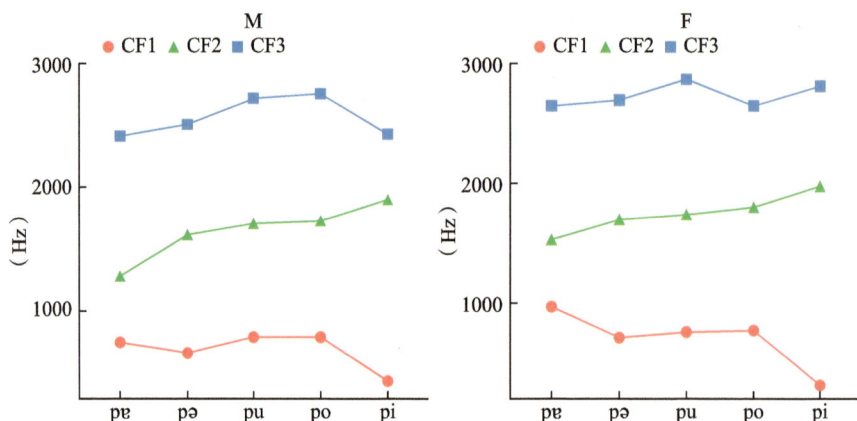

图 3.22　不同元音之前 ［p］ 辅音的三个共振峰均值 （以 CF2 的上升
为序排列） 比较

　　我们对女发音人不同位置的 VOT、GAP 参数检验做了单因素方差分析，
结果见表 3.6。

表 3.6　女发音人 ［p］ 辅音不同位置 VOT、GAP 分析

单位：VOT 为 ms，GAP 为 ms，下同

	sig （显著性）	
	VOT	GAP
词首音节—词中音节首	.872	
词首音节—词中音节末	.902	
词首音节—词末	.461	
词中音节首—词中音节末	.970	.044
词中音节首—词末	.738	.987
词中音节末—词末	.999	.064

＊ 均值差的显著性水平为 0.05。

　　表 3.6 说明，不同位置上的 VOT 参数差异性不显著；GAP 参数在词中
音节首和词中音节末之间差异性显著，其他情况下差异性不显著（该辅音
在男发音人中，只有词首出现因此没做验证）。

　　1.2　辅音 ［β］

　　1.2.1　声学语图特点

　　达斡尔语/p/辅音另一个重要的变体是双唇浊擦音 ［β］。图 3.23 为男发音人［ɐβəs］"棺材"一词的三维语图、三层标注实例和［β］辅音频谱图。达斡尔语［β］辅音是比较典型的双唇浊擦音。

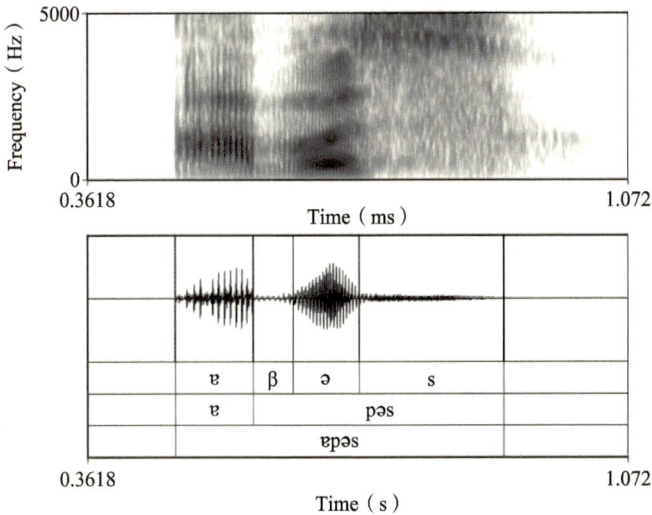

图 3.23-1 男发音人［ɐβəs］"棺材"一词的三维语图和三层标注实例

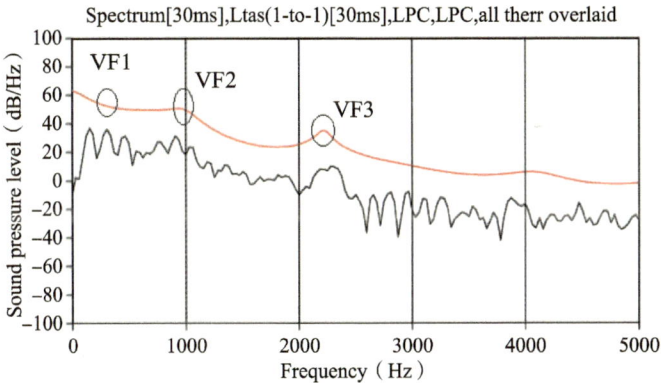

图 3.23-2 男发音人［ɐβəs］"棺材"一词的［β］辅音频谱

1.2.2 共振峰和谱特点

表 3.7 为男、女发音人［β］辅音声学参数统计表，图 3.24 为男、女发音人［β］辅音第一、第二和第三共振峰的分布图。表 3.7 显示了男、女发音人［β］辅音三个共振峰均值。M：VF1 = 353Hz，VF2 = 1035Hz，VF3 = 2213Hz；F：VF1 = 398Hz，VF2 = 1337Hz，VF3 = 2595Hz。从图 3.24 中可以看出，男、女发音人共振峰频率围绕 M：VF1 = 200 ~ 600Hz，VF2 = 800 ~

1400Hz，VF3 = 1700 ~ 2500Hz；F：VF1 = 250 ~ 500Hz，VF2 = 1200 ~ 1600Hz，VF3 = 2400 ~ 2800Hz 浮动。

表 3.7 和图 3.25 中我们还可以看到，男、女发音人［β］辅音谱重心（COG）、离散度（Dispersion）、倾斜度（SKEW）三个谱参数的变异系数差异比较小。

表 3.7-1　［β］辅音声学参数统计（M）

单位：CD 为 ms，CA 为 dB，VF 为 Hz，COG，

Dispersion，SKEW 为 Hz，下同

	CD	CA	VF1	VF2	VF3	COG	Dispersion	SKEW
平均值	60	64.56	353	1035	2213	298	330	13.61
标准差	13	3.28	86	162	180	67	104	5.73
变异系数	22%	5%	24%	16%	8.1%	32%	31%	42%

表 3.7-2　［β］辅音声学参数统计（F）

单位：CD 为 ms，CA 为 dB，VF 为 Hz，COG，

Dispersion，SKEW 为 Hz，下同

	CD	CA	VF1	VF2	VF3	COG	Dispersion	SKEW
平均值	57	59.2	398	1337	2595	328	418	11.42
标准差	18	3.59	96	302	135	50	155	3.31
变异系数	31%	6%	24%	23%	5.2%	15%	37%	29%

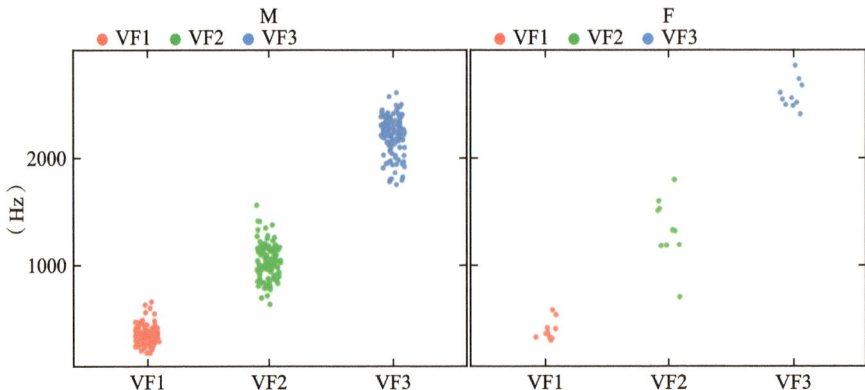

图 3.24　［β］辅音的三个共振峰分布

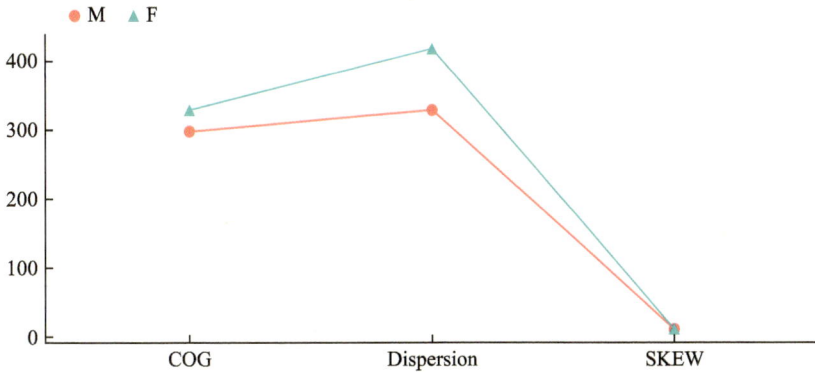

图 3.25 辅音谱特征示意

1.3 ［ɸ］辅音

1.3.1 声学语图特点

达斡尔语/p/辅音还有双唇清擦音变体［ɸ］。图 3.26 为男发音人［xəɸʃeːpeː］"商量"一词的三维语图、三层标注实例和［ɸ］辅音频谱图。达斡尔语/p/辅音在［s］［ʃ］［x］［tʰ］［ʧʰ］等辅音之前会变成双唇清擦音。请见图 3.26。

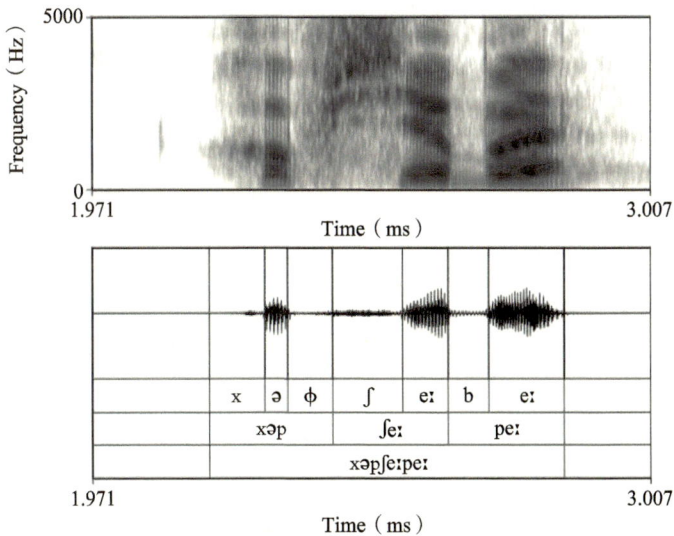

图 3.26-1 男发音人［xəɸʃeːpeː］"商量"一词的三维语图和三层标注实例

Spectrum[30ms],Ltas(1-to-1)[30ms],LPC,LPC,all therr overlaid

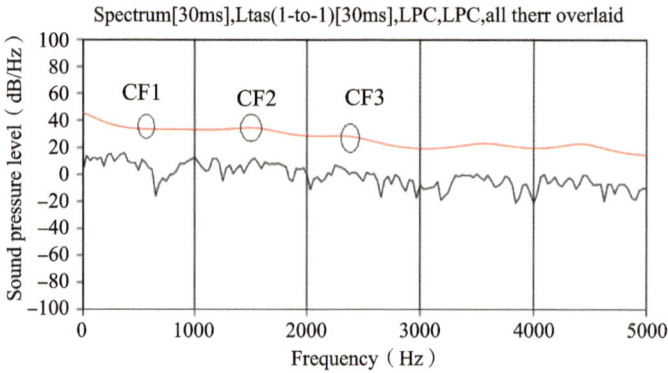

图 3.26-2　男发音人 [xəɸʃeːpeː]"商量"一词的 [ɸ] 辅音频谱

1.3.2　共振峰和谱特点

表 3.8 为男、女发音人 [ɸ] 辅音的声学参数统计表，图 3.27 为男、女发音人 [ɸ] 辅音第一、第二和第三共振峰的分布图。表 3.8 显示了男、女发音人 [ɸ] 辅音三个共振峰均值，即 M：CF1 = 595Hz，CF2 = 1645Hz，CF3 = 2876Hz；F：CF1 = 479Hz，CF2 = 2055Hz，CF3 = 3139Hz。从图 3.27 中可以看出，男、女发音人共振峰频率围绕 M：CF1 = 500 ~ 800Hz，CF2 = 1500 ~ 2000Hz，CF3 = 2500 ~ 3100Hz；F：CF1 = 200 ~ 800Hz，CF2 = 1800 ~ 2400Hz，CF3 = 2600 ~ 3600Hz 浮动。

表 3.8 和图 3.28 说明，男、女发音人 [ɸ] 辅音谱重心（COG），离散度（Dispersion）和倾斜度（SKEW）等三个谱参数的变异系数差异较大。

表 3.8-1　[ɸ] 辅音声学参数统计（M）

	CD	CA	CF1	CF2	CF3	COG	Dispersion	SKEW
平均值	68	62.87	595	1645	2876	762	1200	6.66
标准差	17	11.16	132	362	341	386	697	5.22
变异系数	26%	18%	22%	22%	12%	48%	58%	78%

表 3.8-2　[ɸ] 辅音声学参数统计（F）

	CD	CA	CF1	CF2	CF3	COG	Dispersion	SKEW
平均值	81	67.14	479	2055	3139	1191	1466	5.38
标准差	12	13	200	273	392	983	1225	5.23

续表

	CD	CA	CF1	CF2	CF3	COG	Dispersion	SKEW
变异系数	15%	19%	42%	13%	12%	83%	84%	97%

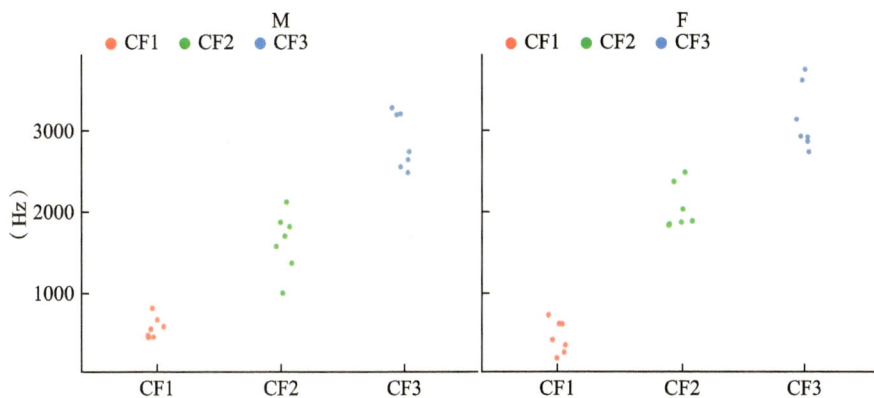

图 3.27　［ɸ］辅音的三个共振峰分布（M&F）

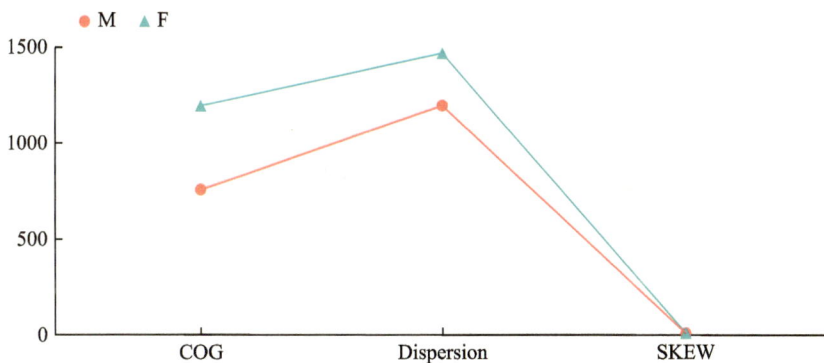

图 3.28　辅音谱特征示意

1.4　［b］辅音

在达斡尔语/p/辅音另一个变体是双唇不送气浊塞音［b］变体。图 3.29 为男发音人［kʰɐbil］"乌龟"一词的三维语图和［b］辅音频谱图。该辅音只在男性发音中出现。出现频率非常少，M：23 次，表 3.9 为［b］辅音声学参数统计表。从图 3.30 中可以看出，男发音人共振峰频率围绕 VF1 = 200~700Hz，VF2 = 700~2300Hz，VF3 = 2200~3000Hz 浮动。

表 3.9　　[b] 辅音声学参数统计 （M）

	GAP	VOT	CD	CA	VF1	VF2	VF3
平均值	70.2	−70.2	78.39	68.56	447.8	1357.5	2457.4
标准差	13.23	13.23	13.97	4.03	244.6	497.5	288.7
变异系数	0.188	−0.188	0.178	0.058	0.546	0.366	0.117

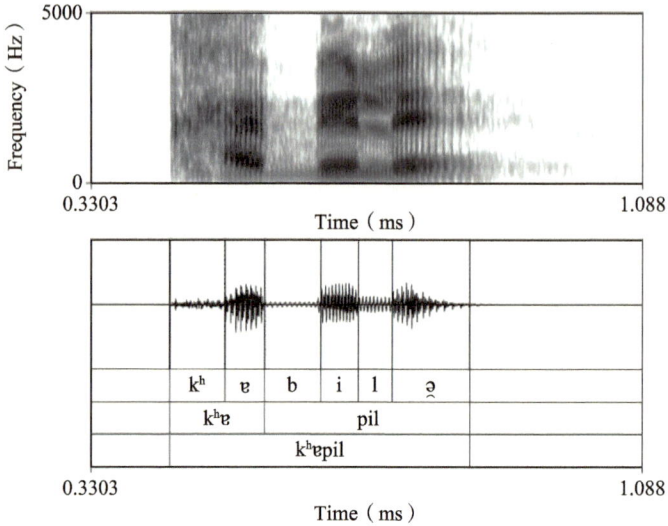

图 3.29-1　男发音人 [kʰɐbil] "乌龟" 一词的三维语图和三层标注实例

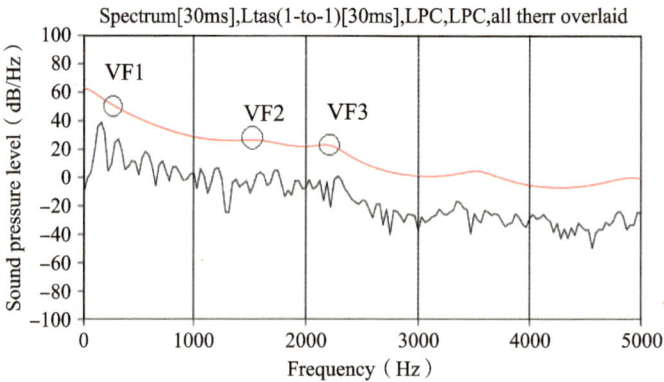

图 3.29-2　男发音人 [kʰɐbil] "乌龟" 一词的 [b] 辅音频谱

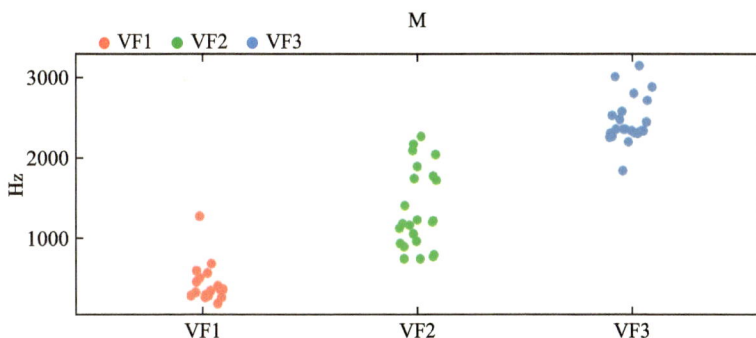

图 3.30 [b] 辅音共振峰分布（M）

2. [pʰ] 辅音

[pʰ] 辅音在统一平台中的出现频率较高（M：49 次，F：53 次）。其中，以单辅音形式出现的位置为词首、词中音节首、词中音节末和词末等；没有以复辅音后置辅音的形式出现。其中，在所有/pʰ/辅音中，词首位置占 79%～74%，词中音节首位置占 27%～24%。请见表 3.10。

表 3.10 [pʰ] 辅音出现频率

发音人词中位置		M		F	
		出现次数	百分比	出现次数	百分比
所有		49	100%	53	100%
单辅音	词首	35	79%	39	74%
	词中音节首	13	27%	13	24%
	词中音节末	1	2%		
	词末			1	2%

显然，[pʰ] 辅音在词中主要在词首，在其他位置上出现的比例相对少。

2.1 声学语图特点

达斡尔语 [pʰ] 为双唇、送气、清塞音。图 3.31 为男发音人 [pʰiː] "笔"一词的三维语图、三层标注实例和频谱图。

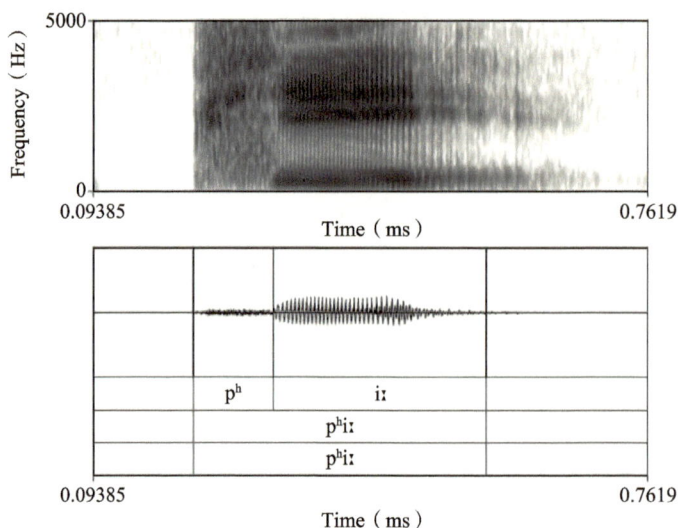

图 3.31-1 男发音人 [pʰiː] "笔" 一词的三维语图和三层标注实例

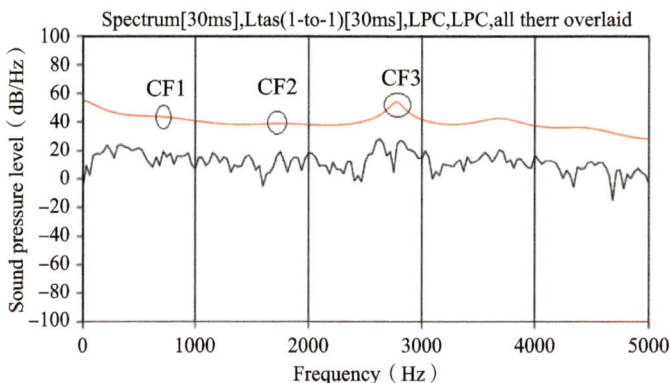

图 3.31-2 男发音人 [pʰiː] "笔" 一词的 [pʰ] 辅音频谱

2.2 共振峰分布模式

表 3.11 为男、女发音人 [pʰ] 辅音声学参数统计表。图 3.32 为男、女发音人 [pʰ] 辅音第一、第二和第三共振峰分布图。图 3.32 显示了男、女发音人 [pʰ] 辅音三个共振峰频率范围,男、女发音人共振峰频率围绕 M: CF1＝300～1100Hz,CF2＝1100～2100Hz,CF3＝2100～3100Hz;F:CF1＝600～1100Hz,CF2＝1300～2100Hz,CF3＝2400～3400Hz 浮动。

表 3.11　[pʰ] 辅音声学参数统计

	M					F				
	VOT	CA	CF1	CF2	CF3	VOT	CA	CF1	CF2	CF3
平均值	54	50.87	764	1589	2614	66	51.14	918	1769	2864
标准差	33	6.87	247	384	424	27	3.7	303	319	351
变异系数	61	14	32	24	16	41	7.2	33	18	12

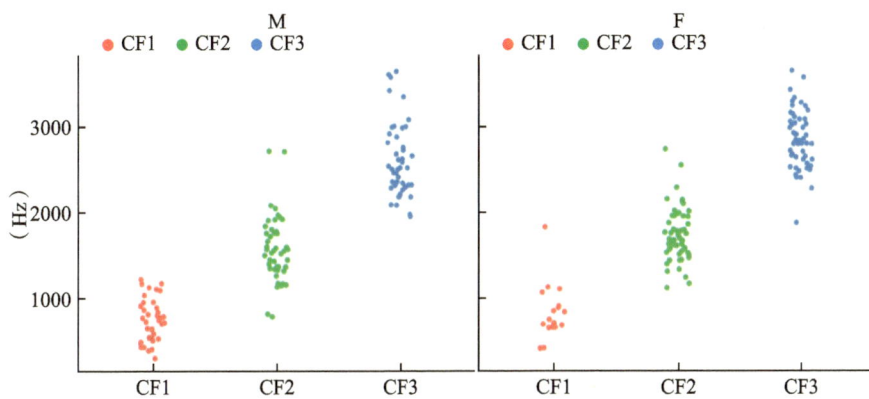

图 3.32　[pʰ] 辅音共振峰分布

2.3　词中位置与声学参数之间的关系

表 3.12 为词中不同位置 [pʰ] 辅音声学参数统计表。图 3.33 为根据表 3.12 所画的词中不同位置 [pʰ] 辅音音长比较图，图 3.34 为词中不同位置 [pʰ] 辅音音强比较图。图 3.35 为词中不同位置 [pʰ] 辅音第一、第二和第三共振峰比较图。这些表和图显示，词中位置与 [pʰ] 辅音声学参数之间具有一定的相关性。如，词首 [pʰ] 的 VOT 和 GAP 最长；男、女两位发音人 VOT 时长也有所不同，即女发音人 VOT 比男发音人相对长。

表 3.12-1　词中不同位置 [pʰ] 辅音声学参数统计（M）

位置	参数	GAP	VOT	CD	CA	CF1	CF2	CF3
词首	平均值		71		47.74	821	1650	2659
	标准差		19		3.79	213	326	407
	变异系数		26%		7.9%	26%	20%	15%

续表

位置 \\ 参数		GAP	VOT	CD	CA	CF1	CF2	CF3
词中音节首	平均值	117	16	133	59.33	577	1418	2504
	标准差	47	6.3	45	6.89	287	503	481
	变异系数	40%	39%	34%	12%	50%	36%	19%
词中音节末	平均值	116	17	133	58	551	1587	2360
	标准差							
	变异系数							

表 3.12-2　词中不同位置 [pʰ] 辅音的参数统计（F）

位置 \\ 参数		GAP	VOT	CD	CA	CF1	CF2	CF3
词首	平均值		75		51	861	1809	2900
	标准差		20		3.9	314	325	337
	变异系数		27%		7.7%	37%	18%	12%
词中音节首	平均值	121	35	156	51.38	927	1625	2781
	标准差	36	18	39	3.81		243	357
	变异系数	30%	50%	25%	7.4%		15%	13%
词中音节末	平均值	74	22	96	48	439	1518	2629
	标准差							
	变异系数							
词末	平均值	97	36	134	50		1324	3098
	标准差							
	变异系数							

　　图 3.33 显示，词中位置与 [pʰ] 辅音音长之间相关性不大。

　　图 3.34 显示，词中位置与 [pʰ] 辅音音强之间也有一定的相关性。如，词首和词中音节首音强比其他位置较强。

　　图 3.35 显示词中位置与 [pʰ] 辅音共振峰频率之间几乎没有相关性（词首 CF1 相对低）。

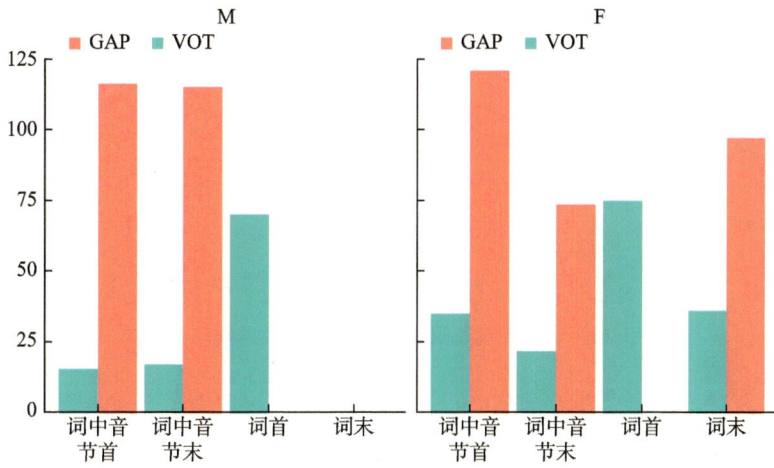

图 3.33　词中不同位置［pʰ］辅音的音长比较

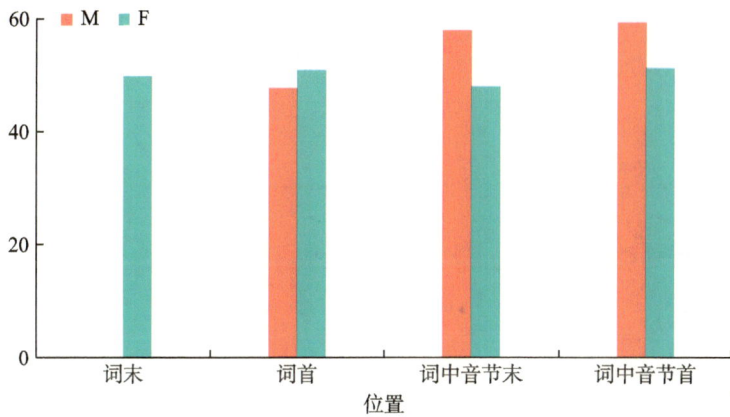

图 3.34　词中不同位置［pʰ］辅音音强比较

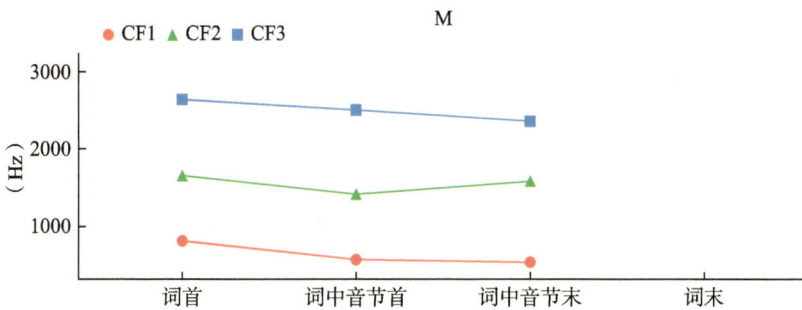

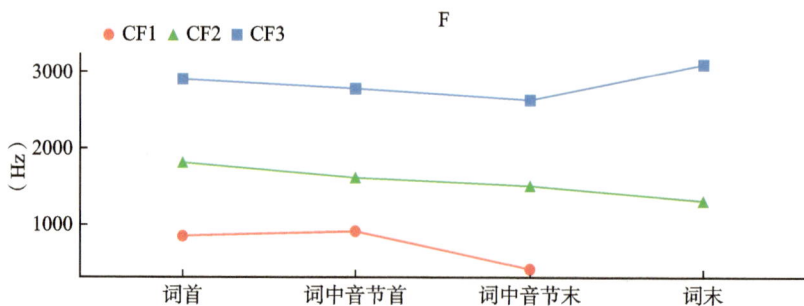

图 3.35　**词中不同位置 [p^h] 辅音的共振峰均值比较**

我们对不同音节中出现的 [p^h] 辅音 VOT 参数做了配对样本 T 检验，结果如表 3.13。

表 3.13　[p^h] **辅音 VOT 参数 T 检验**

	sig（显著性）	
	M	F
	VOT	VOT
词首音节—词中音节首	.000	.000

从检验结果看，男、女发音人在词首音节—词中音节首之间 VOT 参数差异性显著。

3. [t] **辅音**

3.1　词中分布特征

[t] 辅音在统一平台中的出现频率较高（M：236 次，F：227 次）。其中，以单辅音形式出现的位置为词首、词中音节首、词中音节末和词末等；以复辅音后置辅音的形式出现的位置为复辅音前置辅音和复辅音后置辅音等。其中，男性发音 [t] 辅音以单辅音形式出现 222 次，以复辅音后置辅音形式出现 14 次；女性发音以单辅音形式出现 214 次，以复辅音后置辅音形式出现 13 次。在所有 [t] 辅音中，（1）以单辅音形式在词中音节首出现的比例最高，M 为 117 次，占 50%；F 为 110 次，占 48%。（2）以单辅音形式在词首出现的比例位居第二，M 为 79 次，占 33%；F 为 83 次，占 37%。（3）以单辅音形式在词末音节出现的比例位居第三，M 为 21 次，占 9%；F 为 13 次，占 6%。（4）以单辅音形式在词中音节末出现的比例较少，

M 为 5 次，占 2%；F 为 8 次，占 3%。（5）以复辅音后置辅音形式出现的比例较少。

显然，［t］辅音在词中主要以单辅音形式出现于词中音节首和词首位置，在其他位置上出现的比例相对少。

表 3.14　［t］辅音出现频率统计

		M		F	
		出现频率	百分比	出现频率	百分比
所有		236	100%	227	100%
单辅音	词首	79	33%	83	37%
	词中音节首	117	50%	110	48%
	词中音节末	5	2%	8	3%
	词末	21	9%	13	6%
复辅音	复辅音前置辅音				
	复辅音后置辅音	14	6%	13	6%

3.2　声学特征

3.2.1　声学语图特点

达斡尔语［t］为不送气清塞音，而不是不送气浊塞音［d］。图 3.36

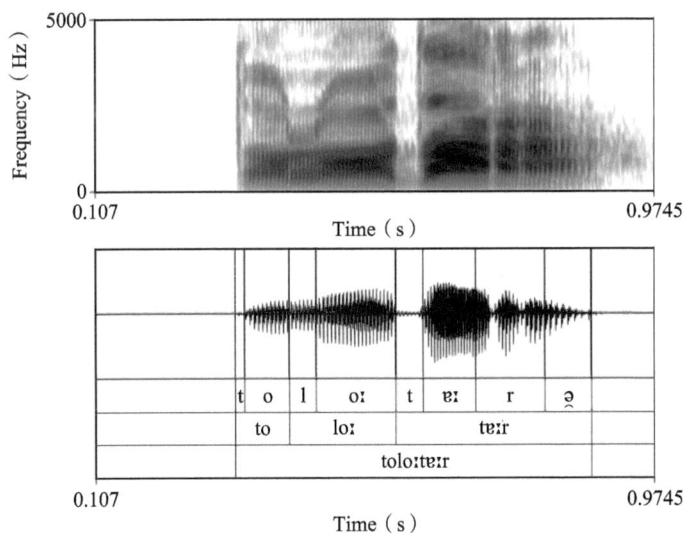

图 3.36-1　男发音人［toloːtɐːr］"第七"一词的三维语图和三层标注实例

为男发音人［toːɔːteːr］"第七"一词的三维语图、三层标注实例和［t］辅
音（词首）频谱图。达斡尔语［t］辅音是舌尖齿区、不送气、清塞音。到
目前为止，大多数论著中把该辅音标记为［d］，这与国际音标标记原则
不符。

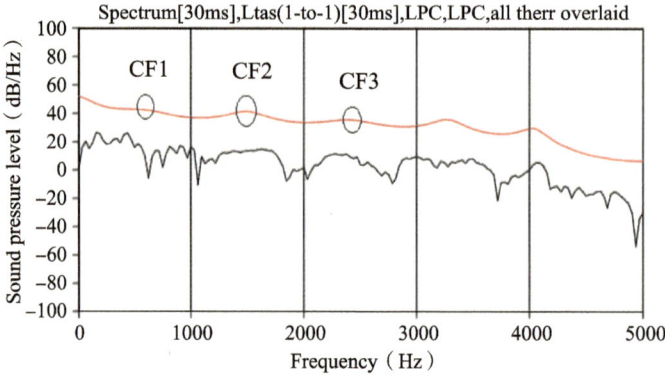

图 3.36-2　男发音人［toːɔːteːr］"第七"一词的［t］辅音（词首）频谱

3.2.2　共振峰分布模式

表 3.15 为男、女发音人［t］辅音参数统计。图 3.37 为两位发音人
［t］辅音第一、第二和第三共振峰分布图。图 3.37 显示了两位发音人［t］
辅音三个共振峰频率范围，即男、女发音人共振峰频率浮动围绕为，男：CF1
= 300～1500Hz，CF2 = 1000～2500Hz，CF3 = 2000～3500Hz；女：CF1 = 400～
1100Hz，CF2 = 1400～2400Hz，CF3 = 2400～3600Hz。

各类声学参数的标准差和变异系数都较大，这说明对于该辅音来说，
因所出现的词中位置不同，其声学参数也有差别。

表 3.15　［t］辅音统计

	M					F				
	VOT	CA	CF1	CF2	CF3	VOT	CA	CF1	CF2	CF3
平均值	14	65.19	653	1578	2730	13	58.33	714	1794	3007
标准差	7.1	6	290	332	303	7.1	5.55	166	224	268
变异系数	52%	9.2%	44%	21%	11%	56%	9.5%	23%	12%	8.9%

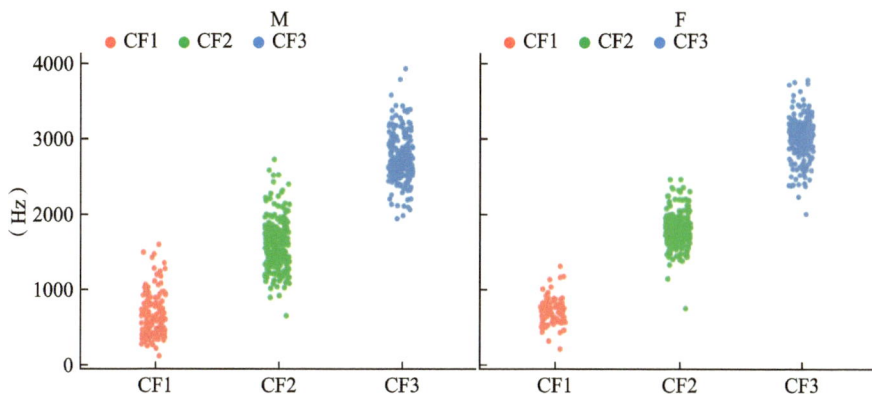

图 3.37　　[t] 辅音共振峰分布（M&F）

3.2.3　词中位置与声学参数之间的关系

表 3.16 为词中不同位置 [t] 辅音声学参数统计。图 3.38 为根据表 3.16 所画的词中不同位置 [t] 辅音 GAP 和 VOT 参数比较图，图 3.38 和图 3.39 为词中不同位置 [t] 辅音时长音强比较图。图 3.40 为词中不同位置 [t] 辅音第一、第二和第三共振峰比较图。表和图显示，词中位置与 [t] 辅音声学参数之间具有一定的相关性。如，词首音节首 [t] 的 VOT 最短，词末 [t] 的 VOT 最长；复辅音后置的 [t] 辅音 VOT 也较长。男、女两位发音人 VOT 时长也有所不同，即男发音人 VOT 比女发音人相对长。

表 3.16-1　词中不同位置 [t] 辅音的参数统计（M）

位置	参数	GAP	VOT	CD	CA	CF1	CF2	CF3
词首	平均值		16		62.1	821	1693	2796
	标准差		5		6.37	289	350	312
	变异系数		31%		10%	35%	21%	11%
词中音节首	平均值	56	11	67	67.33	560	1532	2723
	标准差	26	3.6	26	26	4	234	334
	变异系数	46%	31%	39%	5.9%	42%	22%	11%
词中音节末	平均值	60	14	80	66.8	723	1640	2627
	标准差	19	4.6	24	14.09	479	258	335
	变异系数	31%	33%	30%	21%	66%	16%	13%

续表

位置 \ 参数		GAP	VOT	CD	CA	CF1	CF2	CF3
词末	平均值	49	16	65	64.8	481	1429	2646
	标准差	13	14	21	6.03	250	207	153
	变异系数	26%	88%	32%	9.3%	52%	14%	5.7%
复辅音后置辅音	平均值	97	19	104	67.21	564	1514	2592
	标准差	31	18	33	7.39	200	195	421
	变异系数	32	96	32	11	35	13	16

表 3.16-2　词中不同位置 [t] 辅音的参数统计（F）

位置 \ 参数		GAP	VOT	CD	CA	CF1	CF2	CF3
词首	平均值		15		55.81	735	1801	2972
	标准差		10		6.03	169	250	250
	变异系数		68%		11%	23%	14%	8.3%
词中音节首	平均值	86	11	97	59.39	725	1811	3050
	标准差	31	3	31	4.19	137	181	246
	变异系数	36%	28%	32%	7%	19%	9.9%	8%
词中音节末	平均值	78	12	100	59.75	626	1718	3040
	标准差	12	2.7	22	9.61	311	426	99
	变异系数	16%	22%	22%	16%	50%	25%	3.2%
词末	平均值	81	12	93	61.3	605	1792	2936
	标准差	17	3.2	17	4	104	150	323
	变异系数	21%	28%	19%	6.5%	17%	8.3%	11%
复辅音后置辅音	平均值	95	14	109	61.53	593	1654	2920
	标准差	38	2.9	32	5.1	103	247	473
	变异系数	40%	21%	32%	8.3%	17%	15%	16%

　　再看 GAP 时长：以单辅音为例，词中位置与 [t] 辅音 GAP 之间几乎没有相关性。

　　图 3.39 显示，词中位置与 [t] 辅音音强之间也有一定的相关性。如，词首和音节首音强比其他位置音强相对强。图 3.40 显示词中位置与 [t] 辅音共振峰频率之间几乎没有相关性（词首 CF1 相对高）。

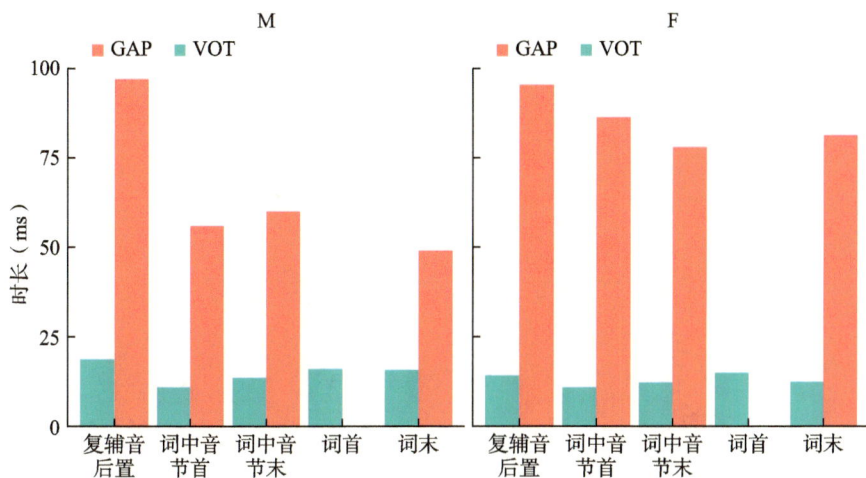

图 3.38　词中不同位置 [t] 辅音音长均值比较（M&F）

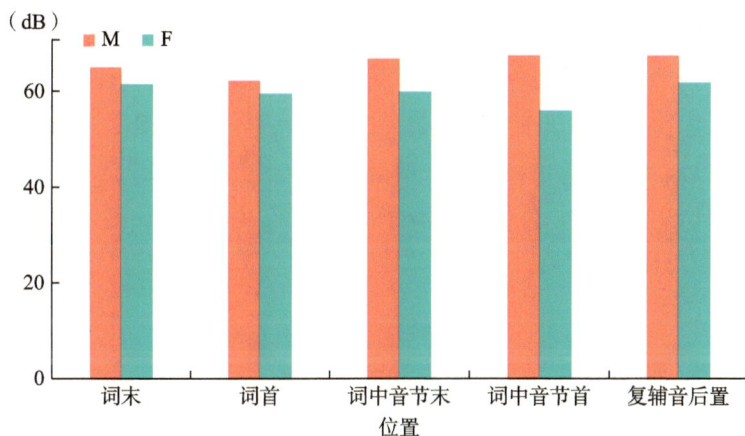

图 3.39　词中不同位置 [t] 辅音音强均值比较

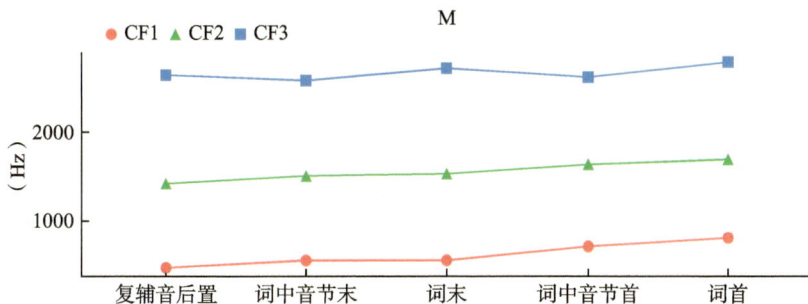

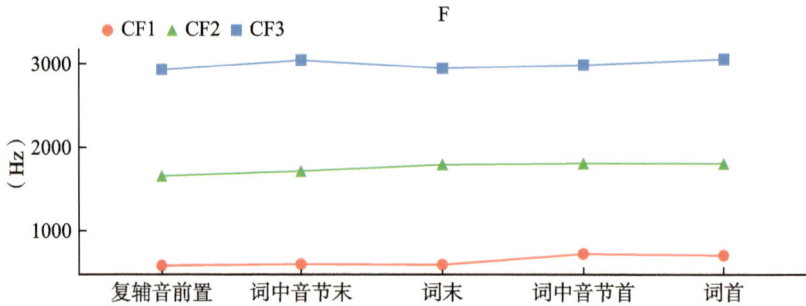

图 3.40　词中不同位置 [t] 辅音的共振峰均值（以 CF2 的上升为序
排列）比较（M&F）

3.2.4　后置元音音质与声学参数之间的关系

表 3.17 为男、女发音人词首不同元音之前 [t] 辅音参数统计，图 3.41~3.43 为不同元音之前 [t] 辅音音长、音强和共振峰比较图。从表 3.17 和图 3.41~3.43 中可以看出，后置元音与 [t] 辅音音长（VOT）和音强之间有一定的相关性。如，低元音 [ɐ] 之前的音长比其他元音之前的相对短；[ɐ, ə] 元音之前 [t] 辅音的音强比其在其他辅音之前的音强相对强。在 [i, u] 等舌位高元音之前的音强比其他元音之前的相对弱；男、女发音人 [ɐ] 元音之前 [t] 辅音第二共振峰（CF2）比其他元音之前的共振峰明相对低。

表 3.17-1　词首不同元音之前 [t] 辅音统计（M）

		VOT	CA	CF1	CF2	CF3
tɐ	平均值	14	65	729	1586	2886
	标准差	2.9	6.13	165	207	279
	变异系数	22%	9.4%	23%	13%	9.6%
tə	平均值	15	64.71	871	1679	2842
	标准差	2.4	4.5	545	495	404
	变异系数	17%	7%	63%	29%	14%
ti	平均值	35	53		1864	2740
	标准差					
	变异系数					

续表

		VOT	CA	CF1	CF2	CF3
to	平均值	14	62.16	992	1596	2747
	标准差	3.5	6.17	215	276	211
	变异系数	25%	9.9%	22%	17%	7.6%
tu	平均值	19	56.2	978	1904	2688
	标准差	2.3	4.39	274	403	363
	变异系数	12%	7.8%	28%	21%	13%

表 3.17-2 词首不同元音之前 [t] 辅音统计 （F）

		VOT	CA	CF1	CF2	CF3
tɐ	平均值	11	60.45	776	1649	3033
	标准差	1.6	3.23	56	120	318
	变异系数	15%	5.3%	7.2%	7.2%	11%
tə	平均值	15	56	733	1858	2977
	标准差	4.6	6.5	133	86	180
	变异系数	30%	12%	18%	4.6%	6%
ti	平均值	13	52	222	2295	2752
	标准差					
	变异系数					
to	平均值	14	53.6	735	1813	2903
	标准差	2.3	5.5	136	172	303
	变异系数	16%	10%	19%	9.5%	10%
tu	平均值	18	50.72	735	1768	2846
	标准差	4.9	5.93	306	254	297
	变异系数	28%	12%	42%	14%	10%

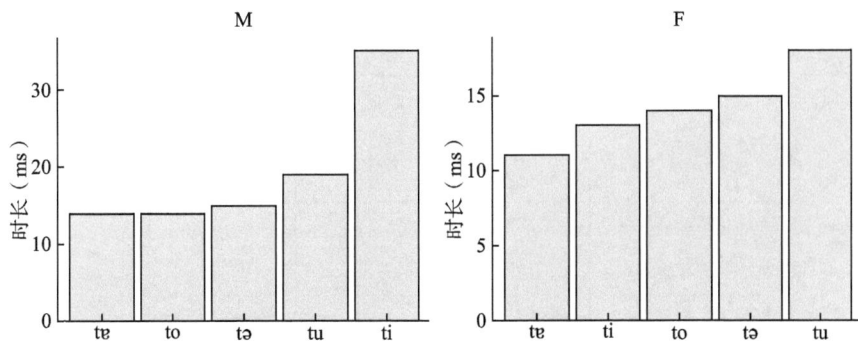

图 3.41 不同元音之前 [t] 辅音 VOT 均值比较 （M&F）

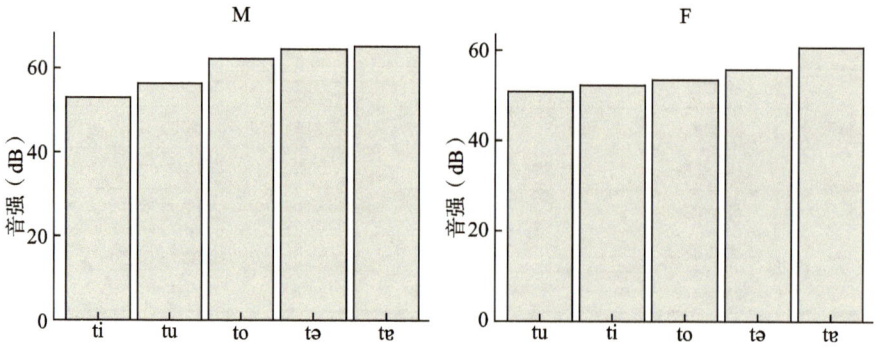

图 3.42　不同元音之前 [t] 辅音音强均值比较（M&F）

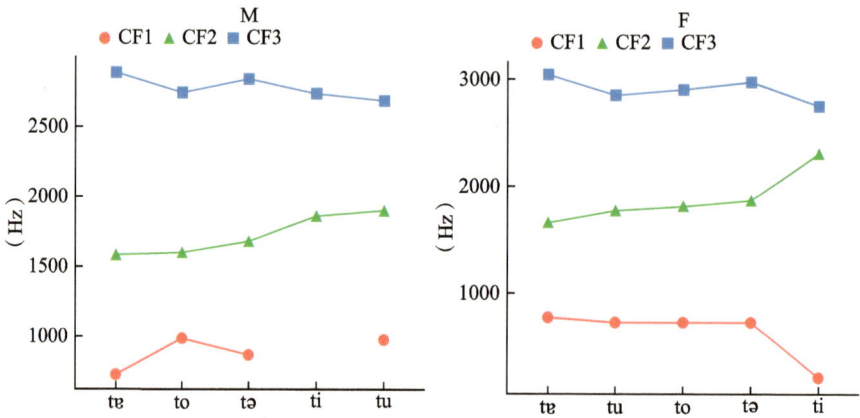

图 3.43　不同元音之前 [t] 辅音的三个共振峰均值（以 CF2 的上升为序排列）比较（M&F）

　　我们对不同音节中出现的 [t] 辅音 VOT、GAP 之间做了单因素方差分析，结果见表 3.18。

表 3.18　检验结果

	sig（显著性）			
	VOT		GAP	
	M	F	M	F
词首音节—复辅音后置	.994	.874		
词首音节—词中音节首	.000	.002		
词首音节—词中音节末	.873	.358		

	sig（显著性）			
	VOT		GAP	
	M	F	M	F
词首音节—词末	1.000	.080		
复辅音后置—词中音节首	.724	.113	.010	.913
复辅音后置—词中音节末	.943	.842	.094	.630
复辅音后置—词末	.992	.452	.003	.757
词中音节首—词中音节末	.805	.703	.972	.484
词中音节首—词末	.623	.942	.227	.781
词中音节末—词末	.990	.979	.700	.957

从检验结果看，VOT 参数在词首音节—词中音节首之间差异性显著，其他情况下差异性不显著。GAP 参数在复辅音前置—词中音节首，词中音节首—词中音节末之间差异性显著，其他情况下差异性不显著。

4. /tʰ/辅音

4.1　词中分布特征

/tʰ/辅音在统一平台中以单辅音或复辅音后置辅音形式共出现 277 次（M）和 278 次（F）。其中，以单辅音形式出现的位置为词首，词中音节首，词中音节末和词末等；以复辅音后置辅音的形式出现的位置为复辅音前置辅音和复辅音后置辅音等。

在所有/tʰ/辅音中，（1）以单辅音形式在词首和词中音节首出现的比例最高，如 M：在词首 105 次，占 38%，在词中音节首 118 次，占 42%；F：在词首 95 次，占 34%，在词中音节首 124 次，占 45%；（2）以复辅音后置辅音形式出现的比例位居第二。如，27 次，占 10%（M）；25 次，占 9%（F）；（3）以单辅音形式在词中音节末和词末出现的比例最少。如，在词中音节末 11 次，占 4%，在词末 16 次，占 6%（M）；在词中音节末 17 次，占 6%，在词末 17 次，占 6%（F）（请见表 3.19）。

显然，/tʰ/辅音在词中主要以单辅音形式出现于词首和词中音节首（音节首）位置，在其他位置上出现的比例相对少。

表 3.19 ［tʰ］辅音出现频率统计

		M		F	
		出现频率（次）	百分比（%）	出现频率（次）	百分比（%）
所有		277	100	278	100
单辅音	词首	105	38	95	34
	词中音节首	118	42	124	45
	词中音节末	11	4	17	6
	词末	16	6	17	6
复辅音	复辅音前置辅音				
	复辅音后置辅音	27	10	25	9

4.2 声学特征

4.2.1 声学语图特点

达斡尔语［tʰ］为舌尖齿、送气、清塞音。图 3.44 为男发音人［tʰɐtʰ］"拉，拽"一个词的三维语图、三层标注实例和［tʰ］辅音（词首）频谱图。可以看出，［tʰ］在词中的 VOT 明显短于其在词首［tʰ］的 VOT。

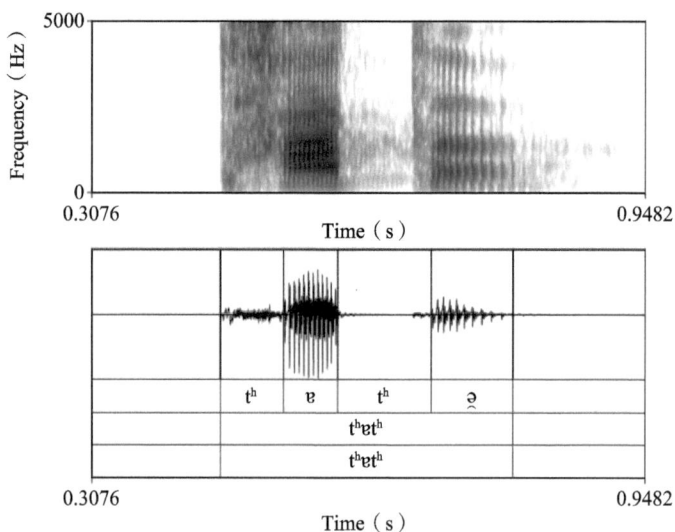

图 3.44-1　男发音人［tʰɐtʰ］"拉，拽"一词的三维语图和三层标注实例

4.2.2 共振峰分布模式

表 3.20 为男、女发音人［tʰ］辅音参数统计。图 3.45 为两位发音人

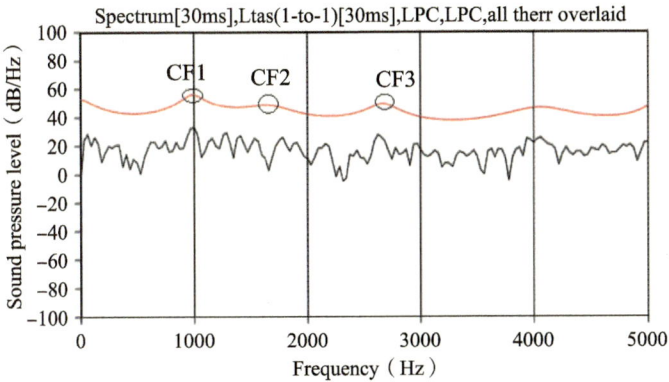

图 3.44-2　男发音人 ［tʰɐtʰ］"拉，拽"一词的 ［tʰ］辅音（词首）频谱

［tʰ］辅音第一、第二和第三共振峰的分布图。表 3.20 和图 3.45 显示了两位发音人 ［tʰ］辅音的三个共振峰的频率范围，即男、女发音人共振峰频率浮动围绕为，男：CF1 = 400 ~ 1100Hz，CF2 = 1000 ~ 2200Hz，CF3 = 2200 ~ 3500Hz；女：CF1 = 450 ~ 1200Hz，CF2 = 1400 ~ 2600Hz，CF3 = 2400 ~ 3800Hz。

表 3.20　　［tʰ］辅音统计（M&F）

	M					F				
	VOT	CA	CF1	CF2	CF3	VOT	CA	CF1	CF2	CF3
平均值	38	57.9	799	1724	2830	45	52.29	878	1948	3103
标准差	25	5.98	215	277	330	24	4.6	215	274	328
变异系数	67%	10%	27%	16%	12%	54%	8.8%	24%	14%	11%

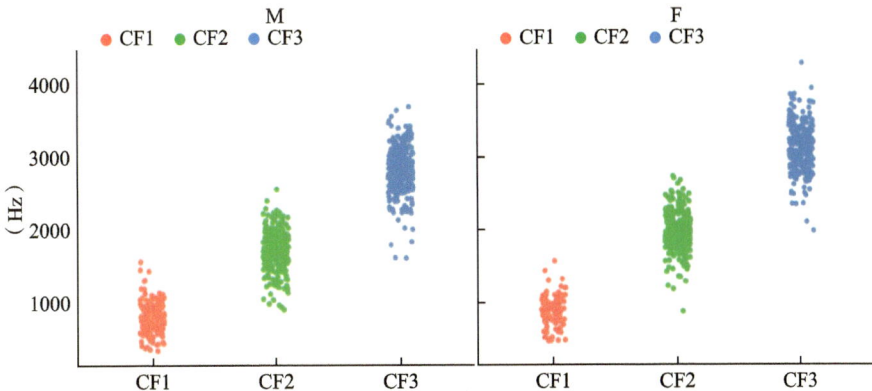

图 3.45　［tʰ］辅音共振峰分布（M&F）

4.2.3 词中位置与声学参数之间的关系

表 3.21 为词中不同位置时的 [tʰ] 辅音参数统计。图 3.46 为根据表 3.21 绘制的词中不同位置 [tʰ] 辅音 GAP 和 VOT 分布图，图 3.47 为词中不同位置时的 [tʰ] 辅音音强分布图。图 3.48 为词中不同位置 [tʰ] 辅音的第一、第二和第三共振峰（CF）分布图。从这些表和图中可以看出，词中位置与 [tʰ] 辅音声学参数之间具有一定的相关性。如，词首音节 [tʰ] 辅音的 VOT 最长，其次是词中音节末的 VOT，复辅音后置辅音的 VOT 最短。词中不同位置 GAP 的长短排序：复辅音后置辅音>词中音节首>词末>词中音节末。词中位置与 [tʰ] 辅音音强和共振峰频率之间几乎没有相关性。

表 3.21-1　词中不同位置 [tʰ] 辅音统计（M）

位置	参数	GAP	VOT	CD	CA	CF1	CF2	CF3
词首	平均值		64		56.22	841	1692	2848
	标准差		16		5.13	228	308	327
	变异系数		25%		9.1%	27%	18%	12%
词中音节首	平均值	106	20	126	59.53	738	1752	2800
	标准差	40	7.3	39	5.89	193	276	348
	变异系数	38%	38%	31%	9.9%	26%	16%	12%
词中音节末	平均值	72	30	106	57.54	913	1688	2795
	标准差	19	18	25	12.54	197	237	456
	变异系数	26%	59%	24%	22%	22%	14%	16%
词末	平均值	89	28	116	56.31	860	1773	2921
	标准差	16	27	28	3.57	252	177	269
	变异系数	18%	96%	24%	6.3%	29%	9.9%	9.2%
复辅音后置辅音	平均值	136	21	157	58.37	743	1718	2850
	标准差	31	15	30	5.02	164	213	236
	变异系数	23	73	19	8.6	22	12	8.2

表 3.21-2　词中不同位置［tʰ］辅音统计（F）

位置	参数	GAP	VOT	CD	CA	CF1	CF2	CF3
词首	平均值		70		49.11	936	1952	3131
	标准差		16		3.39	205	312	362
	变异系数		22%		6.9%	22%	16%	12%
词中音节首	平均值	126	34	160	53.57	829	1986	3113
	标准差	40	15	42	3.69	230	267	291
	变异系数	32%	45%	26%	6.9%	28%	13%	9.3%
词中音节末	平均值	97	38	135	51.47	841	1823	2941
	标准差	16	21	26	5.49	224	206	383
	变异系数	17%	56%	20%	11%	27%	11%	13%
词末	平均值	113	25	138	56.35	812	1966	3121
	标准差	33	12	35	3.37		218	318
	变异系数	29%	49%	25%	5.9%		11%	10%
复辅音后置辅音	平均值	130	21	150	55.84	742	1824	3047
	标准差	40	14	33	5.46	136	148	317
	变异系数	31%	69%	22%	9.7%	18%	8.1%	10%

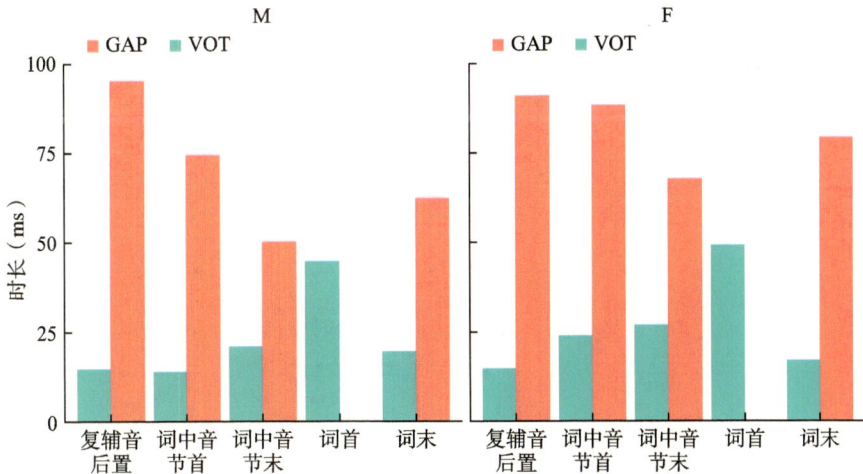

图 3.46　词中不同位置［tʰ］辅音 GAP、VOT 音长均值比较（M&F）

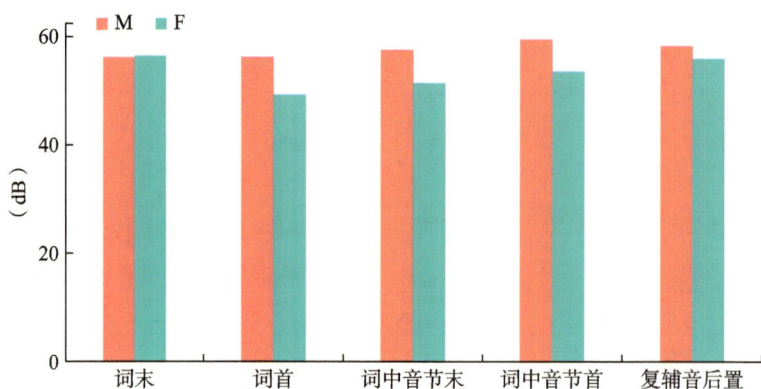

图 3.47　词中不同位置 [tʰ] 辅音的音强均值比较 （M&F）

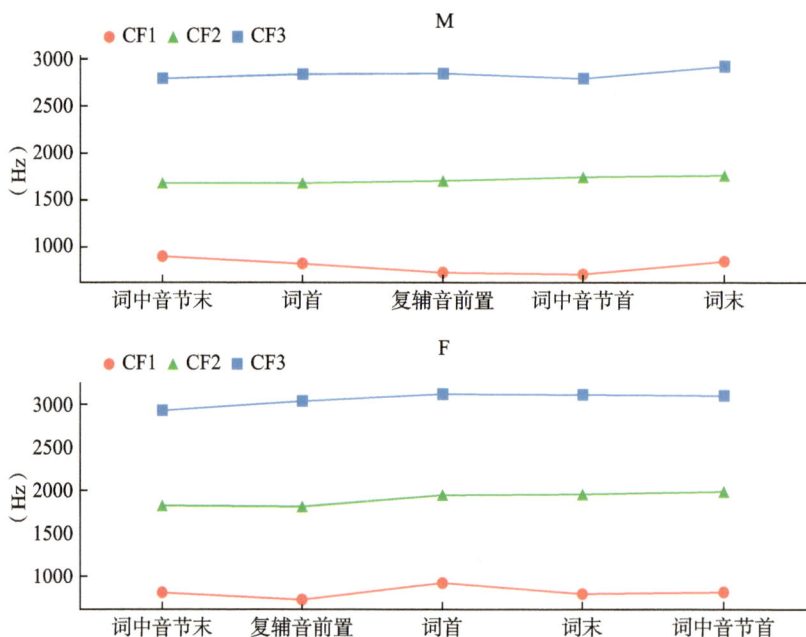

图 3.48　词中不同位置 [tʰ] 辅音的共振峰均值 （以 CF2 的上升为序
排列） 比较 （M&F）

4.2.4　后置元音音质与声学参数之间的关系

表 3.22 为不同元音之前 [tʰ] 辅音参数统计。图 3.49～3.51 为根据表
3.22 绘制的不同元音之前 [tʰ] 辅音的音长、音强和共振峰分布图。本次
实验数据显示，不同元音之前 [tʰ] 辅音的音长和音强几乎没有相关性。不

同元音之前［tʰ］辅音的共振峰（CF）之间有明显的规律性，如，［o，u，ə］元音之前［tʰ］辅音的共振峰较低，［ɐ，i］音之前［tʰ］辅音的共振峰较高。

表 3.22-1　不同元音前的［tʰ］辅音统计（M）

		VOT	CA	CF1	CF2	CF3
tʰɐ	平均值	55	57.16	952	1760	2755
	标准差	11	3.43	163	307	246
	变异系数	20%	6%	17%	17%	8.9%
tʰə	平均值	54	58.57	800	1717	2932
	标准差	17	4.61	300	213	269
	变异系数	31%	7.8%	38%	12%	9.1%
tʰi	平均值	71	44	968	2234	3499
	标准差					
	变异系数					
tʰo	平均值	55	56.25		1342	2594
	标准差	11	3.4		230	409
	变异系数	20%	6%		17%	16%
tʰu	平均值	53	55.25	928	1352	2834
	标准差	9.6	3.5		327	330
	变异系数	18%	6.5%		24%	12%

表 3.22-2　不同元音前的［tʰ］辅音统计（F）

		VOT	CA	CF1	CF2	CF3
tʰɐ	平均值	65	48.75	992	1973	3132
	标准差	13	4.26	106	300	296
	变异系数	20%	8.7%	11%	15%	9.4%
tʰə	平均值	61	46.6	1026	1933	2919
	标准差	13	4.33	100	129	283
	变异系数	22%	9.3%	9.7%	6.6%	9.7%
tʰi	平均值	61	47	571	2125	3294
	标准差	9.1	2.9		471	311
	变异系数	15%	6.2%		22%	9.4%

		VOT	CA	CF1	CF2	CF3
tʰo	平均值	57	45.2	717	1873	3126
	标准差	12	1.9		137	368
	变异系数	22%	4.2%		7.3%	12%
tʰu	平均值	68	50		1894	3019
	标准差	15	2.4		49	349
	变异系数	22%	4.8%		2.5%	12%

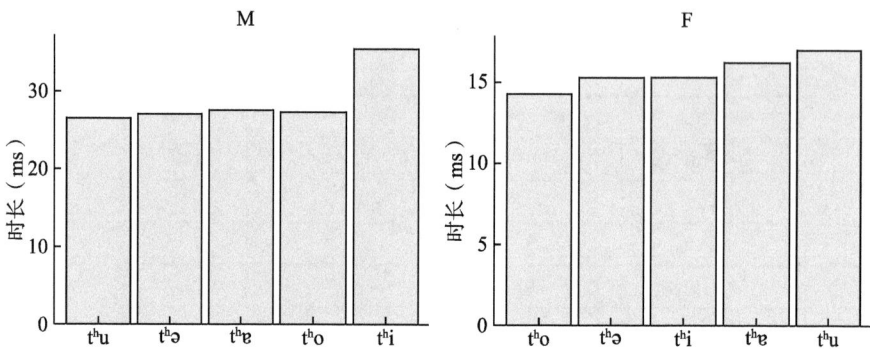

图 3.49   不同元音之前［tʰ］辅音的 VOT 均值比较（M&F）

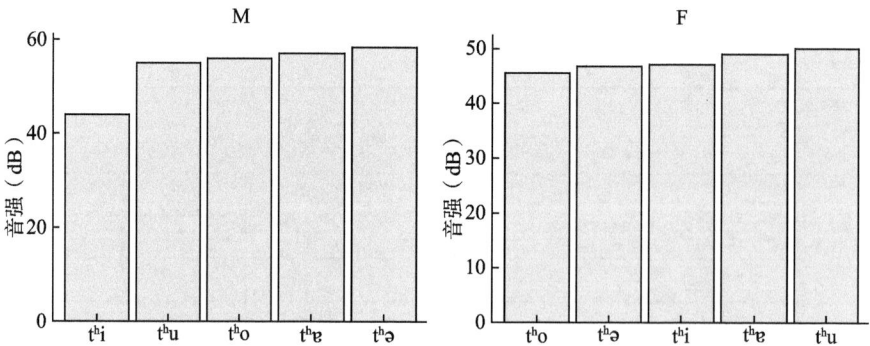

图 3.50   不同元音之前［tʰ］辅音的音强均值比较（M&F）

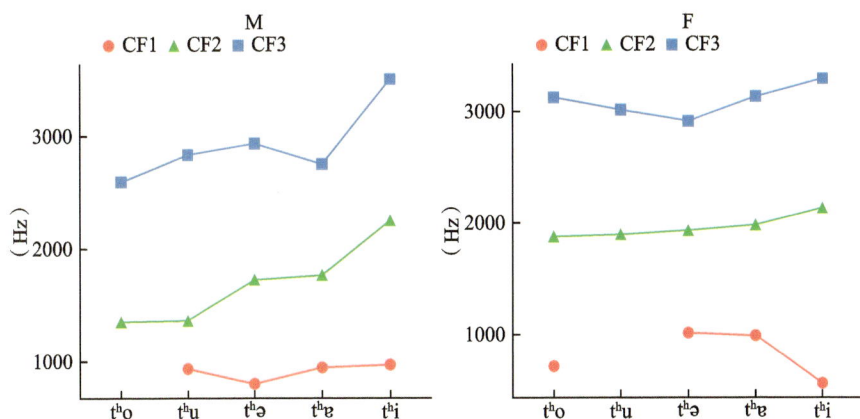

图 3.51 不同元音之前 [tʰ] 辅音的三个共振峰均值
（以 CF2 的上升为序排列）比较 （M&F）

我们对不同音节中出现的 [tʰ] 辅音 VOT、GAP 之间做了单因素方差分析，结果如表 3.23 所示。

表 3.23 检验结果

	VOT		GAP	
	M	F	M	F
词首音节—复辅音后置	.000	.000		
词首音节—词中音节首	.000	.000		
词首音节—词中音节末	.002	.000		
词首音节—词末	.000	.000		
复辅音后置—词中音节首	.990	.003	.001	.966
复辅音后置—词中音节末	.650	.071	.000	.006
复辅音后置—词末	.891	.856	.000	.474
词中音节首—词中音节末	.448	.943	.002	.000
词中音节首—词末	.752	.095	.014	.497
词中音节末—词末	.998	.259	.158	.315

检验结果来看，VOT 参数上，词首音节与其他音节之间差异性显著，男、女表现出相同规律；GAP 参数上，男、女发音人表现出不同规律。

5. /k/辅音

/k/辅音在统一平台中以 [k] [ɣ] [χ] [g] 4 种变体形式共出现了 287

次（M）和 295 次（F）。其中，M 的［k］为 92 次，占所有/k/辅音的 32%，［ɣ］为 168 次（58%），［χ］为 25 次（9%），［g］为 2 次（1%）；F 的［k］为 251 次（85%），［ɣ］为 44 次（15%），［χ］和［g］没出现。［k］主要在词首出现，［ɣ］一般在词中音节首元音之间或［n］［k］［m］［l］［t］［ʧ］［j］［r］等辅音之前或词末出现，［χ］一般在音节末在［s］［ʃ］［x］［tʰ］［ʧʰ］等辅音之前出现，［g］辅音在词中两个元音之间出现。从/k/辅音的四种变体的统计结果看，［ɣ］或［k］的占比最高，但考虑到词首位置的重要性，我们把［k］作为典型变体。

表 3.24 /k/辅音统计

发音人辅音	M		F	
	出现次数（次）	百分比（%）	出现次数（次）	百分比（%）
/k/	287	100	295	100
［k］	92	32	251	85
［ɣ］	168	58	44	15
［χ］	25	9	—	—
［g］	2	1	—	—

5.1 ［k］辅音

5.1.1 声学语图特点

达斡尔语［k］为舌面后—软腭、不送气、清塞音，而不是不送气浊塞音［g］。图 3.52 为男发音人［kəs］"融化"一词的三维语图、三层标注实例和［k］辅音频谱图。显然，达斡尔语标准话［k］辅音是清塞音。截至目前，有些论著中把该辅音标记为［g］，这不符合其实际音质。

5.1.2 共振峰分布模式

表 3.25 为［k］辅音声学参数统计。图 3.53 为两位发音人［k］辅音第一、第二和第三共振峰的分布图。表 3.25 和图 3.53 显示了两位发音人［k］辅音的三个共振峰的频率范围，即男、女发音人共振峰频率浮动围绕为，男：CF1 = 500～1200Hz，CF2 = 500～1700Hz，CF3 = 1900～3200Hz；女：CF1 = 300～1000Hz，CF2 = 600～2500Hz，CF3 = 2400～3700Hz。

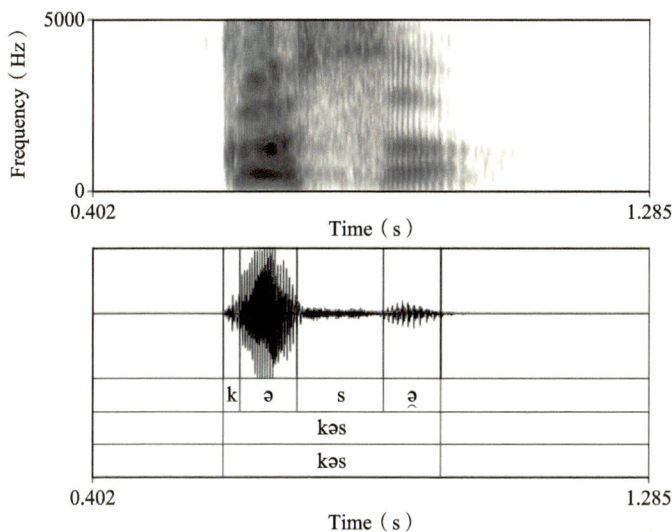

图 3.52-1 男发音人 [kəs] "融化" 一词的三维语图和三层标注实例

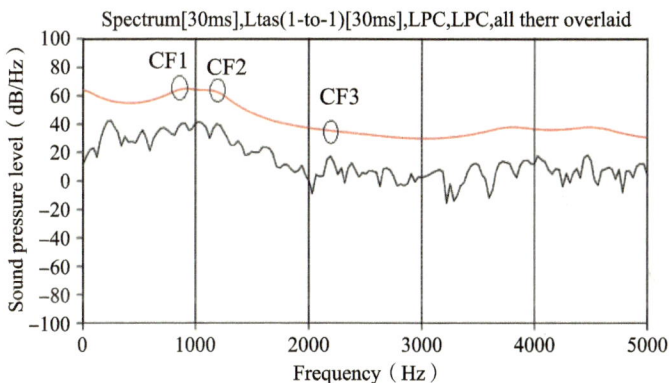

图 3.52-2 男发音人 [kəs] "融化" 一词的 [k] 辅音频谱

表 3.25 [k] 辅音统计 (M&F)

	M					F				
	VOT	CA	CF1	CF2	CF3	VOT	CA	CF1	CF2	CF3
平均值	29	50.98	864	1219	2675	26	50.5	647	1427	2944
标准差	9	7.67	233	411	562	7.8	5.87	225	474	446
变异系数	31%	15%	27%	34%	21%	30%	12%	35%	33%	15%

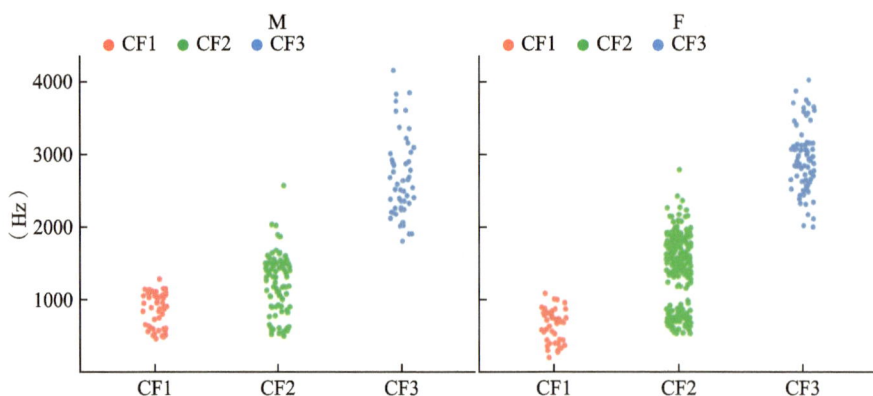

图 3.53　[k] 辅音共振峰分布（M&F）

5.1.3　词中分布特征

[k] 辅音在统一平台中的出现频率较高（M：92 次，F：251 次）。其中，以单辅音形式出现的位置为词首、词中音节首、词中音节末和词末等；以复辅音形式出现的位置为复辅音后置辅音。其中，/k/辅音以单辅音形式出现 92 次，以复辅音后置辅音形式出现（M）；以单辅音形式出现 249 次，以复辅音后置辅音形式出现 2 次（F）。在所有/k/辅音中，（1）男发音人以单辅音形式在词首音节首出现的比例最高：89 次，占 97%（M）；女发音人以单辅音形式在词中音节首出现的比例最高：104 次，占 42%（F）。（2）男发音人其他位置中各出现 1 次；女发音人以单辅音形式在词首和词末出现的比例位居第二和第三。如，在词首 85 次，占 34%，在词末 46 次，占 18%（F）。（3）以单辅音形式在词中音节末出现的比例较少：12 次，占 5%（F）。（4）以复辅音后置辅音形式出现的比例较少（见表 3.26）。

表 3.26　[k] 辅音出现频率统计

			M		F	
			出现频率（次）	百分比（%）	出现频率（次）	百分比（%）
	所有		92	100	251	100
单辅音	词首		89	97	85	34
	词中音节首		1	1	104	42
	词中音节末		1	1	12	5

续表

		M		F	
		出现频率（次）	百分比（%）	出现频率（次）	百分比（%）
单辅音	词末	1	1	46	18
复辅音	复辅音前置辅音				
	复辅音后置辅音			2	2

5.1.4　词中位置与声学参数之间的关系

表 3.27 为词中不同位置 [k] 辅音声学参数统计。图 3.54 为根据表 3.27 绘制的词中不同位置 [k] 辅音 GAP 和 VOT 参数比较图，图 3.55 为词中不同位置 [k] 辅音音强比较图。图 3.56 为词中不同位置 [k] 辅音第一、第二和第三共振峰比较图。表和图显示，词中位置与 [k] 辅音声学参数之间具有一定的相关性。如，词中音节末 [k] 的 VOT 最短，词首和词末 [k] 的 VOT 居中，词中音节首 [k] 的 VOT 最长；复辅音后置辅音 [k] 比单辅音的 VOT 长。男、女两位发音人 VOT 时长也有所不同，即男发音人 VOT 比女发音人相对长。

表 3.27-1　词中不同位置 [k] 辅音的参数统计（M）

位置	参数	GAP	VOT	CD	CA	CF1	CF2	CF3
词首	平均值		29		51.03	864	1220	2692
	标准差		8.8		7.77	232	413	567
	变异系数		30%		15%	27%	34%	21%
词中音节首	平均值	26	44	70	47		1680	2433
	标准差							
	变异系数							
词中音节末	平均值	88	12	100	55		1007	2065
	标准差							
	变异系数							
词末	平均值	53	33	85	47		903	
	标准差							
	变异系数							

表 3.27-2　词中不同位置［k］辅音的参数统计（F）

位置	参数	GAP	VOT	CD	CA	CF1	CF2	CF3
词首	平均值		26		49.22	800	1295	3114
	标准差		6.4		4.93	126	535	464
	变异系数		24%		10%	16%	41%	15%
词中音节首	平均值	56	25	81	50.31	592	1460	2876
	标准差	21	9.2	23	4.48	221	470	474
	变异系数	37%	36%	29%	8.9%	37%	32%	16%
词中音节末	平均值	63	25	88	58.08	380	1725	2889
	标准差	45	9.7	48	16.62	148	380	188
	变异系数	71%	39%	55%	29%	39%	22%	6.5%
词末	平均值	60	27	87	51.28	644	1519	2952
	标准差	21	6.5	22	3.33	234	306	397
	变异系数	36%	25%	26%	6.4%	36%	20%	13%
复辅音后置辅音	平均值	50	27.5	78	51		1682	
	标准差	38	0.7	40	5.6		323	
	变异系数	76%	2.5%	51%	11%		19%	

再看 GAP 时长：以单辅音为例，词中音节首最短，词末居中，词中音节末最长。

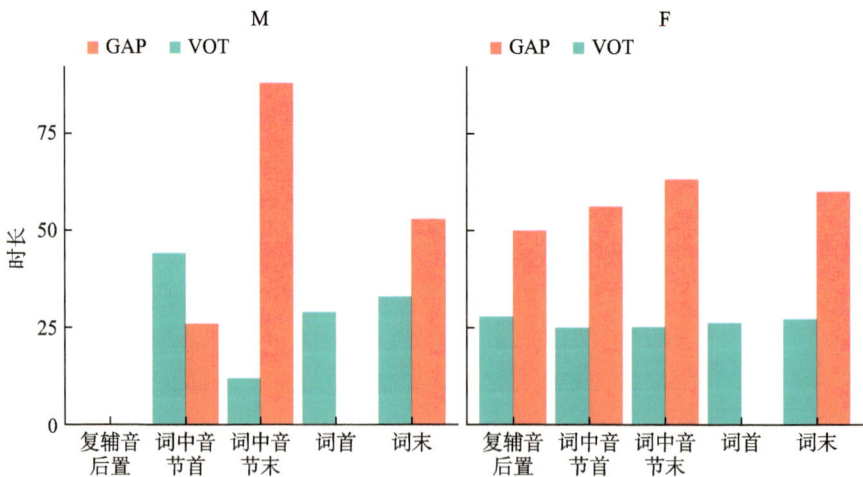

图 3.54　词中不同位置［t］辅音音长均值比较（M&F）

图 3.48 显示，词中位置与［k］辅音音强之间相关性不明显。图 3.49
显示词中位置与［k］辅音共振峰频率之间几乎没有相关性（词首 CF1 相
对低）。

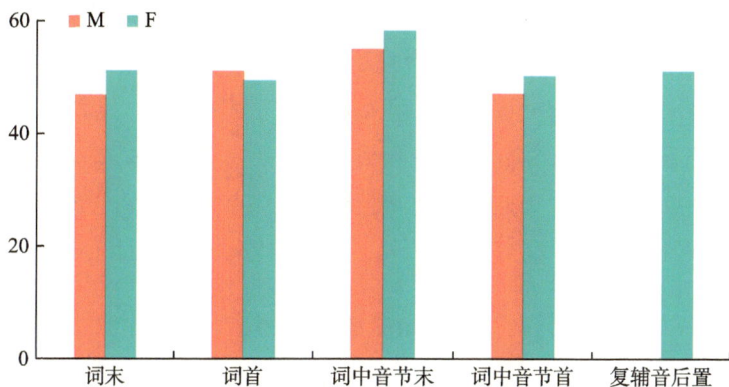

图 3.55　词中不同位置［t］辅音音强均值比较

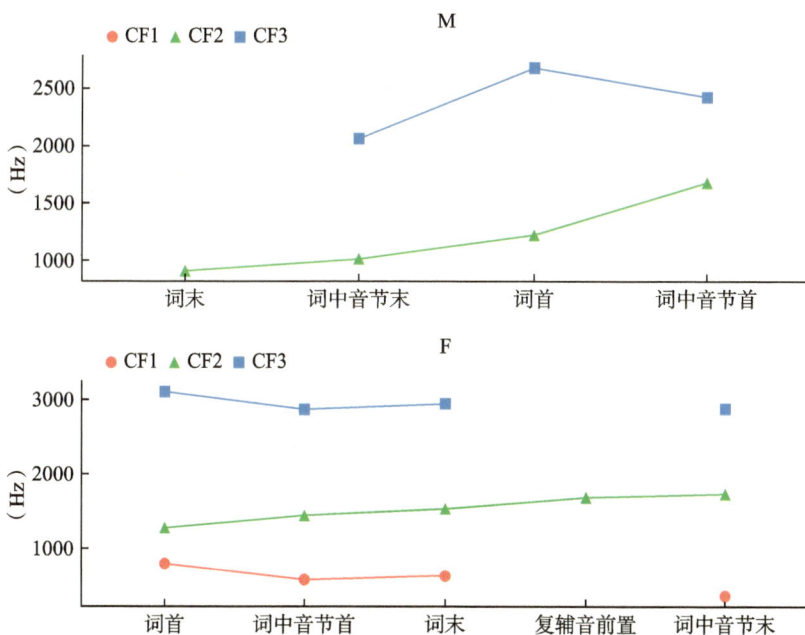

图 3.56　词中不同位置［t］辅音的共振峰均值（以 CF2 的上升为序
排列）比较（M&F）

5.1.5 后置元音音质与声学参数之间的关系

表 3.28 为不同元音之前 [k] 辅音声学参数统计。图 3.57、图 3.58 和图 3.59 为不同元音之前 [k] 辅音音长、音强和共振峰比较图。从表和图上可以看出，后置元音与 [k] 辅音音长（VOT）和音强之间有一定的相关性。如，后、圆唇元音 [u, o] 之前的音长比其央、展唇 [ɐ, ə] 元音之前的相对长；后、圆唇元音 [u, o] 之前的音强比其央、展唇 [ɐ, ə] 元音之前的音强相对弱。在后置元音音质与 [k] 辅音共振峰频率之间具有一定的相关性。如，[k] 辅音在后、圆唇元音 [u, o] 等之前的第二共振峰频率相对低于在央、展唇 [ɐ, ə] 元音之前的。

表 3.28-1 不同元音前的 [k] 辅音统计 （M）

		VOT	CA	CF1	CF2	CF3
kɐ	平均值	25	53.11	1134	1531	2933
	标准差	5.3	4.78	113	138	319
	变异系数	22%	9%	9.9%	9%	11%
kə	平均值	25	54		1186	1810
	标准差	4.5	3.55		106	
	变异系数	18%	6.5%		8.9%	
ko	平均值	30	49.4	578	833	2240
	标准差	7.8	4.4	159		
	变异系数	27%	9%	19%		
ku	平均值	43	39.87	618	638	2176
	标准差	8.6	5.93	68	211	
	变异系数	20%	15%	11%	33%	

表 3.28-2 不同元音前的 [k] 辅音统计 （F）

		VOT	CA	CF1	CF2	CF3
kɐ	平均值	22	50.42	703	1733	2719
	标准差	3.5	4.61	4.24	105	571
	变异系数	16%	9.1%	0.6%	6%	21%
kə	平均值	23	52.33		1393	
	标准差	2.8	2.8		54	
	变异系数	13%	5.4%		3.8%	

续表

		VOT	CA	CF1	CF2	CF3
ko	平均值	28	48.25		778	
	标准差	4.5%	2.7%		97%	
	变异系数	16%	5.7%		12%	
ku	平均值	34	46		628	
	标准差	5.5	3.62		92	
	变异系数	16%	7.8%		15%	

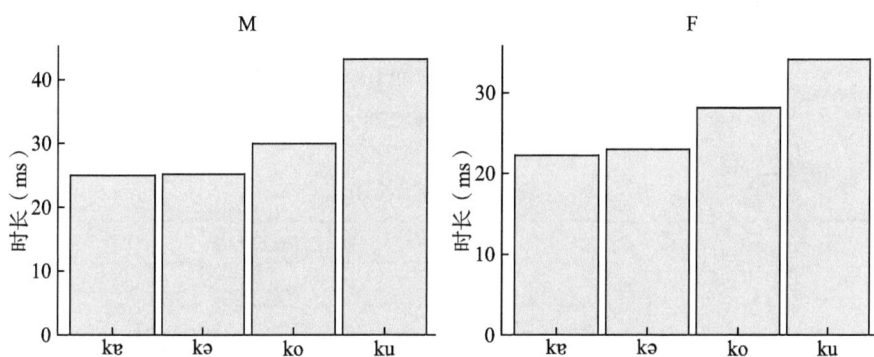

图 3.57　不同元音之前 [k] 辅音的 VOT 均值比较（M&F）

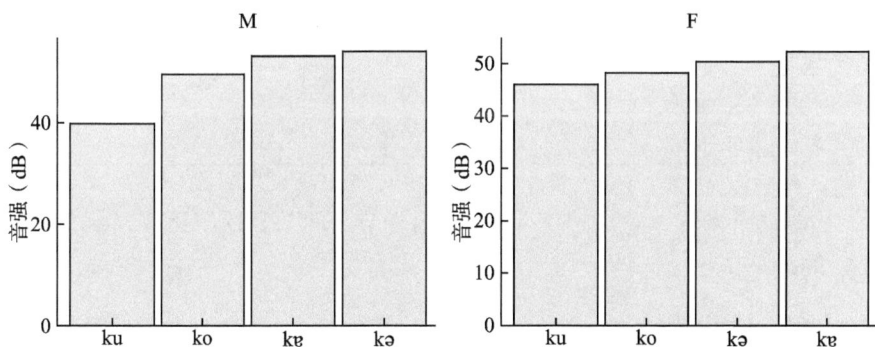

图 3.58　不同元音之前 [k] 辅音的音强均值比较（M&F）

我们对女发音人不同音节中出现的 [k] 辅音 VOT、GAP 之间做了单因素方差，结果如表 3.29 所示。

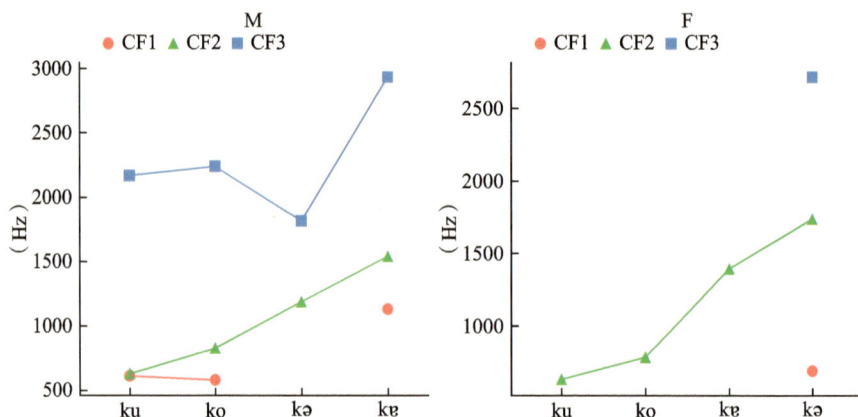

图 3.59 不同元音之前［k］辅音的三个共振峰均值
（以 CF2 的上升为序排列的）比较（M&F）

表 3.29 检验结果

	sig（显著性）	
	F	F
	VOT	GAP
词首音节—词中音节首	.705	
词首音节—词中音节末	.963	
词首音节—词末	1.000	
词中音节首—词中音节末	.999	.895
词中音节首—词末	.812	.543
词中音节末—词末	.968	.974

检验结果来看，VOT 和 GAP 在不同音节之间差异性不显著（男的都在词首出现）。

5.2 ［ɣ］辅音

5.2.1 声学语图特点

达斡尔语［ɣ］为舌面后—软腭浊擦音，主要出现在词中和词末位置。图 3.60 为男发音人［ilɣeː］"花"一词的三维语图、三层标注实例和［ɣ］辅音频谱图，显然，［ɣ］是浊擦音。

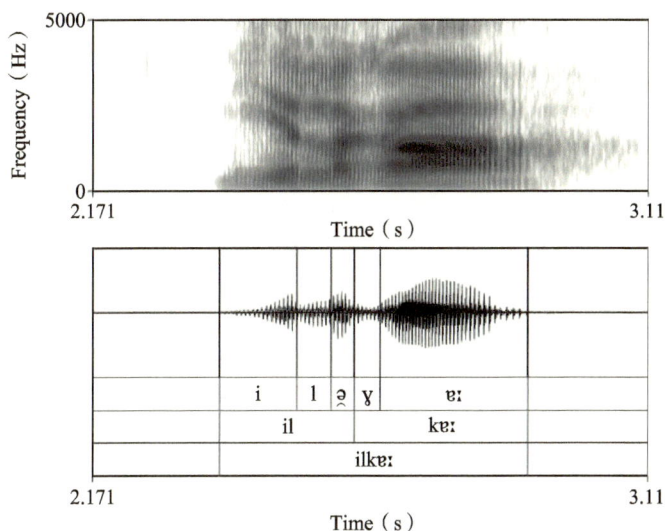

图 3.60-1　男发音人［ilɣɐ:］"花"一词的三维语图和三层标注实例

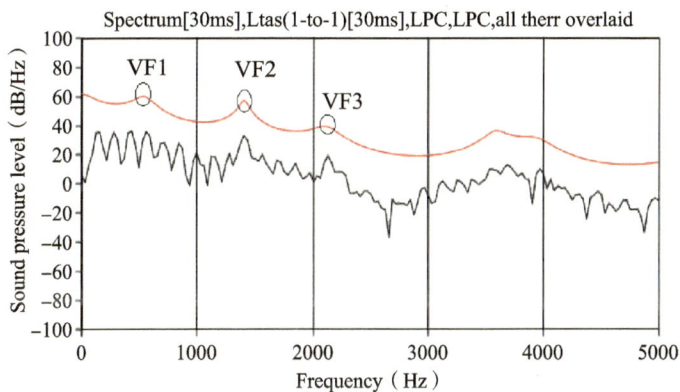

图 3.60-2　男发音人［ilɣɐ:］"花"一词的［ɣ］辅音频谱

5.2.2　共振峰分布模式

表 3.30 为两位发音人［ɣ］辅音的参数统计。图 3.61 为两位发音人［ɣ］辅音第一、第二和第三共振峰的分布图。图 3.62 为两位发音人［ɣ］辅音谱特征示意图。表 3.30 和图 3.61 显示了两位发音人［ɣ］辅音的三个共振峰的频率范围，即男、女发音人共振峰频率浮动围绕为，男：VF1 = 300～700Hz，VF2 = 600～1800Hz，VF3 = 2000～2700Hz；女：VF1 = 300～600Hz，VF2 = 700～2000Hz，VF3 = 2600～3200Hz。

表 3.30-1　　[ɣ] 辅音统计（M）

	M							
	CD	CA	CF1	CF2	CF3	COG	Dispersion	SKEW
平均值	63	68.36	439	1173	2394	451	486	9.81
标准差	26	4.05	104	331	196	164	181	3.8
变异系数	42%	5.9%	24%	28%	8.1%	36%	37%	39%

表 3.30-2　　[ɣ] 辅音统计（M）

	F							
	CD	CA	CF1	CF2	CF3	COG	Dispersion	SKEW
平均值	52	59.22	447	1307	2808	412	438	10.96
标准差	13	5.41	112	537	234	144	140	4.31
变异系数	25%	9.1%	25%	41%	8.3%	35%	32%	39%

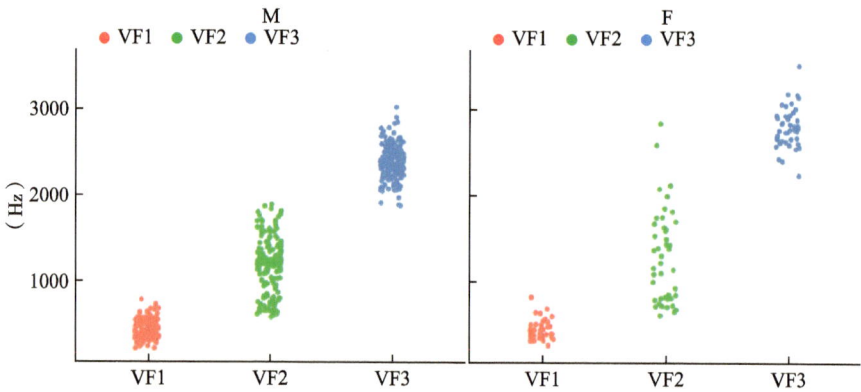

图 3.61　　[ɣ] 辅音共振峰分布（M&F）

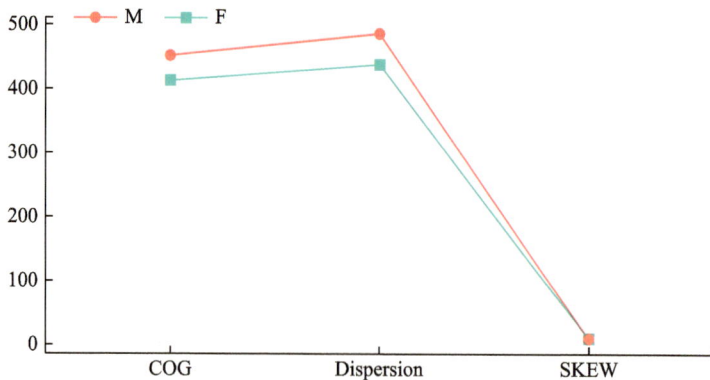

图 3.62　　辅音谱特征示意

5.2.3　词中位置与声学参数之间的关系

在"统一平台"中［ɣ］辅音以单辅音或复辅音后置辅音形式共出现168 次（M）和 44 次（F）。其中，以单辅音形式出现的位置为词中音节首、词中音节末和词末等。

在所有［ɣ］辅音中，（1）以单辅音形式在词中音节首出现的比例最高，如 M：在词中音节首 112 次，占 67%；F：在词中音节首 30 次，占 70%；（2）其他位置出现的比例较低。如，在词中音节末 23 次，占 14%，在词末32 次，占 19%（M）；在词中音节末 5 次，占 12%，在词末 8 次，占 18%（F）；以单辅音形式在词中音节末和词末出现的比例最低（见表 3.31）。

表 3.31　［ɣ］辅音的统计

		M		F	
		出现频率（次）	百分比（%）	出现频率（次）	百分比（%）
所有		168	100	44	100
单辅音	词首				
	词中音节首	112	67	30	70
	词中音节末	23	14	5	12
	词末	32	19	8	18
复辅音	复辅音前置辅音	1			
	复辅音后置辅音			1	

表 3.32 为词中不同位置上［ɣ］辅音的参数统计。图 3.63、图 3.64 和图3.65 为词中不同位置上［ɣ］辅音的共振峰、音长和音强的比较图。上述表和图显示，［ɣ］辅音主要在词中音节首位置。［ɣ］辅音词中位置与［ɣ］辅音的共振峰几乎没相关性。词中不同位置［ɣ］辅音音长和音强之间有一定的相关性。如，单辅音中词中音节首的音长最短；复辅音位置上的［ɣ］辅音音强相对弱。

表 3.32-1　词中不同位置［ɣ］辅音统计（M）

位置＼参数		CD	CA	VF1	VF2	VF3
词中音节首	平均值	55	69.29	452	1154	2376
	标准差	15	3.61	102	348	196
	变异系数	28%	5.2%	23%	30%	8.2%

续表

位置 参数		CD	CA	VF1	VF2	VF3
词中音节末	平均值	69	66.73	410	1165	2430
	标准差	25	3.57	105	303	210
	变异系数	36%	5.3%	26%	26%	8.6%
词末	平均值	83	66.7	410	1239	2435
	标准差	35	4.54	100	292	181
	变异系数	43%	6.8%	24%	24%	7.4%
复辅音前置辅音	平均值	99	64	550	1322	2270
	标准差					
	变异系数					

表 3.32-2 词中不同位置 ［ɣ］ 辅音统计 （F）

位置 参数		CD	CA	VF1	VF2	VF3
词中音节首	平均值	49	59.03	462	1310	2784
	标准差	9	5.47	111	449	194
	变异系数	19%	9.2%	24%	34%	6.9%
词中音节末	平均值	65	61	453	1401	2651
	标准差	22	7.68	165	773	197
	变异系数	33%	13%	36%	55%	7.4%
词末	平均值	60	59.25	390	1263	2990
	标准差	13	4.26	78	760	308
	变异系数	21%	7.2%	20%	60%	10%
复辅音后置辅音	平均值	36	56	443	1094	2640
	标准差					
	变异系数					

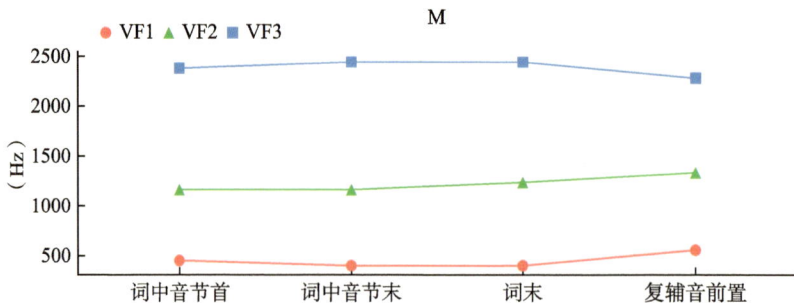

M

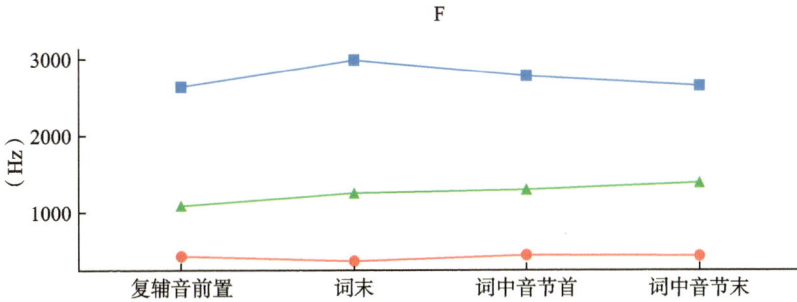

图 3.63　不同元音之前 ［ɣ］ 辅音三个共振峰均值（以 VF2 的上升为序
　　　　排列的）比较（M&F）

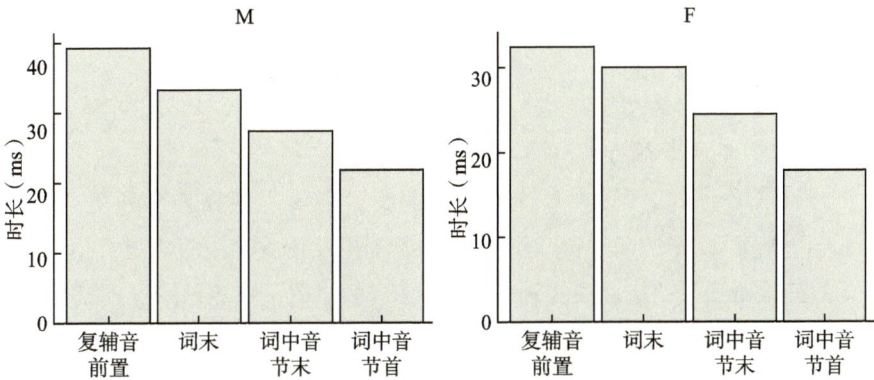

图 3.64　词中不同位置 ［ɣ］ 辅音音长均值比较（M&F）

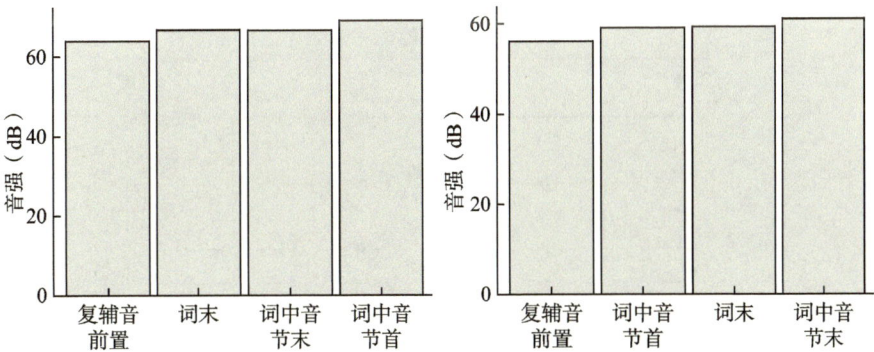

图 3.65　词中不同位置 ［ɣ］ 辅音音强均值比较（M&F）

　　我们对不同音节中出现的 ［ɣ］ 辅音时长之间做了单因素方差分析，结
果如表 3.33 所示。

表 3.33　检验结果

	sig（显著性）	
	M	F
	CD	CD
词中音节首—词中音节末	.040	.303
词中音节首—词末	.000	.092
词中音节末—词末	.233	.887

检验结果来看，男、女发音人在词中音节末—词末之间表现出相同的规律，其他的规律不明显。

5.3　［χ］辅音

在"统一平台"中，［χ］辅音在男发音人中出现了 25 次，女发音人中没出现。其中词首音节首 1 次，词中音节末 15 次，词末 19 次。

5.3.1　声学语图特点

达斡尔语［χ］为舌面后—软腭清擦音，主要出现在词末和［s］［ʃ］［x］［tʰ］［tʃʰ］等送气清音和清擦音之前。图 3.66 为男发音人［ʃiχ］"大"一词的三维语图、三层标注实例和［χ］辅音频谱图，显然，［χ］是清擦音。

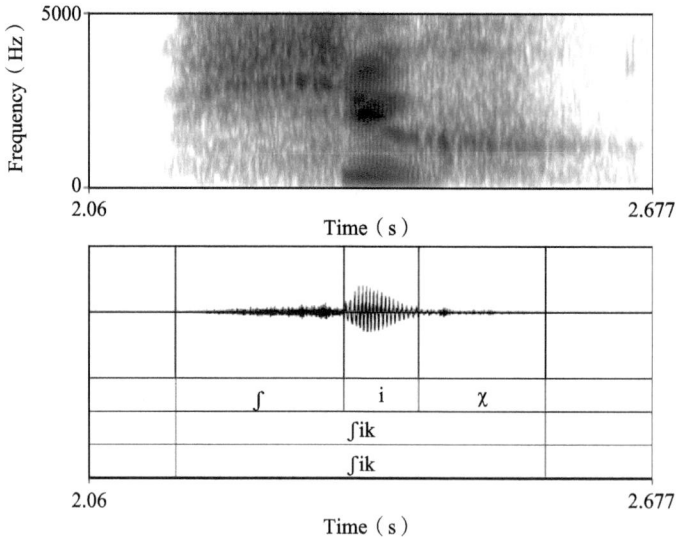

图 3.66-1　男发音人［ʃiχ］"大"一词的三维语图和三层标注实例

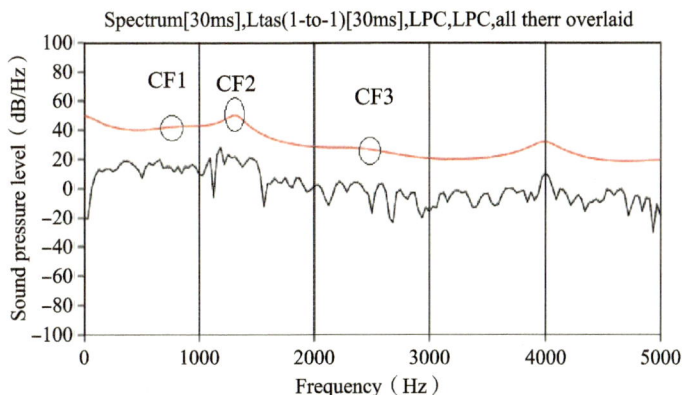

图 3.66-2　男发音人 [ʃiχ] "大" 一词的 [χ] 辅音频谱

5.3.2　共振峰分布模式

表 3.34 为男发音人 [χ] 辅音参数统计。图 3.67 为 [χ] 辅音第一、第二和第三共振峰的分布图。表 3.34 和图 3.67 显示了男发音人 [χ] 辅音的三个共振峰的频率范围，即男发音人共振峰频率浮动围绕为，CF1 = 500 ~ 1000Hz，CF2 = 600 ~ 1200Hz，CF3 = 2400 ~ 2900Hz。[χ] 辅音谱重心（COG）和偏离度（SKEW）等两个谱参数的变异系数差异较大。

表 3.34　[χ] 辅音统计（M）

	M							
	CD	CA	CF1	CF2	CF3	COG	Dispersion	SKEW
平均值	131	57.64	769	1291	2581	988	886	5.74
标准差	40	4.88	166	361	330	309	251	1.87
变异系数	31%	8.4%	22%	28%	13%	31%	28%	32.6%

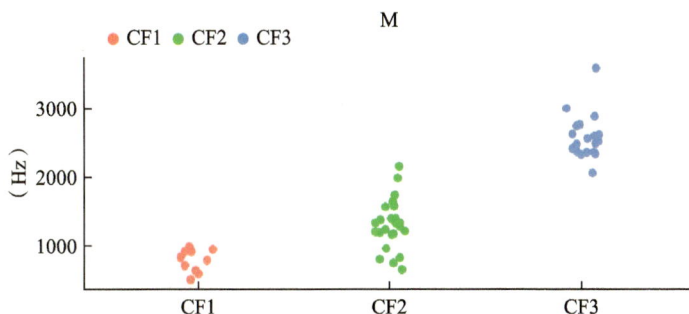

图 3.67　[χ] 辅音共振峰分布（M）

5.3.3 辅音词中位置与其声学参数之间的关系

表 3.35 为词中不同位置上的 [χ] 辅音参数统计。图 3.68~3.69 为男发音人 [χ] 辅音在词中不同位置上的共振峰、音长和音强分布图。从上述表和图中可以看出，词中位置与 [χ] 辅音声学参数之间具有一定的相关性。如，词中音节首 [χ] 辅音最短、最强。

表 3.35 **词中不同位置 [χ] 辅音统计 （M）**

位置 \ 参数		CD	CA	CF1	CF2	CF3
词中音节首	平均值	47	63		1364	
	标准差					
	变异系数					
词中音节末	平均值	86	51.8	791	1561	2785
	标准差	22	4.6	260	331	198
	变异系数	25%	8.8%	33%	21%	7.1%
词末	平均值	147	58.89	759	1215	2543
	标准差	28	3.79	136	351	340
	变异系数	19%	6.4%	18%	29%	13%

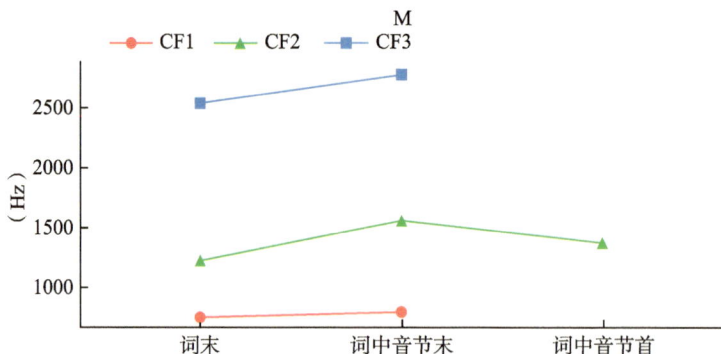

图 3.68 **出现在词中不同位置 [χ] 辅音的共振峰均值比较 （M）**

5.4 [g] 辅音

在"统一平台"中，词中两个辅音之间出现了两个类似于浊辅音 [g]。如图 3.70 为男发音人 [ɐugeː] "凿冰眼打鱼"一词的三维语图、三层标注实例和 [g] 辅音频谱图，显然，从声学语图上看貌似 [g] 辅音。但我们认

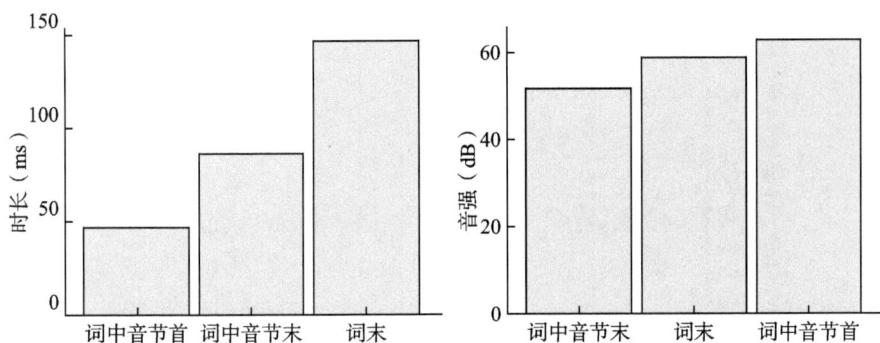

图 3.69　出现在词中不同位置［X］辅音的时长、音强均值比较（M）

为是两个元音之间引起的"清音浊流"。表 3.36 为［g］辅音相关参数统计。

表 3.36　［g］辅音统计（M）

	M				
	VOT	CA	CF1	CF2	CF3
平均值	−34	64	485	926	2424

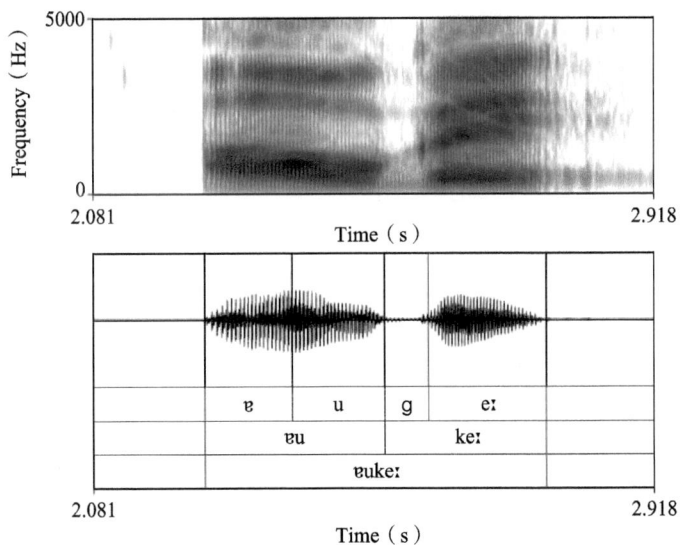

图 3.70-1　男发音人［ɐuɡeː］"凿冰眼打鱼"一词的三维语图和三层标注实例

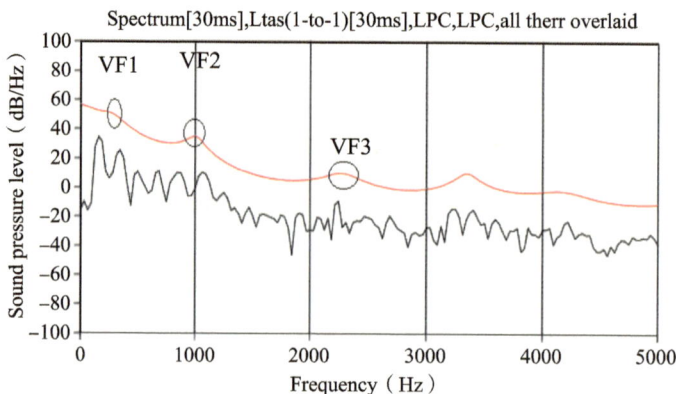

图 3.70-2 男发音人 [ɐugeː]"凿冰眼打鱼"一词的 [g] 辅音频谱

6. /kʰ/辅音

6.1 词中分布特征

/kʰ/辅音在"统一平台"中以单辅音或复辅音后置辅音形式共出现 274 次（M）和 284 次（F）。其中，以单辅音形式出现的位置为词首、词中音节首、词中音节末和词末等；以复辅音前置和复辅音后置辅音的形式出现等。

在所有/kʰ/辅音中，（1）以单辅音形式在词首和词中音节首出现的比例最高，如 M：在词首 99 次，占 36%，在词中音节首 148 次，占 54%；F：在词首 97 次，占 34%，在词中音节首 148 次，占 52%。（2）其他位置出现的比例较低。如，在词中音节末 8 次，占 3%，在词末 12 次，占 5%（M）；在词中音节末 10 次，占 3%，在词末 11 次，占 4%（F）；以单辅音形式在词中音节末和词末出现的比例最低（见表 3.37）。

显然，/kʰ/辅音在词中主要以单辅音形式出现于词首和词中音节首（音节首）位置，在其他位置上出现的比例相对少。

表 3.37 [kʰ] 辅音出现频率统计

		M		F	
		出现频率（次）	百分比（%）	出现频率（次）	百分比（%）
所有		274	100	284	100
单辅音	词首	99	36	97	34
	词中音节首	148	54	148	52
	词中音节末	8	3	10	3

续表

		M		F	
		出现频率（次）	百分比（%）	出现频率（次）	百分比（%）
单辅音	词末	12	5	11	4
复辅音	复辅音前置辅音	1		2	1
	复辅音后置辅音	6	2	16	6

6.2 声学特征

6.2.1 声学语图特点

达斡尔语［kʰ］为舌面后—软腭、送气、清塞音。图 3.71 为男发音人［kʰurkʰuː］"长绳"一词的三维语图、三层标注实例和［kʰ］辅音频谱图。可以看出，［kʰ］在词中的 VOT 明显长于其在词首［k］的 VOT。

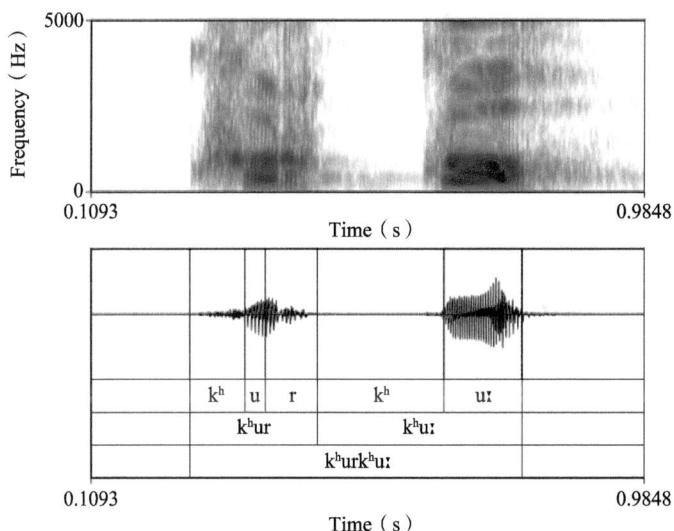

图 3.71-1　男发音人［kʰurkʰuː］"长绳"一词的三维语图和三层标注实例

6.2.2 共振峰分布模式

表 3.38 为两位发音人［kʰ］辅音参数统计。图 3.72 为男、女发音人［kʰ］辅音第一、第二和第三共振峰的分布图。表 3.38 和图 3.72 显示了男、女发音人［kʰ］辅音的三个共振峰的频率范围，即男、女发音人共振峰频率浮动围绕为，男：CF1 = 400～1200Hz，CF2 = 500～2000Hz，CF3 = 2000～3500Hz；女：CF1 = 400～1100Hz，CF2 = 600～2100Hz，CF3 = 2500～3700Hz。该辅音共振峰频率的离散度相对比较大。

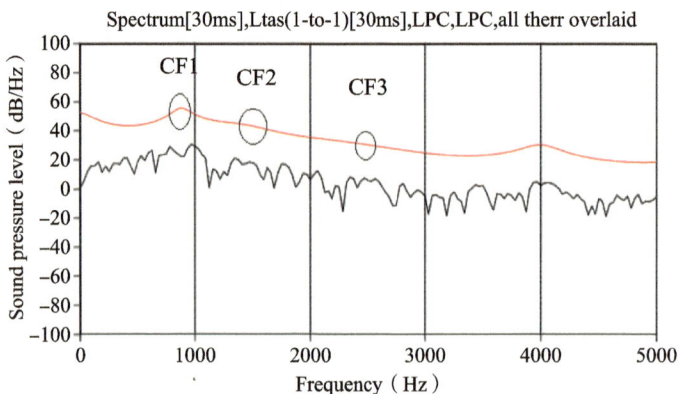

Spectrum[30ms],Ltas(1-to-1)[30ms],LPC,LPC,all therr overlaid

图 3.71-2 男发音人 [kʰurkʰuː] "长绳" 一词的 [kʰ] 辅音（词首）频谱

表 3.38 [kʰ] 辅音统计

	M					F				
	VOK	CA	CF1	CF2	CF3	VOK	CA	CF1	CF2	CF3
平均值	54	54.13	870	1234	2586	66	50.79	725	1397	3059
标准差	26	5.51	241	384	474	45	8.76	388	865	754
变异系数	47%	11%	28%	31%	18%	69%	17%	54%	62%	25%

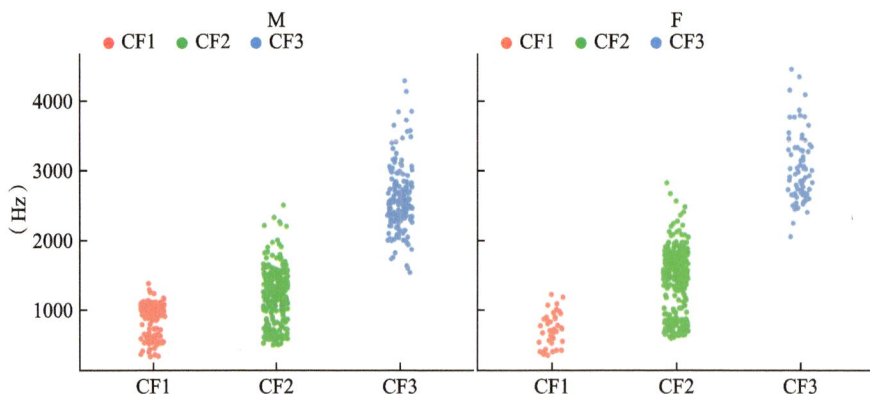

图 3.72 [kʰ] 辅音共振峰分布（M&F）

6.2.3 词中位置与声学参数之间的关系

表 3.39 为词中不同位置时的 [kʰ] 辅音参数统计。图 3.73 为根据表 3.39 绘制的词中不同位置 [kʰ] 辅音 GAP 和 VOT 分布图，图 3.74 为词中不同位置 [kʰ] 辅音音强分布图。图 3.75 为词中不同位置 [kʰ] 辅音

的第一、第二和第三共振峰（CF）分布图。从这些表和图中可以看出，词中位置与［kʰ］辅音声学参数之间具有一定的相关性。如，词首位置的 VOT 比其他位置的 VOT 相对长；单辅音中，词中音节末的 GAP 比其他位置的 GAP 相对短；因塞音、塞擦音时长为 CD＝GAP＋VOT，这里就不赘述总时长分布规律了。不同位置的［kʰ］辅音的音强之间的相关性不明显；单辅音中，词首音节［kʰ］辅音的第二共振峰频率比其他位置上的相对低。

表 3.39-1　词中不同位置［kʰ］辅音统计（M）

位置	参数	GAP	VOT	CD	CA	CF1	CF2	CF3
词首	平均值		84		48.4.	887	1190	2747
	标准差		13		5.19	239	411	568
	变异系数		16%		11%	27%	35%	21%
词中音节首	平均值	74	37	111	52.92	845	1254	2539
	标准差	31	9.8	30	5.21	258	385	406
	变异系数	42%	27%	27%	9.8%	31%	31%	16%
词中音节末	平均值	53	38	91	47.12	848	1248	2307
	标准差	15	16	18	3.87	219	419	220
	变异系数	28%	42%	20%	8.2%	26%	34%	9.5%
词末	平均值	59	48	107	52.25	846	1316	2542
	标准差	9.5	24	22	3.07	225	121	415
	变异系数	16%	49%	20%	5.8%	27%	9.2%	16%
复辅音前置辅音	平均值	53	12	65	49	1080	1676	3003
	标准差							
	变异系数							
复辅音后置辅音	平均值	100	32	132	55	991	1188	2136
	标准差	39	4.9	40	2.68	45	162	319
	变异系数	39%	15%	30%	4.8%	4.5%	14%	15%

表 3.39-2 词中不同位置［kʰ］辅音统计（F）

位置 \ 参数		GAP	VOT	CD	CA	CF1	CF2	CF3
词首	平均值		84		49	666	1371	3165
	标准差		16		4.09	241	518	611
	变异系数		19%		8.3%	36%	38%	19%
词中音节首	平均值	104	57	161	51	761	1412	2851
	标准差	36	21	4646	3.92	237	456	339
	变异系数	35%	37%	29%	7.6%	31%	32%	12%
词中音节末	平均值	86	38	121	61.2	782	1819	3249
	标准差	9.1	3.4	24	12.35		390	201
	变异系数	11%	9.1%	20%	20%		21%	6.1%
词末	平均值	92	64	156	52.9	947	1433	3931
	标准差	19	40	47	3.01	187	245	153
	变异系数	20%	62%	30%	5.6%	20%	17%	3.8%
复辅音前置辅音	平均值	80	32	111	55.5	365	1597	3086
	标准差	22	7.7	14	0.7		890	
	变异系数	28%	25%	13%	1.2%		55%	
复辅音后置辅音	平均值	100	63	164	50.62	960	1139	3126
	标准差	33	15	32	4.48		443	330
	变异系数	33%	24%	19%	8.8%		39%	11%

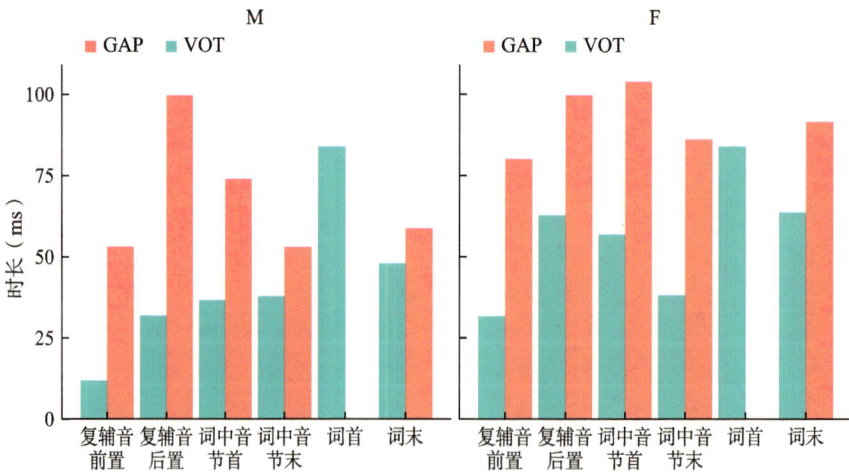

图 3.73 词中不同位置［kʰ］辅音 GAP、VOT 音长均值比较（M&F）

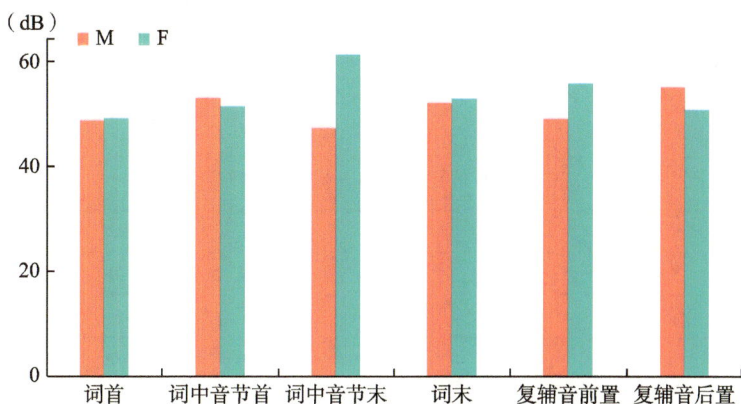

图 3.74 词中不同位置 [kʰ] 辅音的音强均值比较 (M&F)

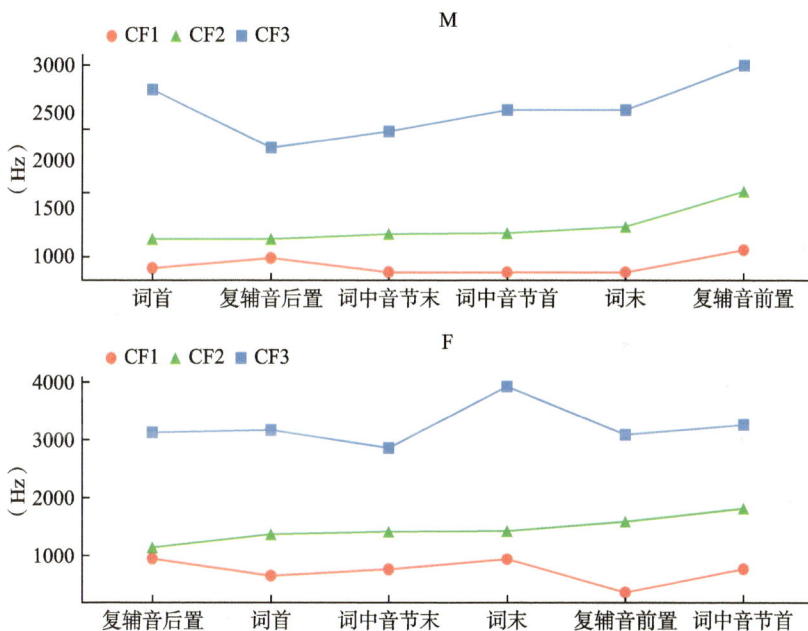

图 3.75 词中不同位置 [kʰ] 辅音的共振峰均值
(以 CF2 的上升为序排列) 比较 (M&F)

6.2.4 后置元音音质与声学参数之间的关系

表 3.40 为不同元音之前 [kʰ] 辅音参数统计。图 3.76~3.78 为根据表 3.40 绘制的不同元音之前 [kʰ] 辅音的音长、音强和共振峰分布图。本次实验数据显示，[i] 元音之前 [kʰ] 辅音的音长比其他元音之前的音长相

对长；［ə］元音之前［kʰ］辅音的音强比其他元音之前的音强相对强；
［ɐ］和［i］元音之前［kʰ］辅音的第二共振峰比其［u］、［o］和［ə］元
音之前的第二共振峰明显高。

表 3.40-1　不同元音前的［kʰ］辅音统计（M）

		VOK	CA	CF1	CF2	CF3
kʰɐ	平均值	83	50.25	1027	1491	2970
	标准差	9.6	4.07	95	92	450
	变异系数	12%	8.1%	9.2%	6.1%	15%
kʰə	平均值	78	51.25	1014	1185	2785
	标准差	36	24.19	586	599	1757
	变异系数	46%	47%	58%	51%	63%
kʰi	平均值	92	44.25	800	1785	2600
	标准差	4.5	4.19	648	411	122
	变异系数	4.9%	9.4%	81%	23%	4.6%
kʰo	平均值	81	48.33	631	772	2611
	标准差	2	1.52	39	260	63
	变异系数	2.5%	3.1%	6.1%	34%	2.4%
kʰu	平均值	77	45.71	348	747	2114
	标准差	7.2	2.87	36	242	499
	变异系数	9.4%	6.2%	9.6%	32%	24%

表 3.40-2　不同元音前的［kʰ］辅音统计（F）

		VOK	CA	CF1	CF2	CF3
kʰɐ	平均值	79	46.53	571	1816	3806
	标准差	12	3.56		165	352
	变异系数	15%	7.6%		9.1%	9.2%
kʰə	平均值	87	49.66	603	1587	2776
	标准差	9	3.21		337	
	变异系数	10%	6.4%		221%	
kʰi	平均值	87	46.75	543	2247	3071
	标准差	24	4.03		319	226
	变异系数	27%	8.6%		14%	7.3%

续表

		VOK	CA	CF1	CF2	CF3
k^ho	平均值	81	49.5	676	985	2517
	标准差	13	4.79		231	
	变异系数	16%	9.6%		26%	
k^hu	平均值	84	49.1	377	732	
	标准差	9	4.25		64	
	变异系数	11%	8.6%		8.8%	

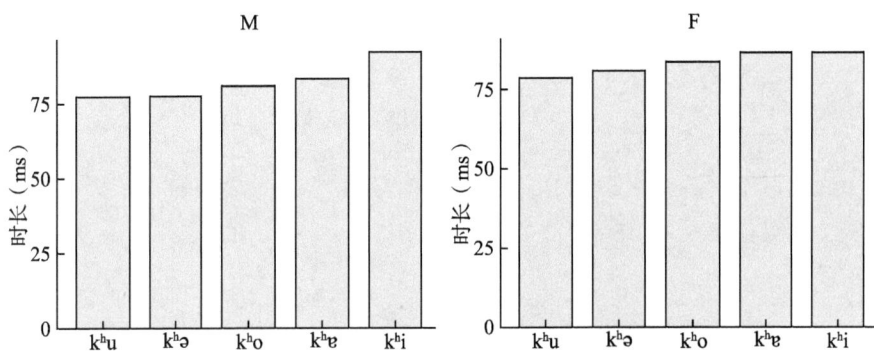

图 3.76　不同元音之前〔k^h〕辅音的 VOT 均值比较（M&F）

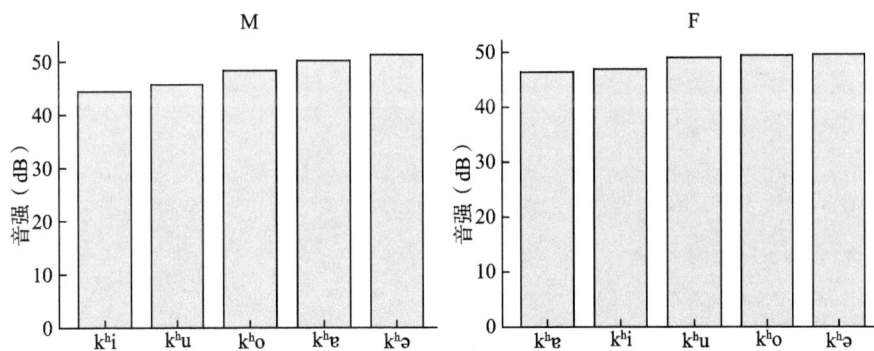

图 3.77　不同元音之前〔k^h〕辅音的音强均值比较（M&F）

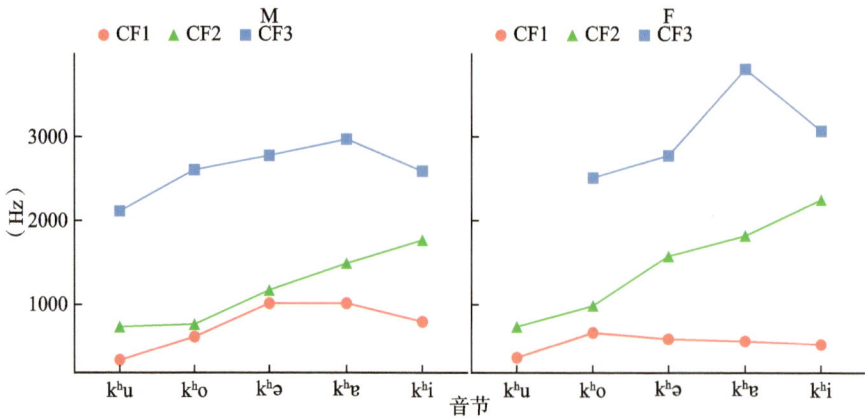

图 3.78　不同元音之前 [kʰ] 辅音的三个共振峰均值
（以 CF2 的上升为序排列的）比较（M&F）

我们对不同音节中出现的 [kʰ] 辅音 VOT、GAP 之间做了单因素方差分析，结果如表 3.41 所示。

表 3.41　检验结果

	sig（显著性）			
	VOT		GAP	
	M	F	M	F
词首音节—复辅音后置	.000	.000		
词首音节—词中音节首	.000	.000		
词首音节—词中音节末	.000	.000		
词首音节—词末	.002	.523		
复辅音后置—词中音节首	.239	.515	.459	.973
复辅音后置—词中音节末	.861	.000	.112	.445
复辅音后置—词末	.219	1.000	.162	.829
词中音节首—词中音节末	1.000	.000	.018	.027
词中音节首—词末	.528	.962	.001	.255
词中音节末—词末	.769	.271	.790	.856

检验结果来看，VOT 中词首音节和其他音节之间差异性显著；其他的规律不明显；GAP 参数在不同音节中差异性不显著，只有在词中音节首—词中音节末之间差异性显著。

（二）擦音

擦音指发音时两个器官靠近，不完全阻塞，形成一个缝隙，气流强行通过缝隙产生摩擦噪声。这是气流流经口腔某部位狭窄通道时造成的湍流，所有的擦音在语图上都表现为乱纹。达斡尔语有/s，ʃ，x/等三个清擦音音位，有/f/一个借词清擦音音位。

1. /s/辅音

达斡尔语/s/辅音有清擦音［s］和浊擦音［z］2种变体。其中，［s］为典型变体。［z］变体主要在非词首音节浊音之间出现。/s/辅音在"统一平台"中的出现频率较高，分别为231次（M）和287次（F）（见表3.42）。

1.1　［s］辅音

在"统一平台"中/s/辅音共出现了231次（M）和287次（F），以单辅音或复辅音后置辅音形式出现。其中，单辅音形式出现在词首、词中音节首、词中音节末和词末等位置；复辅音形式出现在复辅音前置辅音和复辅音后置辅音。男发音人的231次/s/辅音中，221次为单辅音，只有10次为复辅音后置辅音；女发音人的287次/s/辅音中，269次为单辅音，只有18次为复辅音后置辅音。在所有/s/辅音中，（1）62%~71%在词首和词中音节首位置上出现，如M：143次，F：204次；（2）在词末位置上出现的比例也较高，其中，词末出现比例略高于其在词中音节末出现比例；（3）以复辅音后置辅音形式出现的/s/辅音最少。显然，该辅音主要在词首和词中音节首位置上出现（见表3.42）。

表 3.42　［s］辅音出现频率统计

		M		F	
		出现频率（次）	百分比（%）	出现频率（次）	百分比（%）
所有		231	100	287	100
单辅音	词首	76	33	72	25
	词中音节首	67	29	132	46
	词中音节末	20	9	20	7
	词末	58	25	45	16
复辅音	复辅音前置辅音				
	复辅音后置辅音	10	4	18	6

1.1.1 声学语图

达斡尔语［s］辅音是舌叶齿龈后区清擦音。图 3.79 为男发音人
［susɛːm］"玉米"一词三维语图、三层标注实例和［s］辅音频谱图。

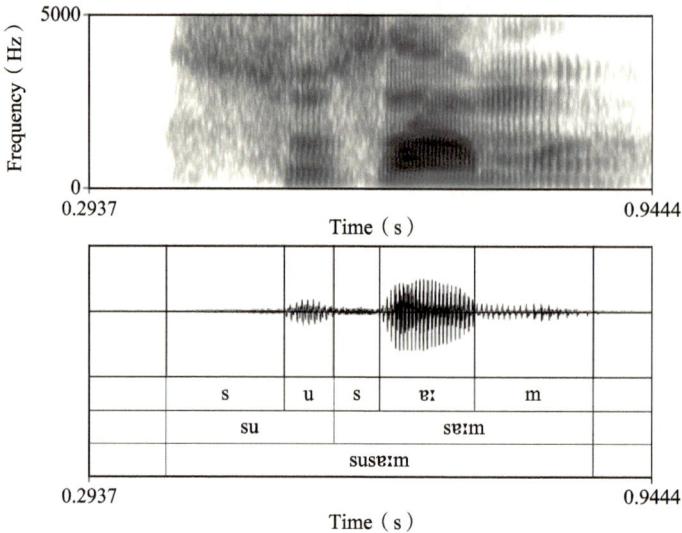

图 3.79-1　男发音人［susɛːm］"玉米"一词的三维语图和三层标注实例（M）

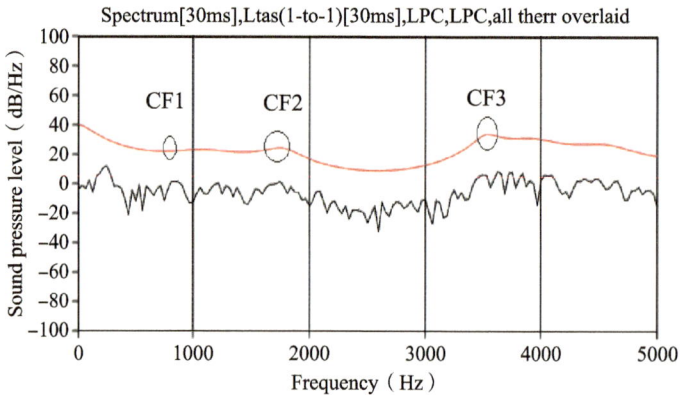

图 3.79-2　男发音人［susɛːm］"玉米"一词的［s］辅音（词首）频谱

1.1.2 共振峰分布模式

表 3.43 为男、女发音人［s］辅音的参数统计。图 3.80 为男、女发音
人［s］辅音共振峰分布图。图 3.44 显示［s］辅音的三个共振峰的频率范
围，即男、女发音人共振峰频率浮动围绕为，男：CF1 = 300～1100Hz，CF2 =
1000～2200Hz，CF3 = 2400～3600Hz；女：CF1 = 600～1500Hz，CF2 = 1300～

2200Hz，CF3＝2500～4000Hz。图3.81为男、女发音人［s］辅音谱特征示意图，［s］辅音谱重心（COG）和偏离度（SKEW）等两个谱参数的变异系数差异较大，谱重心值相对高。

表3.43-1　　［s］辅音统计（M）

	CD	CA	CF1	CF2	CF3	COG	Dispersion	SKEW
平均值	141	53.24	749	1712	2928	5710	2755	−0.23
标准差	53	5.87	237	288	370	1966	626	1.45
变异系数	38%	11%	32%	17%	13%	34%	23%	−6.29%

表3.43-2　　［s］辅音统计（F）

	CD	CA	CF1	CF2	CF3	COG	Dispersion	SKEW
平均值	140	51.86	1070	1874	3175	7619	2476	−1.1
标准差	35	6.03	276	241	350	1272	637	0.78
变异系数	25%	12%	26%	13%	11%	17%	26%	−0.7%

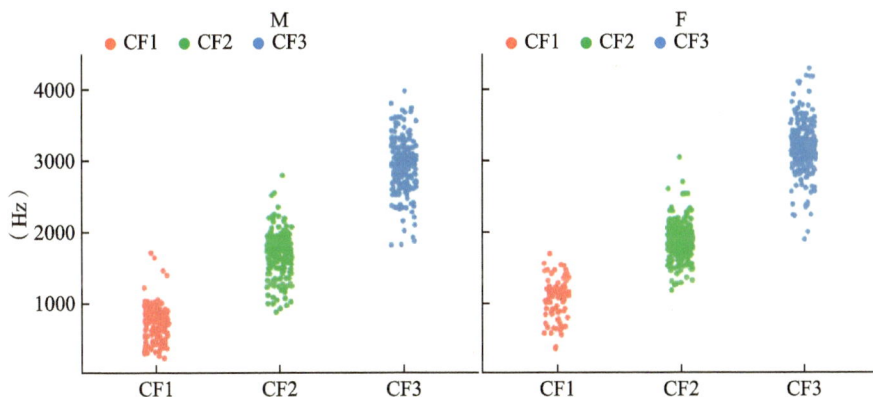

图3.80　　［s］辅音共振峰分布（M&F）

1.1.3　词中位置与声学参数之间的关系

表3.44为词中不同位置上的［s］辅音参数统计。图3.82～3.84为出现在词中不同位置上［s］辅音的共振峰、音长、音强参数比较图。从上述表和图中可以看出，［s］辅音词中位置与其声学参数之间具有一定的相关性。例如，在词首位置上的第一和第二共振峰频率比其他位置的相对高；［s］辅音词中位置与音长之间具有的相关性不明显；词首［s］的音强最弱，词末位置的最强。

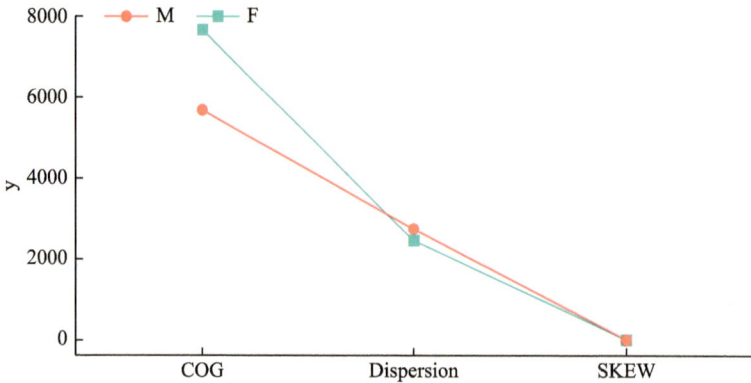

图 3.81　辅音谱特征示意

表 3.44-1　词中不同位置［s］辅音统计（M）

位置 \ 参数		CD	CA	CF1	CF2	CF3
词首	平均值	169	47.48	888	1793	3010
	标准差	24	3.78	190	302	429
	变异系数	14%	7.9%	21%	17%	14%
词中音节首	平均值	84	55.73	624	1585	2802
	标准差	23	5.54	235	300	341
	变异系数	28%	9.9%	38%	19%	12%
词中音节末	平均值	105	56	602	1654	2828
	标准差	32	3.21	399	288	340
	变异系数	31%	5.7%	66%	17%	12%
词末	平均值	182	56.72	699	1776	3012
	标准差	45	3.58	182	220	320
	变异系数	25%	6.3%	26%	12%	11%
复辅音后置辅音	平均值	152	54.7	651	1647	2882
	标准差	65	3.09	154	190	204
	变异系数	43%	5.6%	24%	12%	7%

表 3.44-2　词中不同位置［s］辅音统计（F）

位置 \ 参数		CD	CA	CF1	CF2	CF3
词首	平均值	165	46.66	1165	1960	3340

续表

位置 \ 参数		CD	CA	CF1	CF2	CF3
词首	标准差	39	4.84	138	234	402
	变异系数	24%	10%	12%	12%	12%
词中音节首	平均值	134	53.06	1088	1854	3106
	标准差	28	5.44	353	249	350
	变异系数	21%	10%	32%	13%	11%
词中音节末	平均值	108	54.35	894	1890	3197
	标准差	30	5.63	398	350	242
	变异系数	27%	10%	44%	19%	7.5%
词末	平均值	129	54.73	817	1817	3162
	标准差	20	5.13	263	159	256
	变异系数	16%	9.3%	32%	8.7%	8%
复辅音后置辅音	平均值	147	53.61	1004	1824	3109
	标准差	43	4.93	205	136	257
	变异系数	29%	9.2%	20%	7.4%	8.2%

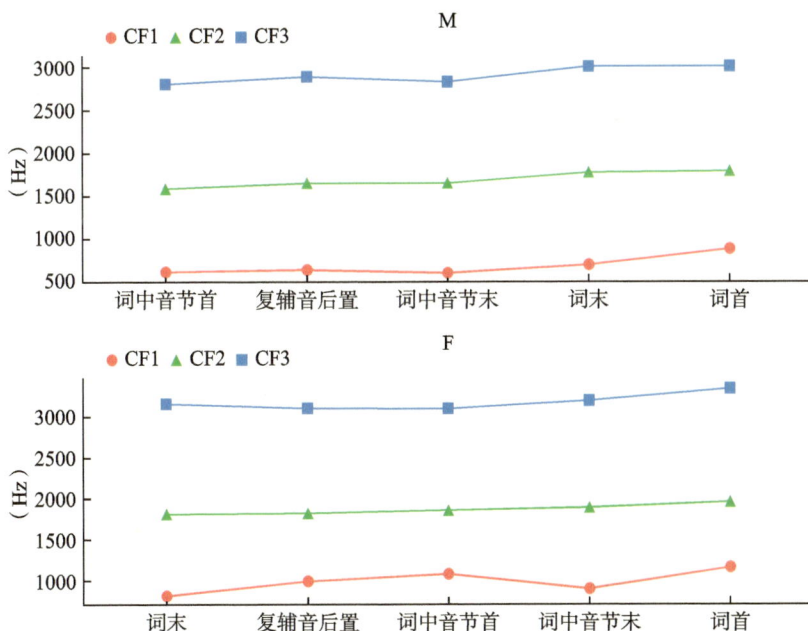

图 3.82 出现在词中不同位置 [s] 辅音的共振峰均值比较（M&F）

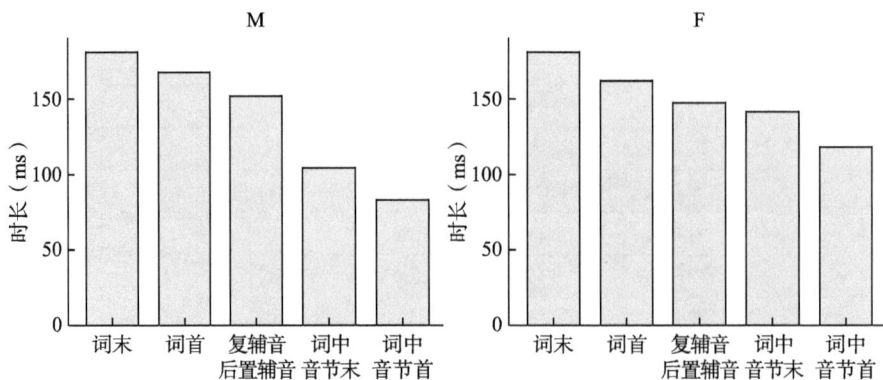

图 3.83 出现在词中不同位置 [s] 辅音的音长均值比较（M&F）

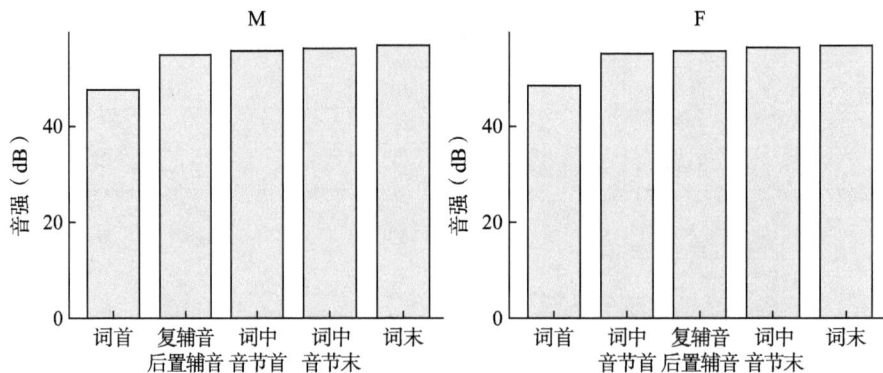

图 3.84 出现在词中不同位置 [s] 辅音的音强均值比较（M&F）

1.1.4 后置元音音质与声学参数之间的关系

表 3.45 为 [s] 辅音在不同元音之前的参数统计。图 3.85～3.87 为不同元音之前 [s] 辅音的共振峰、音长和音强比较图。这些图表显示后续元音音质与 [s] 辅音声学参数之间有一定的相关性。如，[s] 辅音在 [ɐ] 元音之前的音长比其他元音之前的相对短；在 [ə] 等元音之前的音强比其他元音之前的相对强。后续元音音质与 [s] 辅音共振峰频率之间的相关性不明显。

表 3.45-1　不同元音前的［s］辅音统计（M）

		CD	CA	CF1	CF2	CF3
sæ	平均值	163	46.16	956	1791	3046
	标准差	12	3.31	73	173	460
	变异系数	7.6%	7.1%	7.7%	9.6%	15%
sə	平均值	168	48.88	825	1839	3103
	标准差	19	1.9	194	186	399
	变异系数	11%	3.8%	24%	10%	13%
so	平均值	167	45.25	896	2156	3269
	标准差	23	4.99	93	208	84
	变异系数	14%	11%	10%	9.6%	2.5%
su	平均值	173	46.57	848	1622	2481
	标准差	34	4.39	103	415	570
	变异系数	19%	9.4%	12%	26%	23%

表 3.45-2　不同元音前的［s］辅音统计（F）

		CD	CA	CF1	CF2	CF3
sæ	平均值	149	45.57	1136	2166	3250
	标准差	27	4.72	50	150	245
	变异系数	18%	10%	4.4%	6.9%	7.5%
sə	平均值	178	50.44	1127	1830	3220
	标准差	32	2.74	1.4	345	515
	变异系数	18%	5.4%	0.1%	19%	16%
so	平均值	169	50		2082	4106
	标准差	30	5.65		326	
	变异系数	18%	11%		16%	
su	平均值	151	43	1247	1944	3934
	标准差	21	2.73	169	221	264
	变异系数	14%	6.3%	13%	11%	3.7%

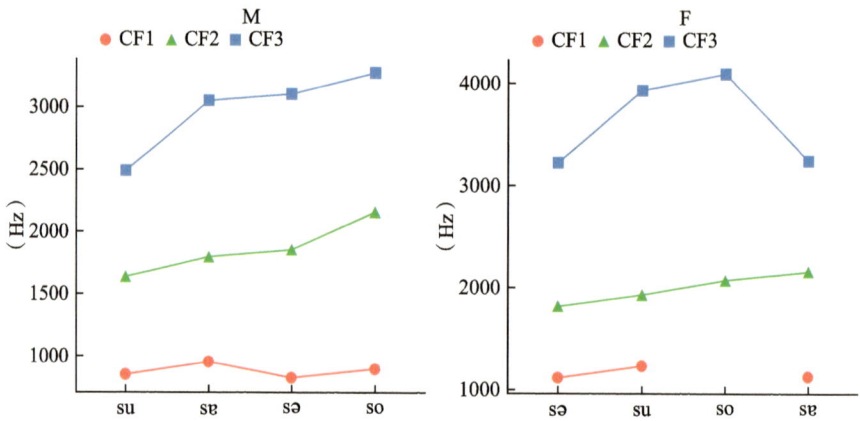

图 3.85　不同元音之前［s］辅音的三个共振峰比较（M&F）

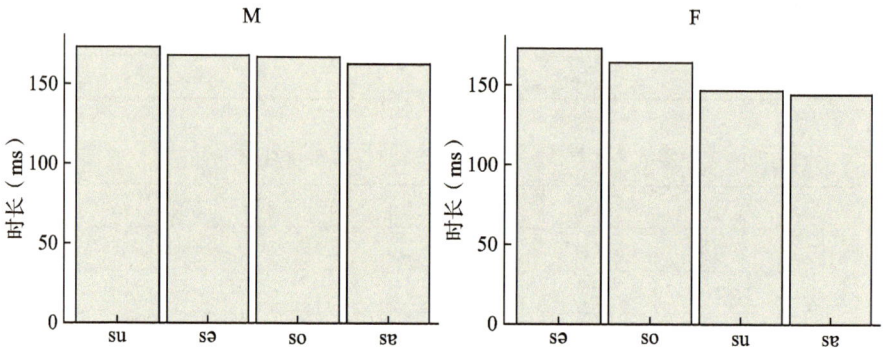

图 3.86　不同元音之前［s］辅音的音长比较（M&F）

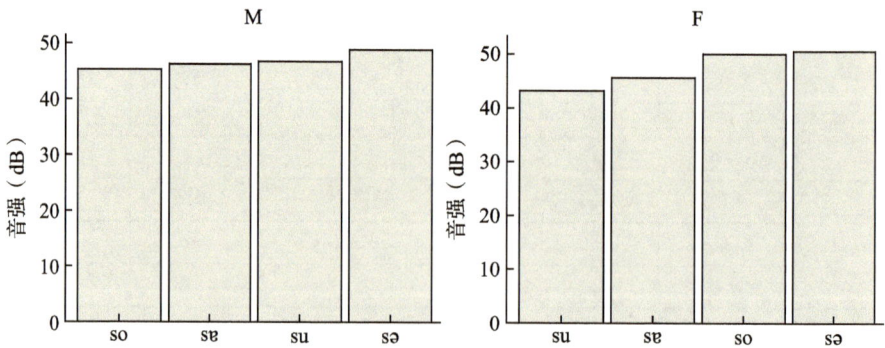

图 3.87　不同元音之前［s］辅音的音强比较（M&F）

我们对不同音节中出现的［s］辅音时长、谱重心之间做了单因素方差分析，结果如表 3.46 所示。

表 3.46　检验结果

	sig（显著性）			
	CD		谱重心	
	M	F	M	F
词首—复辅音后置	.916	.501	.103	.987
词首—词中音节首	.000	.000	.000	.982
词首—词中音节末	.000	.000	.090	.993
词首—词末	.353	.000	.000	.951
复辅音后置—词中音节首	.054	.740	1.000	.999
复辅音后置—词中音节末	.253	.024	1.000	.937
复辅音后置—词末	.659	.487	.990	1.000
词中音节首—词中音节末	.092	.008	1.000	.852
词中音节首—词末	.000	.752	.993	.999
词中音节末—词末	.000	.046	.994	.791

我们从时长检验结果来看，复辅音后置与其他位置音节之间差异性不显著；女发音人谱重心在各音节之间差异性不显著，男发音中多数音节之间差异性不显著。

1.2　[z] 辅音

[z] 辅音在"统一平台"中共出现了 25 次（M）和 1 次（F）。以单辅音或复辅音前置辅音形式主要在词中音节首 16 次（M），1 次（F）；词中音节末 2 次（M）和词末 3 次（M）等位置出现；复辅音后置辅音位置 4 次（M）。其主要出现位置为词中音节首（见表 3.47）。

表 3.47　[z] 辅音出现频率统计

		M		F	
		出现频率（次）	百分比（%）	出现频率（次）	百分比（%）
所有		25		1	
单辅音	词首				
	词中音节首	16	64	1	
	词中音节末	2	8		
	词末	3	12		

续表

		M		F	
		出现频率（次）	百分比（%）	出现频率（次）	百分比（%）
复辅音	复辅音前置辅音				
	复辅音后置辅音	4	16		

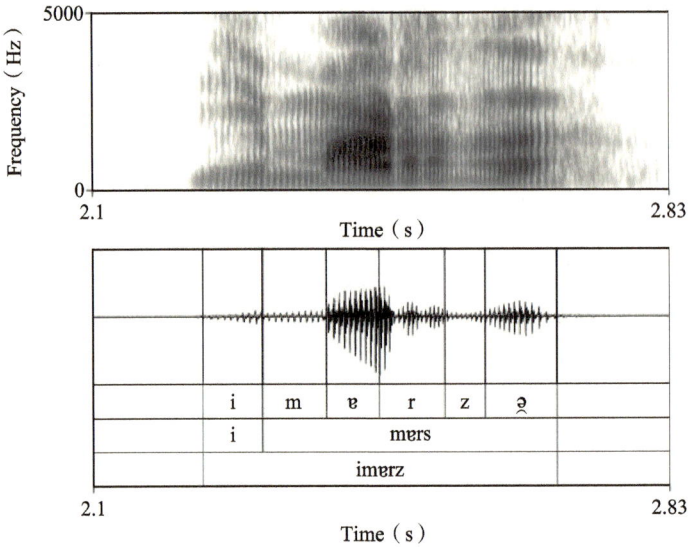

图 3.88-1　男发音人［imɐrz］"山羊皮"一词的三维语图和三层标注实例

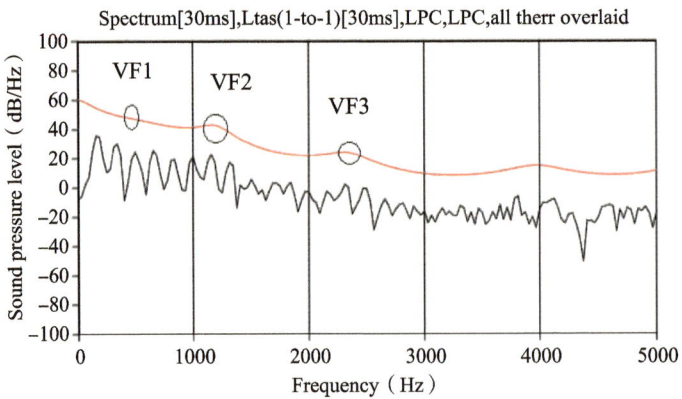

图 3.88-2　男发音人［imɐrz］"山羊皮"一词的［z］辅音频谱

1.2.1 声学语图

达斡尔语 [z] 辅音是舌尖—龈浊擦音。图 3.88 为男发音人 [imerz] "山羊皮" 一词三维语图和三层标注实例以及 [z] 辅音频谱图。

1.2.2 共振峰分布模式

表 3.48 为男、女发音人 [z] 辅音的参数统计总表。图 3.89 为 [z] 辅音共振峰分布图（M）。该图显示，[z] 辅音三个共振峰的频率范围为 VF1 在 200~500Hz，VF2 在 1200~2000Hz，VF3 在 2200~3000Hz。

表 3.48　[z] 辅音统计（M）

	M					F				
	CD	CA	VF1	VF2	VF3	CD	CA	VF1	VF2	VF3
平均值	53	64.28	334	1488	2635	71	60	361	2344	3019
标准差	25	3.81	84	339	230					
变异系数	47%	5.9	25%	23%	8.7%					

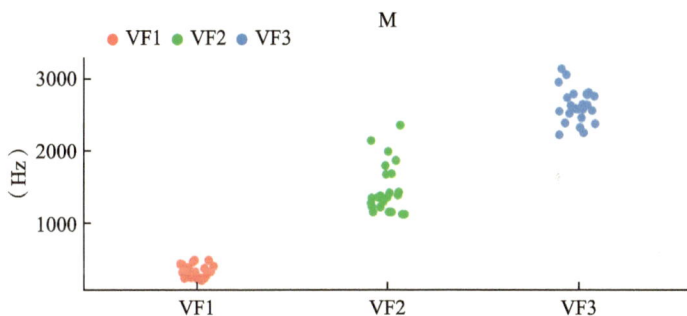

图 3.89　[z] 辅音共振峰分布（M）

1.2.3 词中位置与声学参数之间的关系

表 3.49 为 [z] 辅音在词中不同位置上的参数统计（M）。图 3.90~3.91 为词中不同位置上 [z] 辅音的共振峰、音长、音强参数均值比较图（M）。上述表和图显示，词末位置上的第二共振峰比其他位置高；词末位置上出现的 [z] 辅音音长和音强比其他位置上的相对长而强。

表 3.49　词中不同位置 ［z］辅音统计（M）

位置 \ 参数		CD	CA	VF1	VF2	VF3
词中音节首	平均值	50	64.43	340	1464	2615
	标准差	10	4.51	82	348	239
	变异系数	20%	7%	24%	24%	9.1%
词中音节末	平均值	49	62.5	391	1380	2583
	标准差	2.8	0.7	144	28	48
	变异系数	5.7%	1.1%	37%	2%	1.8%
词末	平均值	86	64.66	289	1941	2870
	标准差	66	1.15	76	236	166
	变异系数	76%	1.7%	26%	12%	5.7%
复辅音后置辅音	平均值	40	64.25	320	1298	2564
	标准差	7.5	3.3	86	113	229
	变异系数	19%	5.1%	27%	8.7%	8.9%

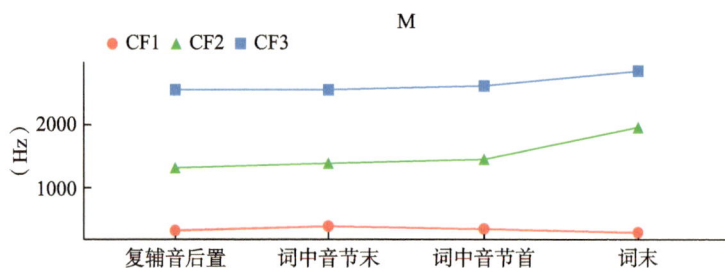

图 3.90　词中不同位置上 ［z］辅音的共振峰均值（M）

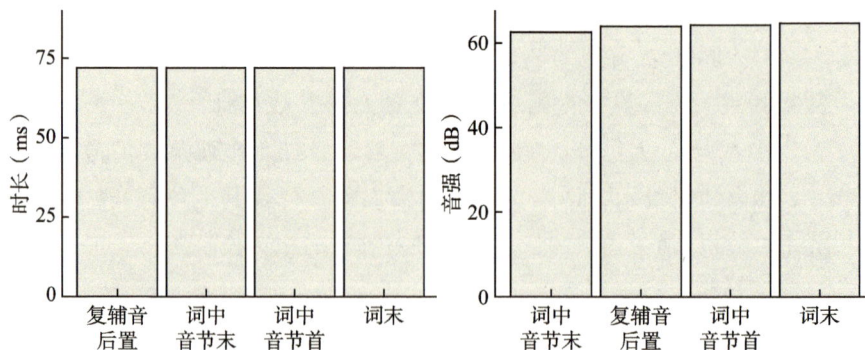

图 3.91　词中不同位置上 ［z］辅音的音长、音强均值比较（M）

2. /ʃ/辅音

达斡尔语/ʃ/辅音有清擦音［ʃ，ç］两种变体。其中，［ʃ］为典型变体。［ç］变体在只在词首音节出现，出现频率较低。/ʃ/辅音在统一平台中的出现频率较高 135 次（M）或 121 次（F）（见表 3.50）。

2.1 ［ʃ］辅音

在"统一平台"中/ʃ/辅音以单辅音或复辅音后置辅音形式共出现 130 次（M）和 107 次（F）。其中，以单辅音形式主要在词首、词中音节首、词中音节末和词末等位置上出现；以复辅音形式主要在复辅音后置辅音和复辅音前置辅音的位置上出现。在男发音人语料中出现的 130 次/ʃ/辅音中，129 次为单辅音，其他为 1 次复辅音后置辅音；在女发音人语料中出现的 107 次/ʃ/辅音中，103 次为单辅音，其余 1 次在复辅音前置辅音，3 次在复辅音后置辅音。在所有/ʃ/辅音中，（1）76%左右出现在词首和词中音节首位置，其中男发音人 99 次，女发音人 83 次；（2）在词末出现比例最少，男发音人 9 次，女发音人 3 次；（3）在其他位置，如词中音节末或复辅音后置辅音位置出现 22~21 次（见表 3.50）。显然，该辅音主要出现于词首和词中音节首位置。

表 3.50 /ʃ/辅音出现频率统计

		M		F	
		出现频率（次）	百分比（%）	出现频率（次）	百分比（%）
所有		130	100	107	100
单辅音	词首	72	55	60	56
	词中音节首	27	21	23	21
	词中音节末	21	16	17	16
	词末	9	7	3	3
复辅音	复辅音前置辅音			1	1
	复辅音后置辅音	1	1	3	3

2.1.1 声学语图

达斡尔语［ʃ］辅音是舌面前、前硬腭区清擦音。图 3.92 为男发音人［ʃimuːl］"用心，努力"一词三维语图和三层标注实例以及［ʃ］辅音频谱图。

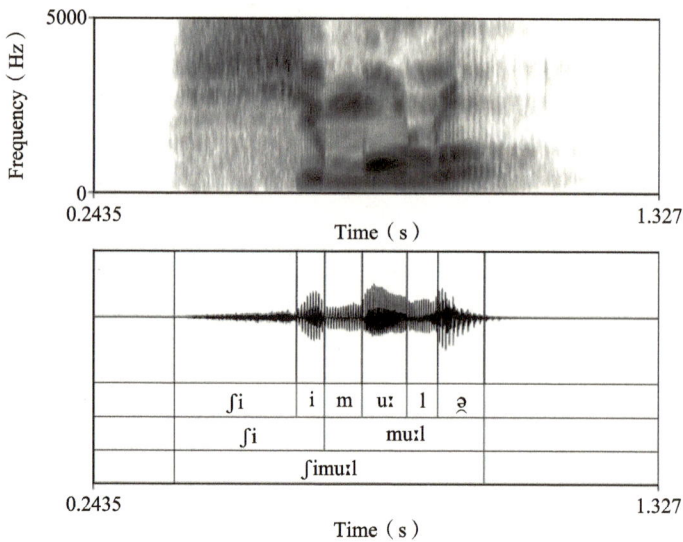

图 3.92-1　男发音人［ʃimuːl］"用心，努力"一词的三维语图和三层标注实例（M）

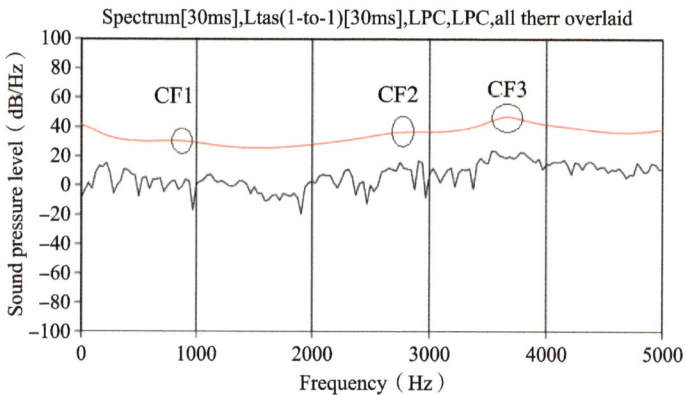

图 3.92-2　男发音人［ʃimuːl］"用心，努力"一词的［ʃ］辅音频谱

2.1.2　共振峰模式

表 3.51 为男、女发音人［ʃ］辅音参数统计。图 3.93 为男、女发音人
［ʃ］辅音共振峰分布图。图 3.93 显示［ʃ］辅音的三个共振峰的频率范围，
即男、女发音人共振峰频率浮动围绕为，M：CF1 = 400 ~ 1100Hz，CF2 =
1000~2500Hz，CF3 = 2000~3500Hz；F：CF1 = 300~1500Hz，CF2 = 1500~
2600Hz，CF3 = 2600~3600Hz。图 3.94 为［ʃ］辅音谱特征示意图。［ʃ］辅
音谱重心（COG）和偏离度（SKEW）等两个谱参数的变异系数差异相对
较小，谱重心值比［ʃ］辅音低。

表 3.51-1 　［ʃ］辅音统计（M）

	CD	CA	CF1	CF2	CF3	COG	Dispersion	SKEW
平均值	158	55.86	935	1885	2867	5117	2193	-0.03
标准差	52	5.04	382	361	399	836	325	0.58
变异系数	33%	9%	41%	19%	14%	16%	15%	-1726%

表 3.51-2 　［ʃ］辅音统计（F）

	CD	CA	CF1	CF2	CF3	COG	Dispersion	SKEW
平均值	154	55.55	1019	2108	3294	6855	1943	-0.38
标准差	42	4.65	437	363	313	1438	427	0.84
变异系数	27%	8.3%	43%	17%	9.4%	21%	22%	-221%

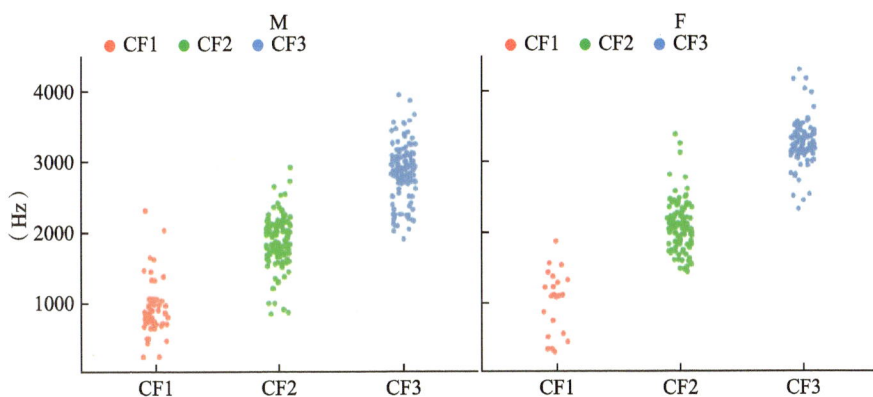

图 3.93 　［ʃ］辅音共振峰分布（M&F）

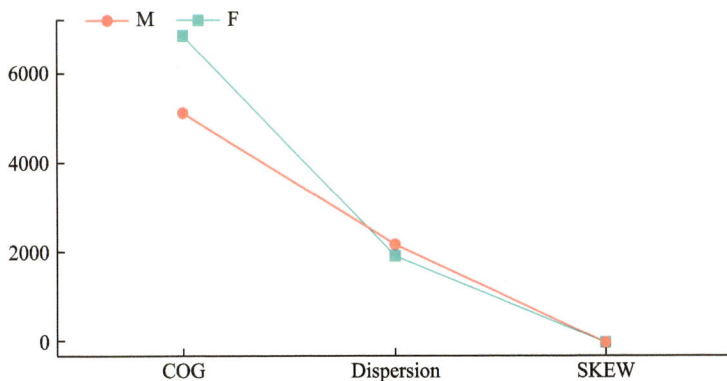

图 3.94 　辅音谱特征示意

2.1.3 词中位置与声学参数之间的关系

表3.52为词中不同位置上［ʃ］辅音的参数统计。图3.95~3.97为词中不同位置上［ʃ］辅音的共振峰、音长、音强参数比较图。

表3.52-1 词中不同位置［ʃ］辅音统计（M）

位置	参数	CD	CA	CF1	CF2	CF3
词首	平均值	186	52.58	1010	1867	2773
	标准差	31	3.72	388	376	391
	变异系数	17%	7%	38%	20%	14%
词中音节首	平均值	104	60.18	951	1910	2850
	标准差	30	3.59	480	370	334
	变异系数	29%	5.9%	50%	19%	12%
词中音节末	平均值	117	59.66	729	1881	3198
	标准差	25	2.8	182	218	411
	变异系数	22%	4.7%	25%	12%	13%
词末	平均值	206	59.88	771	1956	2981
	标准差	75	2.5	222	523	305
	变异系数	36%	4.2%	29%	27%	10%
复辅音后置辅音	平均值	79	60	480	1834	2842
	标准差					
	变异系数					

表3.52-2 词中不同位置［ʃ］辅音统计（F）

位置	参数	CD	CA	CF1	CF2	CF3
词首	平均值	177	52.88	1166	2148	3371
	标准差	38	3.49	410	436	323
	变异系数	22%	6.6%	35%	20%	9.5%
词中音节首	平均值	132	57.73	822	2080	3222
	标准差	22	3.7	243	177	124
	变异系数	17%	6.4%	30%	8.5%	3.8%

续表

位置 \ 参数		CD	CA	CF1	CF2	CF3
词中音节末	平均值	112	59.82	450	2042	3162
	标准差	28	3.33	129	238	434
	变异系数	25%	5.5%	29%	12%	14%
词末	平均值	144	59.33		2080	3252
	标准差	17	3.21		445	94
	变异系数	12%	5.4%		21%	2.8%
复辅音前置辅音	平均值	93	64		1737	3358
	标准差					
	变异系数					
复辅音后置辅音	平均值	131	61.33		2034	3111
	标准差	13	1.52		466	131
	变异系数	10%	2.4%		23%	4.2%

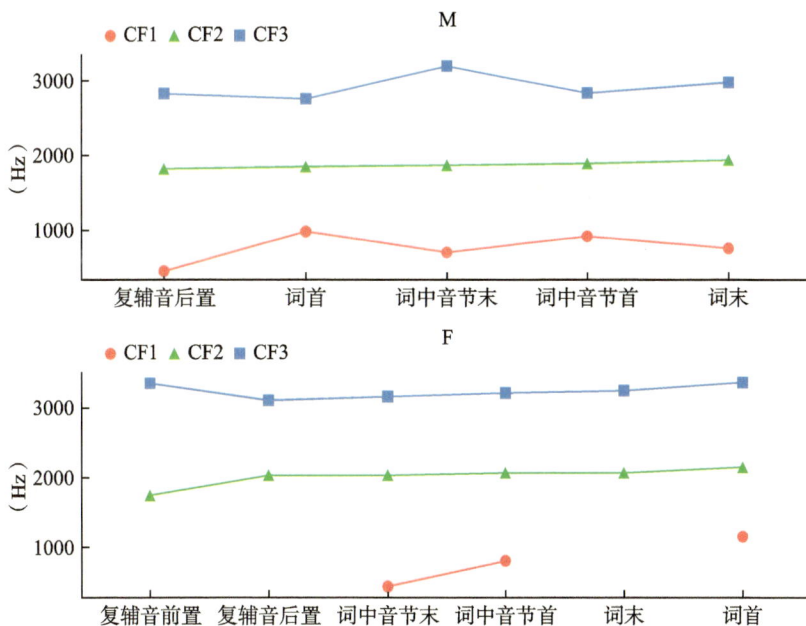

图 3.95 出现在词中不同位置 [ʃ] 辅音的共振峰均值比较（M&F）

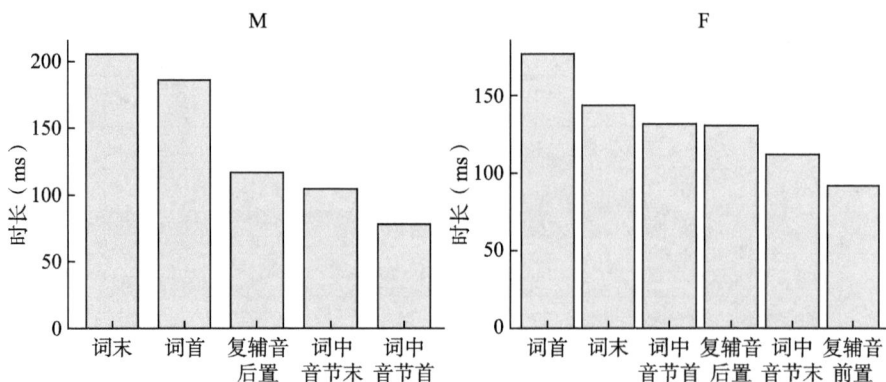

图 3.96　出现在词中不同位置上〔ʃ〕辅音的音长均值比较（M&F）

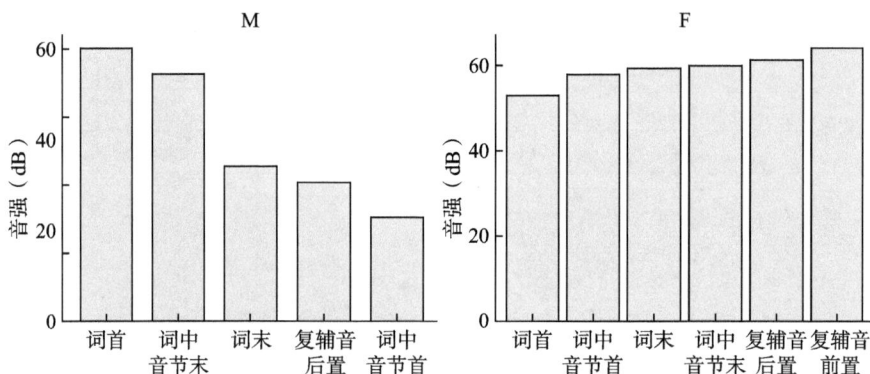

图 3.97　出现词中不同位置〔ʃ〕辅音的音强均值比较（M&F）

从表 3.52 和图 3.95~3.97 中看出，〔ʃ〕辅音词中位置与其声学参数之间具有一定的相关性。例如，〔ʃ〕在词末和词首位置上音长比其他位置上的音长相对长；词首〔ʃ〕的音强比其他位置上的〔ʃ〕相对弱。

2.1.4　后置元音音质与声学参数之间的关系

表 3.53 为不同元音之前的〔ʃ〕辅音参数统计。图 3.98~3.100 为两位发音人不同元音之前〔ʃ〕辅音的共振峰、音长和音强比较图。

表 3.53-1　不同元音前的〔ʃ〕辅音统计（M）

		CD	CA	CF1	CF2	CF3
ʃæ	平均值	184	53.66		1900	2883
	标准差	22	3.05		279	687
	变异系数	12%	5.6%		15%	24%

续表

		CD	CA	CF1	CF2	CF3
ʃi	平均值	184	52.95	778	1929	2911
	标准差	30	3.63	211	538	232
	变异系数	16%	6.8%	27%	28%	7.9%
ʃo	平均值	191	50.83	1397	1771	2643
	标准差	17	2.78	60	354	610
	变异系数	8.9%	5.4%	4.2%	20%	23%
ʃu	平均值	210	53.5		1556	2270
	标准差	28	2.12		47	5.6
	变异系数	13%	3.9%		2.9%	0.2%

表 3.53-2　不同元音前的 ［ʃ］ 辅音统计 （F）

		CD	CA	CF1	CF2	CF3
ʃɐ	平均值	139	52.33		2262	3682
	标准差	22	3.05		191	321
	变异系数	16%	5.8%		8.4%	8.7%
ʃi	平均值	185	53.08	857	2434	3391
	标准差	32	3.08	463	176	116
	变异系数	17%	5.8%	54%	7.2%	3.4%
ʃo	平均值	163	52.16		1922	3243
	标准差	52	3.54		728	476
	变异系数	32%	6.8%		38%	15%
ʃu	平均值	153	55.5		1602	2859
	标准差	8.4	2.12		5.6	561
	变异系数	5.5%	3.8%		0.3%	20%

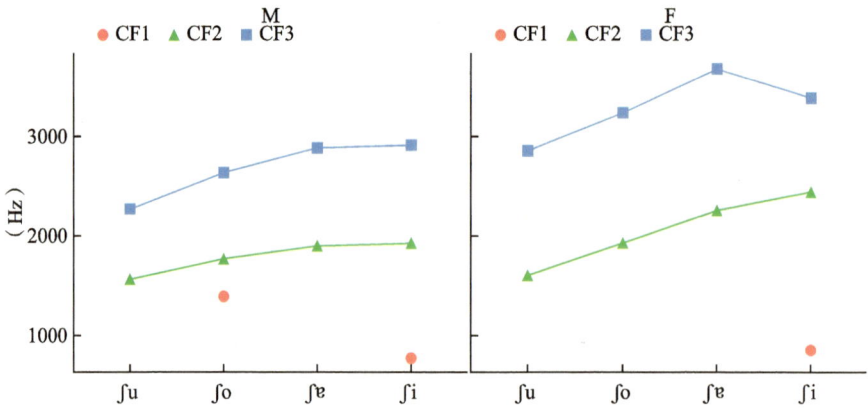

图 3.98　出现在不同元音之前 ［ʃ］ 辅音的三个共振峰均值比较 （M&F）

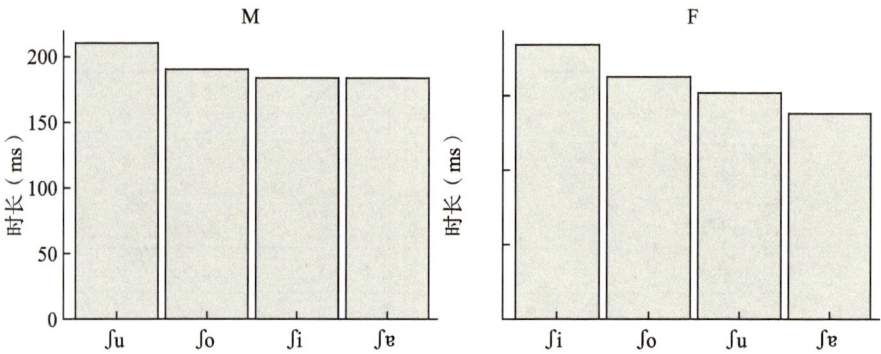

图 3.99　出现不同元音之前 ［ʃ］ 辅音的音长均值比较 （M&F）

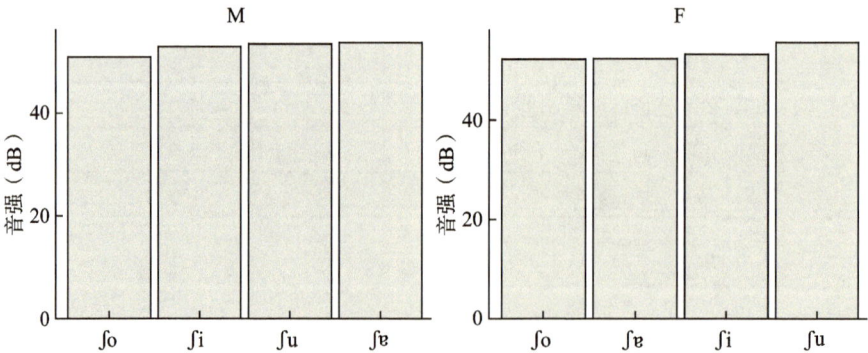

图 3.100　出现在不同元音之前 ［ʃ］ 辅音的音强均值比较 （M&F）

从表 3.53 和图 3.98~3.100 中可以看出，后续元音音质与 [ʃ] 辅音声学参数之间有一定的相关性。如，[ʃ] 辅音在 [i，ɐ] 元音之前的共振峰频率比 [o，u] 元音之前的相对高；在 [ɐ] 元音之前的音长比其在其他元音之前的相对短；在 [o] 元音之前的音强比其在其他元音之前的相对弱。

另外，我们的表和图还显示了男女发音人的个人差异。如，女发音人 [ʃ] 辅音明显比男发音人长；男发音人 [ʃ] 辅音明显比女发音人强。

我们对不同音节中出现的 [ʃ] 辅音时长，谱重心之间做了单因素方差分，结果如表 3.54 所示。

表 3.54　检验结果

	sig（显著性）			
	M	F	M	F
	CD	CD	谱重心	谱重心
词首—词中音节首	.000	.000	.484	.000
词首—词中音节末	.000	.000	.999	.060
词首—词末	.854	.146	.752	.143
词中音节首—词中音节末	.425	.071	.611	.012
词中音节首—词末	.015	.726	.251	.999
词中音节末—词末	.030	.151	.777	.415

我们从时长检验结果来看，男、女发音人的 [ʃ] 辅音在不同音节之间表现不同；谱重心在不同音节之间差异性显著（除女发音人词首—词中音节首和词中音节首—词中音节末外）。

2.2　[ç] 辅音

[ç] 辅音在"统一平台"中只有词首音节出现，分别为 5 次（M）和 14 次（F）。

达斡尔语 [ç] 辅音是硬腭清擦音。图 3.101 为男发音人 [çɐr] "脸面"一词三维语图和 [ç] 辅音频谱图。表 3.55 为 [ç] 辅音声学参数统计总表。表 3.55 可以看出男、女发音人的个人差异。[s] 辅音谱重心（COG）、偏离度（SKEW）和倾斜度（SKEW）等三个谱参数的变异系数差异相对较大，谱重心值相对比较大。

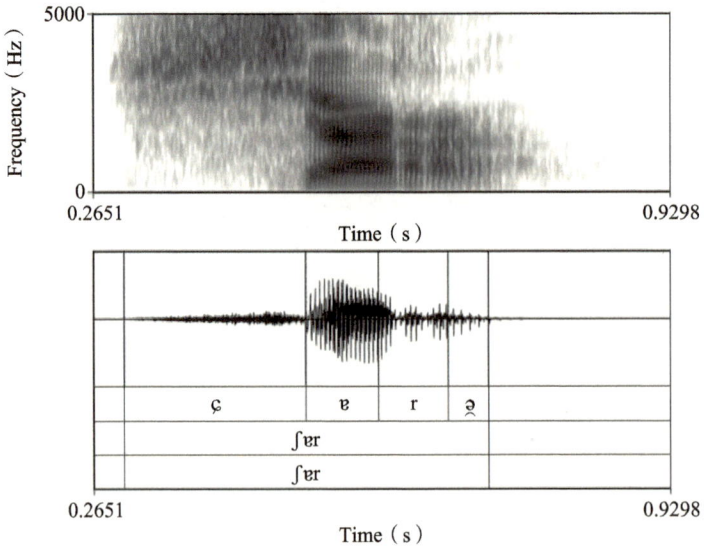

图 3.101-1　男发音人［çɐr］"脸面"一词的三维语图和三层标注

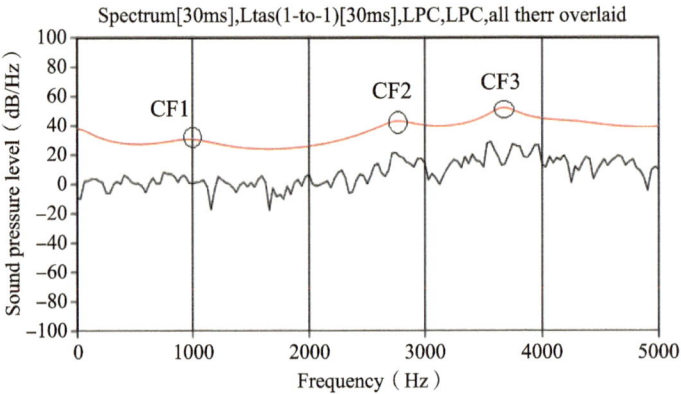

图 3.101-2　男发音人［çɐr］"脸面"一词的［ç］辅音频谱

表 3.55-1　词中不同位置［ç］辅音统计（M）

	CD	CA	CF1	CF2	CF3	COG	Dispersion	SKEW	N
平均值	199	53.6	991	1951	2900	5526	1937	0.006	
标准差	8.6	2.5	32	398	130	133	193	25	5 次
变异系数	4.3	4.6	3.2	20	4.4	2.4	9.9	4130	

表 3.55-2　词中不同位置 [ç] 辅音统计（F）

	CD	CA	CF1	CF2	CF3	COG	Dispersion	SKEW	N
平均值	174	52	695	2457	3447	7353	1736	-0.23	
标准差	33	3.8	418	179	246	1064	235	0.6	14 次
变异系数	19	7.4	60	7.2	7.1	14	14	-263	

3. /x/辅音

3.1　词中分布特征

/x/辅音在"统一平台"中共出现了 145 次（M）和 135 次（F）。只有以单辅音形式出现。从表 3.56 中可以看出，在所有/x/辅音都在词首音节出现。

表 3.56　[x] 辅音出现频率统计

		M	F
		出现频率（次）	出现频率（次）
所有		145	135
单辅音	词首	143	134
	词中音节首	2	1
	词中音节末		
	词末		

3.2　声学特征

3.2.1　声学语图

达斡尔语 [x] 辅音是舌面后—硬腭区清擦音。图 3.102 为男发音人 [xɐloː]"水獭"一词三维语图和 [x] 辅音频谱图。

3.2.2　共振峰模式

表 3.57 为男、女发音人 [x] 辅音的参数统计。图 3.103 为男、女发音人 [x] 辅音共振峰分布图。图 3.103 显示 [x] 辅音的三个共振峰的频率范围，即男、女发音人共振峰频率浮动围绕为，M：CF1 = 500 ~ 1300Hz，CF2 = 600 ~ 1800Hz，CF3 = 2300 ~ 3000Hz；F：CF1 = 900 ~ 1400Hz，CF2 = 600 ~ 2000Hz，CF3 = 2600 ~ 3600Hz。图 3.104 为 [x] 辅音谱特征示意图，[x] 辅音谱重心（COG）、偏离度（SKEW）和倾斜度（SKEW）等三个谱参数的变异系数差异相对较大，谱重心值比 [s] 和 [ʃ] 辅音低。

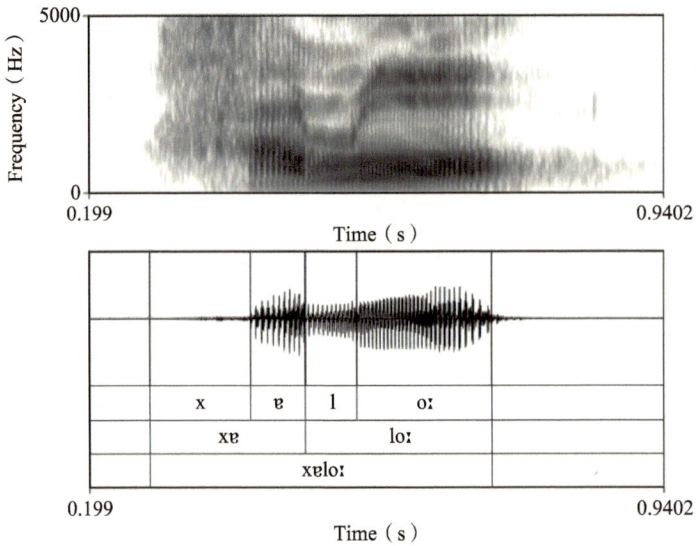

图 3.102-1　男发音人［xɐloː］"水獭"一词的三维语图和三层标注实例（M）

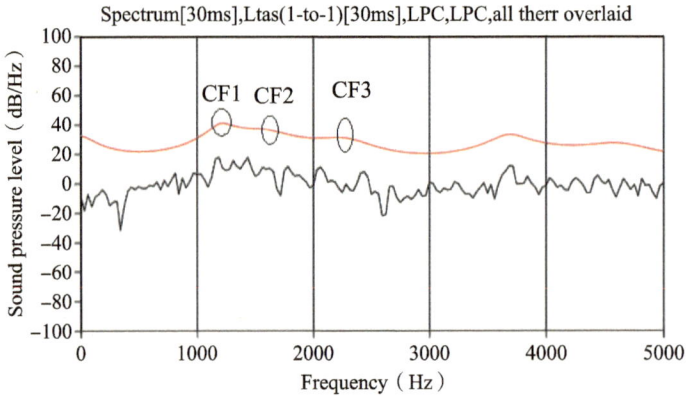

图 3.102-2　男发音人［xɐloː］"水獭"一词的［x］辅音频谱

表 3.57-1　　［x］辅音统计（M）

	CD	CA	CF1	CF2	CF3	COG	Dispersion	SKEW
平均值	123	44.55	862	1059	2585	1573	1691	3.29
标准差	28	6.25	258	380	411	810	718	2.28
变异系数	22%	14%	30%	36%	16%	51%	42%	69%

表 3.57-2 ［x］辅音统计（F）

	CD	CA	CF1	CF2	CF3	COG	Dispersion	SKEW
平均值	124	41.88	1208	1257	3127	1316	1022	5.79
标准差	41	4.71	183	501	435	689	439	4.74
变异系数	33%	11%	15%	40%	14%	52%	43%	82%

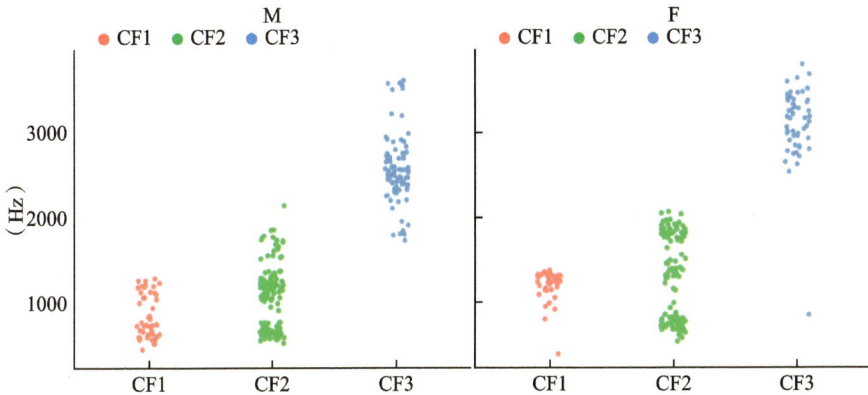

图 3.103 ［x］辅音共振峰分布（M&F）

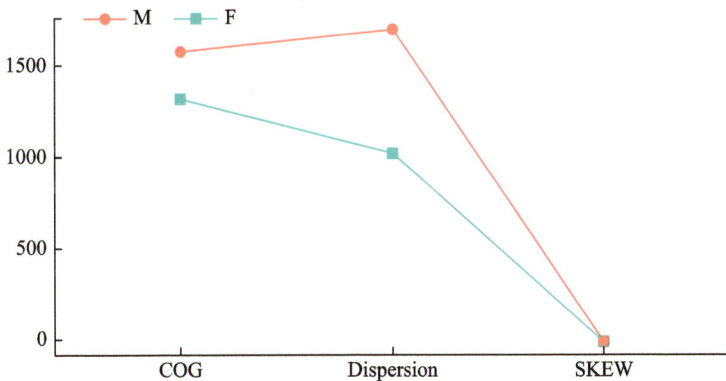

图 3.104 辅音谱特征示意

3.2.3 后置元音音质与声学参数之间的关系

表 3.58 为不同元音之前的［x］辅音参数统计。图 3.105～3.107 为出现在不同元音之前［x］辅音的共振峰、音长和音强的均值比较图。从上述表和图中可以看出，辅音声学参数与其后置元音音质之间具有一定的相关性。如，［x］辅音在展唇央元音［ɐ］、［ə］之前的第二共振峰明显高于在圆唇后元音

[o]、[u] 之前的第二共振峰；[o]、[ə] 元音之前的 [x] 辅音音长相对短于出现在其他元音之前的音长；在圆唇后元音 [o]、[u] 之前的音强比出现在展唇央元音 [ɐ]、[ə] 之前的音强相对弱。

表 3.58-1　不同元音前的 [x] 辅音统计 （M）

		CD	CA	CF1	CF2	CF3
xɐ	平均值	120	45.2	1078	1421	2393
	标准差	16	2.94	164	228	383
	变异系数	13%	6.5%	15%	16%	16%
xə	平均值	118	48.81	800	1095	2762
	标准差	30	7.61	57	86	150
	变异系数	25%	16%	7%	7.8%	5.4%
xo	平均值	115	38.92		679	2498
	标准差	25	5.45		52	
	变异系数	21%	14%		7.7%	
xu	平均值	144	43.1	456	698	2375
	标准差	36	4.06		117	
	变异系数	25%	9.3%		17%	

表 3.58-2　不同元音前的 [x] 辅音统计 （F）

		CD	CA	CF1	CF2	CF3
xɐ	平均值	122	41.65	1277	1825	3160
	标准差	28	2.53	94	126	324
	变异系数	23%	6.1%	7.3%	6.9%	10%
xə	平均值	102	45	942	1380	3033
	标准差	29	1.52	19	132	385
	变异系数	29%	3.3%	2%	9.5%	13%
xo	平均值	98	39.53		782	
	标准差	21	3.6		64	
	变异系数	22%	9.1%		8.1%	
xu	平均值	116	41.5	398	740	1855
	标准差	36	5.68		81	1409
	变异系数	31%	14%		11%	76%

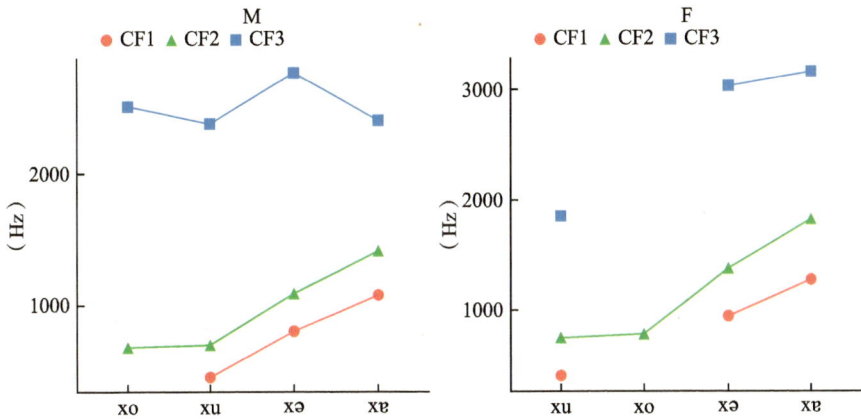

图 3.105 出现在不同元音之前 [x] 辅音的三个共振峰比较（M&F）

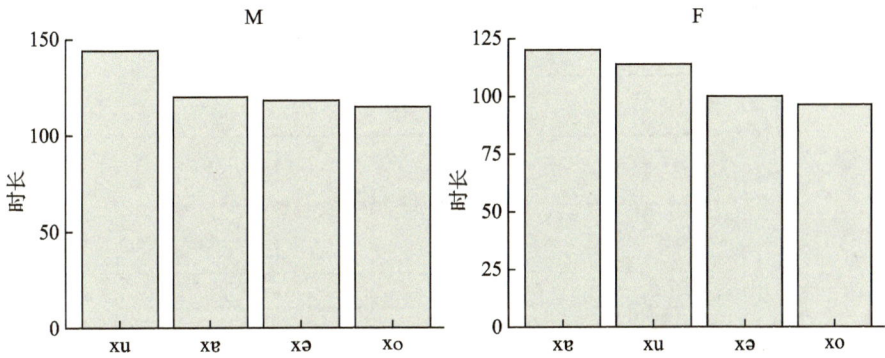

图 3.106 出现在不同元音之前 [x] 辅音的音长比较（M&F）

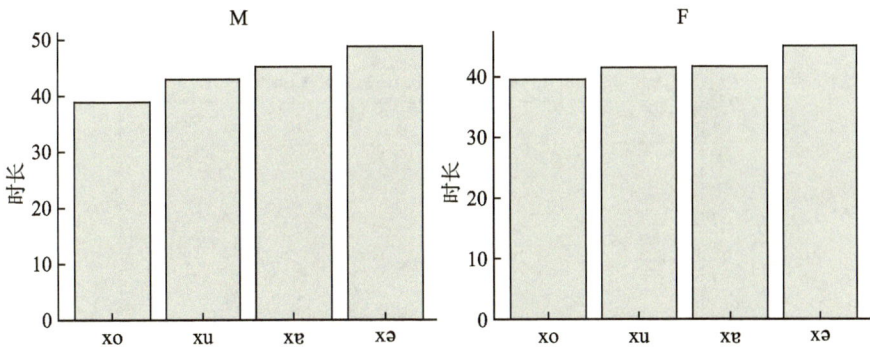

图 3.107 出现在不同元音之前 [x] 辅音的音强均值比较（M&F）

4. /f/辅音

4.1 词中分布特征

/f/辅音在"统一平台"中词首音节共出现了 6 次（M）和 4 次（F）。该辅音在借词中出现。

4.2 声学特征

4.2.1 声学语图

达斡尔语 [f] 辅音是舌面后—硬腭区清擦音。图 3.108 为男、女发音人 [fuː]"伏"一词三维语图、三层标注实例和 [f] 辅音频谱图。

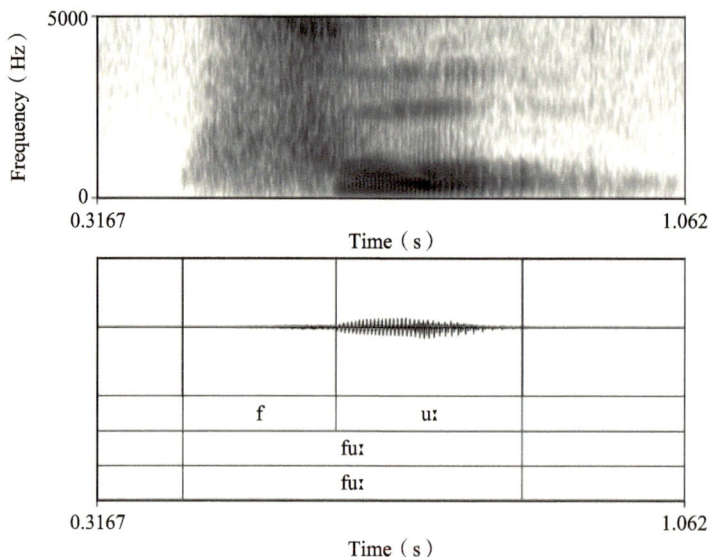

图 3.108-1 男发音人 [fuː]"伏"一词的三维语图和三层标注实例

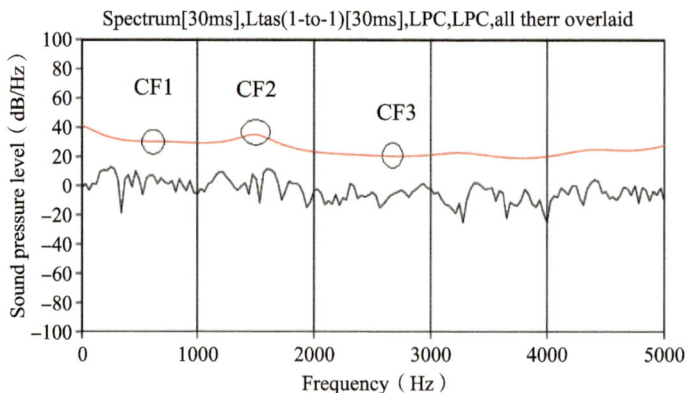

图 3.108-2 男发音人 [fuː]"伏"一词的 [f] 辅音频谱

4.2.2 共振峰模式

表 3.59 为两位发音人 [f] 辅音的参数统计总表。从表 3.59 来看，女发音人共振峰相对比男发音人高；两位发音人的 VF1 的变异系数相对低，VF2 和 VF3 的变异系数相对高；男发音人谱重心相对比女发音人低，离散度基本一致。

表 3.59-1　　[f] 辅音统计（M）

	CD	CA	VF1	VF2	VF3	COG	Dispersion	SKEW
平均值	140	39.33	962	1503	2281	3569	3405	0.64
标准差	28	3.07	62	334	456	543	300	0.3
变异系数	20%	7.8%	6.3%	22%	20%	15%	8.7%	48%

表 3.59-2　　[f] 辅音统计（F）

	CD	CA	VF1	VF2	VF3	COG	Dispersion	SKEW
平均值	126	36.75	1205	1860	2876	5869	3300	-0.27
标准差	22	2.21	0.7	335	376	383	226	0.24
变异系数	17%	6%	0.5%	18%	13%	6.5%	6.8%	-88%

（三）塞擦音

塞擦音指具有先塞后擦特点的辅音，但塞擦音不是塞音和擦音在时序（时位空间）上的简单序列（组合），也不是连续发塞音和擦音的结果，而是将塞与擦的特点融于一体的特殊辅音。发音机制为：两个发音器官先产生闭塞，堵住气流，形成一个闭塞段（GAP），然后在形成闭塞处出现缝隙，气流强行通过缝隙，产生摩擦噪声。塞擦音在三维语图上表现为空白段、微弱冲直条和摩擦乱纹。达斡尔语有/ʧ/，ʧʰ/2 个清塞擦音。

1./ʧ-/辅音

1.1 词中分布特征

/ʧ/辅音在"统一平台"中共出现了 139 次（M）和 164 次（F），以单辅音或复辅音后置辅音形式出现。其中，单辅音形式出现在词首、词中音节首、词中音末和词末等位置；复辅音形式出现在复辅音后置辅音位置。男发音人语料中出现的 139 次/ʧ/辅音中，130 次为单辅音，其他 9 次为复辅音后置辅音；女发音人语料中出现的 164 次/ʧ/辅音中，160 次为单辅音，其余 4 次为复辅音后置辅音。在所有/ʧ/辅音中，出现在词首和词中音节首的单辅音比例最高，共占 74% ~ 80%，出现在其他位置的少很多。请见表 3.60。显然，该辅音主要以单辅音形式出现在词中音节首和词首。

表 3.60 [ʧ] 辅音出现频率统计

		M		F	
		出现频率（次）	百分比（%）	出现频率（次）	百分比（%）
所有		139	100	164	100
单辅音	词首	61	44	63	38
	词中音节首	42	30	68	42
	词中音节末			1	1
	词末	27	19	28	17
复辅音	复辅音前置辅音				
	复辅音后置辅音	9	7	4	2

1.2 声学特征

1.2.1 声学语图特点

达斡尔语 [ʧ] 为舌叶—齿龈后区，不送气，清塞擦音，而不是浊塞擦音 [ʤ]。图 3.109 为男发音人 [ʧiβiʧ]"嘴角"一词的三维语图、三层标注实例和 [ʧ] 辅音频谱图。

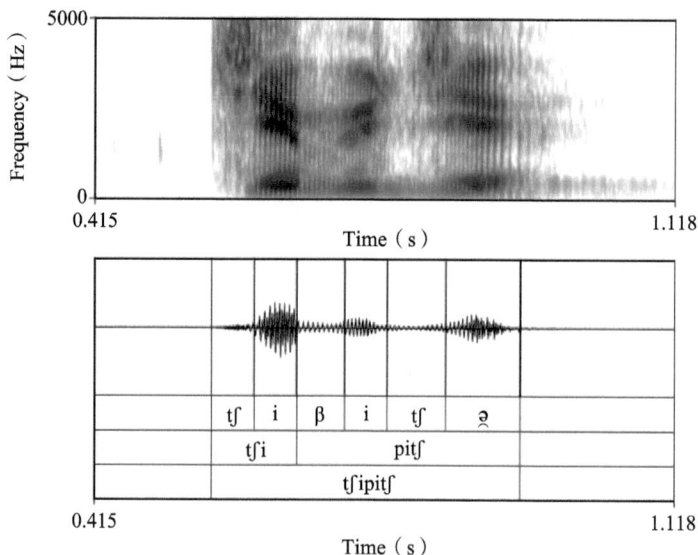

图 3.109-1 男发音人 [ʧiβiʧ]"嘴角"一词的三维语图和三层标注实例

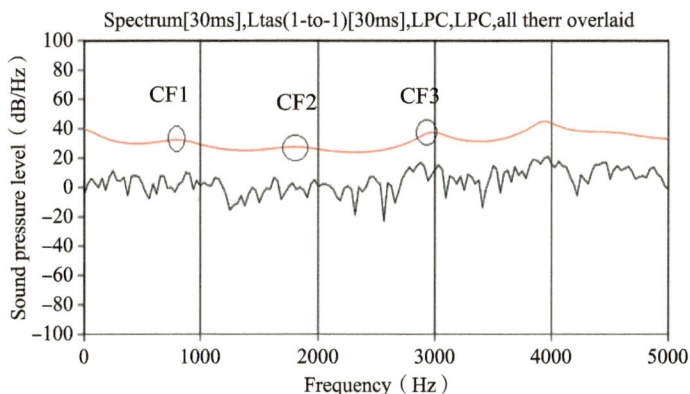

图 3.109-2　男发音人〔ʧiβiʧ〕"嘴角"一词的〔ʧ〕辅音频谱

1.2.2　共振峰分布模式

表 3.61 为两位发音人〔ʧ〕辅音的参数统计。图 3.110 为〔ʧ〕辅音第一、第二和第三共振峰的分布图。图 3.110 显示了〔ʧ〕辅音三个共振峰的频率范围，即男、女发音人共振峰频率浮动围绕为，M：CF1 = 200~1100Hz，

表 3.61　〔ʧ〕辅音统计（M）

	M					F				
	VOT	CA	CF1	CF2	CF3	VOT	CA	CF1	CF2	CF3
平均值	52	56.52	771	1829	2855	47	53.92	801	2139	3276
标准差	43	5.07	378	316	308	13	3.6	726	341	302
变异系数	82%	8.9%	49%	17%	11%	27%	6.7%	91%	16%	9.2%

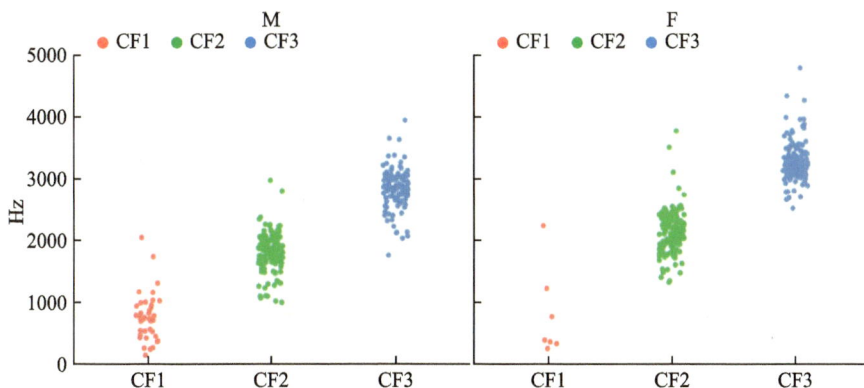

图 3.110　〔ʧ〕辅音共振峰分布（M&F）

CF2 = 1000 ~ 2300Hz，CF3 = 2000 ~ 3500Hz；F：CF1 = 300 ~ 1000Hz，CF2 = 1400 ~ 2600Hz，CF3 = 2500 ~ 4000Hz。可以看出，女发音人 CF2 和 CF3 频率略高于男发音人。

1.2.3 词中位置与声学参数之间的关系

表 3.62 为词中不同位置上［ʧ］辅音参数统计。图 3.111 ~ 3.113 为根据表 3.62 绘制的词中不同位置上［ʧ］辅音的共振峰、音长、音强均值比较图。表 3.61 和图 3.111 ~ 3.113 显示，词中位置与辅音声学参数之间具有一定的相关性。如，词中音节首和词首［ʧ］辅音的音长比其他位置上的相对短；词中音节首和词末［ʧ］辅音的音强比其他位置上的相对强；单辅音中词末音节的 CF2 频率也相对高。

表 3.62-1 词中不同位置［ʧ］辅音统计（M）

位置 \ 参数		GAP	VOT	CD	CA	CF1	CF2	CF3
词首	平均值		41		52.71	888	1780	2813
	标准差		12		4.33	254	310	303
	变异系数		31%		8.2%	29%	17%	11%
词中音节首	平均值	52	32	84	60.28	952	1847	2915
	标准差	25	8.9	25	2.9	883	349	351
	变异系数	47%	28%	29%	4.8%	93%	19%	12%
词末	平均值	32	109	141	59.33	586	1924	2852
	标准差	9.2	63	62	3.57	186	238	256
	变异系数	29%	58%	44%	6%	32%	12%	8.9%
复辅音后置辅音	平均值	56	57	113	56.33	903	1772	2877
	标准差	27	57	52	2.59	30	381	264
	变异系数	48%	100%	46%	4.6%	3.3%	22%	9.1%

表 3.62-2 词中不同位置［ʧ］辅音统计（F）

位置 \ 参数		GAP	VOT	CD	CA	CF1	CF2	CF3
词首	平均值		47		52.85	793	2082	3341
	标准差		12		4.03	436	362	315
	变异系数		26%		7.6%	55%	17%	9.4%

续表

位置 ＼ 参数		GAP	VOT	CD	CA	CF1	CF2	CF3
词中音节首	平均值	59	45	105	54.94	326	2110	3241
	标准差	25	14	30	3.18	68	265	240
	变异系数	41%	31%	29%	5.7%	21%	13%	7.3%
词中音节末	平均值	74	72	146	51		2026	3121
	标准差							
	变异系数							
词末	平均值	54	49	103	54.1		2278	3180
	标准差	17	9	23	3.1		286	259
	变异系数	32%	19%	22%	5.7%		13%	8.1%
复辅音后置辅音	平均值	73	55	128	53		2818	3528
	标准差	25	15	37	3.16		863	848
	变异系数	35%	27%	29%	5.9%		31%	24%

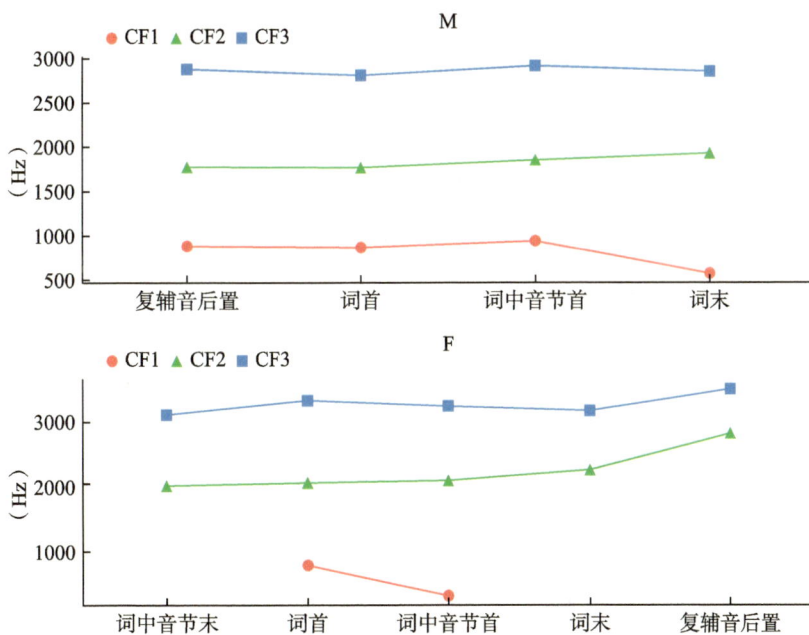

图 3.111　词中不同位置 [ʧ] 辅音的共振峰均值比较（M&F）

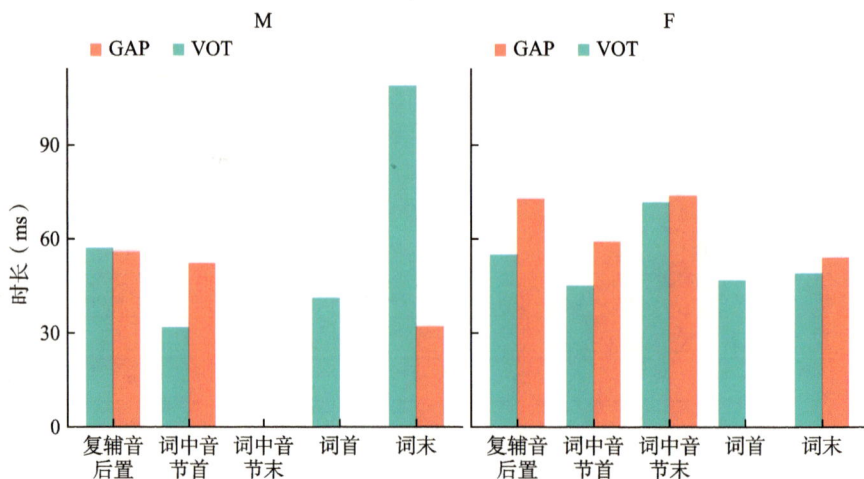

图 3.112　词中不同位置 [ʧ] 辅音 VOT 音长均值比较 （M&F）

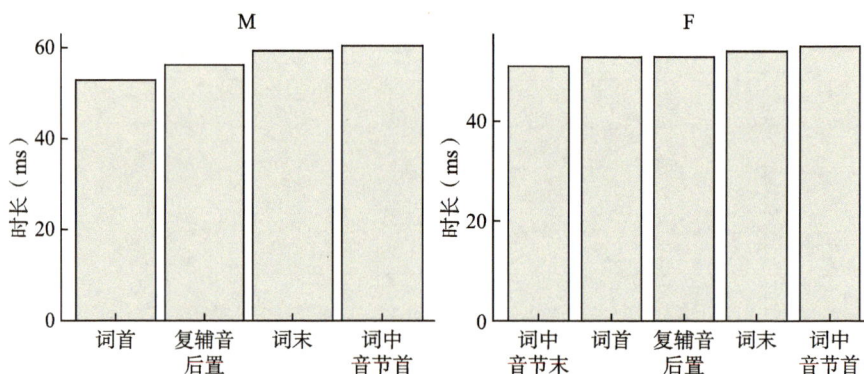

图 3.113　词中不同位置 [ʧ] 辅音的音强均值比较 （M&F）

1.2.4　后置元音音质与声学参数之间的关系

表 3.63 为不同元音之前 [ʧ] 辅音的参数统计表。图 3.114～3.116 为不同元音之前 [ʧ] 辅音的共振峰、音长和音强均值比较图。从上述表图中可以看出，后置元音音质与 [ʧ] 辅音声学参数之间具有一定的相关性。如，[ɐ] 之前的 [ʧ] 辅音音长相对低于其他元音之前的音长；[ɐ] 之前的 [ʧ-] 辅音音强相对强，而 [o] 之前的 [ʧ-] 辅音相对弱；[u]、[ɐ] 之前的 [ʧ] 辅音共振峰频率相对低。

表 3.63-1　不同元音前的［ʧ］辅音统计（M）

		VOT	CA	CF1	CF2	CF3
ʧe	平均值	33	57.71	967	1759	2890
	标准差	7.3	3.14		121	210
	变异系数	22%	5.4%		6.8%	7.2%
ʧi	平均值	49	51.3	702	1992	3023
	标准差	16	2.54	258	324	182
	变异系数	33%	4.9%	37%	16%	6%
ʧo	平均值	50	47		2122	2528
	标准差	8.4	2.82		35	128
	变异系数	17%	6%		1.6%	5%
ʧu	平均值	40	52.8		1618	2503
	标准差	8.8	0.8		396	226
	变异系数	22%	1.5%		25%	9%

表 3.63-2　不同元音前的［ʧ］辅音统计（F）

		VOT	CA	CF1	CF2	CF3
ʧe	平均值	36	53.16		2018	3157
	标准差	10	4.99		120	145
	变异系数	28%	9.3%		5.9%	4.5%
ʧi	平均值	60	49.83		2369	3330
	标准差	9.4	3.76		181	69
	变异系数	16%	7.5%		7.6%	2%
ʧo	平均值	48	48		2052	3727
	标准差	7	7.07		133	192
	变异系数	15%	15%		6.4%	5.1%
ʧu	平均值	52	49		1550	2976
	标准差	16	4.9		176	148
	变异系数	30%	10%		11%	4.9%

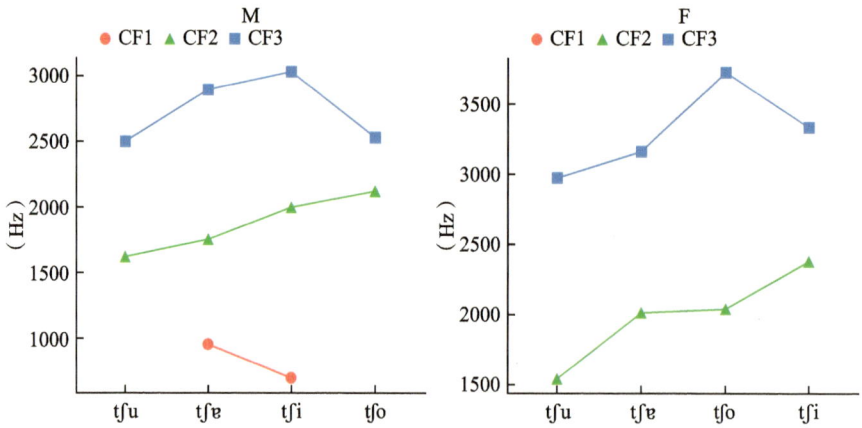

图 3.114　不同元音之前［ʧ］辅音的三个共振峰均值比较（M&F）

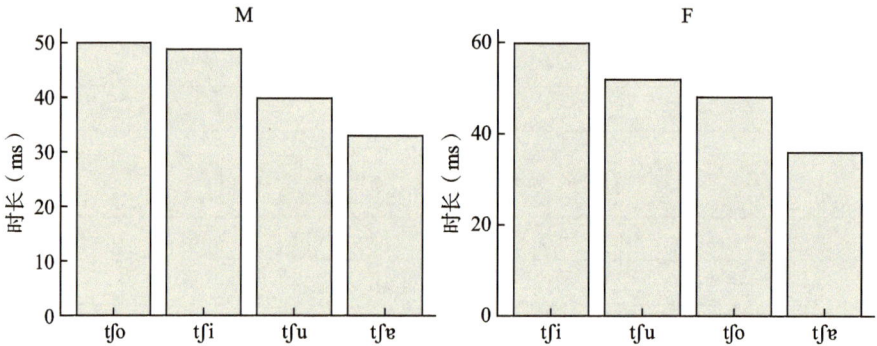

图 3.115　不同元音之前［ʧ］辅音的 VOT 均值比较（M&F）

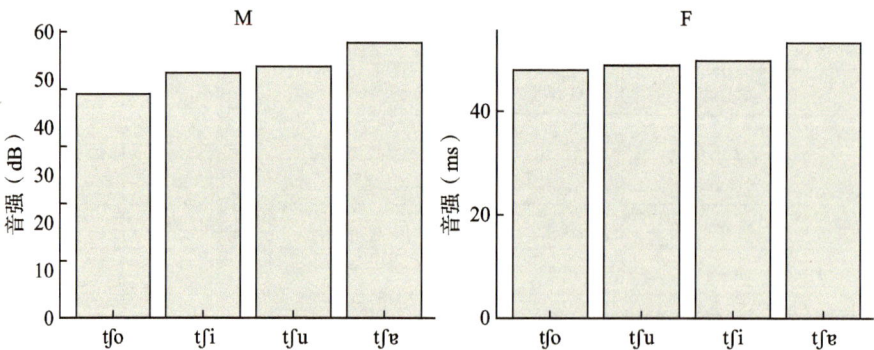

图 3.116　不同元音之前［ʧ］辅音的音强均值比较（M&F）

　　我们对不同音节中出现的［ʧ］辅音 VOT、GAP 之间做了单因素方差分析，结果如表 3.64 所示。

表 3.64　检验结果

	sig（显著性）			
	VOT		GAP	
	M	F	M	F
词首—复辅音后置	.826	.778		
词首—词中音节首	.001	.840		
词首—词末	.000	.945		
复辅音后置—词中音节首	.589	.657	.902	.603
复辅音后置—词末	.139	.856	.063	.413
词中音节首—词末	.000	.556	.000	.422

我们从检验结果来看，VOT 上，女发音人在不同音节之间差异性不显著，男发音人的复辅音后置与其他音节之间差异性显著，其他音节之间差异性显著；GAP 上，女发音人差数差异性不显著，男发音人中，词中音节首—词末之间差异性显著，其他音节之间差异性不显著。

2. /ʧʰ/辅音

2.1　词中分布特征

/ʧʰ/辅音在"统一平台"中以单辅音或复辅音后置辅音形式共出现了197 次（M）和 192 次（F）。其中，以单辅音形式在词首、词中音节首、词中音节末和词末等位置出现；复辅音形式以复辅音前置辅音和复辅音后置辅音。其中，在男发音人语料中出现的 197 次/ʧʰ/辅音中，180 次为单辅音，17 次为复辅音后置辅音；在女发音人语料中出现的 192 次/ʧʰ/辅音中，183次为单辅音，9 次为复辅音后置辅音。在所有/ʧʰ/辅音中，以单辅音形式出现在词中音节首的比例最高（50%~52%），以单辅音形式出现在词首位置的/ʧʰ/辅音位居第二（25%~27%），在其他位置上出现的比例相对少（见表3.65）。显然，该辅音主要以单辅音形式在词中音节首和词首出现。

表 3.65　[ʧʰ] 辅音出现频率统计

	M		F	
	出现频率（次）	百分比（%）	出现频率（次）	百分比（%）
所有	197	100	192	100

续表

		M		F	
		出现频率（次）	百分比（%）	出现频率（次）	百分比（%）
单辅音	词首	49	25	51	27
	词中音节首	102	52	97	50
	词中音节末	8	4	13	7
	词末	21	11	22	11
复辅音	复辅音前置辅音				
	复辅音后置辅音	17	8	9	5

2.2 声学特征

2.2.1 声学语图特点

达斡尔语 [ʧʰ] 为舌叶—齿龈后区，送气，清塞擦音。图 3.117 为男发音人 [ʧʰoʧʰ]"受惊"一词的三维语图、三层标注实例和 [ʧʰ] 辅音频谱图。

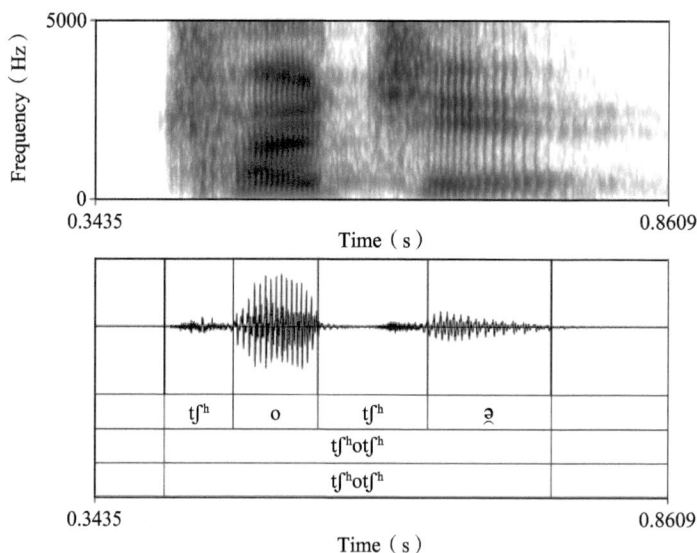

图 3.117-1 **男发音人 [ʧʰoʧʰ]"受惊"一词的三维语图和三层标注实例**

2.2.2 共振峰分布模式

表 3.66 为 [ʧʰ] 辅音的参数统计表。图 3.118 为两位发音人 [ʧʰ] 辅音第一、第二和第三共振峰分布图。图 3.118 显示了 [ʧʰ] 辅音三个共振

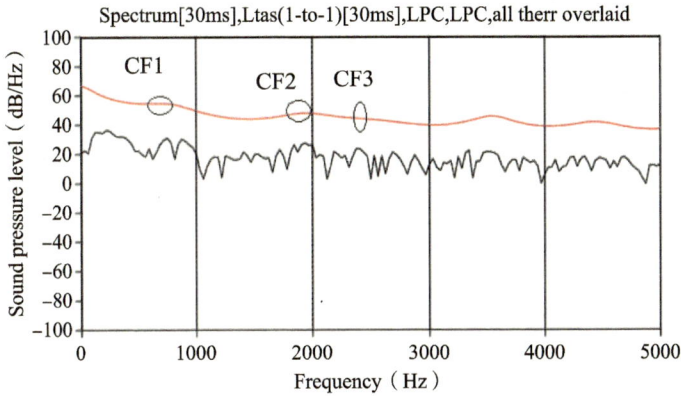

图 3.117-2　男发音人［ʧʰoʧʰ］"受惊"一词的［ʧʰ］辅音（词首）频谱

峰的频率范围，即男、女发音人共振峰频率浮动围绕为，M：CF1 = 300 ~ 1200Hz，CF2 = 1200 ~ 2600Hz，CF3 = 2500 ~ 3900Hz；F：CF1 = 300 ~ 1500Hz，CF2 = 1500 ~ 2700Hz，CF3 = 3000 ~ 3900Hz。

表 3.66　［ʧʰ］辅音统计（M&F）

	M					F				
	VOT	CA	CF1	CF2	CF3	VOT	CA	CF1	CF2	CF3
平均值	72	57.93	806	1907	2886	93	59.67	928	2172	3315
标准差	36	3.23	252	380	342	20	4.02	364	289	284
变异系数	50%	5.5%	31%	20%	12%	21%	6.7%	39%	13%	8.5%

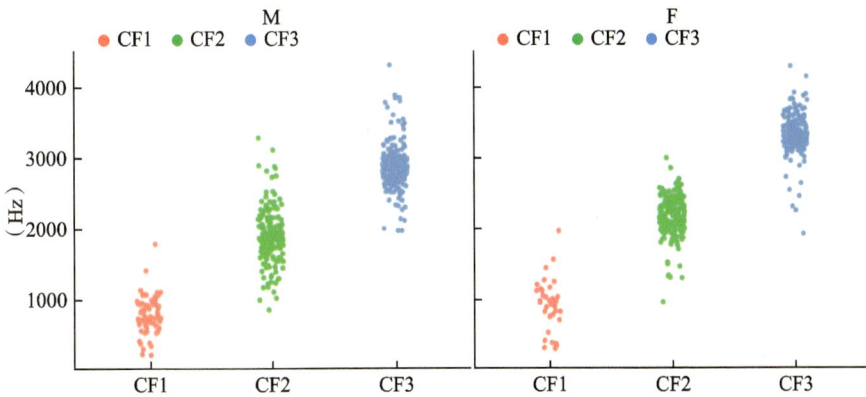

图 3.118　［ʧʰ］辅音共振峰分布（M&F）

2.2.3 词中位置与声学参数之间的关系

表 3.67 为词中不同位置 [ʧʰ] 辅音统计表，图 3.119~3.121 为根据表 3.67 所画的图。从这些图表显示，辅音词中位置与其声学参数之间具有一定的相关性。如，在词首位置上 [ʧʰ] 辅音的 CF2 频率相对低，词末位置的 CF2 相对高；词中音节首和词中音节末的 VOT 音长相对短，词末和词首的 VOT 音长相对长；词末的音强比其他位置相对强。

表 3.67-1 词中不同位置 [ʧʰ] 辅音统计 （M）

位置 \ 参数		GAP	VOT	CD	CA	CF1	CF2	CF3
词首	平均值		90		57.67	791	1794	2822
	标准差		22		3.33	217	455	398
	变异系数		25%		5.7%	27%	25%	14%
词中音节首	平均值	73	52	125	57.86	860	1913	2883
	标准差	37	13	36	2.84	235	368	322
	变异系数	51%	25%	29%	4.9%	27%	19%	11%
词中音节末	平均值	60	63	123	56.87	249	1963	3000
	标准差	41	19	42	3.04		263	415
	变异系数	69%	31%	34%	5.3%		13%	14%
词末	平均值	45	126	171	60.38	801	2046	2927
	标准差	14	58	56	2.88	305	253	241
	变异系数	31%	46%	33%	4.7%	38%	12%	8.2%
复辅音后置辅音	平均值	88	72	160	56.64	796	1984	2980
	标准差	42	39	45	4.3	239	353	348
	变异系数	47%	54%	28%	7.5%	30%	18%	12%

表 3.67-2 词中不同位置 [ʧʰ] 辅音统计 （F）

位置 \ 参数		GAP	VOT	CD	CA	CF1	CF2	CF3
词首	平均值		97		57.35	1069	2044	3325
	标准差		18		3.74	241	345	354
	变异系数		19%		6.5%	23%	17%	11%

续表

位置	参数	GAP	VOT	CD	CA	CF1	CF2	CF3
词中音节首	平均值	88	88	176	60.2	770	2186	3298
	标准差	41	20	40	4.04	463	231	239
	变异系数	46%	23%	23%	6.7%	60%	11%	7.2%
词中音节末	平均值	59	88	147	59.3	811	2238	3449
	标准差	17	23	32	2.83	422	325	413
	变异系数	29%	26%	22%	4.7%	52%	15%	12%
词末	平均值	78	108	186	62.68	1031	2336	3287
	标准差	20	16	32	2.69	88	165	123
	变异系数	26%	15%	17%	4.3%	8.5%	7%	3.7%
复辅音后置辅音	平均值	85	95	180	60.33	320	2229	3315
	标准差	31	12	38	2.78		415	392
	变异系数	36%	13%	21%	4.6%		19%	12%

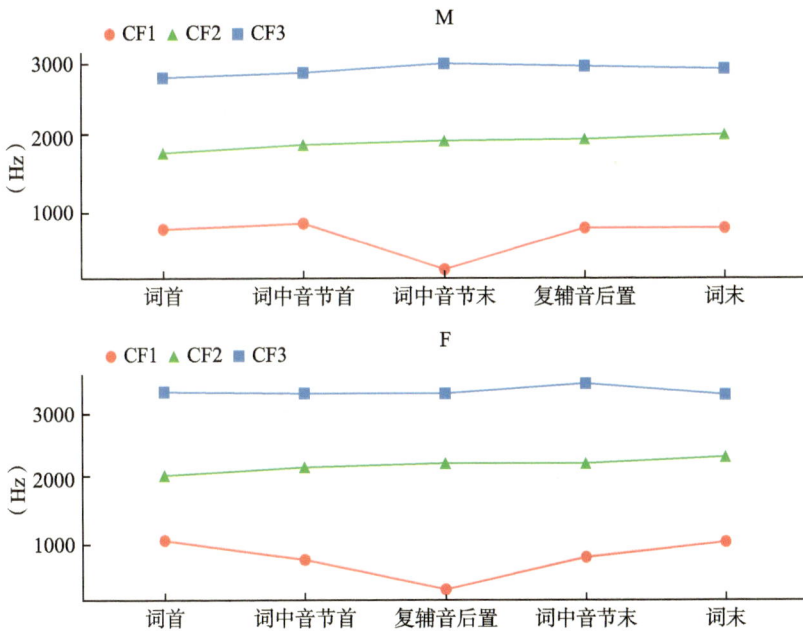

图 3.119　词中不同位置上 [ʧʰ] 辅音的共振峰均值分布（M&F）

M

■ GAP ■ VOT

F

■ GAP ■ VOT

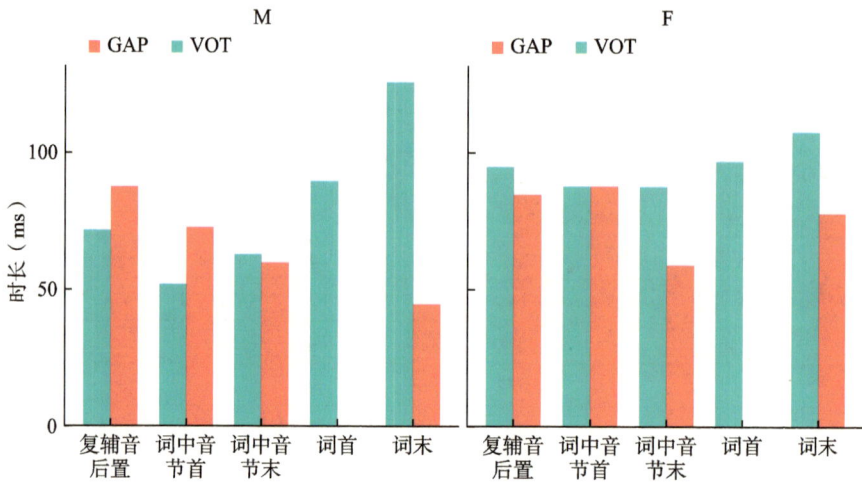

图 3.120　词中不同位置上 [ʧʰ] 辅音的 VOT 均值分布 （M&F）

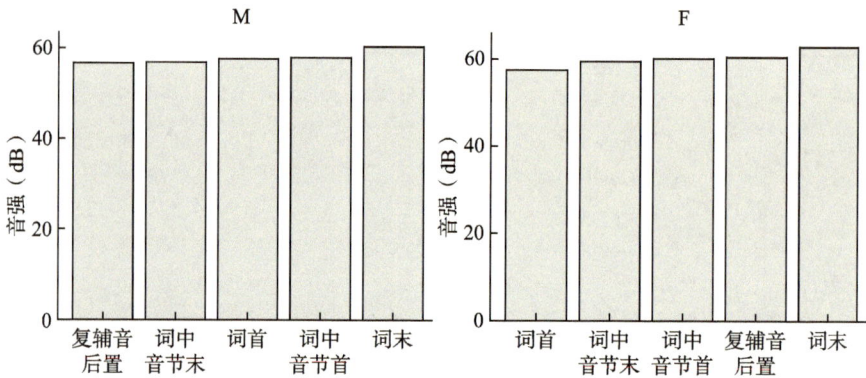

M

F

图 3.121　词中不同位置上 [ʧʰ] 辅音的音强均值分布 （M&F）

2.2.4　后置元音音质与声学参数之间的关系

表 3.68 为不同元音之前 [ʧʰ] 辅音的参数统计。图 3.122~3.124 为不同元音之前 [ʧʰ] 辅音的共振峰、音长和音强均值比较图。上述表和图显示，辅音声学参数与其后置元音音质之间具有一定的相关性。在 [i] 前元音之前 [ʧʰ] 辅音第二共振峰比其他元音之前的相对高；[i] 元音之前 [ʧʰ] 辅音的 VOT 比其他元音之前的相对长；与音强之间的相关性不明显。

表 3.68-1 不同元音前的 [ʧʰ] 辅音统计（M）

		VOT	CA	CF1	CF2	CF3
ʧʰɐ	平均值	75	56		1699	2753
	标准差					
	变异系数					
ʧʰi	平均值	100	57	583	2270	3259
	标准差	22	3.94	216	557	642
	变异系数	22%	6.9%	37%	25%	20%
ʧʰo	平均值	78	58		1320	2546
	标准差	7.7	7.07		20	3.5
	变异系数	10%	12%		1.4%	0.1%

表 3.68-2 不同元音前的 [ʧʰ] 辅音统计（F）

		VOT	CA	CF1	CF2	CF3
ʧʰɐ	平均值	59	56	935	2227	3432
	标准差					
	变异系数					
ʧʰi	平均值	100	58.18	984	2342	3403
	标准差	19	3.2	114	231	112
	变异系数	18%	5.5%	12%	9.8%	3.2%
ʧʰo	平均值	83	54.75	990	1927	3484
	标准差	14	0.5		63	294
	变异系数	17%	0.9%		3.2%	8.4%

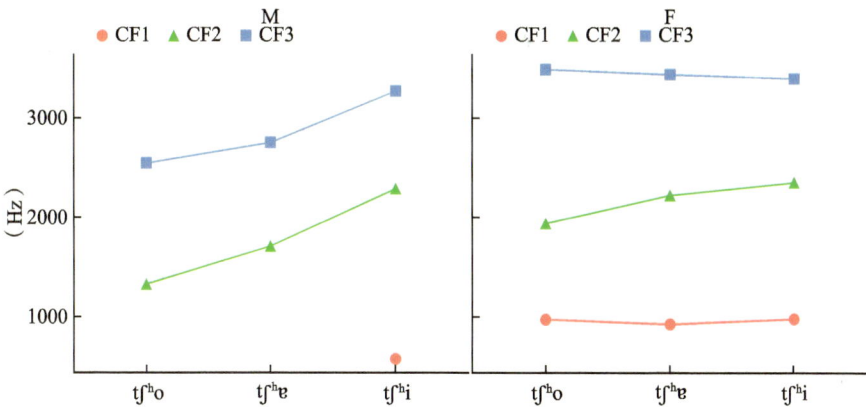

图 3.122 不同元音之前 [ʧʰ] 辅音的三个共振峰均值比较（M&F）

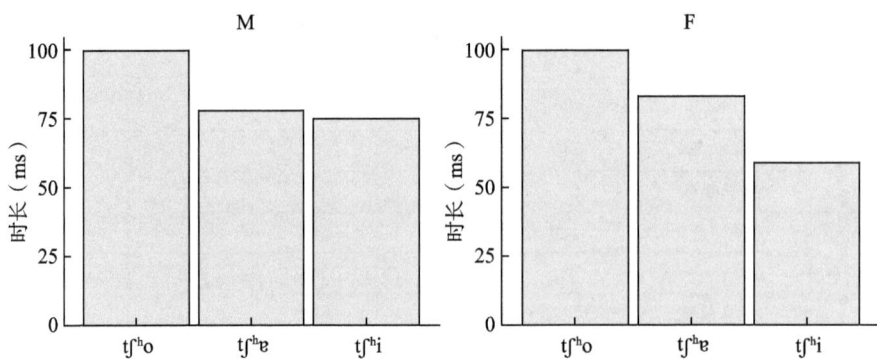

图 3.123　不同元音之前［ʧʰ］辅音 VOT 均值比较（M&F）

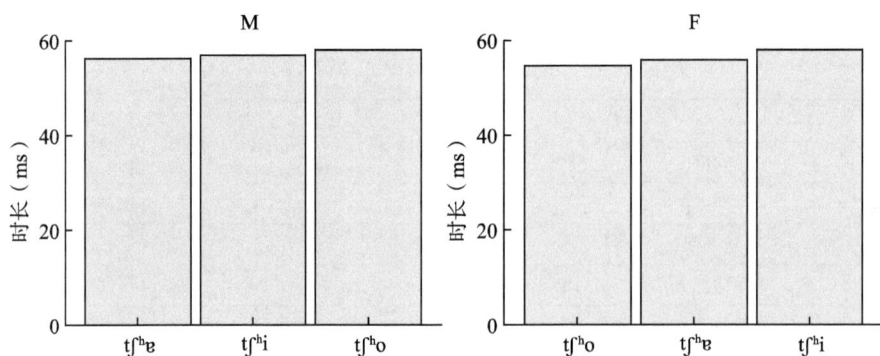

图 3.124　不同元音之前［ʧʰ］辅音的音强均值比较（M&F）

我们对不同音节中出现的［ʧʰ］辅音 VOT、GAP 之间做了单因素方差分析，结果如表 3.69 所示。

表 3.69　检验结果

	sig（显著性）			
	VOT		GAP	
	M	F	M	F
词首—复辅音后置	.411	.979		
词首—词中音节首	.000	.050		
词首—词中音节末	.028	.668		
词首—词末	.069	.125		
复辅音后置—词中音节首	.277	.623	.475	.989
复辅音后置—词中音节末	.926	.905	.412	.154

续表

	sig（显著性）			
	VOT		GAP	
	M	F	M	F
复辅音后置—词末	.012	.136	.003	.926
词中音节首—词中音节末	.584	1.000	.836	.000
词中音节首—词末	.000	.000	.000	.330
词中音节末—词末	.001	.084	.758	.028

我们从检验结果来看，VOT 参数上女发音人各音节之间差异性显著，但男发音规律不强；GAP 参数上男、女发音人有不同表现。

（四）鼻音

鼻音是通过鼻腔辐射到外的辅音，发鼻音时口腔紧闭，声带振动，气流通过鼻腔产生共鸣。根据口腔内阻塞形成点的不同，把达斡尔语鼻音可以分为双唇鼻音、舌尖—齿鼻音和舌面后—软腭鼻音。达斡尔语有 /n/、/m/、/ŋ/ 等三个鼻音。

1. /n/辅音

1.1 词中分布特征

/n/辅音在"统一平台"中以单辅音或复辅音前置辅音形式共出现了 299 次（M）和 291 次（F）。其中，以单辅音形式出现的位置有词首、词中音节首、词中音节末和词末等；以复辅音音形式出现在复辅音前置辅音位置。M 的 299 次/n/辅音中，281 次为单辅音，其他 18 次为复辅音前置辅音；F 的 291 次/n/辅音中，269 次为单辅音，其余 22 次为复辅音前置辅音。以单辅音形式出现在词中音节首和词中音节末位置的频率比例最高（66%~67%），以单辅音形式出现在词首和词中音节首和音节末位置出现的位居第二（18%~19%），其他位置出现的比例相对少（见表 3.70）。

表 3.70 [n] 辅音出现频率统计

	M		F	
	出现频率（次）	百分比（%）	出现频率（次）	百分比（%）
所有	299	100	291	100

		M		F	
		出现频率（次）	百分比（%）	出现频率（次）	百分比（%）
单辅音	词首	58	19	53	18
	词中音节首	98	33	100	34
	词中音节末	97	33	96	33
	词末	28	9	20	7
复辅音	复辅音前置辅音	18	6	22	8
	复辅音后置辅音				

1.2 声学特征

1.2.1 声学语图

达斡尔语［n］辅音是舌尖—齿区鼻音。图 3.125 为男发音人［ninnur］"单的"一词三维语图、三层标注实例和［n］辅音频谱图。

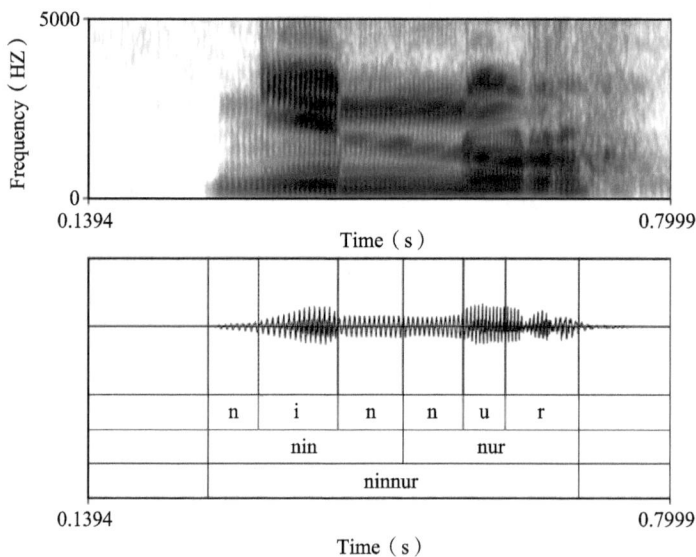

图 3.125-1 男发音人［ninnur］"单的"一词的三维语图和三层标注实例

Spectrum〔30 ms〕, Ltas（1-to-1）〔30 ms〕, LPC, all three overlaid

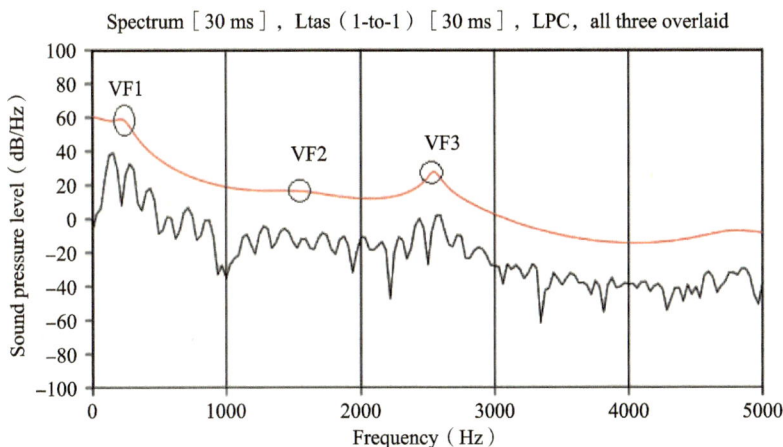

图 3.125-2　男发音人〔ninnur〕"单的"一词的〔n〕辅音（词首）频谱

1.2.2　共振峰分布模式

表 3.71 为两位发音人〔n〕辅音参数统计总表。图 3.126 为〔n〕辅音共振峰分布图。图 3.126 显示了〔n〕辅音的三个共振峰的频率范围，即男、女发音人共振峰频率浮动围绕为，M：VF1＝200~500Hz，VF2＝900~2000Hz，

表 3.71　〔n〕辅音统计（M&F）

	M					F				
	CD	CA	VF1	VF2	VF3	CD	CA	VF1	VF2	VF3
平均值	79	67.19	306	1465	2542	84	64.31	343	1782	3007
标准差	25	4.7	67	235	126	32	3.42	65	334	331
变异系数	31%	6.9%	22%	16%	4.9%	38%	5.3%	19%	19%	11%

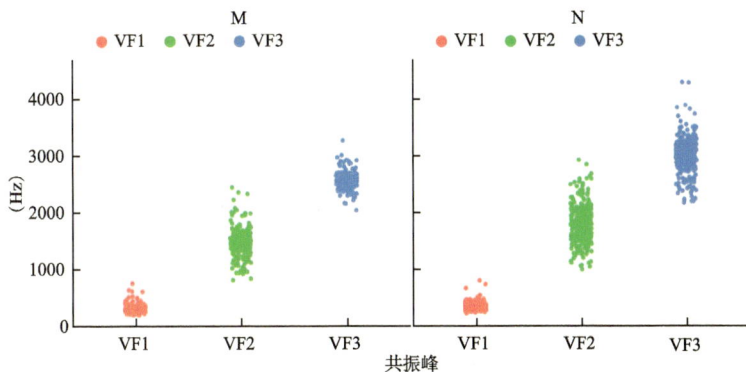

图 3.126　〔n〕辅音共振峰分布（M&F）

VF3 = 2200 ~ 3000Hz；F：VF1 = 200 ~ 500Hz，VF2 = 1000 ~ 2500Hz，VF3 = 2200~3500Hz。显然，辅音［n］的第一共振峰比较稳定，而第二和第三共振峰的离散度较大。

1.2.3 词中位置与声学参数之间的关系

表 3.72 为词中不同位置上的［n］辅音参数统计。图 3.127 ~ 3.129 为根据表 3.72 绘制的词中不同位置上［n］辅音的共振峰、音长、音强参数均值比较图。上述表和图显示，辅音［n］词中位置与该辅音声学参数之间具有一定的相关性。如，单辅音中，在词中音节末比其他位置上的音长相对长；在词首位置上比其他位置上的音强弱；第一共振峰排序（从小到大）：词首>词中音节首>词中音节末>词末。

表 3.72-1 词中不同位置 ［n］ 辅音统计 （M）

位置	参数	CD	CA	VF1	VF2	VF3
词首	平均值	87	59.03	278	1416	2573
	标准差	25	2.33	34	281	156
	变异系数	29%	3.9%	12%	20%	6%
词中音节首	平均值	66	69.81	300	1459	2546
	标准差	16	1.92	49	219	105
	变异系数	24%	2.7%	16%	15%	4.1%
词中音节末	平均值	88	68.15	313	1484	2517
	标准差	23	2.71	69	218	128
	变异系数	27%	3.9%	22%	15%	5%
词末	平均值	70	70.21	353	1495	2528
	标准差	32	2.68	115	206	67
	变异系数	47%	3.8%	32%	14%	2.6%
复辅音前置辅音	平均值	94	69.27	320	1498	2582
	标准差	17	1.8	81	285	157
	变异系数	18%	2.6%	25%	19%	6%

表 3.72-2 词中不同位置 ［n］ 辅音统计 （F）

位置	参数	CD	CA	VF1	VF2	VF3
词首	平均值	53	61.9	330	1750	3216

续表

位置 \ 参数		CD	CA	VF1	VF2	VF3
词首	标准差	16	2.6	41	426	369
	变异系数	30%	4.2%	12%	24%	11%
词中音节首	平均值	81	65.05	332	1807	2990
	标准差	25	3.16	47	311	311
	变异系数	31%	4.8%	14%	17%	10%
词中音节末	平均值	96	64.21	351	1791	3005
	标准差	33	3.22	85	265	272
	变异系数	35%	5%	24%	15%	9%
词末	平均值	91	64.45	361	1896	2929
	标准差	26	3.37	88	340	270
	变异系数	29%	5.2%	24%	18%	9.2%
复辅音前置辅音	平均值	111	67.13	368	1607	2721
	标准差	30	3.85	48	411	367
	变异系数	27%	5.7%	13%	26%	13%

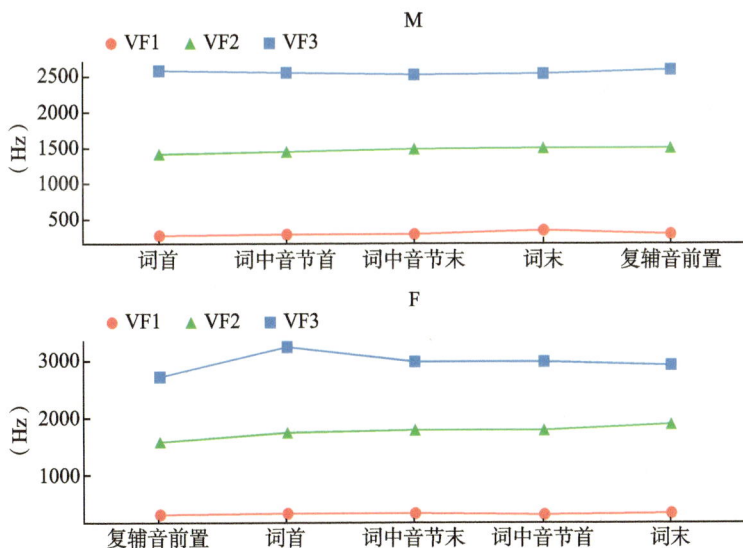

图 3.127 词中不同位置上 [n] 辅音的共振峰均值比较（M&F）

M

F

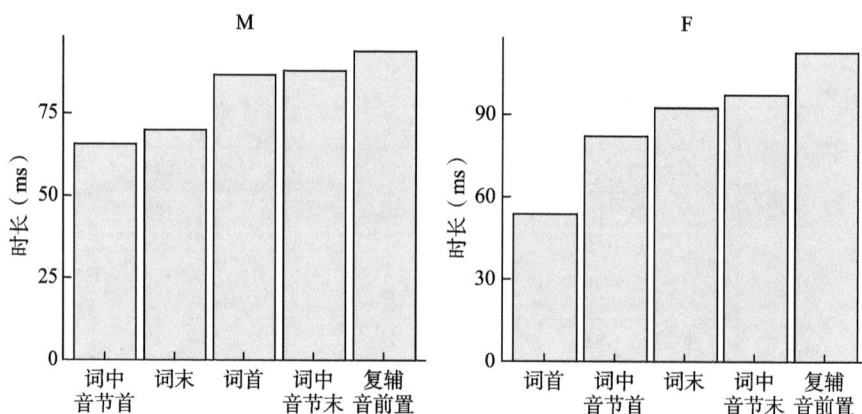

图 3.128   词中不同位置上 [n] 辅音的音长均值比较 (M&F)

M

F

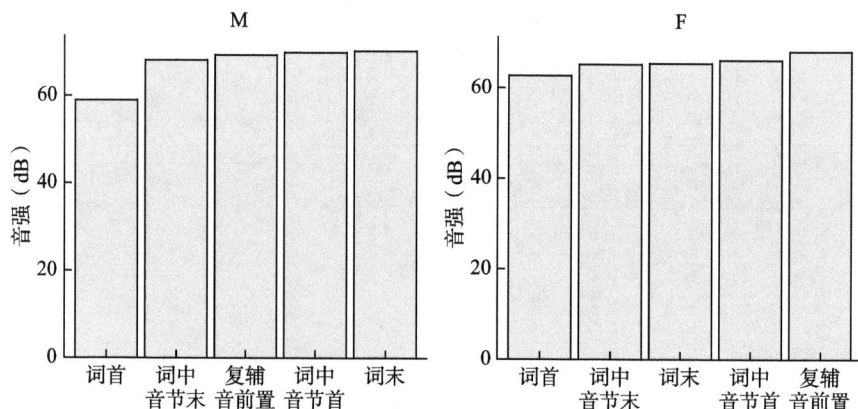

图 3.129   词中不同位置上 [n] 辅音的音强均值比较 (M&F)

1.2.4   后置元音音质与声学参数之间的关系

表 3.73 为不同元音之前 [n] 辅音的参数统计。图 3.130 ~ 3.132 为根据表 3.73 绘制的 [n] 辅音在不同元音之前的共振峰、音长和音强均值比较图。上述表和图显示，后续元音音质与 [n] 辅音声学参数之间几乎没有相关性。前元音 [i, ɛ] 元音之前 [n] 辅音的 VF2 比其他元音之前的 VF2 长；后续元音与 [n] 辅音的音长之间相关性不明显；[u] 元音之前 [n] 辅音的音强明显强于其他辅音之前的音强。

表 3.73-1　不同元音前的［n］辅音统计（M）

		CD	CA	VF1	VF2	VF3
nɐ	平均值	75	58.33	290	1485	2538
	标准差	24	0.57	12	59	85
	变异系数	33%	0.9%	4.1%	3.9%	3.3%
nə	平均值	95	58	252	1366	2637
	标准差	60	3.6	18	28	56
	变异系数	62%	6.2%	7.2%	2%	2.1%
ni	平均值	80	59.33	248	1555	2713
	标准差	20	2.51	30	106	176
	变异系数	25%	4.2%	12%	6.8%	6.5%
no	平均值	67	58.5	282	1050	2664
	标准差	14	2.12	32	23	62
	变异系数	21%	3.6%	11%	2.1%	2.3%
nu	平均值	108	60.25	270	1054	2410
	标准差	25	2.06	25	97	92
	变异系数	24%	3.4%	9.1%	9.2%	3.6%
nɛ	平均值	76	60	294	1550	2573
	标准差	14	2.82	23	73	19
	变异系数	19%	4.7%	7.7%	4.7%	0.7%

表 3.73-2　不同元音前的［n］辅音统计（F）

		CD	CA	VF1	VF2	VF3
nɐ	平均值	48	61	374	1592	3130
	标准差	1.4	1.4		146	124
	变异系数	2.9%	2.3%		9.2%	3.9%
nə	平均值	49	61.66	305	1543	3171
	标准差	17	1.52	29	56	130
	变异系数	34%	2.4%	9.3%	3.6%	4.1%
ni	平均值	59	60.33	262	2751	4467
	标准差	7.8	1.15	36	224	
	变异系数	13%	1.9%	14%	8.1%	

续表

		CD	CA	VF1	VF2	VF3
no	平均值	66	60.5	327	1560	3104
	标准差	6.3	2.12	7	180	312
	变异系数	9.7%	3.5%	2.1%	12%	10%
nu	平均值	50	61.75	312	1411	3341
	标准差	10	1.5	15	91	133
	变异系数	21%	2.4%	4.9%	6.4%	3.9%
nɛ	平均值	46	61	347	2211	3719
	标准差	10	2.16	85	592	962
	变异系数	22%	3.5%	24%	27%	26%

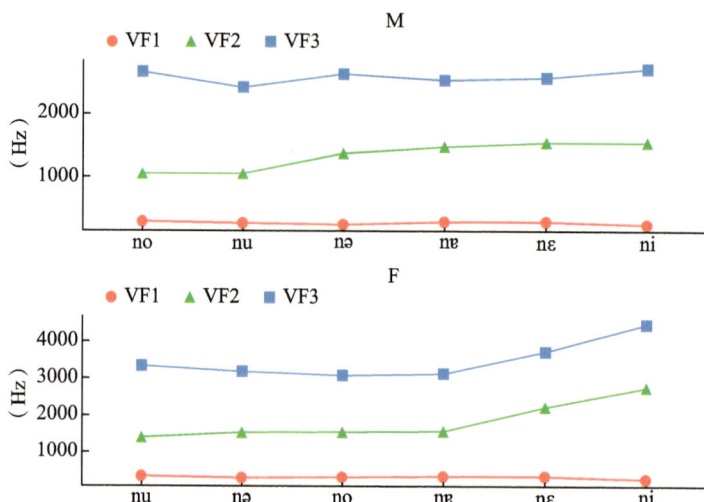

图 3.130　不同元音之前［n］辅音的三个共振峰均值比较（M&F）

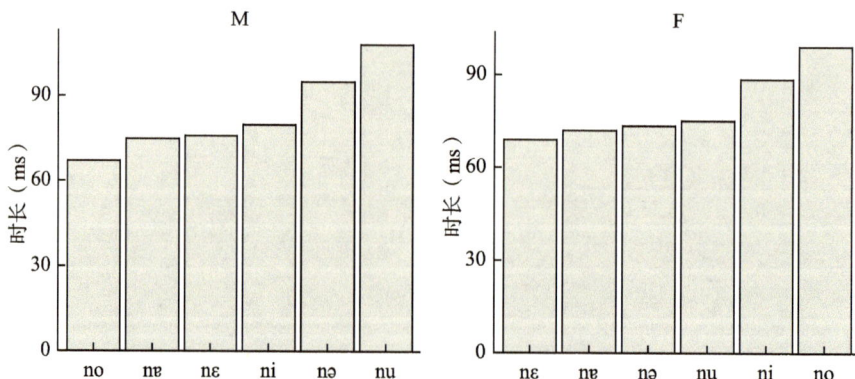

图 3.131　不同元音之前［n］辅音的音长均值比较（M&F）

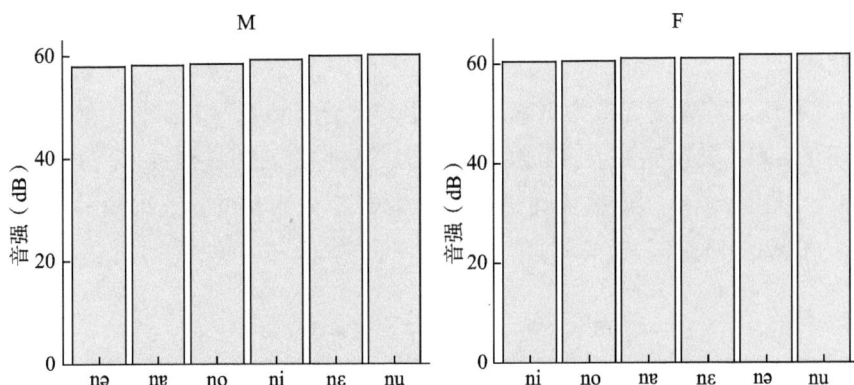

图 3.132　不同元音之前 [n] 辅音的音强均值比较（M&F）

我们对不同音节中出现的 [n] 辅音时长、共振峰之间做了单因素方差分析，结果如表 3.74 所示。

表 3.74　检验结果

	sig（显著性）							
	M	F	M			F		
	CD	CD	F1	F2	F3	F1	F2	F3
词首—复辅音前置	.582	.000	.245	.676	.999	.022	.860	.000
词首—词中音节首	.000	.000	.010	.842	.789	.998	.738	.005
词首—词中音节末	.994	.000	.000	.558	.150	.244	.844	.008
词首—词末	.115	.000	.015	.399	.352	.556	.406	.008
复辅音前置—词中音节首	.000	.001	.843	.944	.880	.028	.229	.026
复辅音前置—词中音节末	.707	.256	.997	.994	.467	.732	.295	.016
复辅音前置—词末	.013	.162	.781	1.000	.640	.998	.114	.240
词中音节首—词中音节末	.000	.004	.518	.964	.384	.304	.994	.997
词中音节首—词末	.980	.512	.142	.815	.796	.612	.817	.893
词中音节末—词末	.050	.946	.415	.981	.969	.990	.693	.779

2. /m/辅音

2.1　词中分布特征

/m/辅音在"统一平台"中以单辅音或复辅音前置辅音形式共出现了 214 次（M）和 187 次（F）。其中，以单辅音形式出现的位置有词首、词中音节首、词中音节末和词末等；以复辅音形式出现的位置有复辅音前置辅音。M 的 214 次/m/辅音中，213 次为单辅音形式出现，其余 1 次为复辅音前置辅音形式出现；F 的 187 次/m/辅音中，181 次为单辅音形式出现，其余 6 次为复辅音前置辅音形式出现。从词中整体分布特征看，在词中音节首出现频率最高，其次是在词首和词中音节末（M）以及词首和词末（F）位置出现的单辅音频率，该辅音在词末和复辅音后置辅音位置上出现的频率较低。请见表 3.75。

表 3.75　[m] 辅音出现频率统计

		M		F	
		出现频率（次）	百分比（%）	出现频率（次）	百分比（%）
所有		214	100	187	100
单辅音	词首	50	23	52	28
	词中音节首	96	45	79	42
	词中音节末	41	19	23	12
	词末	26	12	27	15
复辅音	复辅音前置辅音	1	1	6	3
	复辅音后置辅音				

2.2　声学特征

2.2.1　声学语图

达斡尔语 [m] 辅音是双唇鼻音。图 3.133 为男发音人 [mil]"满盈的/满溢的"一词三维语图、三层标注实例和 [m] 辅音频谱图。

2.2.2　共振峰分布模式

表 3.76 为 [m] 辅音的参数统计。图 3.134 为两位发音人 [m] 辅音共振峰分布图。图 3.134 显示了 [m] 辅音三个共振峰的频率范围，即男、女发音人共振峰频率浮动围绕为，M：VF1 = 200～400Hz，VF2 = 700～1600Hz，VF3 = 2200～2800Hz；F：VF1 = 200～400Hz，VF2 = 800～1800Hz，VF3 = 2100～3200Hz。显然，[m] 辅音第一共振峰比较稳定，而其第二和第三共振峰频率变化幅度较大。

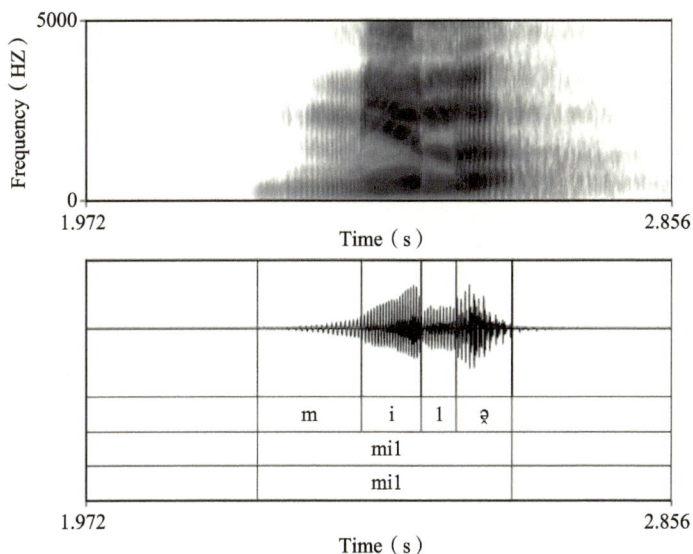

图 3.133-1　男发音人 ［mil］"满盈的/满溢的"一词的三维语图和三层标注实例

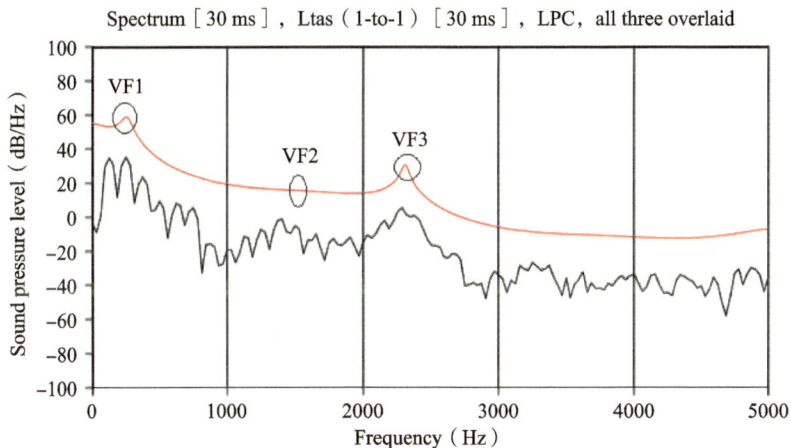

图 3.133-2　男发音人 ［mil］"满盈的/满溢的"一词的 ［m］辅音频谱

表 3.76　［m］辅音统计 （M&F）

	M					F				
	CD	CA	VF1	VF2	VF3	CD	CA	VF1	VF2	VF3
平均值	81	66.65	296	1024	2471	83	64.83	285	1324	2673
标准差	19	5.14	60	271	148	24	3.32	50	271	287
变异系数	24%	7.7%	20%	27%	5.9%	29%	5.1%	18%	20%	11%

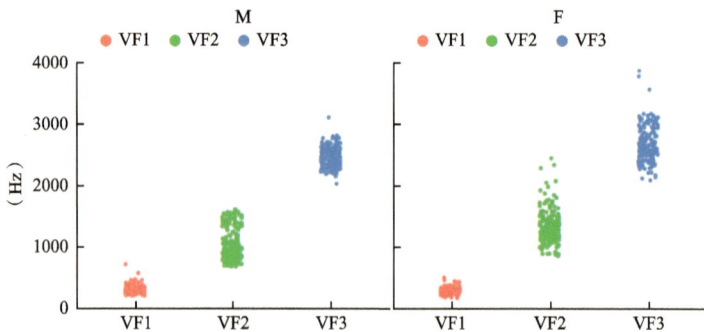

图3.134　　[m]**辅音共振峰分布**（M&F）

2.2.3　词中位置与声学参数之间的关系

表3.77为词中不同位置上［m］辅音的参数统计。图3.135～3.137为根据表3.77绘制的两位发音人词中不同位置上［m］辅音的共振峰、音长、音强参数均值比较图。上述表和图显示，词中位置与［m］辅音声学参数之间具有一定的相关性。如，在词首位置上［m］辅音的第一、第二共振峰频率，音长和音强都明显低，短而弱于其他位置上的（男发音人的词首相对比其他位置上的长）。

表3.77-1　**词中不同位置**［m］**辅音统计**（M）

位置	参数	CD	CA	CF1	CF2	CF3
词首	平均值	92	58.46	265	925	2509
	标准差	24	2.93	36	239	146
	变异系数	26%	5%	14%	26%	5.8%
词中音节首	平均值	74	69.39	305	1074	2439
	标准差	16	2.35	70	283	153
	变异系数	21%	3.3%	23%	26%	6.2%
词中音节末	平均值	80	68.78	295	1064	2454
	标准差	14	2.13	53	297	145
	变异系数	18%	3.1%	18%	28%	5.9%
词末	平均值	89	68.88	321	955	2547
	标准差	17	2.19	50	179	96
	变异系数	19%	3.1%	16%	19%	3.7%

续表

位置 \ 参数		CD	CA	CF1	CF2	CF3
复辅音 前置辅音	平均值	75	69	249	897	2476
	标准差					
	变异系数					

表 3.77-2 词中不同位置 [m] 辅音统计 (F)

位置 \ 参数		CD	CA	CF1	CF2	CF3
词首	平均值	65	62.57	272	1273	2761
	标准差	22	2.32	46	274	334
	变异系数	25%	3.7%	17%	21%	12%
词中音节首	平均值	83	65	285	1353	2630
	标准差	15	2.81	54	271	250
	变异系数	18%	4.3%	19%	20%	9.5%
词中音节末	平均值	102	65.52	305	1399	2702
	标准差	31	2.85	57	349	381
	变异系数	30%	4.3%	19%	25%	14%
词末	平均值	90	67.81	290	1256	2601
	标准差	15	3.8	29	134	154
	变异系数	16%	5.6%	10%	11%	5.9%
复辅音 前置辅音	平均值	116	66.16	312	1411	2757
	标准差	21	4.02	52	303	268
	变异系数	18%	6%	17%	21%	9.7%

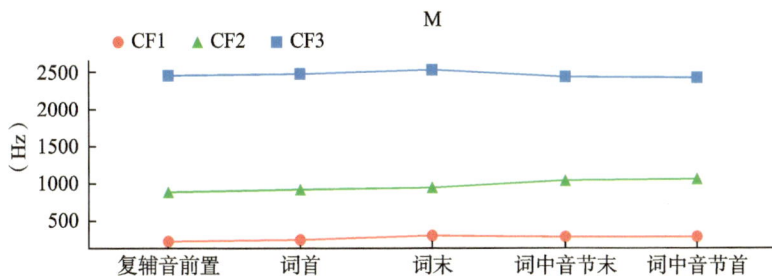

M

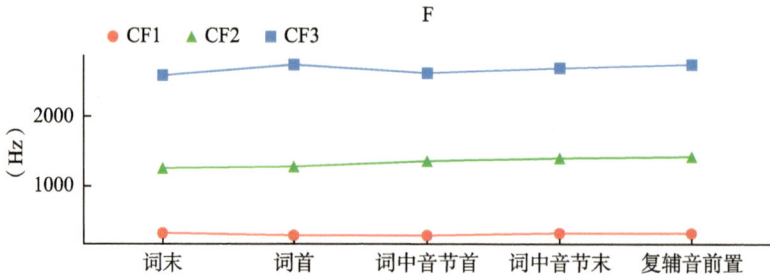

图 3.135　词中不同位置上［m］辅音的共振峰均值比较（M&F）

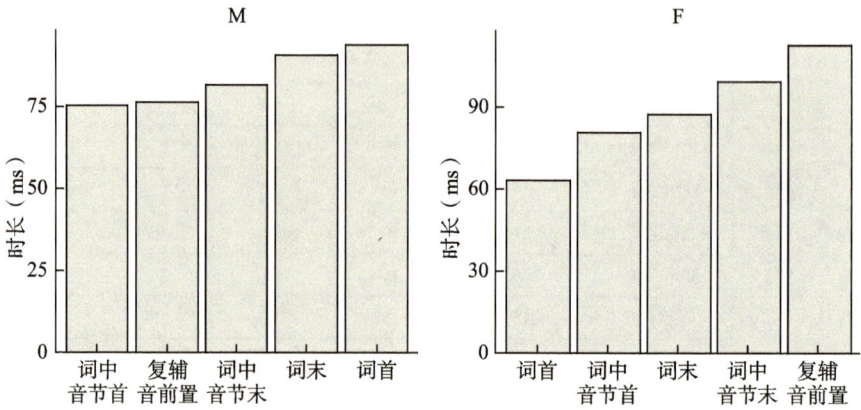

图 3.136　词中不同位置上［m］辅音的音长均值比较（M&F）

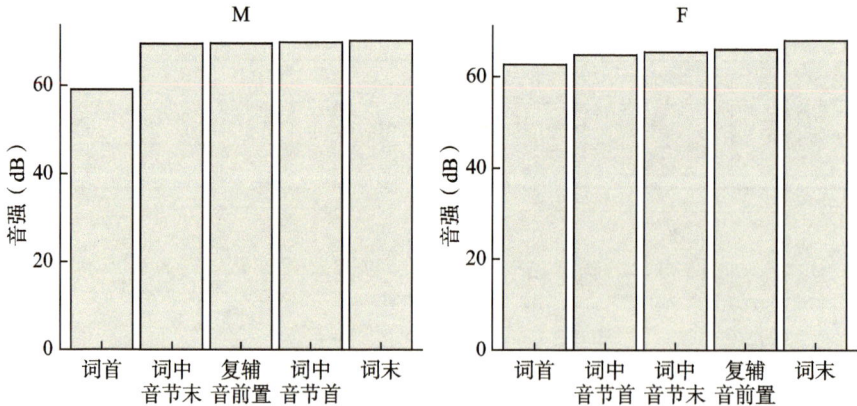

图 3.137　不同位置上［m］辅音的音强均值比较（M&F）

2.2.4　后置元音音质与声学参数之间的关系

表 3.78-1 为两位发音人不同元音之前［m］辅音参数统计。图 3.138~

3.140 为［m］辅音在不同元音之前的共振峰、音长和音强均值比较图。从这些图和数据看，［m］辅音声学参数与其后置元音音质之间具有一定的相关性。如，［ɐ，i］元音之前［n］辅音的第二共振峰频率比在［ə］、［o］、［u］等圆唇后元音之前的频率相对高。［o］元音之前［n］辅音的音长比其他元音之前的短。［m］辅音音强与其后续元音音质之间没有明显的相关性。

表 3.78-1　不同元音前的［m］辅音统计（M）

		CD	CA	VF1	VF2	VF3
mɐ	平均值	84	57.33	283	1058	2483
	标准差	16	4.72	26	307	116
	变异系数	19%	8.2%	9.3%	29%	4.6%
mə	平均值	95	59	265	777	2554
	标准差	17	1.41	66	44	121
	变异系数	18%	2.4%	25%	5.6%	4.7%
mi	平均值	87	60	233		2325
	标准差					
	变异系数					
mo	平均值	74	59.8	279	775	2514
	标准差	15	1.25	38	49	54
	变异系数	21%	2.1%	14%	6.3%	2.1%
mu	平均值	75	59.75	256	865	2686
	标准差	20	2.75	55	136	291
	变异系数	26%	4.6%	21%	16%	11%

表 3.78-2　不同元音前的［m］辅音统计（F）

		CD	CA	VF1	VF2	VF3
mɐ	平均值	84	61.33	325	1436	2260
	标准差	44	2.51	43	270	235
	变异系数	53%	4.1%	13%	19%	10%
mə	平均值	74	64.33	236	1206	2806
	标准差	15	2.51	13	64	432
	变异系数	20%	3.9%	5.2%	5.3%	15%

续表

		CD	CA	VF1	VF2	VF3
mi	平均值	64	61	293	1439	2498
	标准差					
	变异系数					
mo	平均值	55	61.83	259	1265	2971
	标准差	24	2	15	204	428
	变异系数	43%	3.2%	5.8%	16%	14%
mu	平均值	66	64.33	251	1091	2687
	标准差	14	1.15	16	82	245
	变异系数	21%	1.7%	6.3%	7.4%	9%

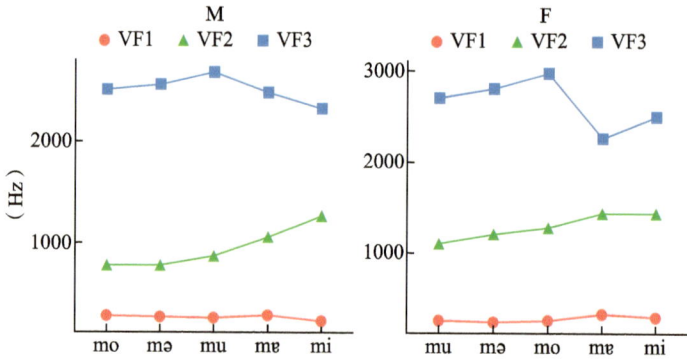

图 3.138 不同元音之前 [m] 辅音的三个共振峰均值比较 （M&F）

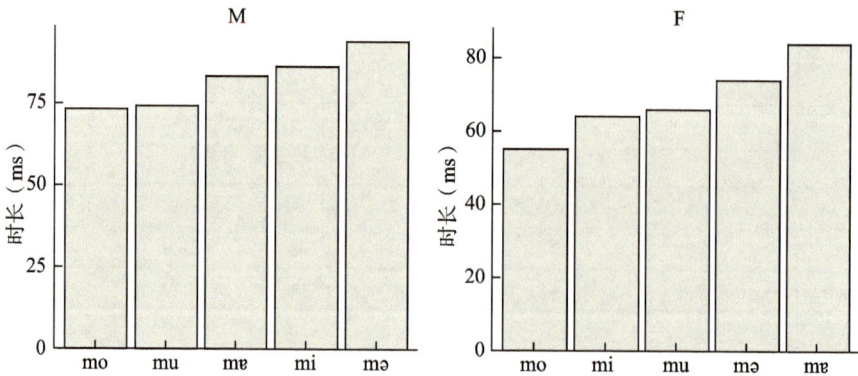

图 3.139 不同元音之前 [m] 辅音的音长均值比较 （M&F）

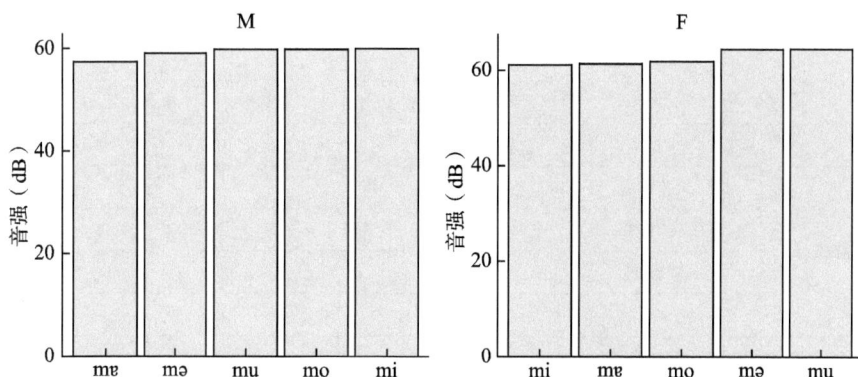

图 3.140 **不同元音之前 [m] 辅音的音强均值比较（M&F）**

　　我们对不同音节中出现的 [m] 辅音时长、共振峰之间做了单因素方差分析，结果如表 3.79 所示。

表 3.79 **检验结果**

	sig（显著性）							
	M	F	M			F		
	CD	CD	F1	F2	F3	F1	F2	F3
词首—词中音节首	.000	.000	.000	.001	.038	.481	.222	.096
词首—词中音节末	.034	.000	.017	.018	.287	.081	.302	.918
词首—词末	.948	.000	.000	.450	.532	.150	.999	.029
词中音节首—词中音节末	.110	.039	.789	.998	.941	.418	.934	.832
词中音节首—词末	.001	.192	.563	.052	.000	.905	.078	.885
词中音节末—词末	.151	.313	.192	.247	.013	.665	.267	.637

3. /ŋ/辅音

3.1 词中分布

　　/ŋ/辅音在"统一平台"中共出现了 130 次（M）和 114 次（F）。达斡尔语中该辅音以单辅音在词中音节首、词中音节末和词末出现；复辅音形式在复辅音前置辅音和复辅音后置辅音位置出现，不出现在词首。M 的 130 次/ŋ/辅音中，108 次为单辅音，其余 22 次中复辅音前置辅音 21 次、复辅音后置辅音 1 次；F 的 114 次/ŋ/辅音中，86 次为单辅音，其余 28 次中复辅音前置辅音 28 次（见表 3.80）。

表 3.80　[ŋ] 辅音出现频率统计

		M		F	
		出现频率（次）	百分比（%）	出现频率（次）	百分比（%）
所有		130	100	114	100
单辅音	词首				
	词中音节首	47	36	33	29
	词中音节末	60	46	53	46
	词末	1	1		
复辅音	复辅音前置辅音	21	16	28	25
	复辅音后置辅音	1	1		

3.2 声学特征

3.2.1 声学语图

达斡尔语 [ŋ] 辅音为软腭—舌面后鼻音。图 3.141 为男发音人 [əŋŋəl] "宽敞" 一词三维语图、三层标注实例和 [ŋ] 辅音频谱图。

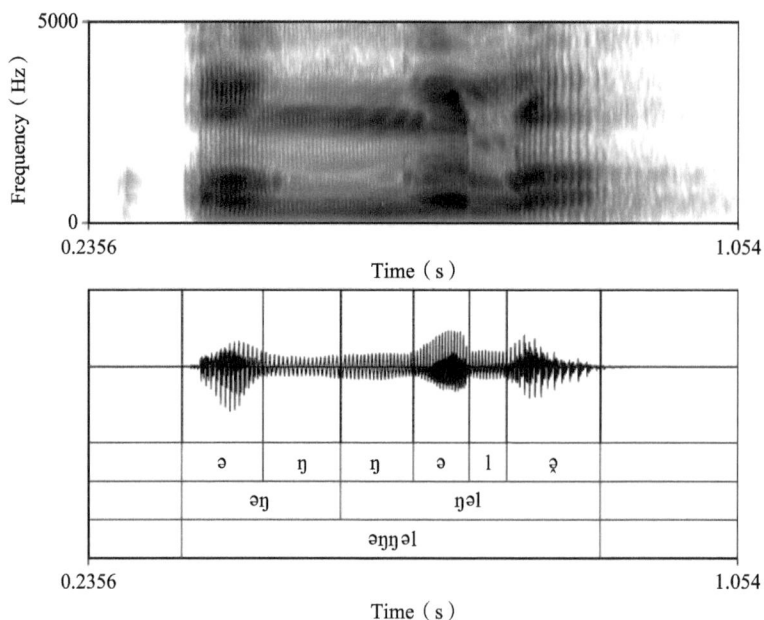

图 3.141-1　男发音人 [əŋŋəl] "宽敞" 一词的三维语图和三层标注

Spectrum [30 ms], Ltas (1-to-1) [30 ms], LPC, all three overlaid

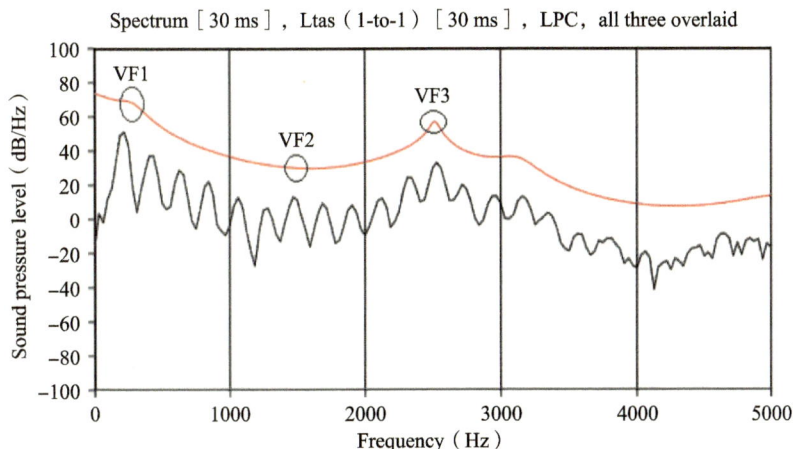

图 3.141-2 男发音人 [əŋŋəl] "宽敞" 一词的 [ŋ] 辅音 (音节首) 频谱

3.2.2 共振峰分布模式

表 3.81 为男、女发音人 [ŋ] 辅音的参数统计总表。图 3.142 为男、女发音人 [ŋ] 辅音共振峰分布图。表 3.81 和图 3.142 显示 [ŋ] 辅音的三个共振峰的频率范围，即男、女发音人共振峰频率浮动围绕为，M：VF1 =

表 3.81 [ŋ] 辅音统计

	M					F				
	CD	CA	VF1	VF2	VF3	CD	CA	VF1	VF2	VF3
平均值	84	68.85	350	988	2544	95	64.84	399	1434	2851
标准差	17	2.78	82	273	93	38	4.01	55	395	375
变异系数	21%	4%	23%	28%	3.6%	40%	6.1%	14%	28%	13%

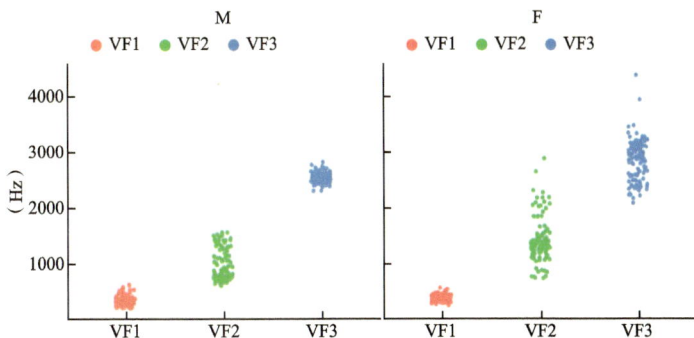

图 3.142 [ŋ] 辅音共振峰分布 (M&F)

200～600Hz，VF2 = 700～1600Hz，VF3 = 2400～2800Hz；F：VF1 = 300～550Hz，VF2 = 800～2200Hz，VF3 = 2100～3400Hz。

3.2.3 词中位置与声学参数之间的关系

表 3.82 为词中不同位置上 [ŋ] 辅音的参数统计表。图 3.143～3.145 为根据表 3.82 绘制的男、女发音人词中不同位置上 [ŋ] 辅音的共振峰、音长、音强参数均值比较图。

表 3.82-1　词中不同位置 [ŋ] 辅音统计（M）

位置 \ 参数		CD	CA	VF1	VF2	VF3
词中音节首	平均值	79	70.1	343	1005	2560
	标准差	13	1.69	44	303	100
	变异系数	17%	2.4%	13%	30%	3.9%
词中音节末	平均值	86	68.56	363	970	2550
	标准差	16	2.91	93	260	78
	变异系数	19%	4.2%	26%	27%	3%
词末	平均值	177	72	560	808	2316
	标准差					
	变异系数					
复辅音前置辅音	平均值	85	66.76	322	1026	2501
	标准差	16	3.03	96	251	97
	变异系数	19%	4.5%	30%	24%	3.8%
复辅音后置辅音	平均值	69	68	335	684	2598
	标准差					
	变异系数					

表 2.82-2　词中不同位置 [ŋ] 辅音统计（F）

位置 \ 参数		CD	CA	VF1	VF2	VF3
词中音节首	平均值	83	65.63	395	1575	2911
	标准差	22	2.34	54	449	408
	变异系数	26%	3.5%	14%	28%	14%
词中音节末	平均值	104	65.52	407	1445	2866

续表

位置 \ 参数		CD	CA	VF1	VF2	VF3
词中音节末	标准差	50	3.29	55	378	381
	变异系数	48%	5%	13%	26%	13%
复辅音前置辅音	平均值	94	62.6	386	1250	2752
	标准差	20	5.75	55	289	310
	变异系数	21%	9.1%	14%	23%	11%

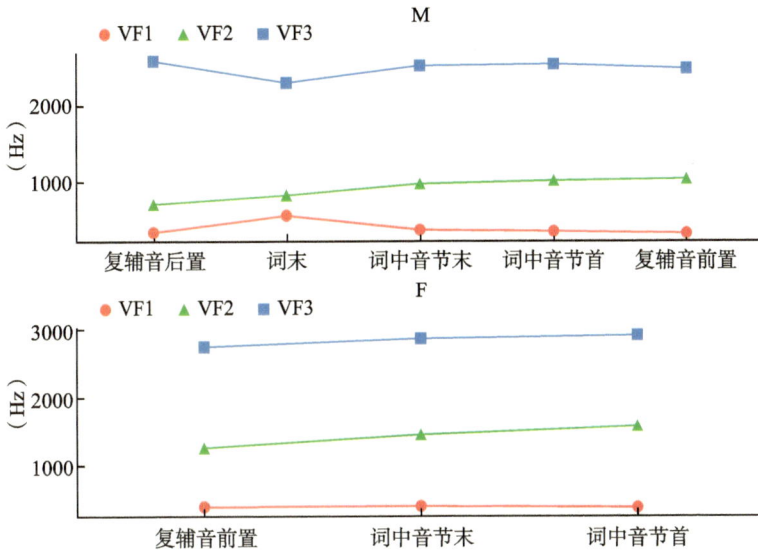

图 3.143 词中不同位置上 [ŋ] 辅音的共振峰均值比较 (M&F)

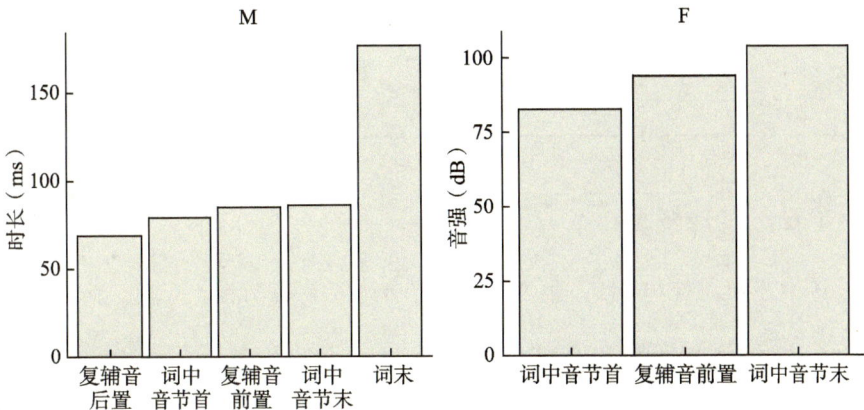

图 3.144 词中不同位置上 [ŋ] 辅音的音长均值比较 (M&F)

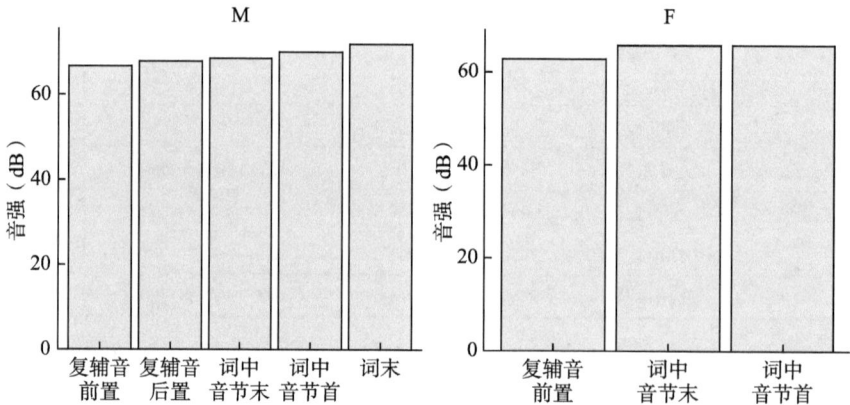

图 3.145　词中不同位置上 [ŋ] 辅音的音强均值比较 （M&F）

本次实验结果显示，词中位置与 [ŋ] 辅音声学参数之间有一定的相关性。如，词中位置 [ŋ] 辅音的第二共振峰比其他音节相对高；词末和词中音节末位置 [ŋ] 辅音的音长比其他位置相对长；词中音节首和词末位置 [ŋ] 辅音音强比其他位置相对强。

我们对不同音节中出现的 [ŋ] 辅音时长、共振峰之间做了单因素方差分析，结果如表 3.83 所示。

表 3.83　检验结果

| | sig （显著性） | | | | | | | |
| | M | F | M | | | F | | |
	CD	CD	F1	F2	F3	F1	F2	F3
复辅音前置—词中音节首	.293	.073	.631	.683	.068	.788	.074	.204
复辅音前置—词中音节末	.962	.443	.232	.678	.103	.232	.130	.321
词中音节首—词中音节末	.032	.021	.313	.995	.861	.586	.737	.872

（五）其他辅音

本节主要讨论边音 /l/，颤音 /r/ 和半元音 /j/、/w/ 等辅音。

1. /l/辅音

达斡尔语 /l/ 辅音有浊边音 [l]，清边音 [ɬ] 和卷舌边音 [ɭ] 等两种变体。其中，[l] 为典型变体。[ɬ] 变体主要在送气辅音之前出现，男、女发音人各出现 2 次，[ɭ] 只在女发音人中出现 3 次。

1.1 [l] 辅音

[l] 辅音在"统一平台"中以单辅音或复辅音前置辅音形式共出现了 545 次（M）和 530 次（F）。其中，以单辅音形式主要在词首、词中音节首、词中音节末和词末等位置出现；以复辅音形式主要在复辅音前置辅音位置出现。M 的 545 次 [l] 辅音中，522 次为单辅音，其余 23 次为复辅音前置辅音；F 的 530 次 [l] 辅音中，524 次为单辅音，其余 6 次为复辅音前置辅音。可以看出，[l] 辅音主要以单辅音形式出现，以复辅音前置辅音形式出现的频率较低；该辅音主要在词中音节首和词中音节末位居第一（72% ~ 78%），词末位置出现频率第二（16% ~ 19%），在词首位置出现的频率较低（见表 3.84）。

表 3.84　[l] 辅音出现频率统计

		M		F	
		出现频率（次）	百分比（%）	出现频率（次）	百分比（%）
所有		545	100	530	100
单辅音	词首	27	5	27	5
	词中音节首	242	45	264	50
	词中音节末	148	27	150	28
	词末	105	19	83	16
复辅音	复辅音前置辅音	23	4	6	1
	复辅音后置辅音				

1.1.1 声学语图

达斡尔语 [l] 辅音是舌尖—齿浊边音。图 4.146 为男发音人 [ləːləː]"闲聊天"一词三维语图、三层标注实例和 [l] 辅音（词首）频谱图。

1.1.2 共振峰分布模式

表 3.85 为 [l] 辅音声学参数统计总表。图 3.147 为 [l] 辅音共振峰分布图。该图显示，[l] 辅音三个共振峰的频率范围，即男、女发音人共振峰频率浮动围绕为，M：VF1 = 200 ~ 700Hz，VF2 = 700 ~ 1800Hz，VF3 = 1400 ~ 2600Hz；F：VF1 = 250 ~ 700Hz，VF2 = 1100 ~ 2100Hz，VF3 = 2000 ~ 3200Hz。

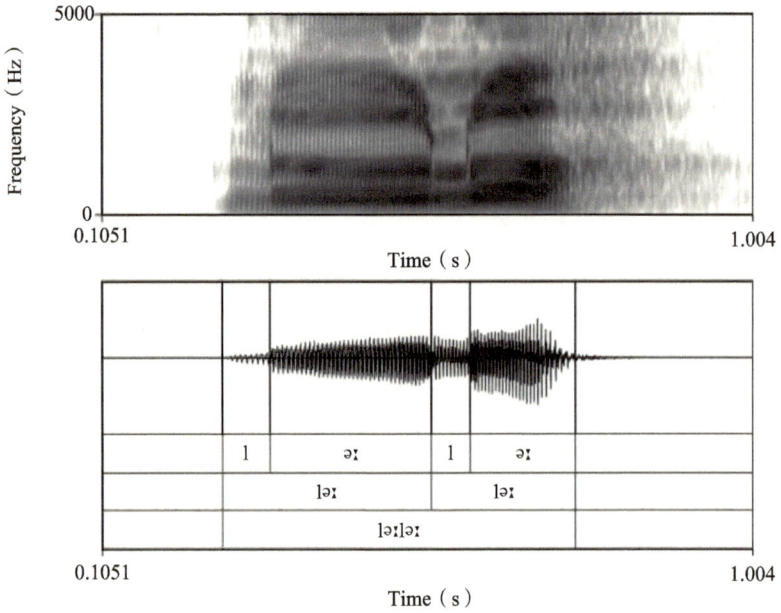

图 3.146-1　男发音人 ［ləːləː］"闲聊天"一词的三维语图和三层标注实例

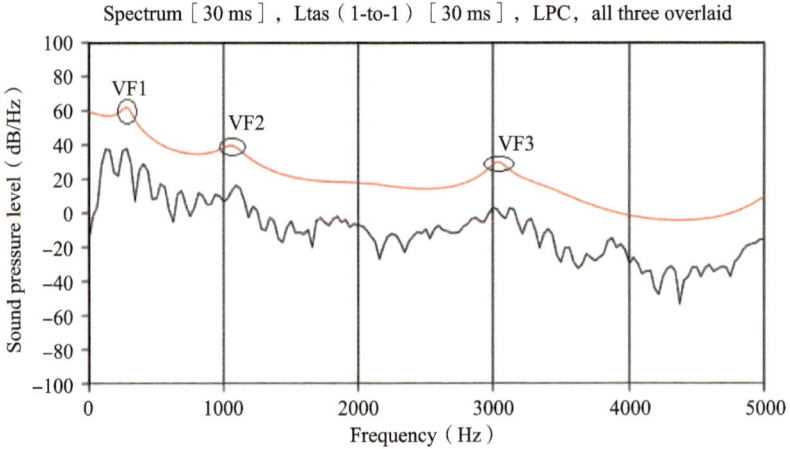

图 3.146-2　男发音人 ［ləːləː］"闲聊天"一词的 ［l］ 辅音（词首）频谱

表 3.85　　［l］ 辅音统计（M&F）

	M					F				
	CD	CA	VF1	VF2	VF3	CD	CA	VF1	VF2	VF3
平均值	66	72.59	431	1180	2134	73	65.8	404	1545	2715

续表

	M					F				
	CD	CA	VF1	VF2	VF3	CD	CA	VF1	VF2	VF3
标准差	22	3.57	106	265	382	22	3.95	94	237	335
变异系数	33%	4.9%	25%	22%	18%	30%	6%	23%	15%	12%

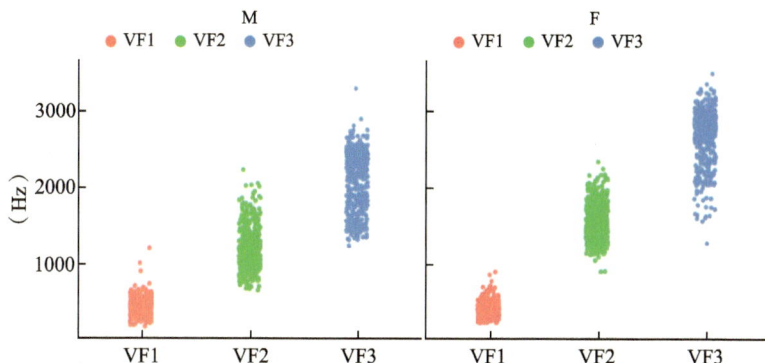

图 3.147　[1] 辅音共振峰分布（M&F）

1.1.3　词中位置与声学参数之间的关系

表 3.86 为词中不同位置上的 [1] 辅音参数统计。图 3.148~3.150 为词中不同位置上的 [1] 辅音共振峰，音长、音强参数分布图。上述图表显示，辅音词中位置与其声学参数之间具有一定的相关性。如，单辅音中，词末音节 [1] 辅音第二共振峰频率比其他位置低，词中音节末 [1] 辅音第二共振峰频率比其他位置高；词中不同位置与 [1] 辅音音强之间的相关性不明显；在词首位置上 [1] 辅音的音长相对短。

表 3.86-1　词中不同位置 [1] 辅音统计（M）

位置	参数	CD	CA	VF1	VF2	VF3
词首	平均值	85	63	377	1171	2091
	标准差	19	3.36	71	171	383
	变异系数	22%	5.3%	19%	15%	18%
词中音节首	平均值	60	73.71	429	1153	2149
	标准差	18	2.12	99	261	393
	变异系数	30%	2.8%	23%	23%	19%

续表

位置＼参数		CD	CA	VF1	VF2	VF3
词中音节末	平均值	70	72.56	425	1250	2116
	标准差	20	3.49	119	298	346
	变异系数	28%	4.8%	28%	24%	16%
词末	平均值	66	72.11	453	1134	2169
	标准差	28	3.6	102	225	411
	变异系数	42%	5%	22%	20%	19%
复辅音前置辅音	平均值	72	73.26	460	1246	1981
	标准差	17	3.53	110	270	329
	变异系数	23%	4.8%	24%	22%	17%

表 3.86-2 词中不同位置 [1] 辅音统计 （F）

位置＼参数		CD	CA	VF1	VF2	VF3
词首	平均值	62	60.03	345	1520	2955
	标准差	17	3.32	62	205	232
	变异系数	27%	5.5%	18%	13%	7.8%
词中音节首	平均值	72	65.58	403	1545	2717
	标准差	20	3.47	88	235	334
	变异系数	27%	5.3%	22%	15%	12%
词中音节末	平均值	77	65.79	418	1616	2700
	标准差	26	3.79	101	247	324
	变异系数	33%	5.7%	24%	15%	12%
词末	平均值	70	68.36	398	1417	2656
	标准差	19	3.64	103	178	365
	变异系数	27%	5.3%	26%	13%	14%
复辅音前置辅音	平均值	87	66.16	426	1622	2738
	标准差	23	4.75	55	165	228
	变异系数	26%	7.1%	13%	10%	8.3%

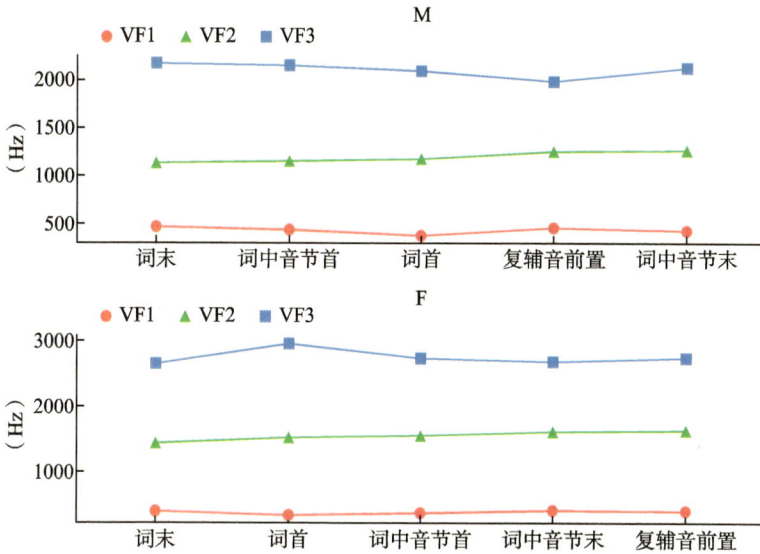

图 3.148　词中不同位置上［1］辅音的共振峰均值比较（M&F）

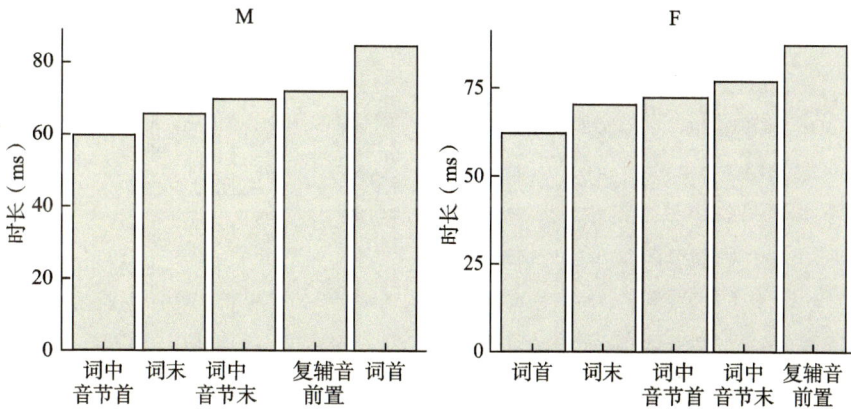

图 3.149　词中不同位置上［1］辅音的音长均值比较（M&F）

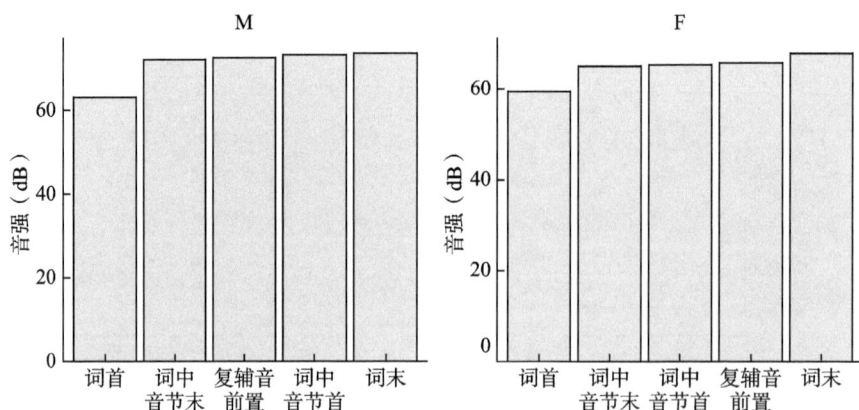

图 3.150　词中不同位置上 [1] **辅音的音强均值比较**（M&F）

我们对不同音节中出现的 [1] 辅音时长，共振峰之间做了单因素方差分析，结果如表 3.87 所示。

表 3.87　**检验结果**

	sig（显著性）							
	M		F		M		F	
	CD	CD	F1	F2	F3	F1	F2	F3
词首—复辅音前置	.087	.197	.028	.780	.813	.073	.693	.312
词首—词中音节首	.000	.048	.012	.988	.950	.001	.976	.000
词首—词中音节末	.007	.003	.051	.313	.998	.000	.220	.000
词首—词末	.002	.226	.000	.881	.890	.016	.149	.000
复辅音前置—词中音节首	.021	.558	.679	.522	.176	.851	.790	.999
复辅音前置—词中音节末	.996	.820	.611	1.000	.381	.997	1.000	.994
复辅音前置—词末	.774	.473	.998	.364	.145	.801	.128	.922
词中音节首—词中音节末	.000	.265	.996	.010	.914	.530	.039	.989
词中音节首—词末	.143	.934	.245	.958	.993	.995	.000	.669
词中音节末—词末	.773	.152	.250	.004	.816	.602	.000	.891

1.2　[ɬ] 辅音

[ɬ] 辅音在"统一平台"中共出现了 2 次（M）和 2 次（F）。达斡尔语 [ɬ] 辅音是舌尖—齿清边音，发音时声带不振动。图 3.151 为男发音人发的 [xoriɬʧʰsə̃]"聚集"一词三维语图、三层标注实例和 [ɬ] 辅音频

谱图。

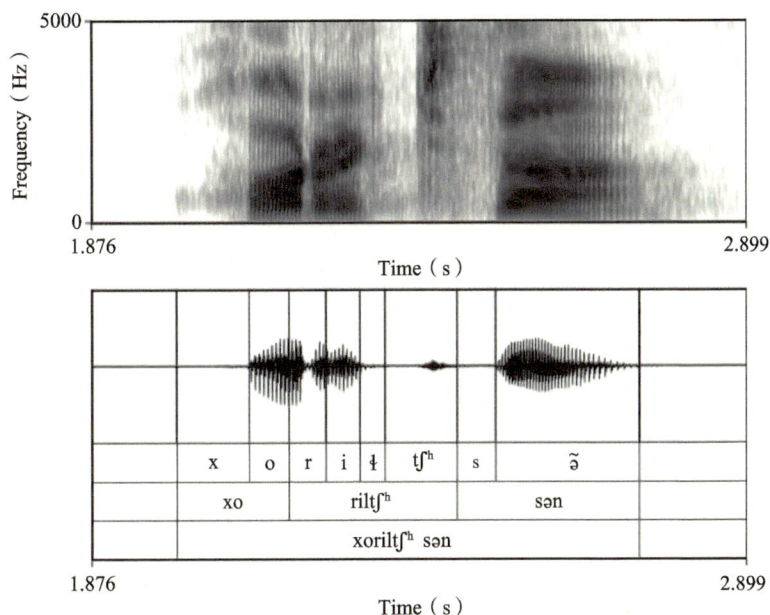

图 3.151-1　男发音人［xoriɬʧʰsə̃］"聚集"一词的三维语图和三层标注实例

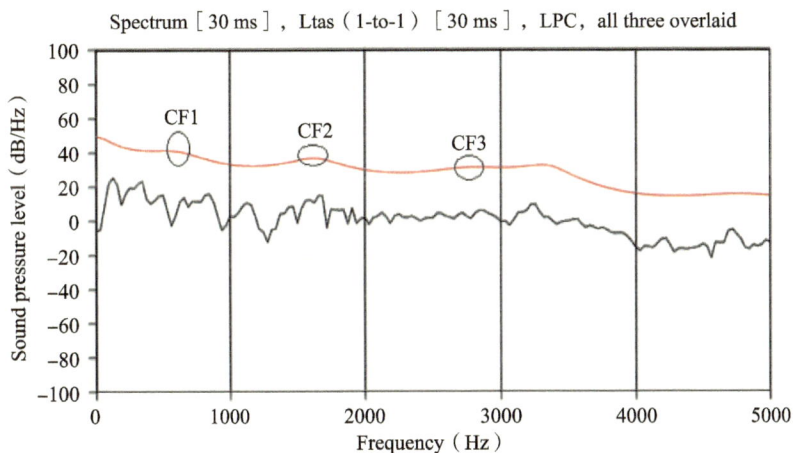

图 3.151-2　男发音人［xoriɬʧʰsə̃］"聚集"一词的［ɬ］辅音频谱

1.3　［ɭ］辅音

［ɭ］辅音在"统一平台"中共出现了 3 次（F）。达斡尔语［ɭ］辅音是卷舌浊边音。图 3.152 为女发音人［tʰuɭkʰʲ］"推"一词三维语图、三层

标注实例和〔l̺〕辅音频谱图。

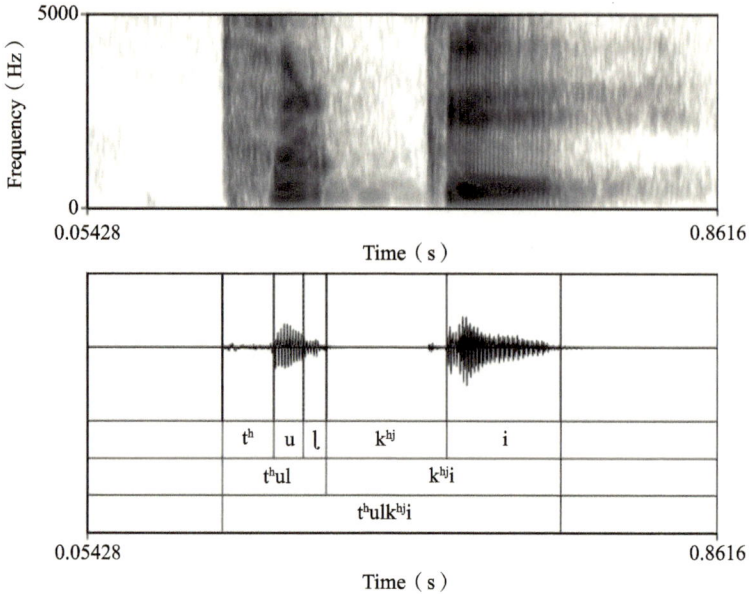

图 3.152-1 女发音人〔tʰul̺kʰj〕"推"一词的三维语图和三层标注实例

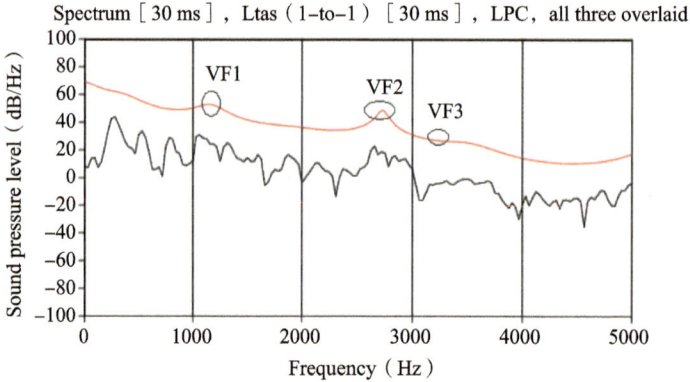

图 3.152-2 女发音人〔tʰul̺kʰj〕"推"一词的〔l̺〕辅音频谱

2. /r/辅音

达斡尔语/r/有〔r〕（颤音）、〔ʒ〕（浊擦音）和〔ɹ〕（清擦音）等三个变体。其中，〔ɹ〕主要在清擦音和送气辅音之前出现，浊擦音〔ʒ〕也是一种自由变体。/r/辅音在"统一平台"中共出现了 516 次（M）和 495次（F）。

2.1　[r] 辅音

[r] 辅音在"统一平台"中以单辅音或复辅音前置辅音形式共出现了474 次（M）和 331 次（F）。其中，以单辅音形式出现的位置有词中音节首、词中音节末和词末等；以复辅音前置辅音形式出现等。在 M 的 474 次[r] 中，426 次为单辅音，其余 48 次为复辅音前置辅音；在 F 的 331 次[r] 中，303 次为单辅音，其余 28 次为复辅音前置辅音。显然，[r] 辅音主要以单辅音形式出现，以复辅音前置辅音形式出现的频率较少。[r] 辅音在词中音节首和词末位置出现的频率较高，在词中音节末出现的频率较低。在达斡尔语固有词中该辅音不在词首出现（见表 3.88）。

表 3.88　[r] 辅音出现频率统计

		M		F	
		出现频率（次）	百分比（%）	出现频率（次）	百分比（%）
所有		474	100	331	100
单辅音	词首				
	词中音节首	145	31	87	26
	词中音节末	132	28	78	24
	词末	149	31	138	42
复辅音	复辅音前置辅音	48	10	28	8
	复辅音后置辅音				

2.1.1　声学语图

达斡尔语 [r] 辅音是舌尖—龈颤音。图 3.153 为男发音人 [or]"位置"一词的三维语图、三层标注实例和 [r] 辅音频谱图。

2.1.2　共振峰分布模式

表 3.89 为男、女发音人 [r] 辅音的参数统计。图 3.154 为男、女发音人 [r] 辅音共振峰分布图。图 3.126 显示了 [r] 辅音三个共振峰的频率范围，即男、女发音人共振峰频率浮动围绕为，M：VF1 = 200~800Hz，VF2 = 800~1700Hz，VF3 = 1600~2500Hz；F：VF1 = 300~900Hz，VF2 = 1100~2100Hz，VF3 = 1600~3100Hz。

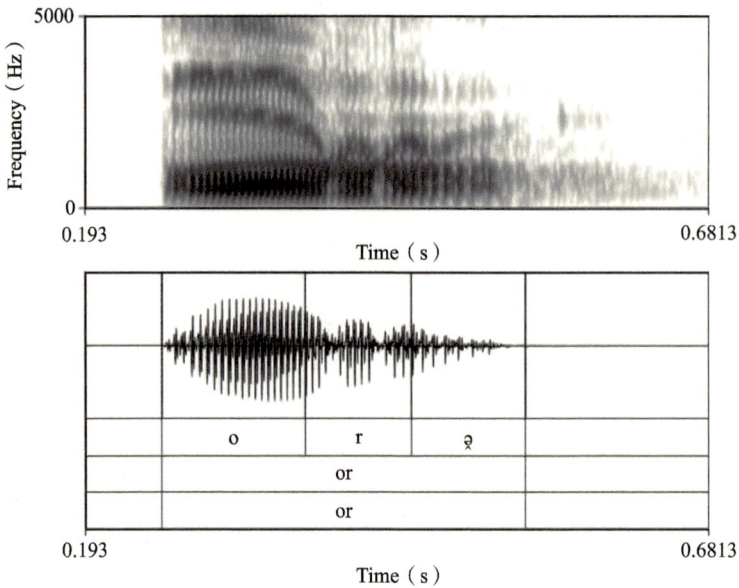

图 3.153-1　男发音人［or］"位置"一词的三维语图和三层标注实例

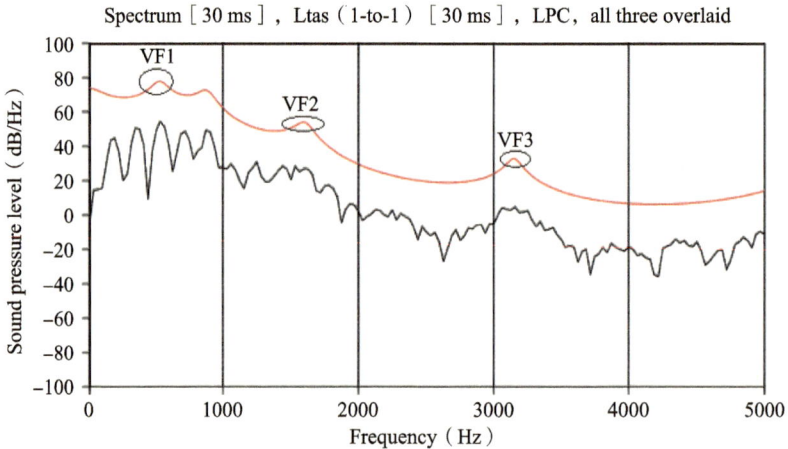

图 3.153-2　男发音人［or］"位置"一词的［r］辅音频谱

表 3.89　　［r］辅音统计

	M					F				
	CD	CA	VF1	VF2	VF3	CD	CA	VF1	VF2	VF3
平均值	79	73.63	518	1281	1978	53	66.9	537	1557	2563
标准差	22	3.02	133	236	229	15	4.15	141	264	422

续表

	M					F				
	CD	CA	VF1	VF2	VF3	CD	CA	VF1	VF2	VF3
变异系数	27%	4.1%	26%	18%	12%	28%	6.2%	26%	17%	16%

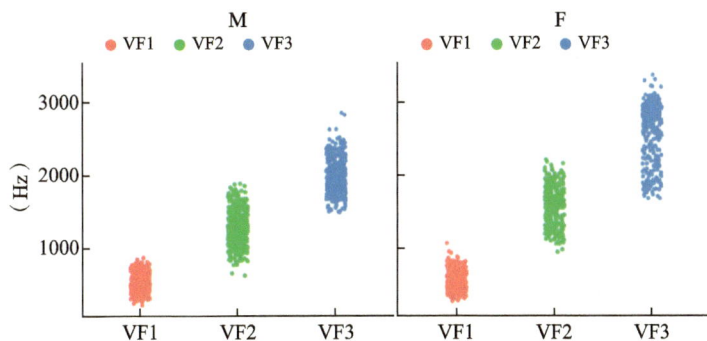

图 3.154　[r] 辅音共振峰分布（M&F）

2.1.3　词中位置与声学参数之间的关系

表 3.90 为词中不同位置上的 [r] 辅音参数统计。图 3.155～3.157 为男、女发音人词中不同位置上 [r] 辅音的共振峰、音长、音强参数均值比较图。

表 3.90-1　词中不同位置 [r] 辅音统计（M）

位置 ＼ 参数		CD	CA	VF1	VF2	VF3
词中音节首	平均值	76	74.42	504	1318	1994
	标准差	21	2.52	130	261	222
	变异系数	28%	3.4%	26%	20%	11%
词中音节末	平均值	86	72.3	509	1270	1971
	标准差	22	2.84	147	240	248
	变异系数	25%	3.9%	29%	19%	13%
词末	平均值	80	73.57	531	1242	1971
	标准差	21	3	118	212	240
	变异系数	26%	4%	22%	17%	12%
复辅音前置辅音	平均值	70	75.06	547	1321	1971
	标准差	18	3.49	137	202	151
	变异系数	26%	4.6%	25%	15%	7.6%

表 3.90-2 词中不同位置 [r] 辅音统计 （F）

位置 ＼ 参数		CD	CA	VF1	VF2	VF3
词中音节首	平均值	52	67.69	531	1628	2587
	标准差	15	3.82	130	249	401
	变异系数	29%	5.6%	25%	15%	16%
词中音节末	平均值	51	67.5	555	1552	2544
	标准差	16	3.78	135	268	414
	变异系数	30%	5.6%	24%	17%	16%
词末	平均值	55	66.04	534	1521	2568
	标准差	16	4.27	154	264	428
	变异系数	29%	6.4%	29%	17%	17%
复辅音前置辅音	平均值	57	67.07	517	1523	2514
	标准差	12	4.95	126	268	485
	变异系数	21%	7.3%	24%	18%	19%

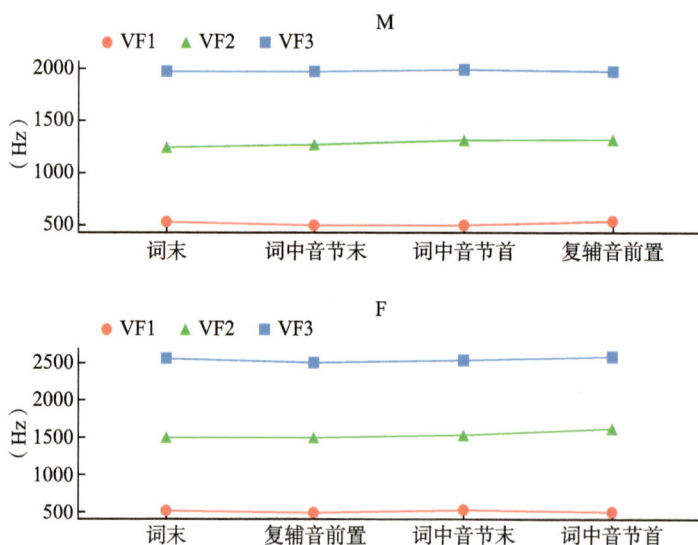

图 3.155 词中不同位置上 [r] 辅音的共振峰均值比较 （M&F）

M

F

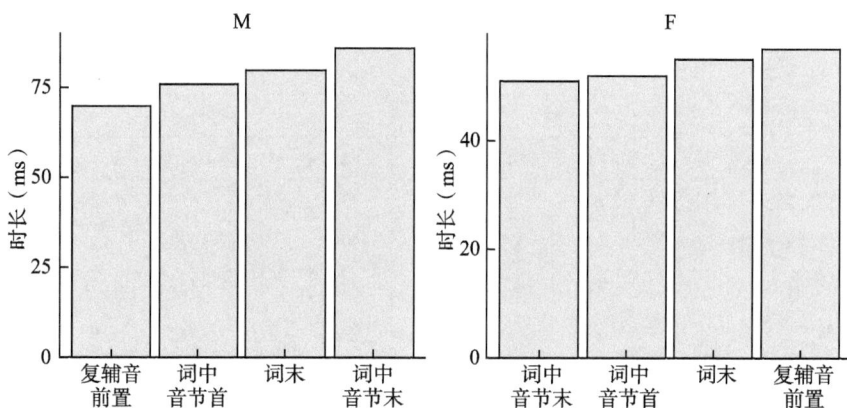

图 3.156 词中不同位置上［r］辅音的音长均值比较（M&F）

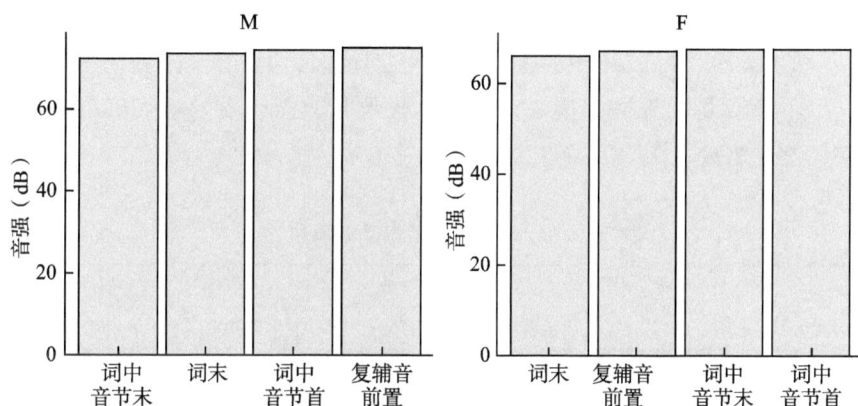

M

F

图 3.157 词中不同位置上［r］辅音的音强均值比较（M&F）

上述图表显示，［r］辅音词中位置与其声学参数之间具有一定的相关性。如，词末位置的第二共振峰频率 VF2 比其他位置上的相对低；［r］辅音词中位置与音长的相关性不明显；词中音节首［r］辅音比其他位置上的相对强。

我们对不同音节中出现的［r］辅音时长，共振峰之间做了单因素方差分析，结果如表 3.91 所示。

表 3.91 检验结果

	sig（显著性）							
	M		F		M		F	
	CD	CD	F1	F2	F3	F1	F2	F3
复辅音前置—词中音节首	.207	.374	.223	1.000	.865	.962	.272	.888

续表

	sig（显著性）							
	M	F		M		F		
	CD	CD	F1	F2	F3	F1	F2	F3
复辅音前置—词中音节末	.000	.230	.285	.482	1.000	.556	.962	.991
复辅音前置—词末	.009	.810	.881	.099	1.000	.930	1.000	.947
词中音节首—词中音节末	.000	.975	1.000	.390	.863	.659	.237	.906
词中音节首—词末	.387	.727	.237	.035	.842	.999	.013	.987
词中音节末—词末	.050	.480	.377	.738	1.000	.729	.849	.978

2.2　［ʒ］辅音

　　［ʒ］辅音在统一平台中以单辅音或复辅音前置辅音形式共出现了 7 次（M）和 122 次（F）。出现的位置有词中音节首、词中音节末和词末等。显然，［ʒ］变体的出现频率因人而异。本次统计显示，女发音人语料中出现的频率高于男发音人（见表 3.92）。

表 3.92　［ʒ］辅音出现频率统计

		M		F	
		出现频率（次）	百分比（%）	出现频率（次）	百分比（%）
	所有	7	100	122	100
单辅音	词首				
	词中音节首	3	43	34	28
	词中音节末	4	57	57	47
	词末			19	15
复辅音	词中音节末复辅音前置辅音			12	10
	词末复辅音后置辅音				

2.2.1　声学语图

　　达斡尔语［ʒ］辅音是舌尖—龈浊擦音。图 3.158 为男发音人［ʧiʒɣɔ:］"六"一词的三维语图、三层标注实例和［ʒ］辅音频谱图。

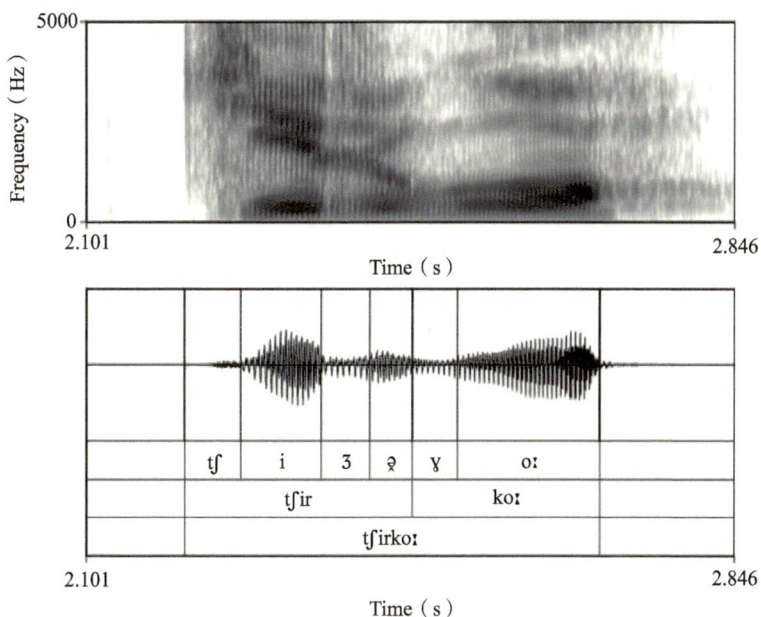

图 3.158-1　男发音人 [ʧiʒɣoː]"六"一词的三维语图和三层标注实例

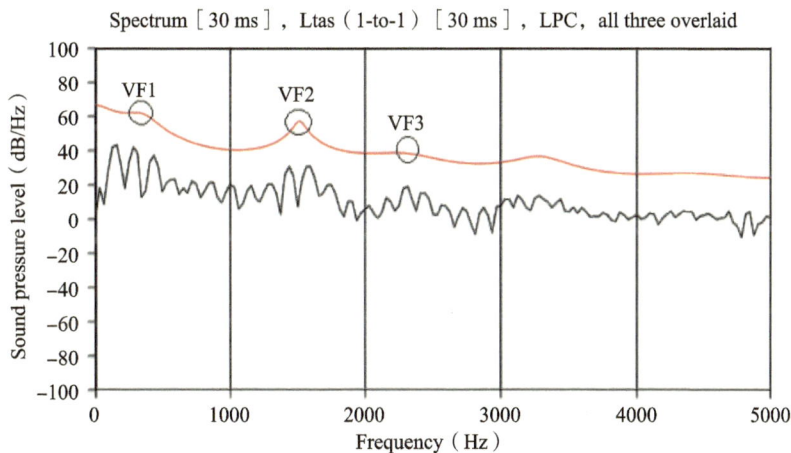

图 3.158-2　男发音人 [ʧiʒɣoː]"六"一词的 [ʒ] 辅音频谱

2.2.2　共振峰分布模式

表 3.93 为男、女发音人 [ʒ] 辅音参数统计。图 4.159 为男、女发音人 [ʒ] 辅音共振峰分布图。该图显示，[ʒ] 辅音三个共振峰的频率范围，即男、女发音人共振峰频率浮动围绕为，M：VF1 = 200～400Hz，VF2 = 1400～1800Hz，VF3 = 2300～2500Hz；F：VF1 = 300～700Hz，VF2 = 1200～2200Hz，

VF3 = 1600 ~ 3500Hz。

表 3.93　[ʒ] 辅音统计（M）

	M					F				
	CD	CA	VF1	VF2	VF3	CD	CA	VF1	VF2	VF3
平均值	58	69.14	351	1566	2509	51	63.68	453	1689	2710
标准差	21	3.28	41	204	270	19	4.02	115	251	443
变异系数	36%	4.7%	12%	13%	11%	37%	6.3%	25%	15%	16%

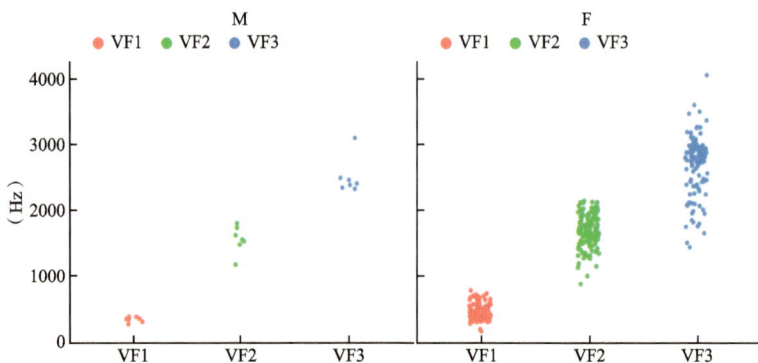

图 3.159　[ʒ] 辅音共振峰分布（M&F）

2.2.3　词中位置与声学参数之间的关系

表 3.94 为词中不同位置上 [ʒ] 辅音的参数统计。图 3.160 ~ 3.162 为词中不同位置上 [ʒ] 辅音的共振峰、音长、音强参数均值比较图。上述图表显示，词中不同位置 [ʒ] 辅音与共振峰和音强的相关性不明显；词中音节首位置上 [ʒ] 辅音的音长比其他位置上的相对短。

表 3.94-1　词中不同位置 [ʒ] 辅音统计（M）

位置	参数	CD	CA	VF1	VF2	VF3
词中音节首	平均值	48	69.33	371	1613	2433
	标准差	26	1.15	19	174	86
	变异系数	55%	1.6%	5.1%	11%	3.5%
词中音节末	平均值	66	69	335	1531	3567
	标准差	15	4.54	48	244	362
	变异系数	22%	6.5%	14%	16%	14%

表 3.94-2　词中不同位置 [ʒ] 辅音统计 （F）

位置	参数	CD	CA	VF1	VF2	VF3
词中音节首	平均值	41	63.32	456	1663	2698
	标准差	16	3.97	147	302	392
	变异系数	38%	6.2%	32%	18%	15%
词中音节末	平均值	56	63.42	448	1705	2724
	标准差	21	3.63	111	206	375
	变异系数	38%	5.7%	25%	12%	14%
词末	平均值	53	63.84	423	1762	2987
	标准差	15	4.6	38	251	460
	变异系数	28%	7.2%	8.8%	14%	15%
复辅音前置辅音	平均值	56	65.66	519	1574	2237
	标准差	12	4.83	96	270	511
	变异系数	21%	7.3%	19%	17%	23%

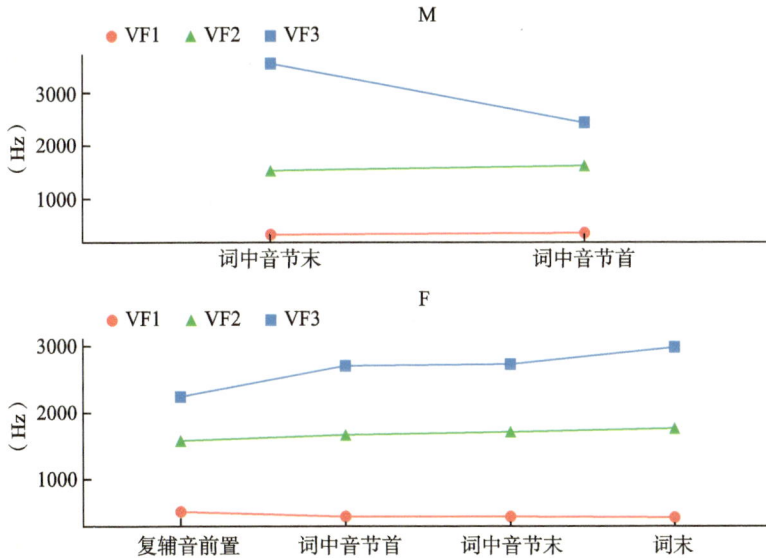

图 3.160　词中不同位置 [ʒ] 辅音的共振峰均值比较 （M&F）

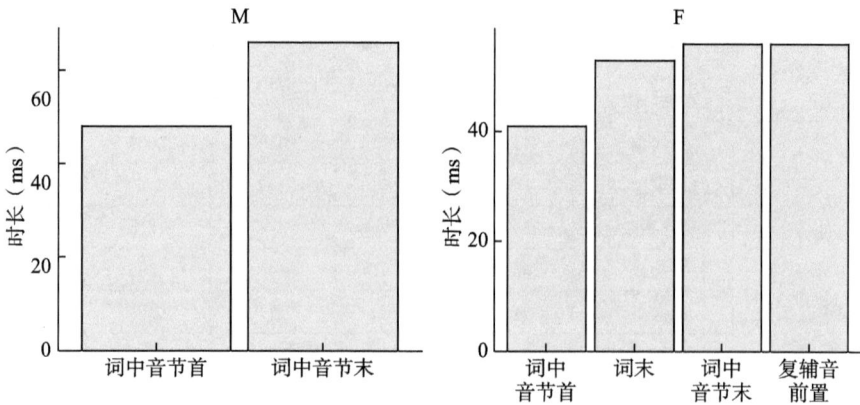

图 3.161　词中不同位置上［ʒ］辅音的音长均值比较（M&F）

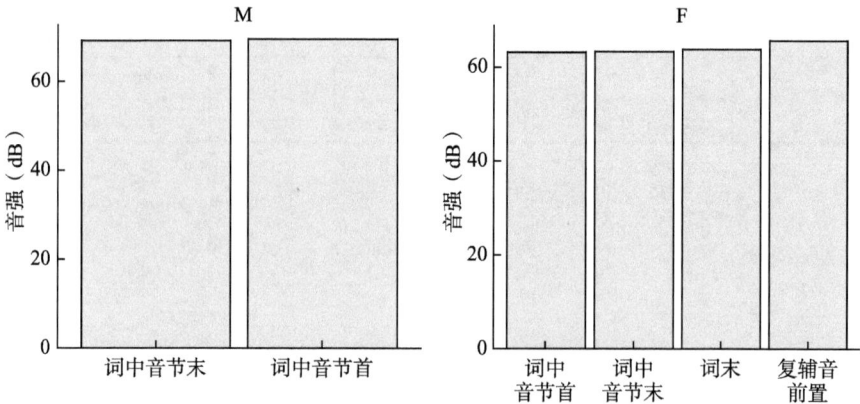

图 3.162　词中不同位置上［ʒ］辅音的音强均值比较（M&F）

我们对不同音节中出现的［ʒ］辅音 CD、F1、F2、F3 之间做了单因素方差分析，结果如表 3.95 所示（男发音人出现太少，没有检验）。

表 3.95　检验结果

	sig（显著性）							
	M	F			M		F	
	CD	CD	F1	F2	F3	F1	F2	F3
复辅音前置—词中音节首		.012				.347	.773	.052
复辅音前置—词中音节末		1.000				.143	.414	.034
复辅音前置—词末		.912				.026	.238	.002
词中音节首—词中音节末		.002				.993	.892	.989

续表

| | sig（显著性） | | | | | | | |
| | M | F | | M | | F | | |
	CD	CD	F1	F2	F3	F1	F2	F3
词中音节首—词末		.048				.617	.583	.116
词中音节末—词末		.913				.477	.807	.135

2.3 ［ɹ］辅音

［ɹ］辅音在统一平台中以单辅音或复辅音前置辅音形式共出现了 35 次（M）和 42 次（F），出现的位置为词中音节末和词末。［ɹ］辅音主要在词中音节末出现，如 60%（M）和 76%（F）的［ɹ］辅音都在词中音节末出现（见表 3.96）。

表 3.96 ［ɹ］辅音出现频率统计

| | | M | | F | |
		出现频率（次）	百分比（%）	出现频率（次）	百分比（%）
	所有	35	100	42	100
单辅音	词首				
	词中音节首			2	5
	词中音节末	21	60	32	76
	词末	9	26		
复辅音	复辅音前置辅音	5	14	8	19
	复辅音后置辅音				

2.3.1 声学语图

达斡尔语［ɹ］辅音是舌尖—龈清擦音。图 3.163 为男发音人［poɹʧʰoːɹoː］"豆"一词三维语图、三层标注实例和［ɹ］辅音频谱图。

2.3.2 共振峰分布模式

表 3.97 为男、女发音人［ɹ］辅音参数统计总表。图 3.164 为男、女发音人［ɹ］辅音共振峰分布图。该图显示，［ɹ］辅音三个共振峰的频率范围，即男、女发音人共振峰频率浮动围绕为，M：CF1 = 400 ~ 1000Hz，CF2 = 100 ~ 2000Hz，CF3 = 1800 ~ 3100Hz；F：CF1 = 300 ~ 1000Hz，CF2 = 1300 ~ 2200Hz，CF3 = 2200 ~ 3900Hz。

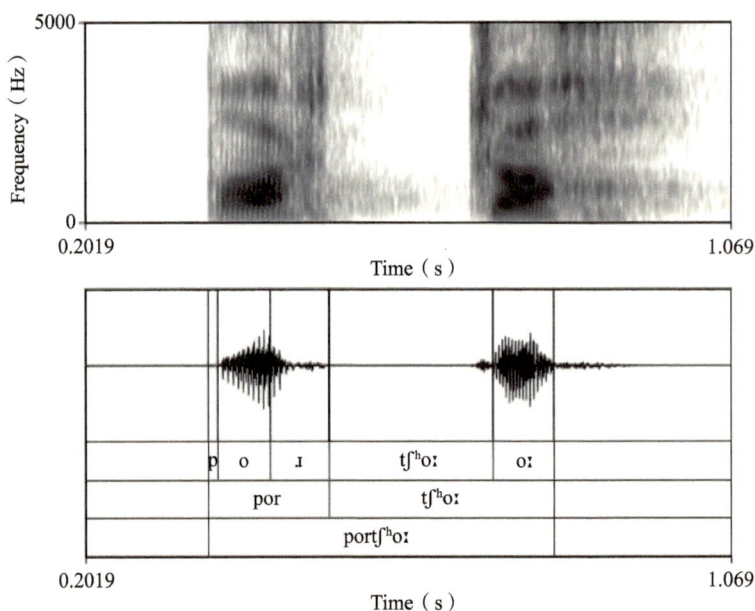

图 3.163-1　男发音人 [poɪʧʰoː] "豆" 一词的三维语图和三层标注实例

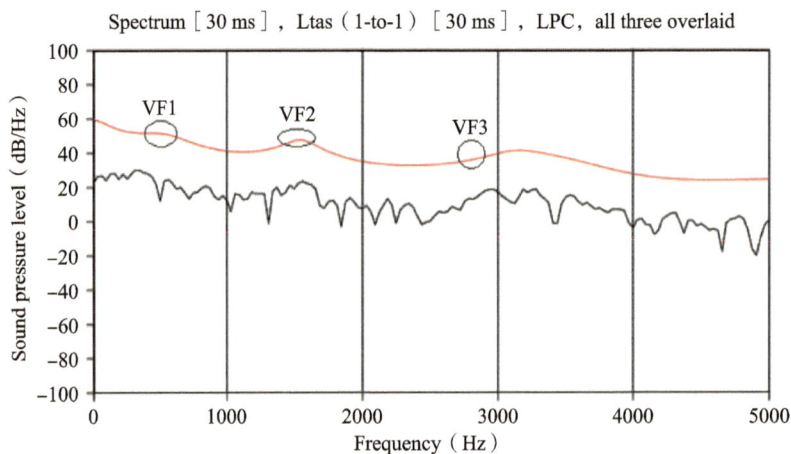

图 3.163-2　男发音人 [poɪʧʰoː] "豆" 一词的 [ɹ] 辅音频谱

表 3.97　[ɹ] 辅音统计（M）

	M					F				
	CD	CA	CF1	CF2	CF3	CD	CA	CF1	CF2	CF3
平均值	74	62.2	540	1500	2452	48	58.04	596	1781	2949

续表

	M					F				
	CD	CA	CF1	CF2	CF3	CD	CA	CF1	CF2	CF3
标准差	40	4.35	203	295	541	12	5.18	200	250	479
变异系数	55%	6.9%	38%	20%	22%	26%	8.9%	34%	14%	16%

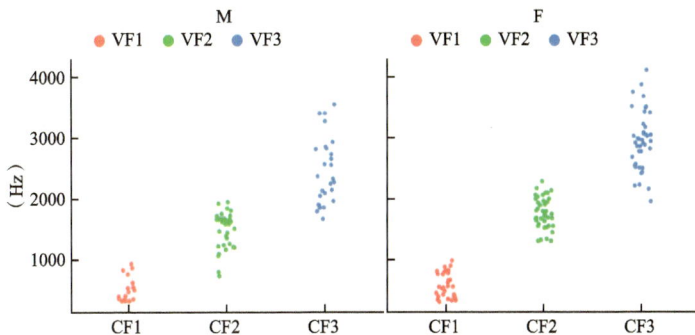

图 3.164　［ɹ］辅音共振峰分布（M&F）

2.3.3　词中位置与声学参数之间的关系

表 3.98 为词中不同位置上［ɹ］辅音的参数统计。图 3.165～3.167 为词中不同位置上［ɹ］辅音的共振峰、音长、音强参数均值比较图。上述图表显示，词中音节末位置上［ɹ］辅音的共振峰之间相关性不明显；词中音节末位置上［ɹ］辅音的音长相对短于其他位置；单辅音中，词中音节末［ɹ］辅音的音强相对强于其他位置。

表 3.98-1　词中不同位置［ɹ］辅音统计（M）

位置	参数	CD	CA	CF1	CF2	CF3
词中音节末	平均值	52	62.52	563	1464	2465
	标准差	12	4.03	229	342	637
	变异系数	24%	6.4%	41%	23%	26%
词末	平均值	135	60	640	1515	2515
	标准差	25	4.55	203	193	445
	变异系数	19%	7.5%	32%	13%	18%

续表

位置 \ 参数		CD	CA	CF1	CF2	CF3
复辅音前置辅音	平均值	56	64.8	392	1623	2266
	标准差	21	4.26	63	236	432
	变异系数	37%	6.5%	16%	15%	19%

表 3.98-2　词中不同位置［ɹ］辅音统计（F）

位置 \ 参数		CD	CA	CF1	CF2	CF3
词中音节首	平均值	59	51	824	2182	3355
	标准差	9.8	1.41		156	190
	变异系数	17%	2.7%		7.1%	5.6%
词中音节末	平均值	47	59.03	553	1767	2939
	标准差	13	4.73	198	238	493
	变异系数	27%	8%	36%	13%	17%
复辅音前置辅音	平均值	49	55.87	687	1734	2888
	标准差	12	5.81	177	254	462
	变异系数	24%	10%	26%	15%	16%

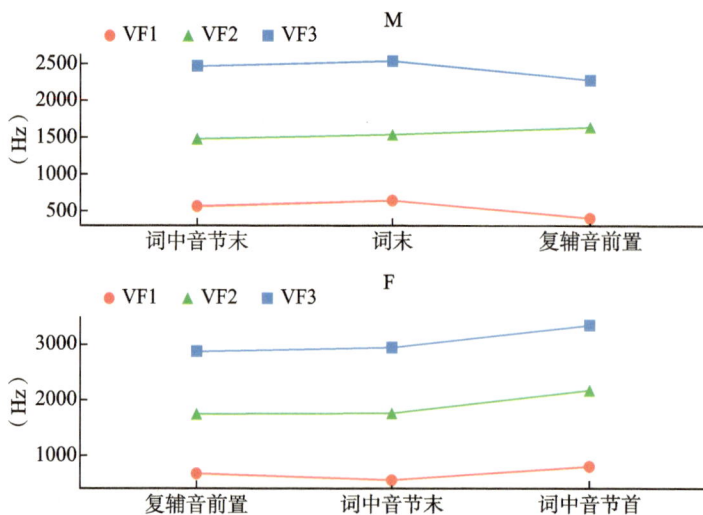

图 3.165　词中不同位置上［ɹ］辅音的共振峰均值比较（M&F）

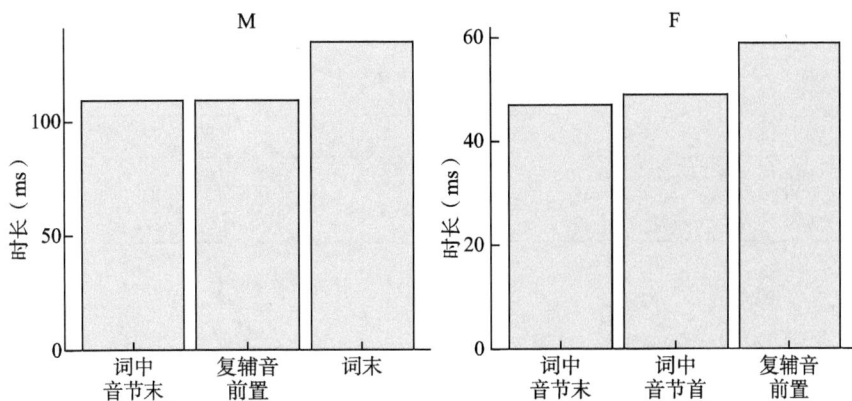

图 3.166　词中不同位置上［ɹ］辅音的音长均值比较（M&F）

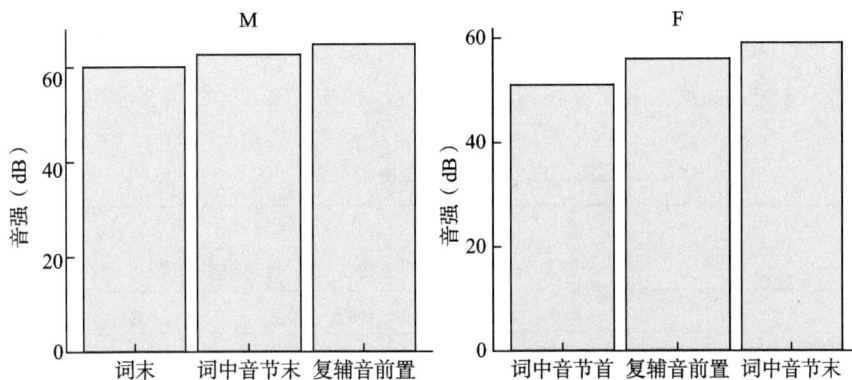

图 3.167　词中不同位置上［ɹ］辅音的音强均值比较（M&F）

我们对不同音节中出现的［ɹ］辅音时长之间做了单因素方差分析，结果如表 3.99 所示。

表 3.99　检验结果

	sig（显著性）	
	CD	
	M	F
复辅音前置—词中音节首		.568
复辅音前置—词中音节末	.900	.881
复辅音前置—词末	.000	
词中音节首—词中音节末		.474

续表

	sig（显著性）	
	CD	
	M	F
词中音节首—词末		
词中音节末—词末	.000	

3. /j/辅音

3.1 词中分布特点

/j/辅音在统一平台中以单辅音形式共出现了 80 次（M）和 68 次（F）。其中，以单辅音形式出现的位置有词首、词中音节首、词中音节末和词末等；没有以复辅音前置辅音形式出现。从整体上看，50%~51%的/j/辅音是在词首出现的，46%~40%的/j/是在词中音节首出现的，3%~7%的/j/是在词末出现的。该辅音在词中音节末出现的比例较少（1%~2%）（见表 3.100）。

表 3.100　[j] 辅音出现频率统计

		M		F	
		出现频率（次）	百分比（%）	出现频率（次）	百分比（%）
所有		80	100	68	100
单辅音	词首	40	50	35	51
	词中音节首	37	46	27	40
	词中音节末	1	1	1	2
	词末	2	3	5	7
复辅音	词中音节末复辅音前置辅音				
	词末复辅音后置辅音				

3.2 声学特征

3.2.1 声学语图

达斡尔语 [j] 辅音是舌叶齿龈后区半元音。图 3.168 为男发音人 [jeːtʰəɪ]"坐月子"一词三维语图、三层标注实例和 [j] 辅音频谱图。

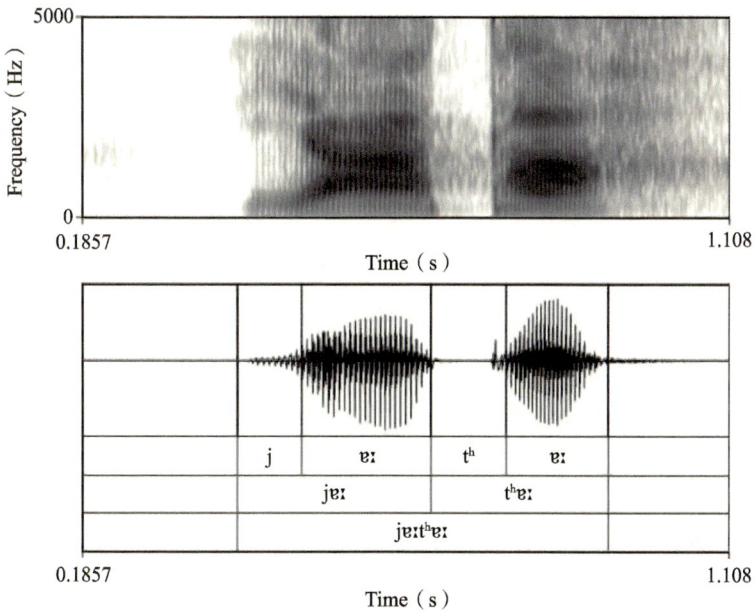

图 3.168-1 男发音人 [jeɪtʰeː] "坐月子" 一词的三维语图和三层标注实例

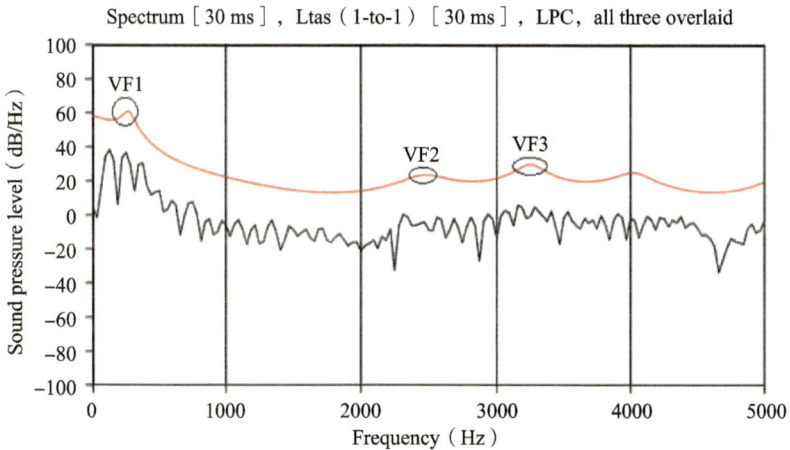

图 3.168-2 男发音人 [jeɪtʰeː] "坐月子" 一词的 [j] 辅音频谱

3.2.2 共振峰分布模式

表 3.101 为男、女发音人 [j] 辅音参数统计。图 4.169 为男、女发音人 [j] 辅音共振峰分布图。该图显示了 [j] 辅音三个共振峰的频率范围，即男、女发音人共振峰频率浮动围绕为，M：VF1 = 200～600Hz，VF2 = 1600～2500Hz，VF3 = 2300～3400Hz；F：VF1 = 200～700Hz，VF2 = 2200～2700Hz，

VF3 = 2600~4000Hz。

表 3.101　　[j] 辅音统计 （M&F）

	M					F				
	CD	CA	VF1	VF2	VF3	CD	CA	VF1	VF2	VF3
平均值	66	65.95	343	2114	2823	54	63.64	346	2558	3491
标准差	24	11	119	221	360	28	6.6	124	173	419
变异系数	36%	16%	35%	10%	13%	53%	10%	36%	6.7%	12%

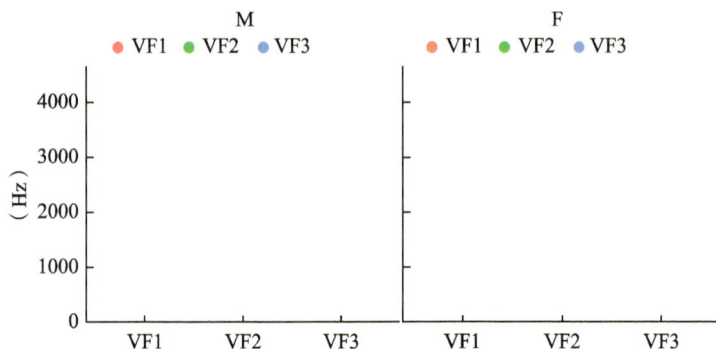

图 3.169　　[j] 辅音共振峰分布 （M）

3.2.3　词中位置与声学参数之间的关系

表 3.102 为词中不同位置上 [j] 辅音的参数统计。图 3.170~3.172 为词中不同位置上 [j] 辅音的共振峰、音长、音强参数均值比较图。从表 3.102 和图 3.170~3.172 中可以看出，词中音节首位置上 [j] 辅音的第二共振峰比其他位置上的相对低；词末音节音长相对长，词首音强相对弱。

表 3.102-1　词中不同位置 [j] 辅音统计 （M）

位置	参数	CD	CA	VF1	VF2	VF3
词首	平均值	75	55.82	259	2252	3001
	标准差	16	3.88	49	143	382
	变异系数	21%	6.9%	19%	6.3%	13%
词中音节首	平均值	50	76.27	432	1967	2644
	标准差	10	2.73	112	201	235
	变异系数	20%	3.5%	26%	10%	10%

续表

位置 \ 参数		CD	CA	VF1	VF2	VF3
词中音节末	平均值	92	76	349	2222	2623
	标准差					
	变异系数					
词末	平均值	164	72.5	372	2052	2672
	标准差	7.7	0.7	28	50	46
	变异系数	4.7%	0.9%	7.4%	2.4%	1.7%

表 3.102-2　词中不同位置［j］辅音统计（F）

位置 \ 参数		CD	CA	VF1	VF2	VF3
词首	平均值	45	58.74	278	2561	3615
	标准差	14	5.34	93	139	407
	变异系数	31%	9.1%	33%	5.4%	11%
词中音节首	平均值	49	69.03	416	2550	3340
	标准差	12	2.69	114	219	367
	变异系数	24%	3.9%	27%	8.5%	11%
词中音节末	平均值	62	72	553	2570	3419
	标准差					
	变异系数					
词末	平均值	138	67.2	401	2569	3444
	标准差	32	0.83	112	150	604
	变异系数	23%	1.2%	28%	5.8%	18%

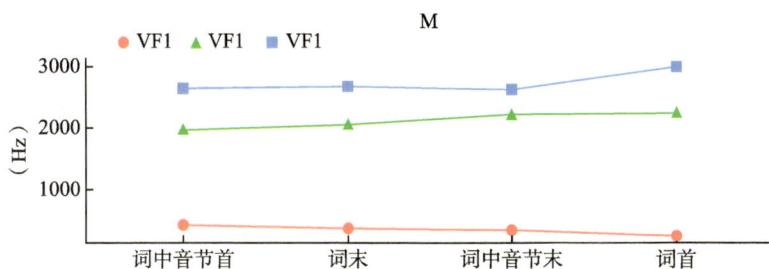

M

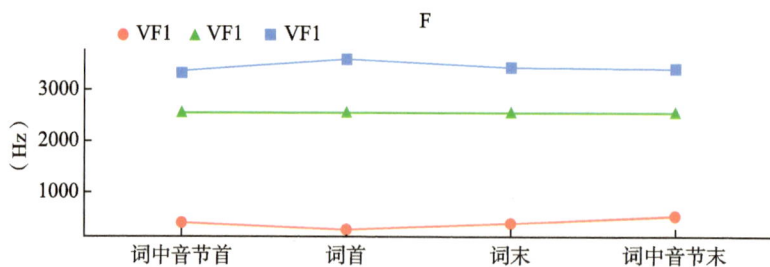

图 3.170　词中不同位置 [j] 辅音的共振峰均值比较（M&F）

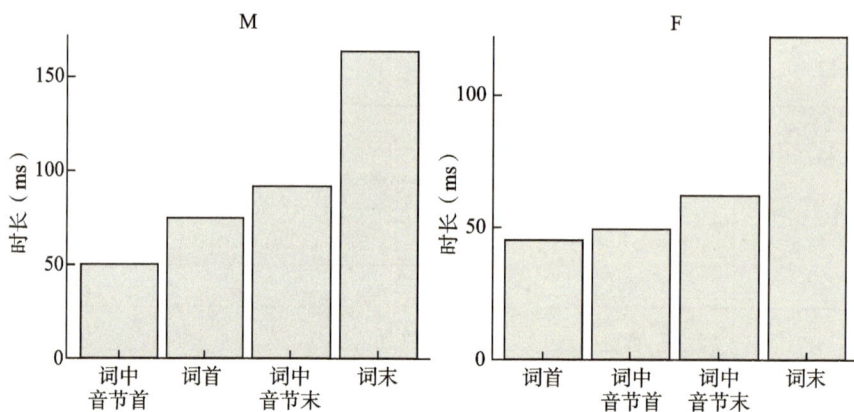

图 3.171　词中不同位置 [j] 辅音的音长均值比较（M&F）

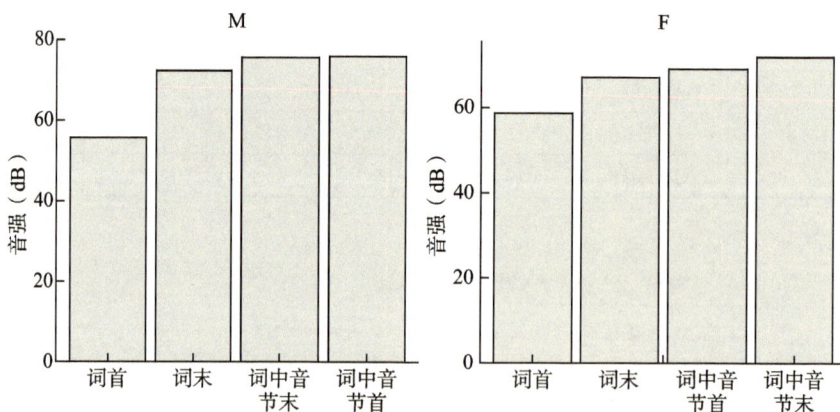

图 3.172　词中不同位置 [j] 辅音的音强均值比较（M&F）

　　我们对不同音节中出现的 [j] 辅音时长、共振峰之间做了单因素方差分析，结果如表 3.103 所示。

表 3.103 检验结果

	sig（显著性）							
	M		F		M		F	
	CD	CD	F1	F2	F3	F1	F2	F3
词首—词中音节首	.000	.371	.000	.000	.000	.000	.970	.019
词首—词末	.025	.006	.116	.077	.001	.143	.993	.819
词中音节首—词末	.030	.007	.188	.310	.850	.958	.967	.928

4. /w/辅音

4.1 词中分布特征

/w/辅音在"统一平台"中以单辅音或复辅音前置辅音形式共出现 106 次（M）和 82 次（F）。其中，以单辅音形式出现的位置为词首、词中音节首、词中音节末和词末等；以复辅音形式出现在复辅音前置辅音位置等。

在所有/w/辅音中，（1）以单辅音形式在词首和词中音节首出现的比例最高，如 M：在词首 47 次，占 44%，在词中音节首 48 次，占 45%；F：在词首 46 次，占 56%，在词中音节首 31 次，占 38%；（2）以单辅音形式在词中音节末和词末出现的比例最少，如，在词中音节末 2 次，占 2%，在词末 9 次，占 9%（M）；在词中音节末 3 次，占 4%，在词末 1 次，占 1%（F）（见表 3.104）。

表 3.104 ［w］辅音出现频率统计

		M		F	
		出现频率（次）	百分比（%）	出现频率（次）	百分比（%）
所有		106	100	82	100
单辅音	词首	47	44	46	56
	词中音节首	48	45	31	38
	词中音节末	2	2	3	4
	词末	9	9	1	1
复辅音	复辅音前置辅音			1	1
	复辅音后置辅音				

4.2 声学特征

4.2.1 声学语图特点

达斡尔语〔w〕为舌根，双唇，浊音。图 3.173 为男发音人〔wəːt〕"上行，逆行"一词的三维语图和〔w〕辅音频谱图。

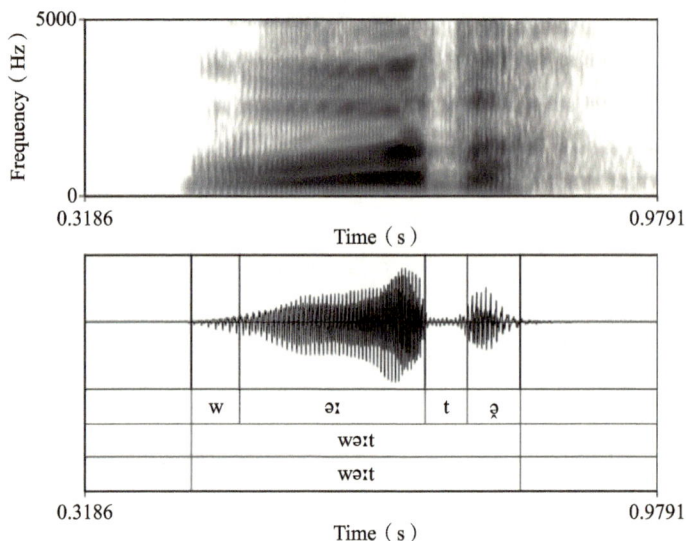

图 3.173-1　男发音人〔wəːt〕"上行，逆行"一词的三维语图和三层标注实例

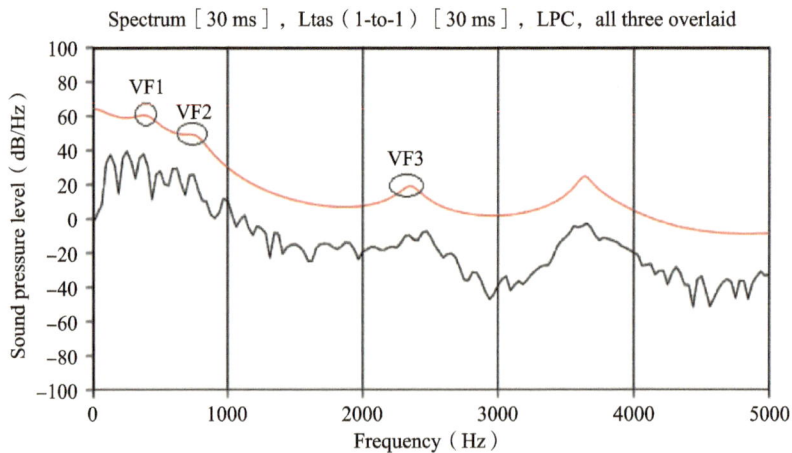

图 3.173-2　男发音人〔wəːt〕"上行，逆行"一词的〔w〕辅音频谱

4.2.2 共振峰分布模式

表 3.105 为男、女发音人〔w〕辅音参数统计。图 3.174 为男、女发音

人［w］辅音第一、第二和第三共振峰的分布图。表 3.105 和图 3.174 显示了男、女发音人［w］辅音的三个共振峰的频率范围，即男、女发音人共振峰频率浮动围绕为，M：VF1 = 250～600Hz，VF2 = 500～900Hz，VF3 = 2200～2700Hz；F：VF1 = 250～700Hz，VF2 = 600～1200Hz，VF3 = 2600～3500Hz。

表 3.105　［w］辅音统计

	M					F				
	CD	CA	VF1	VF2	VF3	CD	CA	VF1	VF2	VF3
平均值	71	65.52	413	711	2452	59	63.93	436	812	3001
标准差	26	7.93	82	104	174	24	5.74	100	211	236
变异系数	37%	12%	20%	15%	7%	41%	8.9%	23%	26%	7.8%

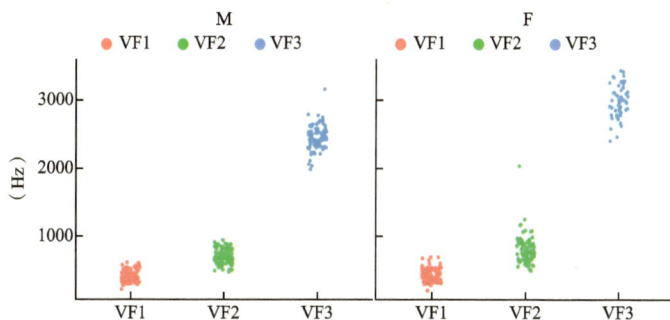

图 3.174　［w］辅音共振峰分布（M&F）

4.2.3　词中位置与声学参数之间的关系

表 3.106 为词中不同位置［w］辅音参数统计。图 3.175 为根据表 3.106 绘制的词中不同位置［w］辅音 GAP 和 VOT 分布图，图 3.176 为词中不同位置［w］辅音音强分布图。图 3.177 为词中不同位置［w］辅音的第一、第二和第三共振峰（CF）分布图。从这些表和图中可以看出，词中位置与［w］辅音声学参数之间具有一定的相关性。如，词末［w］辅音的音长明显比其他位置上的长，词首的相对短；词首［w］辅音的音强比其他音节相对弱；词中音节末［w］辅音的第二共振峰其他位置上相对高。

表 3.106-1　词中不同位置 ［W］辅音统计 （M）

位置 \ 参数		CD	CA	VF1	VF2	VF3
词首	平均值	66	57.66	391	672	2412
	标准差	18	3.87	76	100	110
	变异系数	28%	6.7%	20%	15%	4.5%
词中音节首	平均值	67	72.16	435	754	2478
	标准差	25	3.25	82	89	197
	变异系数	37%	4.5%	19%	12%	7.9%
词中音节末	平均值	69	64.5	427	837	2303
	标准差	5.6	6.36	164	74	111
	变异系数	8.2%	9.8%	38%	8.7%	4.8%
词末	平均值	113	71.44	410	655	2496
	标准差	34	2.35	79	99	221
	变异系数	30%	3.2%	19%	15%	8.8%

表 3.106-2　词中不同位置 ［W］辅音统计 （F）

位置 \ 参数		CD	CA	VF1	VF2	VF3
词首	平均值	54	60.32	389	742	2889
	标准差	21	4.6	68	130	290
	变异系数	39%	7.6%	18%	18%	10%
词中音节首	平均值	63	68.19	495	896	3084
	标准差	27	3.16	107	276	173
	变异系数	42%	4.6%	22%	31%	5.6%
词中音节末	平均值	75	70.66	526	966	2977
	标准差	18	2.51	86	94	104
	变异系数	24%	3.5%	16%	9.7%	3.4%
词末	平均值	107	69	412	840	3120
	标准差					
	变异系数					
复辅音前置辅音	平均值	78	73	539	921	2788
	标准差					
	变异系数					

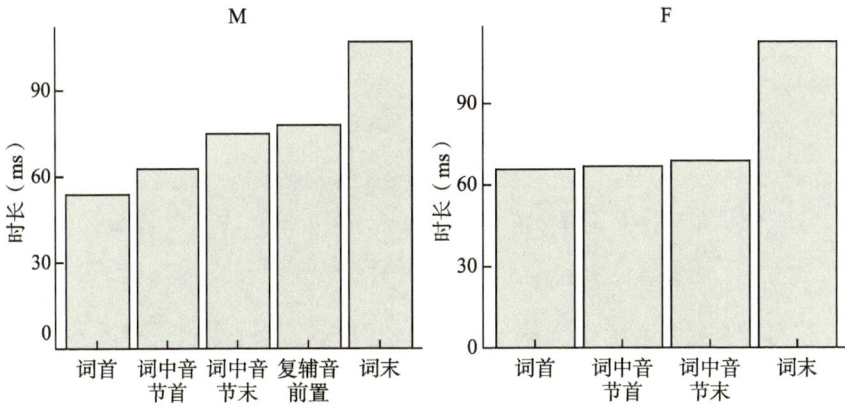

图 3.175 词中不同位置 ［w］辅音音长均值比较（M&F）

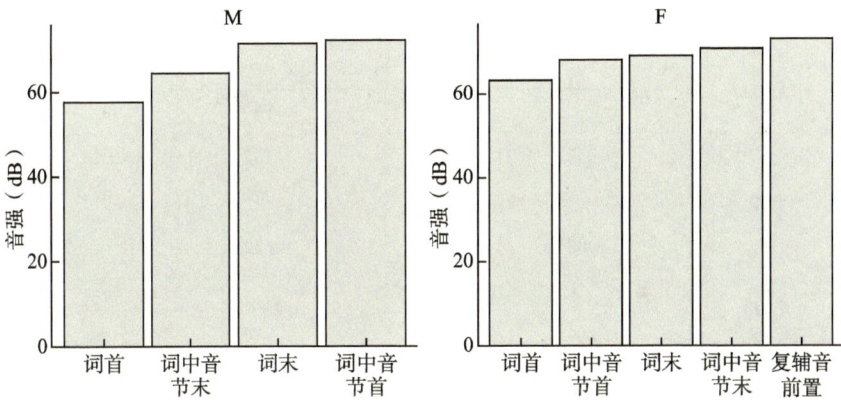

图 3.176 词中不同位置 ［w］辅音的音强均值比较

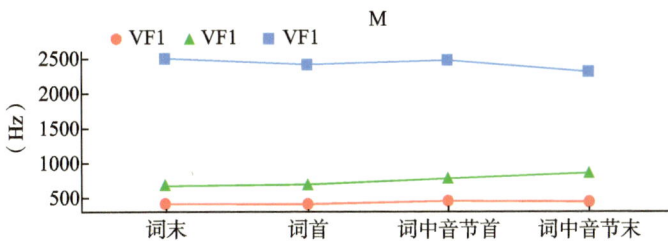

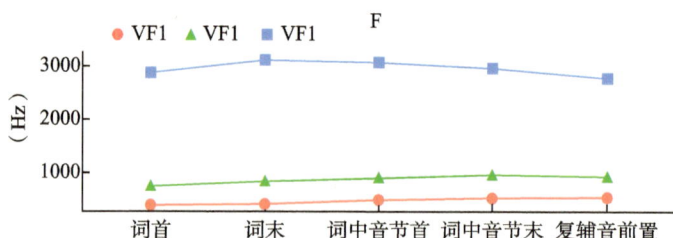

图 3.177　词中不同位置［w］辅音的共振峰均值（以 CF2 的上升
为序排列）比较（M&F）

　　我们对不同音节中出现的［w］辅音时长、共振峰做了单因素方差分析，结果如表 3.107 所示。

表 3.107　检验结果

	sig（显著性）							
	M		F		M		F	
	CD	CD	F1	F2	F3	F1	F2	F3
词首—词中音节首	.980	.212	.019	.000	.138	.000	.016	.035
词首—词中音节末		.290				.187	.078	.606
词首—词末	.008		.782	.892	.532			
词中音节首—词中音节末		.616				.834	.636	.371
词中音节首—词末	.009		.665	.043	.970			

四　腭化辅音

　　基于"统一平台"的"达斡尔语标准音语音声学参数数据库"中出现
［pʲ，pʰʲ，kʲ，kʰʲ，tʰʲ，tʲ，ɣʲ，lʲ，mʲ，nʲ，rʲ，βʲ，xʲ，ʒʲ］14 个腭化辅音。有的腭化辅音在男发音人中出现，女发音人中不出现，并且出现个数也不同，因此我们选择以男发音人为例，探讨腭化辅音的声学特点。腭化辅音出现频率见表 3.108。

表 3.108　腭化辅音出现频率

	pʲ	βʲ	pʰʲ	kʲ	ɣʲ	kʰʲ	tʰʲ	tʲ	xʲ	lʲ	mʲ	nʲ	rʲ	ʒʲ
M	2	2	3	9	3	21	5	6		49	16	16	9	
F	2	2	2	8		17	2	2	1	26	10	15	4	1

与元音共振峰相比，辅音的时长较短，且声学表现复杂，缺乏能够描写其音色（音值）的直观、稳定且易于量化的声学特征。因而，为了更准确描写达斡尔语腭化辅音声学特征，我们详细定义了需要提取的声学参数，包括：（1）绘制了腭化辅音的 LPC 谱与频谱，并提取了腭化辅音共振峰 CF1、CF2 和 CF3 值；（2）绘制了腭化辅音后接元音的共振峰（F1、F2）走势。

（一）腭化辅音的 LPC 谱和频谱特征

为探讨达斡尔辅音腭化的声学特征，我们首先绘制了清浊腭化辅音与非腭化辅音在相同环境下辅音的 LPC 谱和频谱（见图 3.178、图 3.179）。

从图 3.178 看出，清腭化辅音的整体能量比非腭化辅音强，腭化辅音的音强值在 55~65dB 之间，而非腭化辅音的音强值在 40~60dB 之间；腭化辅音的频率能量较集中，非腭化辅音的频率能量较分散。腭化辅音的能量峰值明显高于非腭化辅音、舌根辅音 kʰ、k 的能量分布在 1000~2000Hz 之间，腭化舌根辅音 [kʰʲ]、[kʲ] 的能量分布在 3000~4500Hz 之间；双唇辅音 [pʰ]、[p] 的能量分布在 500~2000Hz 之间，腭化双唇辅音 [pʰʲ]、[pʲ] 的能量分布在 2000~5000Hz 之间；舌尖辅音 [tʰ]、[t] 的能量分布在 1000~2500Hz 之间，腭化舌尖辅音 [tʰʲ]、[tʲ] 的能量在 3000~4500Hz 之间。

从图 3.179 看，浊腭化辅音的整体能量与非腭化辅音相等，音强值在 58~70dB 之间。从形态上看，非腭化辅音的音强值下降得较快，而腭化辅音较慢；腭化辅音的频率能量较集中，非腭化辅音的频率能量较分散。腭化辅音的能量峰值明显高于非腭化辅音，舌根辅音 ɣ 的能量分布在 500~3000Hz 之间，腭化舌根辅音 ɣʲ 的能量分布在 2000~3500Hz 之间，双唇辅音 m、β 的能量分布在 500~1500Hz 之间，腭化双唇辅音 [mʲ]、[βʲ] 的能量分布在 2500~4500Hz 之间，舌尖辅音 [n]、[l]、[r] 的能量分布在 500~2500Hz 之间，腭化舌尖辅音 [nʲ]、[lʲ]、[rʲ] 的能量在 2000~3500Hz 之间。

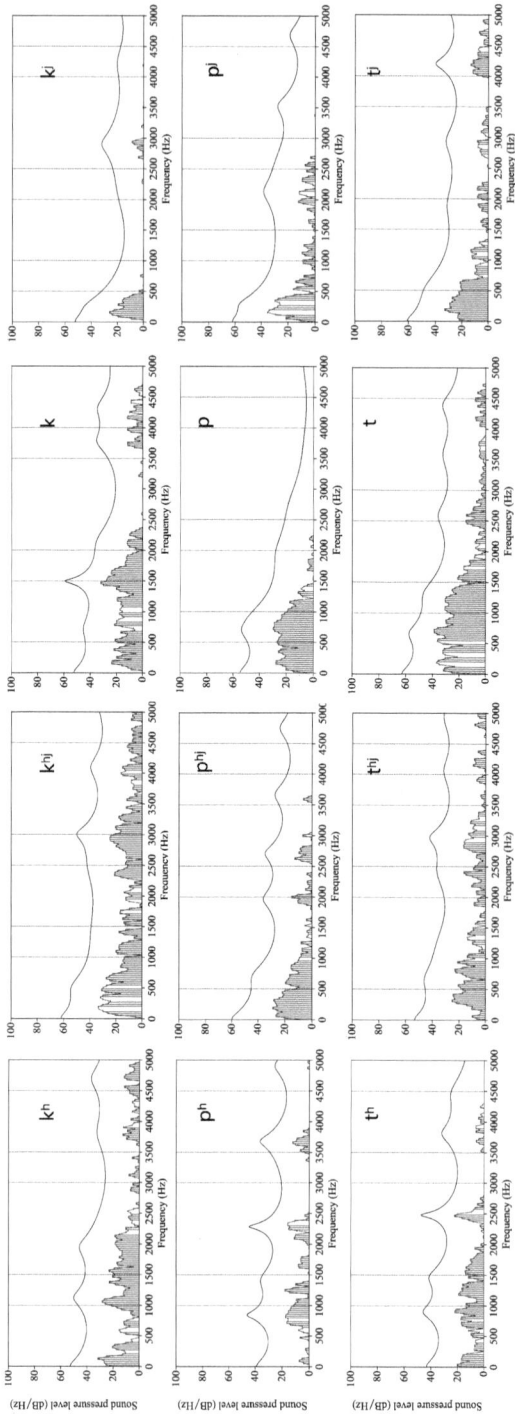

图 3.178　清腭化辅音和非腭化辅音的LPC谱与频谱比较

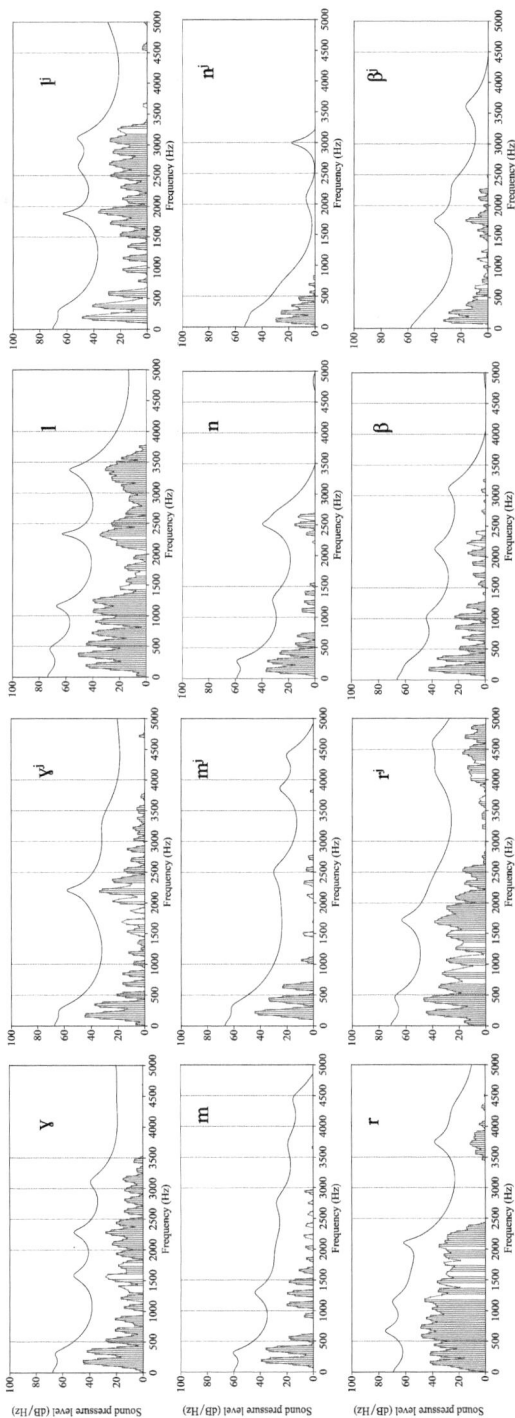

图 3.179 浊腭化辅音和非腭化辅音的 LPC 谱与频谱比较

综上，清腭化辅音的整体能量最强，浊腭化辅音与非腭化辅音相等。无论是清腭化辅音还是浊腭化辅音，腭化辅音的频率能量较为集中，且其能量值均明显高于非腭化辅音。

（二）辅音共振峰及时长

时长和辅音共振峰（Concentrated Frequency Area，简称 CF）是塞音及浊辅音声学分析的主要参数，它受发音部位的影响。CF1、CF2、CF3 表示腭化辅音和非腭化辅音的 3 个共振峰，CD 表示辅音时长（见表 3.109、表 3.110）。

表 3.109　腭化与非腭化清辅音时长、共振参数比较

非腭化	CF1	CF2	CF3	CD	腭化	CF1	CF2	CF3	CD
kʰ	977	1574	2122	93	kʰʲ	599	2102	2960	73
k	789	1499	2020	23	kʲ	348	2088	2865	42
pʰ	907	1572	2308	78	pʰʲ	628	1965	2760	58
p	659	1061	2198	106	pʲ	280	1926	2451	160
tʰ	879	1491	2472	47	tʰʲ	807	2127	2914	75
t	642	1258	2529	106	tʲ	592	1890	2932	203

从表 3.109 看出，在清辅音中，腭化辅音的 CF1 值在 280~807Hz 之间，而非腭化辅音的 CF1 值在 642~977Hz 之间，腭化辅音的 CF1 值明显小于非腭化辅音；腭化辅音的 CF2 值在 1926~2127Hz 之间，CF3 值在 2451~2960Hz 之间，而非腭化辅音的 CF2 值在 1061~1574Hz 之间，CF3 值在 2198~2529Hz 之间，腭化辅音的 CF2 和 CF3 值明显高于非腭化辅音；多数腭化辅音的时长长于非腭化辅音时长，辅音的时长因不同辅音而变化。

表 3.110　腭化与非腭化浊辅音时长、共振参数比较

非腭化	CF1	CF2	CF3	CD	腭化	CF1	CF2	CF3	CD
ɣ	323	1590	2286	52	ɣʲ	259	2092	2210	58
l	459	1154	2343	50	lʲ	311	1888	2636	83
m	326	1354	2441	57	mʲ	318	1813	2459	63
n	287	1264	2515	86	nʲ	286	2116	3010	116
r	729	1263	2073	94	rʲ	486	1698	2147	71
β	232	1071	2179	65	βʲ	494	1743	2313	55

从表 3.110 可以看出，在浊辅音中，腭化辅音的 CF1 值在 259~486Hz 之间，而非腭化辅音的 CF1 值在 232~459Hz 之间，腭化辅音和非腭化辅音 CF1 值差距不明显；腭化辅音的 CF2 值在 1693~2116Hz 之间，而非腭化辅音的 CF2 值在 1071~1590Hz 之间，腭化辅音的 CF2 明显高于非腭化辅音；腭化辅音 CF3 值在 2147~3010Hz 之间，而非腭化辅音的 CF3 值在 2073~2515Hz 之间，差别不明显；多数腭化辅音的时长长于非腭化辅音时长，辅音的时长因不同辅音而变化。

综上，清浊腭化辅音与非腭化辅音的 CF1 值不尽相同；清浊腭化辅音的 CF2 值均高于非腭化辅音；清腭化辅音的 CF3 值明显高于非腭化辅音，而浊腭化辅音的 CF3 值与非腭化辅音差别不大；清浊腭化辅音的时长均因不同辅音而改变。

除以上参数数据直观对比的方法外，我们还对达斡尔语腭化辅音和非腭化辅音的相关参数进行配对样本 T 验证，以 sig（显著性）系数来验证两类辅音是否存在显著性差异。具体操作方法为，我们将 CF1、CF2、CF3、CD 的数据按照腭化和非腭化两类进行对组配对，并采用配对样本 T 验证来验证它们之间的显著性，结果如表 3.111 所示。其中，对组如下 4 组：对组 1 表示“非腭化辅音 CF1 与腭化辅音 CF1”；对组 2 表示“非腭化辅音 CF2 与腭化辅音 CF2”；对组 3 表示“非腭化辅音 CF3 与腭化辅音 CF3”；对组 4 表示“非腭化辅音时长与腭化辅音时长”。

表 3.111　配对样本 T 检验结果

	sig（双侧）
对组 1	.026
对组 2	.000
对组 3	.002
对组 4	.129

从表 3.111 检验结果可以看出，腭化辅音和非腭化辅音的 CF2、CF3 在 α 为 0.01 的水平上有显著差异，CF1 在 α 为 0.05 的水平上有显著差异，CD 在 α 为 0.05 的水平上无显著差异。统计结果与数据直观对比结果一致，腭化辅音和非腭化辅音的 CF2 值区别显著。

（三）辅音后续元音的共振峰走势

我们也绘制了腭化辅音和非腭化辅音后续元音的 F1（第一共振峰）和 F2（第二共振峰）走势（见图 3.180、图 3.181）。

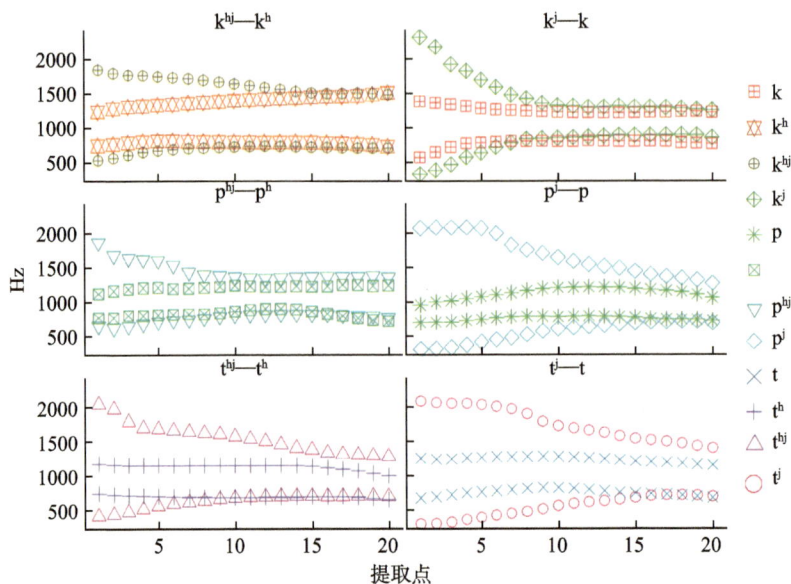

图 3.180　清腭化辅音和非腭化后续元音共振峰走势

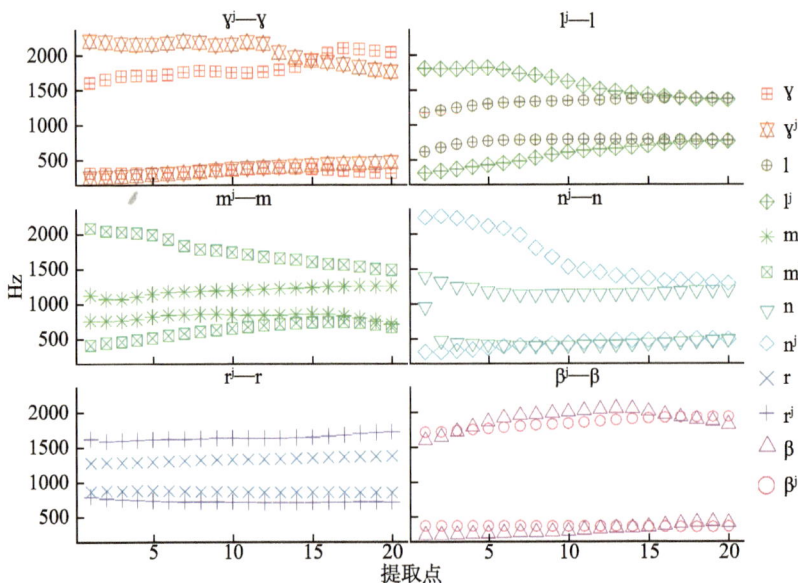

图 3.181　浊腭化辅音和非腭化后续元音共振峰走势

　　从图 3.180 可以看出，清腭化辅音后续元音开头的 1/3 时段内，因腭化辅音的影响而后续元音 F1 值下降，F2 值上升，即舌位抬高并前移。其余的 2/3 时段与非腭化元音后续元音的 F1 基本相同，F2 略高。非腭化辅音后续元音的 F1 和 F2 值基本呈现平稳状态。

　　从图 3.181 看出，除了 [r]、[rʲ]、[βi]、[βʲi]，浊腭化辅音后续元音共振峰走势与清腭化辅音后续元音共振峰走势有相同的规律。[r]、[rʲ] 不在音节首位置出现，我们选择了 [ɐr]、[ɐrʲ] 类型音节，腭化辅音前置的 ɐ 元音比非腭化前置的 a 元音 F1 低，F2 高，在蒙古语语音之间逆向影响显著于顺向影响。[βi]、[βʲi] 只和 [i] 元音搭配，因此腭化和非腭化后续元音的共振峰几乎相同。

　　腭化后续元音带滑音，即在听感上辅音与元音之间有 [j] 音，这种滑音是达斡尔语腭化辅音和非腭化辅音发音产生区别的最主要的声学特征之一。

　　我们用同样的方法对腭化辅音和非腭化辅音后续元音 F1 和 F2 做了配对样本 T 检验，结果如表 3.112 所示，对组 1 表示"非腭化辅音后续元音 F1 与腭化辅音后续元音 F1"；对组 2 表示"非腭化辅音后续元音 F2 与腭化辅音后续元音 F2"。

表 3.112　配对样本 T 检验结果

	sig（双侧）
对组 1	.000
对组 2	.000

　　从表 3.112 结果来看，腭化辅音和非腭化辅音后续元音的 F1、F2 在 α 为 0.01 的水平上有显著差异。统计结果进一步验证了以上数据对比的结果，F1 和 F2 值可以成为腭化辅音和非腭化辅音的区分特征。

　　以上详细描述了清浊腭化辅音与非腭化辅音 LPC 谱与频谱，CF1、CF2、CF3 和 CD 值，以及辅音后接元音共振峰（F1、F2）走势这三类声学参数的数据，并分别使用配对样本 T 检验进行统计验证，我们对上述分析结果进一步归纳，探讨达斡尔语腭化辅音和非腭化辅音的相关性（见表 3.113）。表中的"+"符号表示区别大，"-"符号表示区别小，"+-"表示相近。

表 3.113　达斡尔语腭化和非腭化辅音之间的相关性分析

	音强	能量集中	能量峰值	CF1	CF2	CF3	CD	F1	F2
腭化辅音/ 非腭化辅音	-	-	+	+-	+	+-	+-	+	+

表 3.113 显示，达斡尔语腭化和非腭化辅音之间的相关性如下。

（1）与非腭化辅音相比，腭化辅音的相对音强较强，频率能量较为集中，能量峰值更高。

（2）腭化辅音和非腭化辅音后接元音的 F1、F2 和 CF2 在 α 为 0.01 的水平上有显著差异，说明达斡尔语腭化辅音和非腭化辅音之间的差异性较显著，即腭化辅音和非腭化辅音与 F1、F2 和 CF2 有较好的相关性。

（3）CF1、CF3 参数相对不稳定，腭化辅音和非腭化辅音与 CF1、CF3 之间的相关性较差。

（4）达斡尔语腭化辅音和非腭化辅音与其 CD 之间没有相关性。

五　唇化辅音

基于"统一平台"，得到了 [p^w，p^{hw}，k^w，k^{hw}，t^{hw}，t^w，$\mathfrak{t}\mathfrak{f}^{hw}$，$\mathfrak{t}\mathfrak{f}^w$，$x^w$，$\int^w$，$s^w$，$l^w$，$n^w$，$\eta^w$，$m^w$] 15 个唇化辅音，男、女发音人出现频率见表 3.114 所示。为了更准确描写达斡尔语唇化辅音声学特征，我们详细定义了需要提取的声学参数，包括提取了唇化辅音的时长、谱重心；绘制了唇化辅音后接元音的共振峰（F1、F2）走势。

表 3.114　唇化辅音出现频率

	p^w	p^{hw}	k^w	k^{hw}	t^{hw}	t^w	$\mathfrak{t}\mathfrak{f}^{hw}$	$\mathfrak{t}\mathfrak{f}^w$	x^w	$\int^w$	s^w	l^w	n^w	η^w	m^w
M	1	1	15	38	6	13	5	7	19	4	6	5	2		2
F			25	28	6	13	3	7	21	3	6			2	

（一）辅音时长及谱重心

1. 时长

时长和辅音谱重心（Centre of Gravity，COG）是辅音声学分析的主要参数，它受发音部位的影响。唇化辅音和非唇化辅音的 COG、CD（塞音和塞擦音的时长为 VOT 参数）表示辅音时长（见表 3.115）。图 3.182 为根据表 3.115 数据绘制的辅音时长比较。

表 3.115 唇化与非唇化清辅音时长比较

单位：ms

环境	非唇化	时长	唇化	时长
kaː	k	25	kʷ	25
kʰa	kʰ	83	kʰʷ	108
lɐː	l	98	lʷ	61
məː	m	121	mʷ	79
nɐ	n	77	nʷ	74
sa	s	153	sʷ	100
ʃaː	ʃ	129	ʃʷ	157
ta	t	16	tʷ	19
tʰaː	tʰ	54	tʰʷ	64
tʃʰa	tʃʰ	68	tʃʰʷ	89
tʃa	tʃ	48	tʃʷ	48
xaː	x	149	xʷ	108

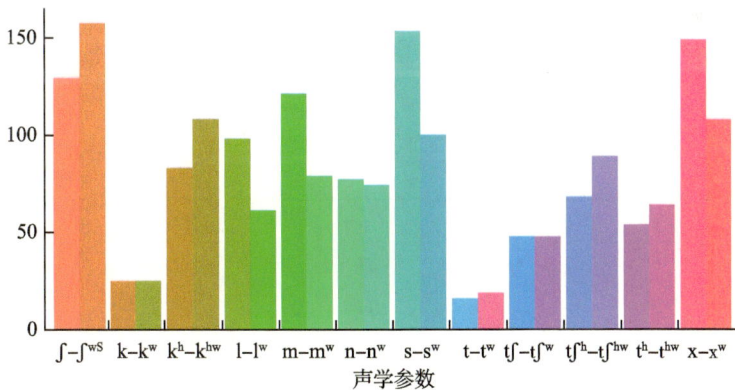

图 3.182 唇化与非唇化辅音时长比较

我们从表 3.115 和图 3.182 可以看出，在塞音和塞擦音的时长上，唇化辅音时长大于非唇化辅音时长；在浊辅音时长上，唇化辅音时长小于非唇化辅音时长；擦音中，x～xʷ、s～sʷ 之间非唇化辅音时长大于唇化辅音时长，ʃ～ʃʷ 之间非唇化辅音时长小于唇化辅音时长。

除以上参数数据直观对比的方法外，我们还对达斡尔语唇化辅音和非唇化辅音的相关参数进行配对样本 T 验证，以 sig（显著性）系数来验证两类辅音是否存在显著性差异。具体操作方法为，我们将 CD 的数据按照唇化和非唇化两类进行对组配对，并采用配对样本 T 验证来验证它们之间的显著性，结果如表 3.116 所示。其中，对组如下 3 组：对组 1 表示"非唇化塞音和塞擦音与唇化塞音和塞擦音"；对组 2 表示"非唇化擦音与唇化擦音"；对组 3 表示"非唇化浊辅音与唇化浊辅音"。

表 3.116 配对样本 T 检验结果

	sig（双侧）
对组 1	.078
对组 2	.475
对组 3	.002

从表 3.116 检验结果可以看出，唇化辅音和非唇化辅音的 CD 在 α 为 0.05 的水平上无显著差异。

2. 谱重心

唇化辅音和非唇化辅音的 COG 参数，统计参数见表 3.117。图 3.183 为根据表 3.117 数据绘制的辅音时长比较。

表 3.117 唇化与非唇化清辅音时长比较

单位：Hz

	非唇化	COG	唇化	COG
xaː	x	874	xʷ	424
kʰa	kʰ	1690	kʰʷ	672
sa	s	4231	sʷ	1700
tʰaː	tʰ	1135	tʰʷ	431
ta	t	868	tʷ	301
ʧa	ʧ	2878	ʧʷ	542
ʧʰa	ʧʰ	1951	ʧʰʷ	1418

续表

	非唇化	COG	唇化	COG
kaː	k	1109	kʷ	404
ʃaː	ʃ	3509	ʃʷ	2790
lɐː	l	769	lʷ	375
məː	m	296	mʷ	244
nɐ	n	296	nʷ	237

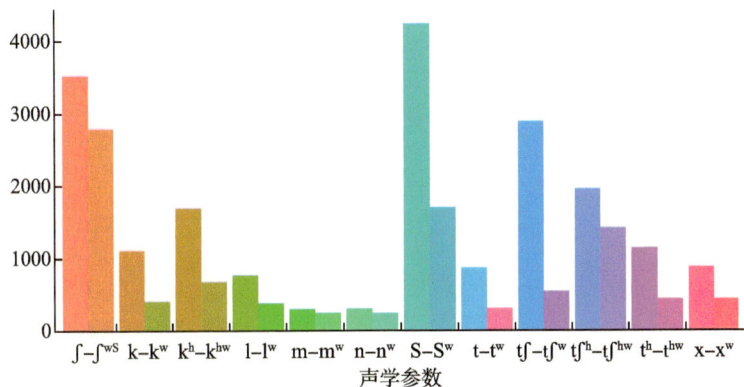

图 3.183　唇化与非唇化化辅音谱重心比较

我们从表 3.117 和图 3.183 可以看出，所有非唇化辅音的谱重心大于唇化辅音谱重心。

将谱重心的数据按照唇化和非唇化两类进行对组配对，并采用配对样本 T 验证来验证它们之间的显著性，结果如表 3.118，对组"非唇化辅音谱重心与唇化辅音谱重心"。

表 3.118　配对样本 T 检验结果

	sig（双侧）
对组 1	.004

从表 3.118 检验结果可以看出，唇化辅音和非唇化辅音的谱重心参数在 α 为 0.05 的水平上有显著差异。

（二）辅音后续元音的共振峰走势

我们也绘制了唇化辅音和非唇化辅音后续元音的 F1（第一共振峰）和 F2（第二共振峰）走势，因辅音较多，在图上可以清楚地看到共振峰走势，我们分 3 组，组 1 为塞音和塞擦音，组 2 为擦音，组 3 为浊辅音（见图 3.184）。

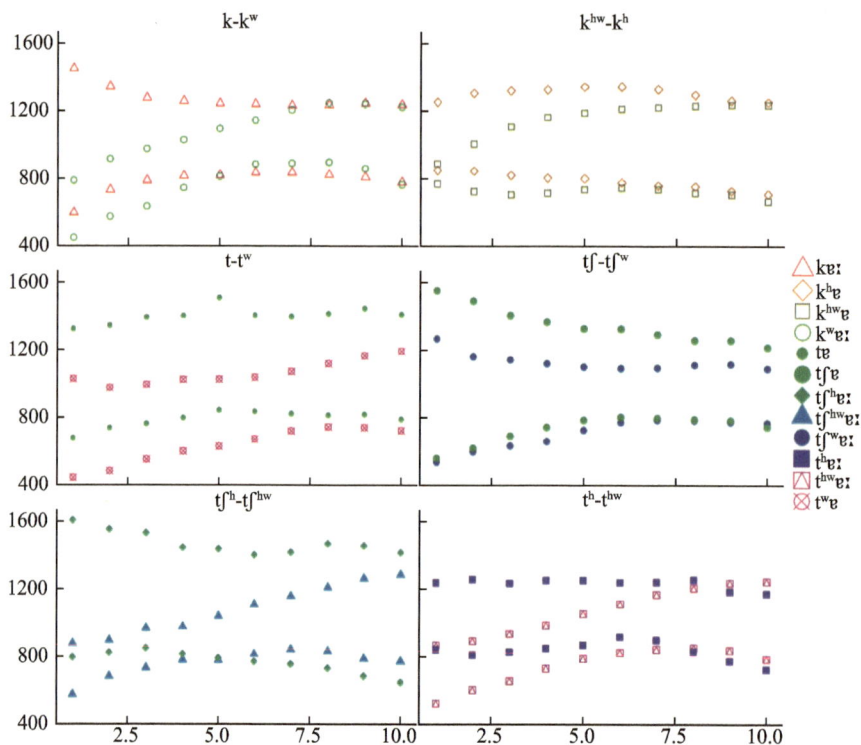

图 3.184-1　组 1 唇化辅音和非唇化后续元音共振峰走势

从图 3.184-1 可以看出，唇化辅音后续元音开头的 2/3 时段内，因唇化辅音的影响而后续元音 F1、F2 值下降，即舌位抬高并后移。其余的 1/3 时段与非唇化元音后续元音的 F1、F2 基本相同。非唇化辅音后续元音的 F1 和 F2 值基本呈现平稳状态，但唇化辅音的后续元音的 F1 和 F2 值上升。

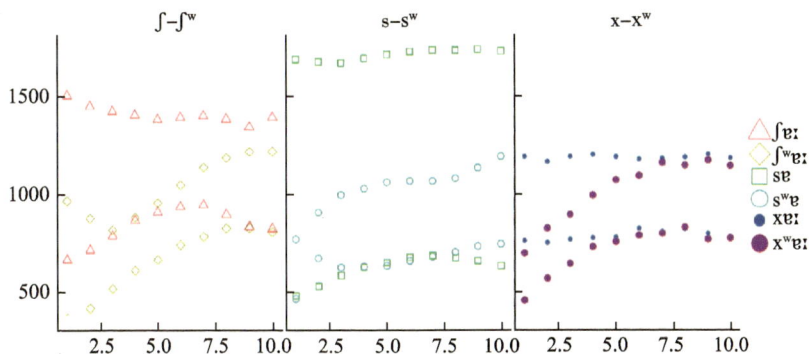

图 3.184-2　组 2 唇化辅音和非唇化后续元音共振峰走势

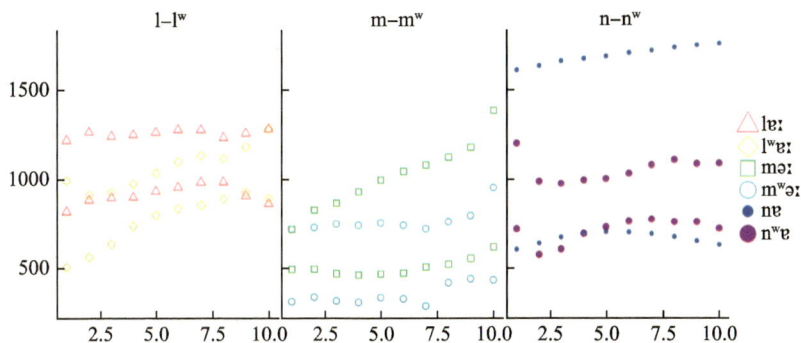

图 3.184-3　组 3 唇化辅音和非唇化后续元音共振峰走势

从图 3.184-2 可以看出，组 2 的规律与组 1 基本一致。

从图 3.184-3 可以看出，组 3 的规律与组 1 和组 2 基本一致。

唇化后续元音带滑音，即在听感上辅音与元音之间有 [w] 音，这种滑音是达斡尔语唇化辅音和非唇化辅音发音产生区别的最主要的声学特征之一。

我们用同样的方法对唇化辅音和非唇化辅音后续元音 F1 和 F2 做了配对样本 T 检验，结果如表 3.119 所示。对组 1 表示"非唇化辅音后续元音 F1 与唇化辅音后续元音 F1"；对组 2 表示"非唇化辅音后续元音 F2 与唇化辅音后续元音 F2"。

表 3.119　配对样本 T 检验结果

	sig（双侧）
对组 1	.000

续表

	sig（双侧）
对组 2	.000

从表 3.119 的结果来看，唇化辅音和非唇化辅音后续元音的 F1、F2 在 α 为 0.05 的水平上有显著差异。统计结果进一步验证了以上数据对比的结果，F1 和 F2 值可以成为唇化辅音和非唇化辅音的区分特征。

1. 达斡尔语唇化辅音和非唇化辅音与其 CD 之间没有相关性。

2. 唇化辅音和非唇化辅音后接元音的 F1、F2 和腭化辅音的谱重心在 α 为 0.05 的水平上有显著差异，说明达斡尔语唇化辅音和非唇化辅音之间的差异性较显著，即唇化辅音和非唇化辅音与 F1、F2 和谱重心有较好的相关性。

| 第四章 |

达斡尔语音系特点

一 词首音节短元音音系特点

（一）词首音节短元音音位及其变体在声学空间中的分布特点

1. 总体格局

我们从图 4.1 和图 4.2 中可以看到，达斡尔语词首音节短元音音位及其变体在声学空间中的总体格局如下：

前后 2200~600Hz；高低 200~1000Hz（M）；

前后 3000~850Hz；高低 300~1100Hz（F）。

1.1 舌位格局

图 4.1 显示，达斡尔语词首音节短元音在舌位高、低维度上可以分高（［i，u］）、中（［ə，o］）、低（［ɐ，ɛ］）等三个层级，在舌位前、后维度上可以分前（［i，ɛ］）、央（［ɐ，ə］）、后（［o，u］）等三个层级，是较典型的"三三格局"。另一个特点是以/i，ɐ，u/为极端元音的"倒三角形"格局。这是蒙古语族语言方言土语（话）乃至满—通古斯语族语言的一个比较典型的特点。

1.2 阴阳格局

阴阳元音在舌位高、低（开口度）维度上有其相对固定的分布位置，即阴在高（［ə，i，u］），阳在低（［ɐ，ɛ，o］）。阴阳元音的分界线在 500Hz 附近。请见图 4.1。

1.3 音位及其变体格局

达斡尔语词首音节短元音音位在声学空间中的格局可以分为前、后和高、低两种模式。其中，圆唇元音为"前后扩展模式"，即圆唇元音的变体主要分布在前、后维度（舌位前、后）上，而展唇元音为"高低扩展模式，即展唇元音的变体主要分布在高、低维度（舌位高、低）上（见图 4.1）。

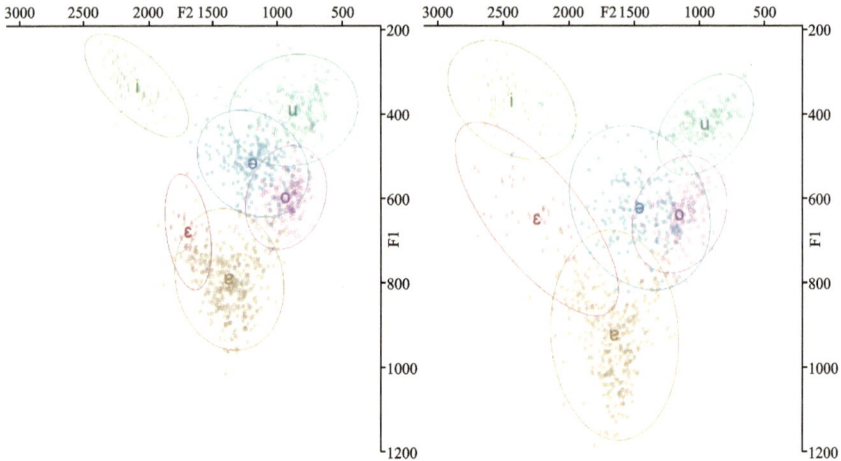

图 4.1 达斡尔语词首音节短元音音位在声学空间中的分布（M&F）

* 国际音标标记位置为均值，下同。

2. 小结

仅从声学语音学的视角看，达斡尔语元音的演变主要与其自身的发音机制（内因）、语境（外因）和特征以及规则的绝对性和相对性有关。此处提出以下声学语音学依据。

（1）"倒三角形格局"确保了语言方言土语（话）元音演变的相对稳定性；圆唇元音的变体分布在舌位前后维度上（这可能与它们在高、低维度上的密集分布有关），而展唇元音的变体主要分布在舌位高、低维度上。圆、展唇元音的声学格局，确定了它们的演变方向和方式。

（2）音位之间的对立关系是绝对的，而不同音位变体之间的关系是相对的，即音位层面的关系是绝对的，而变体层面的关系是相对的；语音属性和规则一方面会不断发展和完善，这是其绝对性；另一方面会逐渐松动和消失，这是其相对性。"阴阳对立"是达斡尔语元音的一种属性（属性层面），而"元音和谐律"是这种属性在具体语言中的表现形式（规则层面）。

其中，属性层面的关系是绝对的，而规则层面的关系是相对的。

二 辅音音系特点

（一）清塞音和塞擦音共振峰在声学空间中的分布格局

本节对达斡尔语词首和词中音节首清塞音、塞擦音的无声空间（GAP）、噪音起始时间（Voice Onset Time，VOT）和强频集中区（本书称辅音共振峰，用 CF1~CF3 标记）等声学参数进行统计分析的基础上，探讨它们在词中各位置上的出现频率，第 1~3 共振峰分布格局，声学空间中的格局以及这些格局与塞音，塞擦音发音方法和发音部位之间的关系问题。

1. 塞音塞擦音共振峰分布格局

表 4.1 男、女发音人词中音节首塞音，塞擦音的共振峰值统计表。图 4.2 为根据表 4.1 绘制的 [p，tʰ，t，ʧʰ，ʧ，k] 等辅音三个共振峰格局图。从该中可以看到，达斡尔语 [p，tʰ，t，ʧʰ，ʧ，k] 等清塞音，塞擦音的三个共振峰相互分离，分布于高、中、低三个区域（CF1 之间的差异相对小）。如，[ʧ][ʧʰ] 等齿龈后区塞擦音位居高位区，[pʰ][p][tʰ][t] 等双唇音和齿区塞音集聚在中位区，硬腭区塞音 [kʰ][k] 独自分布在低位区。总体格局是"塞擦在上，塞在下"。这种格局与蒙古语清塞音、塞擦音格局一样，具有一定的语言学意义。

表 4.1 词中音节首塞音，塞擦音的共振峰值统计 （M）

单位：Hz

	M			F		
	CF1	CF2	CF3	CF1	CF2	CF3
[p]	608	1395	2435	640	1714	2776
[pʰ]	764	1589	2614	918	1769	2864
[t]	653	1578	2730	714	1794	3007
[tʰ]	799	1724	2830	878	1948	3103
[k]	864	1219	2675	647	1427	2944
[kʰ]	870	1234	2586	725	1397	3059
[ʧ]	771	1829	2855	801	2139	3276
[ʧʰ]	806	1907	2886	928	2172	3315

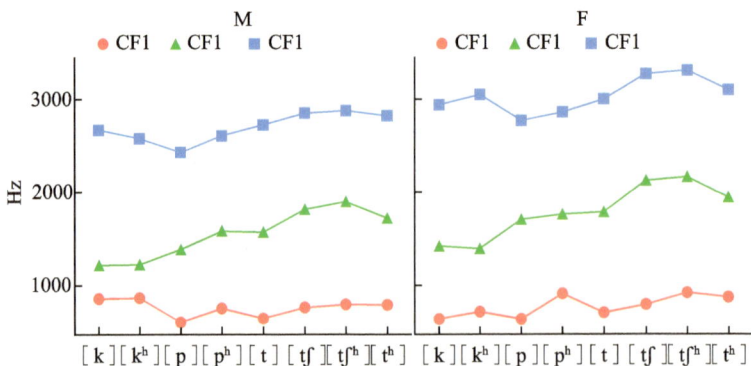

图 4.2 [p, pʰ, tʰ, t, ʧʰ, ʧ, k, kʰ] 等辅音三个共振峰格局 （M&F）

2. 塞音塞擦音在声学空间中的格局

表 4.2 为男发音人词中音节首塞音、塞擦音 GAP 和 VOT 值统计。图 4.3 为根据表 4.2 绘制的以 VOT-GAP 二维坐标的声学格局图。从图 4.3 中可以看到，（1）词中音节首 [tʰ]、[t]、[ʧʰ]、[ʧ]、[k] 5 个清塞音、塞擦音在以 VOT-GAP 二维坐标的声学空间中总是分布在三个区域，形成"三个聚合格局"（不因发音人和词中的位置而改变）。总体格局为：[tʰ]、[t] 等齿区塞音集聚在声学空间最高位置，硬腭区塞音 [k] 居于声学空间最低位置，[ʧʰ]、[ʧ] 等齿龈后区塞擦音集聚在声学空间最右边位置；另外，[tʰ] 在声学格局图中居于最高的位置，[t] 居于最左边的位置，[k] 居于最低位置上，[ʧʰ] 居于最右边的位置，组成"四边形格局"。上述"三个聚合格局"和"四边形格局"具有一定的稳定性，它们的位置关系不因发音人和词中的位置而改变。（2）塞擦音总是居于塞音的右边位置，说明塞擦音的 VOT 比塞音大；送气音总是居于不送气音右边的位置，说明送气音的 VOT 始终比其相应的不送气音相对长。（3）[tʰ]、[t] 等齿区塞音在格局中居于最高位置（GAP 值最大），[ʧʰ]、[ʧ] 等齿龈后区塞擦音居于中位（GAP 值居中），硬腭区塞音 [k] 居于最低位置（GAP 值最小）。说明塞音、塞擦音的 GAP 值随着发音部位后移（齿区→齿龈后区→硬腭区）相对变小（成阻时间相对缩短），即 GAP 与塞音、塞擦音发音部位之间具有一定的相关性。

表 4.2　词中音节首塞音、塞擦音的 GAP 和 VOT 值统计（M）

单位：毫秒

参数 统计	t^h GAP	t^h VOT	t GAP	t VOT	$tʃ^h$ GAP	$tʃ^h$ VOT	tʃ GAP	tʃ VOT	k^h GAP	k^h VOT	k GAP	k VOT	p^h GAP	p^h VOT	p GAP	p VOT
平均值	106	20	56	11	73	52	52	32	74	37	26	44	117	16	65	10
标准差	40	7.3	26	3.6	37	13	25	8.9	31	9.8			47	6.3	15	2
变异系数%	38	38	46	31	51	25	47	28	42	27			40	39	22	22

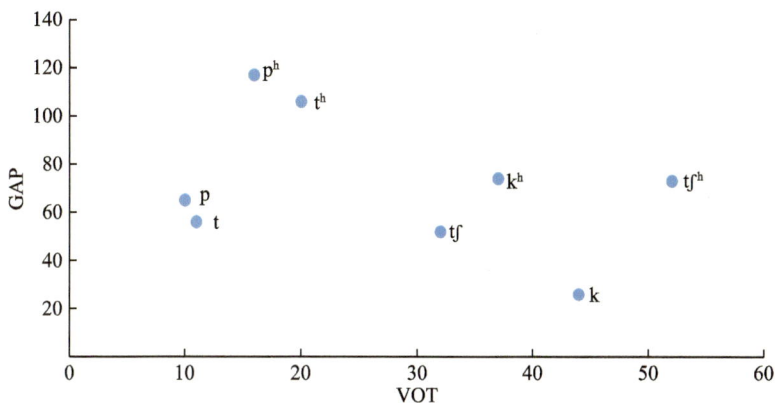

图 4.3　词中音节首塞音、塞擦音以 VOT-GAP 为二维坐标的声学格局（M）

　　我们对达斡尔语塞音、塞擦音的 VOT 参数进行单因素方差分析，表 4.3 为词首音节出现的塞音、塞擦音的 VOT 检验结果。表 4.4 为词的各个位置出现的塞音、塞擦音 VOT 参数检验结果。

表 4.3　词首音节塞音、塞擦音 VOT 检验结果

VOT		M 显著性	F 显著性	VOT		M 显著性	F 显著性
P	p^h	.000	.000	k	k^h	.000	.000
	k	.000	.000		t	.000	.000
	k^h	.000	.000		t^h	.000	.000
	t	.618	.580		tʃ	.000	.000
	t^h	.000	.000		$tʃ^h$	.000	.000
	tʃ	.000	.000	k^h	t	.000	.000
	$tʃ^h$	.000	.000		t^h	.000	.000

续表

VOT		M	F	VOT		M	F
		显著性	显著性			显著性	显著性
p^h	k	.000	.000	k^h	tʃ	.000	.000
	k^h	.012	.282		tʃ^h	.720	.001
	t	.000	.000	t	t^h	.000	.000
	t^h	.450	.833		tʃ	.000	.000
	tʃ	.000	.000		tʃ^h	.000	.000
	tʃ^h	.002	.000	t^h	tʃ	.000	.000
tʃ	tʃ^h	.000	.000		tʃ^h	.000	.000

从表 4.3 检验结果来看，α 为 0.05 的水平上，男、女发音人在 p~t、p^h~ t^h 之间，女发音人在 p^h~k^h 之间，男发音人在 k^h~tʃ^h 之间差异不显著，其他辅音之间差异性显著。

表 4.4　词的各个位置出现的塞音、塞擦音 VOT 参数检验结果

VOT		M	F	VOT		M	F
		显著性	显著性			显著性	显著性
P	p^h	.000	.000	k	k^h	.000	.000
	k	.000	.000		t	.000	.000
	k^h	.000	.000		t^h	.000	.000
	t	.793	.859		tʃ	.000	.000
	t^h	.000	.000		tʃ^h	.000	.000
	tʃ	.000	.000	k^h	t	.000	.000
	tʃ^h	.000	.000		t^h	.000	.000
p^h	k	.000	.000		tʃ	1.000	.000
	k^h	1.000	.999		tʃ^h	.000	.000
	t	.000	.000	t	t^h	.000	.000
	t^h	.026	.000		tʃ	.000	.000
	tʃ	1.000	.001		tʃ^h	.000	.000
	tʃ^h	.037	.000	t^h	tʃ	.005	.919
tʃ	tʃ^h	.001	.000		tʃ^h	.000	.000

从表 4.4 检验结果来看，α 为 0.05 的水平上，男发音人 p~t、p^h~k^h、p^h~ʧ、k^h~ʧ 之间，女发音人 p~t、p^h~k^h、t^h~ʧ 之间差异不显著，其他辅音之间差异性显著。

3. 小结

达斡尔语清塞音、塞擦音主要以单辅音形式出现在词首、词中（音节首、音节末）和词末等位置。其中，在词首和词中音节首出现的比例远大于词中音节末和词末出现的比例。

达斡尔语词首 [p，p^h，t^h，t，ʧ^h，ʧ，k，k^h] 等清塞音、塞擦音的三个共振峰相互分离，分布于高、中、低三个区域，形成"塞擦在上、塞在下"格局。这种格局与它们发音方法具有一定的相关性。

以 VOT-GAP 为二维坐标的声学空间中，[t^h]、[p^h] 在声学格局图中居于最高的位置，[t]、[p] 居于最左边的位置，[k] 居于最低位置上，[ʧ^h] 居于最右边的位置。

送气音总是位于不送气音的上部，不送气音在下部。

（二）清擦音谱特征分布特点

1. 词首 [s，ʃ，x] 的谱特征分布

近年来，用实验语音学的理论和方法研究达斡尔语标准话 [s，ʃ，x] 等清擦音的论著逐渐增多了。其中，在声学研究方面主要使用的参数为强频集中区（Concentrated Frequency Area），又称辅音共振峰（CF）。本书用 CF1~CF5 等标记清辅音 5 个共振峰。表 4.5 为男发音人词首清擦音共振峰和谱参数均值统计表。图 4.4 为根据参数库绘制的所有词首 [s，ʃ，x] 的谱重心—谱偏移量分布图。从表 4.5 和图 4.4 中可以看出，在以 COG 和 STD 为坐标轴的两个维度声学空间中，达斡尔语词首 [s，ʃ，x] 等清擦音具有各自的分布范围。如，[s] 的谱重心最高，分布范围为 498~8505Hz，[ʃ] 居次，分布范围为 3600~6795Hz，[x] 最低，分布范围为 326~5868Hz。显然，发音部位与 COG 值之间存在正相关，即发音部位靠前 COG 值大，靠后则 COG 值小，即 [x→ʃ→s]。另外，与 COG 值相比，辅音发音部位与 SKEW 之间存在负相关，即发音部位靠前 SKEW 值小，靠后则 SKEW 值大。如，3.23（[x]）←0.02（[ʃ]）← −0.39（[s]）。

表 4.5　词首清擦音谱参数平均值统计（M）

N		126								
	统计项	CF1	CF2	CF3	CF4	CF5	COG	STD	SKEW	CD
s	平均值	790	1765	2992	3931	4766	6083	2687	-0.39	160
	标准差	234	280	391	358	407	1710	576	1.18	36.4
	变异系数	30%	16%	13%	9.1%	8.5%	28%	21%	-2.98%	22.8%
N		95								
	统计项	CF1	CF2	CF3	CF4	CF5	COG	STD	SKEW	CD
ʃ	平均值	961	1883	2866	3736	4622	5051	2157	0.02	173
	标准差	370	352	417	313	413	727	268	0.56	43.5
	变异系数	38%	19%	115%	8.3%	8.9%	14%	12%	20.2%	25.2%
N		143								
	统计项	CF1	CF2	CF3	CF4	CF5	COG	STD	SKEW	CD
x	平均值	869	1062	2587	3591	4506	1589	1706	3.23	124
	标准差	257	381	414	279	394	804	710	2.21	26.8
	变异系数	30%	36%	16%	7.7%	8.7%	51%	42%	68%	21.6%

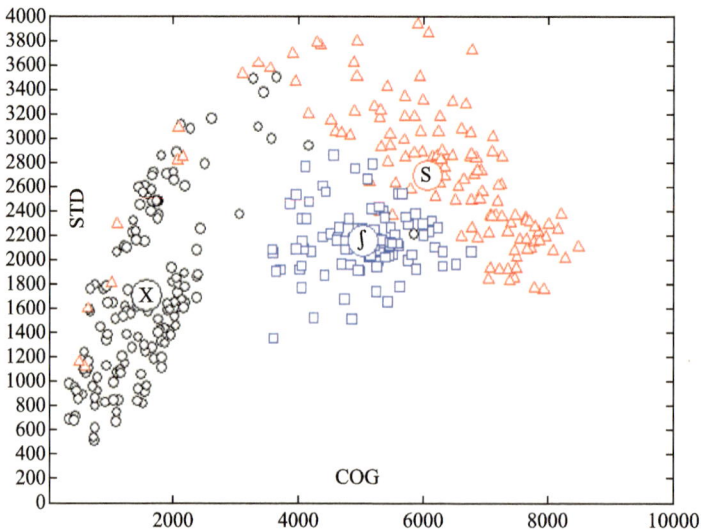

图 4.4　词首清擦音谱重心-谱偏移量分布图示例（标记处为均值）

　　上述分析说明，COG、STD 和 SKEW 等参数都与清擦音的发音部位具有较好的相关性，利用它们能够有效区分不同清擦音的发音部位，说明这些参数具有语言学意义。

为了更直观地看到三个不同发音部位清擦音在谱重心方面的差异性，我们绘制了谱重心（COG）和相对于谱重心的谱偏移量（STD）分布图（见图4.5）。

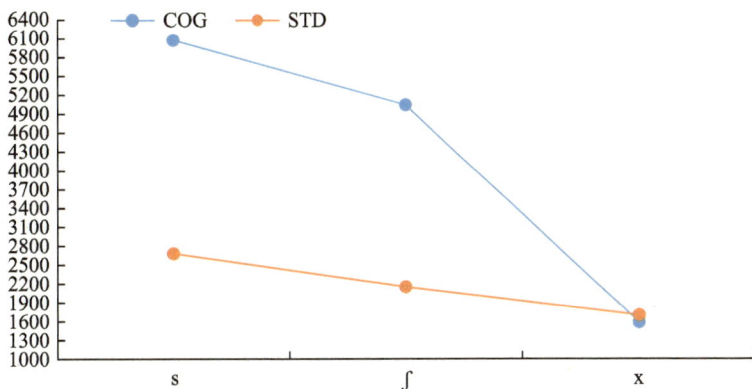

图4.5 清擦音的谱重心（COG）和相对于谱重心的谱偏移量（STD）分布图示例（M）

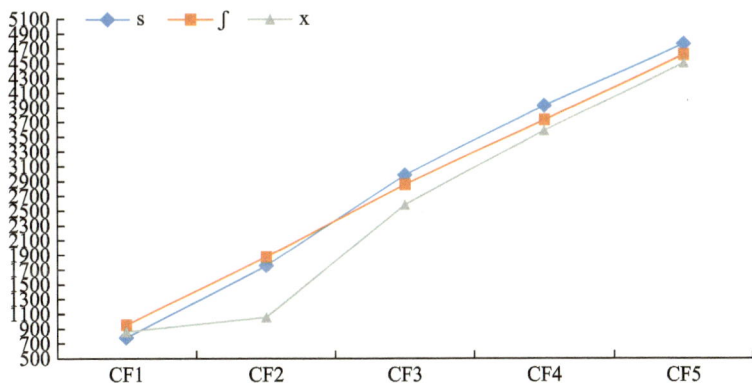

图4.6 词首清擦音1~5个共振峰分布比较（M）

如上所述，我们所利用的参数均为自动标注和采集形成的。为此，有必要审视清擦音共振峰与其发音部位之间的相关性问题。图4.6为［s，ʃ，x］等三个辅音5个共振峰比较示意图。从图4.6中可以看到，［s，ʃ］与［x］之间的分界线比较清晰，而［s］和［ʃ］在高频区有交叉现象。这说明虽然清辅音共振峰与其发音部位之间具有一定的相关性，但与COG、STD和SKEW等参数相比，其相关性较差，特别是对于［s］和［ʃ］辅音来说。

我们对词首音节的擦音时长和谱重心参数做了单因素方差分析，表 4.6 为时长、谱重心的检验结果。

表 4.6 检验结果

CD		CD		谱重心	
		M	F	M	F
		显著性	显著性	显著性	显著性
x	s	.000	.000	.000	.000
	ʃ	.000	.000	.000	.000
s	ʃ	.051	.000	.000	.079

从时长检验结果来看，x~s、x~ʃ 之间差异性显著，s~ʃ 之间差异性不显著；谱重心检验结果来看，三个擦音之间有差异性显著。

2. 词首 [n，m，l，j] 辅音谱特征分布特点

与 [s，ʃ，x] 等清擦音相比 [n，m，l，j，w] 等浊辅音虽然有其自身的共振峰（VF）模式，但从声学三维语图上较难辨认 [n，m] 等两个辅音。为此，我们在最新参数库中，也增加了浊辅音的 COG、STD 和 SKEW 等参数。表 4.7 为男发音人词首浊辅音共振峰和谱参数均值统计。图 4.7 为根据表 4.7 绘制的 [n，m，l，j，w] 等浊辅音谱重心—谱偏移量（均值）分布图。

表 4.7 词首浊辅音谱参数平均值统计（M）

	N	58						
	统计项	VF1	VF2	VF3	COG	STD	SKEW	CD
n	平均值	278	1416	2573	237	314	15.39	87
	标准差	34	281	156	31	100	6.1	24.8
	变异系数	12%	20%	6%	13%	32%	40%	28%
	N	50						
	统计项	VF1	VF2	VF3	COG	STD	SKEW	CD
m	平均值	265	925	2509	234	293	14.12	92
	标准差	36	239	146	19	91	6.72	23.9
	变异系数	14%	26%	5.8%	8.2%	31%	48%	26%

续表

	N	27						
	统计项	VF1	VF2	VF3	COG	STD	SKEW	CD
l	平均值	377	1171	2091	370	338	10.33	85
	标准差	71	171	383	87	90	3.49	18.9
	变异系数	19%	15%	18%	24%	27%	34%	22%
	N	40						
	统计项	VF1	VF2	VF3	COG	STD	SKEW	CD
j	平均值	259	2252	3001	250	418	13.14	75
	标准差	49	143	382	45	119	4.09	15.7
	变异系数	19%	6.3%	13%	18%	28%	31%	21%
	N	47						
	统计项	VF1	VF2	VF3	COG	STD	SKEW	CD
w	平均值	391	672	2412	363	297	13.31	66
	标准差	76	100	110	91	168	5.1	18.4
	变异系数	20%	15%	4.5%	25%	57%	38%	27%

图 4.7 显示，在以 COG 和 STD 为坐标轴的两个维度声学空间，达斡尔语词首［n，m，l，j，w］等浊辅音也有一定的分布范围。从均值看，COG、STD 与浊辅音发音部位之间似乎也存在一定的相关性不明显，如，［m］→［n］→［j］→［w］→［l］。但是 SKEW 值与浊辅音发音部位之间相关性不明显。如，15.39［n］←14.12［m］←13.31［w］←13.14［j］←10.33［l］。

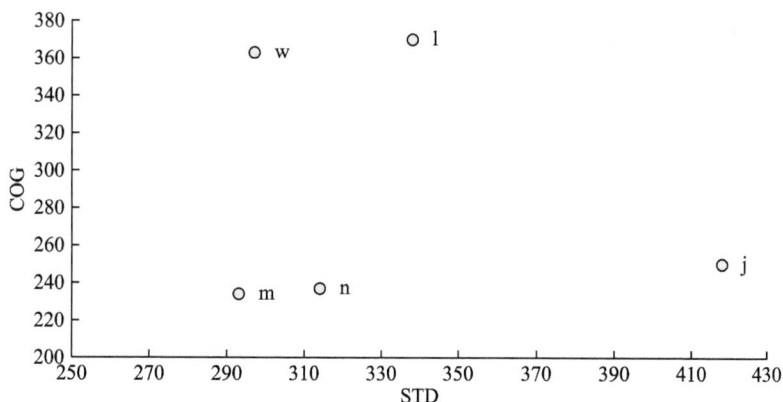

图 4.7 词首浊辅音谱重心—谱偏移量分布图示例（M 均值）

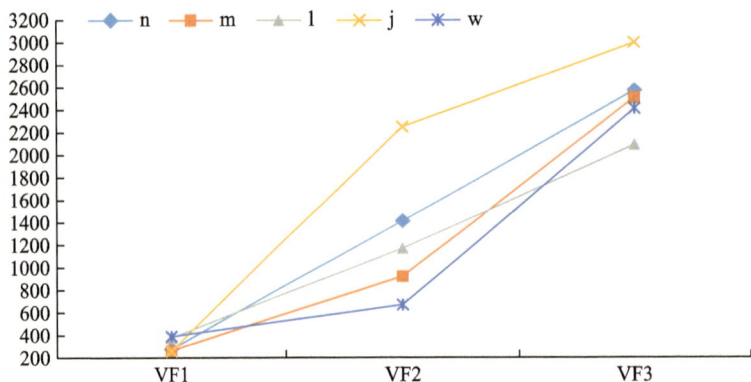

图 4.8　词首浊辅音 1~3 个共振峰分布比较（M）

　　那么，共振峰是否能够区分浊辅音之间发音部位的差异？图 4.8 为词首 [n，m，l，j，w] 等浊辅音 1~3 个共振峰分布比较图。图 4.8 显示，[n，m，l，w] 4 个浊辅音的第一共振峰（VF1）基本叠加，而 VF2 的分布有一定的规律性。如，舌位靠后的第二共振峰频率相对高。

　　我们对词首 n、m、l、j、w 等浊辅音第 1~3 个共振峰、时长进行了单因素方差分析，结果如表 4.8 所示。

表 4.8　辅音检验结果

共振峰		M			F			M	F
		F1	F2	F3	F1	F2	F3	CD	CD
		显著性	显著性	显著性	显著性	显著性	显著性	显著性	显著性
m	n	.370	.000	.194	.000	.000	.000	.827	.194
	l	.000	.000	.000	.000	.000	.037	.616	.000
	j	.949	.000	.000	.997	.000	.000	.001	.000
	w	.000	.001	.008	.000	.000	.537	.000	.008
n	l	.000	.001	.000	.769	.100	.004	.993	.000
	j	.221	.000	.000	.025	.000	.000	.032	.000
	w	.000	.000	.000	.000	.000	.004	.000	.000
l	j	.000	.000	.000	.010	.000	.000	.174	.000
	w	.943	.000	.002	.052	.000	.922	.002	.002
j	w	.000	.000	.000	.000	.000	.000	.161	.000

从检验结果来看，［n，m，l，j，w］之间 F2 比较稳定，差异性显著（除了女发音人 n~l 之间），其他几个参数不太稳定。

3. 小结

冉启斌在他的博士学位论文（2005）中用辅音谱特征分析法，对汉语普通话及几种方言的擦音进行深入研究后得出：普通话 5 个清擦音可分为两类，/s/、/ç/、/ʂ/谱重心高而分散度小，分布范围小；/f/、/x/谱重心低而分散度大，分布范围也大。他认为该方法在清擦音研究中是一种值得重视的方法。周学文利用这些参数有效区分了彝语浊辅音及其清化问题以及清擦音之间的频谱分布差异。其主要结论为：（1）f 的谱参数变化大，ç 最稳定，擦音 s、ʂ 也比较稳定，Dispersion（STD）值从大到小排序为：s、ʂ、ç；（2）就清擦音的 COG 和 Dispersion（STD）两个参数而言，Dispersion（STD）是更稳定，更容易区别单个清擦音的参数。

通过上述分析，我们认为：COG、STD 和 SKEW 等三个参数相对稳定，与达斡尔语辅音发音方法和清辅音发音部位密切相关。如，能够有效区别辅音的清、浊。如，从表 2 和表 3 中可以看出，清辅音的 COG 和 STD 值都明显大于浊辅音，而其 SKEW 值明显小于浊辅音。从均值看，边音［l］的 COG 总比鼻音［n，m］的 COG 值大。

另外，上述三个参数与清辅音发音部位密切相关，具有明显的区别意义。一般来说，部位越靠后，COG、STD 值越小，部位越靠前，COG、STD 值越大（其中 COG 的变化较明显）。与之相反，部位越靠后 SKEW 值越大，部位越靠前 SKEW 值越小。这一特点也与蒙古语相似。但该三个参数与浊辅音发音部位之间的相关性较差，无明显的区别意义。

根据谱重心参数（COG），把达斡尔语词首清辅音可以分高、中、低等三类。其中，［s］的谱重心最高（6000 多 Hz），［ʃ］居次（5000 多 Hz），［x］最低（1500 多 Hz）。显然，达斡尔语词首清辅音谱特征与蒙古语和汉语普通话的［s，ʂ（ʃ），x］等清擦音相似。但在分散度和分布范围方面与蒙古语清擦音谱特征相同。达斡尔语清擦音谱重心高、低与分散度之间没有相关性。例如，［s］的谱重心虽然最高，但其谱分散度相对大。

本节主要探讨了［s，ʃ，x］和［n，m，l，j，w］等辅音的谱参数分布规律，以下是初步结论。

（1）COG、STD 和 SKEW 等三个参数相对稳定，能够有效区别达斡尔语辅音的清、浊和不同发音部位的清擦音，具有语言学意义。

（2）清辅音的 COG 和 STD 值都明显大于浊辅音，而其 SKEW 值则小于浊辅音；边音［l］的 COG 值总是比鼻音［n，m］的 COG 值大。

（3）COG、STD 和 SKEW 值与清辅音发音部位之间具有较好的相关性。部位越靠后 COG、STD 值越小，部位越靠前 COG、STD 值越大（其中 COG 的变化较明显）。与之相反，部位越靠后 SKEW 值越大，部位越靠前 SKEW 值越小。

（4）COG、STD 和 SKEW 值与浊辅音发音部位之间的相关性较差，无明显的区别意义。

（5）根据 COG 值，把达斡尔语词首清辅音可以分高（［s］）、中（［ʃ］）、低（［x］）等三类。

（6）与谱参数相比，辅音共振峰（CF）与达斡尔语辅音发音部位之间的相关性较差，不适合用于辅音发音部位的描写。

| 第五章 |
达斡尔语音节声学特征

一 音节理论综述

　　关于音节的定义这一问题，学者们的分歧较大。下面简单介绍一下几个具有代表性的观点。第一，元音说。元音说是古希腊人最早提出的。他们将音节定义为"由一个元音或一个元音和几个辅音联合构成的语音单位"。古印度则认为，"有多少个元音就有多少个音节"。但是实际上，有的音节根本没有元音。例如英语"film"（胶卷）中虽然只有 1 个元音，但音节却是 2 个。第二，呼气说。呼气说是奥地利语言学家斯托尔姆（J. Storm）提出的。他认为"音节是一组用一次呼气发出来的声音。……说话时有多少次呼气就有多少个音节。呼气力最弱的地方就是音节的分界线"。但是日常说话，谁也不会发一个音就呼一次气。第三，响度说。响度说是丹麦语言学家叶斯柏逊等人提出的。他把音素按照声音的响度分成 8 级，最响的地方就是音节的中心，响度最低的地方就是音节的分界线。第四，紧张度说。紧张度说是法国语言学家格拉蒙（M. Grammot）和苏联的谢尔巴提出的。这种学说按照发音时肌肉的紧张程度的变化来划分音节。肌肉每次由紧张到放松构成一个音节，最紧张的地方就是音节的中心。

　　尽管音节的定义较多，但迄今没有一个定义被验证为恰当的。可以说音节是易理解但难以解释的单元。按照 R. L. Trask 的说法，它是一个基本的但难以捉摸的音系单位。尽管本族语使用者通常觉得很容易决定在一个给定的词或话语中有几个音节，尽管以音节为基础的书写系统已使用几千年，尽管口误为音节的心理真实性提供了丰富的证据，但事实证明音节极难定义。如今有两种研究方法占统治地位：（1）音节是一个神经程序的单位，尽管没有一个单一的语音上的对应物，但它可由听话者从大量线索中重新组建；（2）音节是纯音系单位，每一个单位包括一个固有的响度峰，尽管对像英语 spit 这样有两个峰的词要做一些修改（R. L. Trask，1996）。

二 达斡尔语音节特点

本书不对音节的定义和理论做进一步的阐述。而是根据学者们的阐述以及我们对音节的理解，归纳与音节相关的问题。

第一，达斡尔语可以采用以下音节定义："音节是语流中最小的发音单位，也是从听觉上能够自然辨别出来的最小的语音单位。一个音节中可以只包含一个音段，也可以包含几个音段"（邢公畹，1995）。音节具有物理、生理和社会等属性。

第二，语音四要素在达斡尔语音节中的作用。音节是语音四要素的统一体，四要素是构成音节的因素。达斡尔语音节包含了具有辨义作用的音长这一要素。对达斡尔语来说音色和音长是最重要的，因为它们具有辨义作用或功能。其他两个要素音高和音强的作用不明显。

第三，基本音节与一般音节问题。根据语音四要素地位的不平等性，我们可以把音节中只考虑音色因素，由音素所构成的音节称为基本音节，以便与一般音节即在基本音节基础上还涉及音高、音强和音长等其他非音质因素的音节相区分。就汉语而言，基本音节就是不带声调的音节，带声调的音节是一般音节（米嘉瑷，2006）。达斡尔语音节可以分为基本音节和一般音节。基本音节是只考虑音色因素，由音素所构成的音节，如［tʷɐr］、［ʃɐr］等，而一般音节是在基本音节基础上还涉及音长的音节，如［ɐl］~［ɐːl］等。

第四，音节与节位问题，音系音节（phonological syllable）与语音音节（phonetical syllable）问题。音系音节的概念并不是全新的。雅克布孙（R. Jacobson）曾经使用过。最早可追溯到俄国人波利万诺夫（Polivanov）及伊万诺夫（Ivanov）所论之"音节"与"音节的节位观念"。格拉蒙（1933）认为，音系音节为理论上的、典型的、生理上正规的音节。语音音节为在语音上偶然显示某种不规则特性的音节。其实，音节本身是兼具语音性质和音系性质的单位。它在语音上表现为发音活动与音响的一次加强，在音系上又以其特定的形式隶属于一定语言的语音系统（没有"超语言的音节"）。其语音表现形式（语音音节）与音系形式（音系音节）在多数情况下是统一的。但音节的音系形式是固定的，而其语音表现形式却可以在语流中发生一定的变化。比如，连读可以造成音节界限的移动和音节变形，有时可以出现双属辅音（ambisyllabic consonant），不同程度的连读可以造成多种不同的音节变形，这些变形都是非区别性的，它们显然与变形之前的音节形式有所龃龉。正是基于对此种事实的考虑，人们认为有必要对音系音节与语音音节加以区分（史延恺，1986）。

我们在多年的语音实验研究中也意识到了音节的复杂性。在尚未读到上述文章之前，笔者也曾提出"音节"与"音节位"的概念，如：

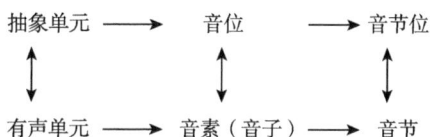

$$抽象单元 \longrightarrow 音位 \longrightarrow 音节位$$
$$\updownarrow \qquad\qquad \updownarrow \qquad\qquad \updownarrow$$
$$有声单元 \longrightarrow 音素（音子） \longrightarrow 音节$$

有声单元和抽象单元的区别：（1）有声单元是语言的存在形式（把某种语言或方言的语音从小单元到大单元可以分成：音素→音节），抽象单元是对有声单元进行简单化、抽象化、系统化的结果。（2）有声单元远远多于抽象单元。（3）有声单元和抽象单元都是针对某一语言或方言的，而不是跨语言、方言的，有声单元和抽象单元的关系是约定性的、固定性的。如，达斡尔语口语音节的类型较多且较复杂。从我们语音参数库里的统计结果看有 V、VC、VCv、VCC、VCCv、VCvCv、VV、VVC、CV、CVC、CVCv、CVCC、CVCCv、CVCvCv、CVV、CVVC、CVVCv、CVVCCv 等 18 种音节类型，但我们可以把它们归纳成 V、VC、CV、CVC 等 4 个音节位。

为了能够使我们的观点与国际接轨，我们可以采用音系音节与语音音节概念，以便代替我们原来提出的音节和音节位。如达斡尔语普通话有上述 19 种语音音节，有 6 种音系音节。

我们认为：（1）不能排除音节所包含的心理因素；（2）音节在声学上的表现是错综复杂的，一般用音长、音高和音强等参数可以较容易地划分音节，但这是相对的；（3）音节之间的暂短停顿是音节的重要信息。众所周知，达斡尔语是音节节奏语言，音节是达斡尔语最小的韵律单元。在音节边界处（音节之间）不出现塞音或塞擦音等有 GAP 的辅音的情况下，蒙古语者也能够感知到音节间的短暂停延。这与每个音节边界前音节元音的延长有关，符合韵律学理论。边界前音节元音的延长是在听感上音节间有暂短停延的重要原因之一。虽然，有上述诸多的音节理论，如，元音说、呼气说、响度说和紧张度说，甚至是显论，但笔者认为应该把音节之间的停延作为音节定义的一个重要部分，这对于音节来说是绝不能忽视的因素。音节边界处前音节元音的相对延长可以作为区别音节的重要参数之一。

三　达斡尔语音节统计分析

我们曾经把达斡尔语口语音节分为：V、VC、VCv、VCC、VCCv、VCvCv、VV、VVC、CV、CVC、CVCv、CVCC、CVCCv、CVCvCv、CVV、CVVC、CVVCv、CVVCCv18 种音节类型。以下是我们以往的统计分析结果：（1）一个音节中可以容纳 1~6 个音，非词首不出现以元音开头的音节；（2）达斡尔语各类音节在词里的分布情况是：词首音节①的类型最多，共出现 16 种类型，其中出现频率最高的是 CV 音节（占所有词首音节的 40%），其次是 CVC 音节（占所有词首音节的 21%）；词中音节中，出现频率最高的是 CV 音节（占所有词中音节的 55%），其次是 CVC 音节（占所有词中音节的 43%）；词尾音节中，出现频率最高的是 CV 音节（占所有词尾音节的 66%），其次是 CVC 音节（占所有词尾音节的 32%）。

以上统计结果告诉我们，达斡尔语的各类音节中 CV、CVC 为较活跃的音节。它们的出现频率分别为：47%、34%。也就是说这两种类型的音节占所有音节的 81%。

总之，CV、CVC 等语音音节是达斡尔语的主流音节，而音系音节 CV 是达斡尔语的核心音节。

---

① 词首音节中不包括单音节词。因为单音节词的音节类型及其出现频率与多音节词词首音节有所不同。

| 第六章 |

达斡尔语单词韵律特征

一　达斡尔语韵律研究综述

广义地说，韵律结构应当包括重音、节奏和语调三个方面的结构，例如重音的位置分布及其等级差异、韵律边界的位置分布及其等级差异、语调的基本骨架及其跟声调、节奏和重音的关系等。狭义地说，韵律结构主要指话语节奏的层级组织及其客观标志，包括韵律词的构成以及各级韵律成分边界的界定等，通常叫作韵律切分。它涉及说话时的组词断句模式，实质上是指语言信息时域分布的格局。本书所说的是狭义的韵律结构。

从 20 世纪 90 年代初开始，随着言语声学工程技术的发展，汉语自然语言韵律特征的研究成为我国语言学界和言语工程界共同讨论和研究的焦点。在语句重音的研究，韵律层级单元（韵律词、韵律词组、韵律短语和语调短语）及其边界划分（韵律词边界、韵律词组边界、韵律短语边界和语调短语边界），韵律层级标注方法，韵律层级边界处声学特征，韵律结构与句法结构的关系，基于语法信息的韵律结构预测方法等方面都取得了前所未有的成绩，并把上述研究成果成功地应用到语音合成和识别系统中，把言语声学工程技术推上了新的高峰。

与汉语自然语言韵律特征研究的发展速度和水平相比达斡尔语韵律特征研究相对滞后。

（一）音长分布模式

图 6.1 和图 6.2 为两位发音合作人（1 男 1 女）的双音节和三音节词元

音长度（平均值）分布模式示意图，我们采用了百分比（Perceptional ratio in percentages）和数值比（Numerical ratio）表示法。从上述图中我们可以看到：（1）在 S-S、S-S-S 或 L-L、L-L-L 类（含有同类元音的）词中，男女发音人语料中，短元音类型的词末音节元音比其他音节元音长，长元音类型中词首比其他音节长；长元音类型中，男发音人语料中，词首音节元音比其他音节元音相对长；女发音人语料中，词末音节元音比其他音节元音相对长。这里所指的长短指物理长度，而不是音系学上长、短元音的相对长短。如，S-S 和 L-L 类词的元音长度百分比为：S-S：48∶52（男），41∶59（女）；L-L：57∶43（男），48∶52（女）；S-S-S：32∶21∶47（男），24∶21∶55（女）；L-L-L：44∶22∶34（男），34∶22∶44（女）。（2）在 S-L，L-S 或 S-S-L，L-S-S 类（含有不同类元音且包含一个长元音的）词中长元音比短元音长（不管它处于词的哪一个音节），其中 S-L-S 类词中词末音节相对长。如：3∶7（S-L 类男女），7∶3（L-S 类男）和 6∶4（L-S 类女）；3∶2∶5（S-S-L 类男）和 2∶1∶7（S-S-L 类女），2∶4∶4（S-L-S 类男）和 2∶3∶5（S-L-S 类女），6∶2∶2（L-S-S 类男），4∶2∶4（L-S-S 类女）。（3）在 S-L-L 后，L-L-S 前，L-S-L 类（含有不同类元音且包含两个长元音的）。如，2∶3∶5（S-L-L 类男女）中后一个长元音长，5∶3∶2（L-L-S 类男），4∶2∶4（L-L-S 类女），5∶2∶3（L-S-L 类男），3∶2∶5（L-S-L 类男女）。

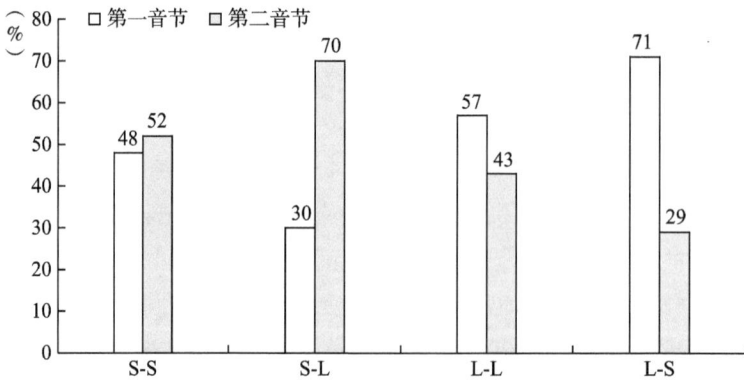

图 6.1-1　双音节词元音长度分布模式（M）

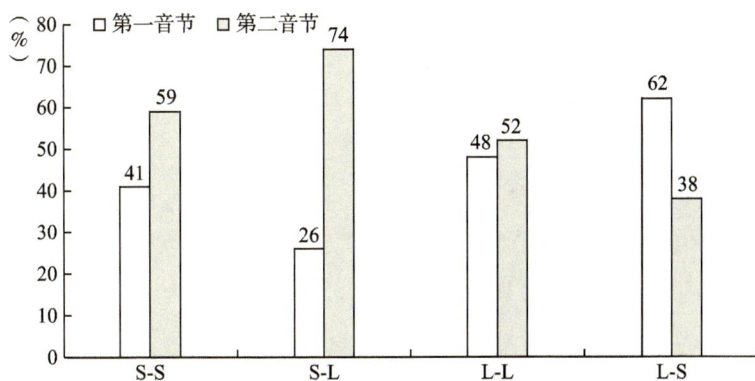

图 6.1-2　双音节词元音长度分布模式（F）

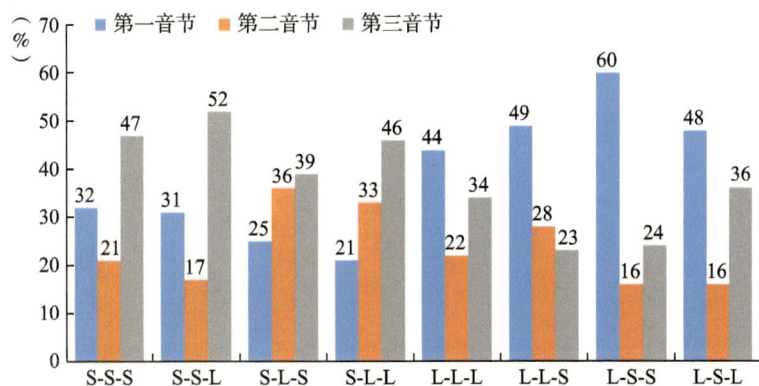

图 6.2-1　三音节词元音长度分布模式（M）

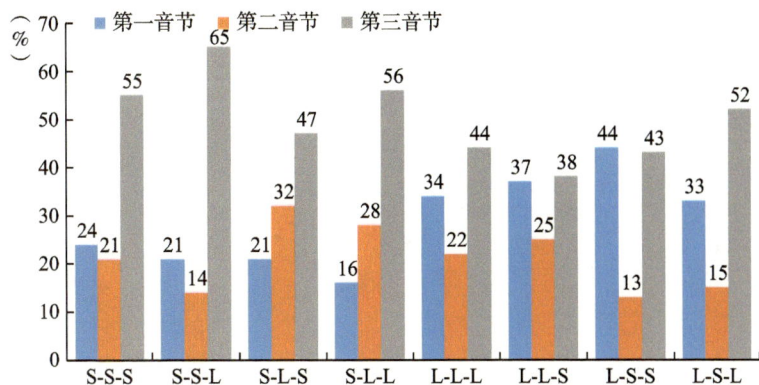

图 6.2-2　三音节词元音长度分布模式（F）

（二）音高分布模式

图 6.3 和图 6.4 为两位发音合作人（1 男 1 女）的双音节和三音节词音高（平均值）分布模式示意图。为了能够区别清楚三音节词音高分布模式，我们把三音节词音高模式分成了两部分，即词首音节含有短元音的三音节词音高分布模式和词首音节含有长元音的三音节词音高分布模式，见图 6.3 和图 6.4。从下面的图中可以看到：（1）S-S、S-L、L-L 和 L-S 类双音节词，具有典型的"L—H 模式"（低—高模式），音高分布特点是"前音节平稳，后音节呈抛物线或斜线"。第一、第二音节音高平均值差值和音域（Voice range）都达到了 5ST 左右（男、女）。（2）S-S-S、S-S-L、S-L-S、S-L-L、L-L-L、L-L-S、L-S-L、L-S-S 类三音节词，具有典型的

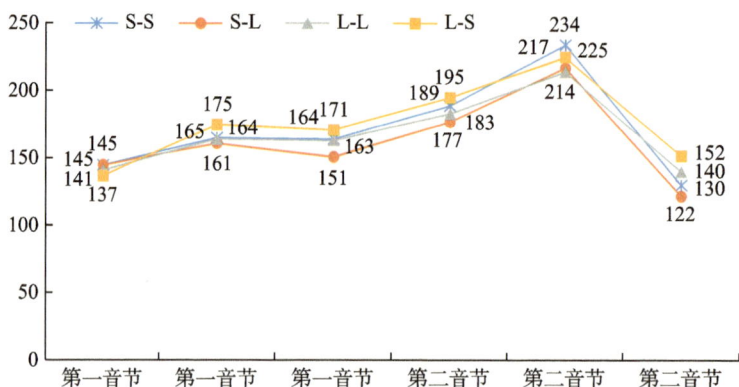

图 6.3-1　双音节词音高分布模式（M）

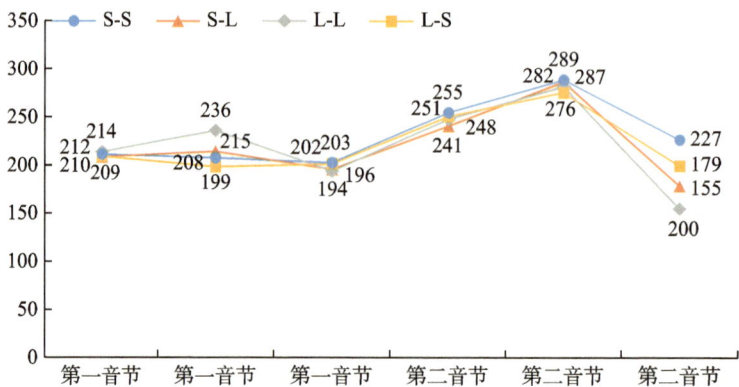

图 6.3-2　双音节词音高分布模式（F）

"L-L-H 模式"，音高分布特点是"前两个音节平稳，后音节呈抛物线或斜线"前两个音节与词末音节之间的音高最高差值相对大，约 4ST。

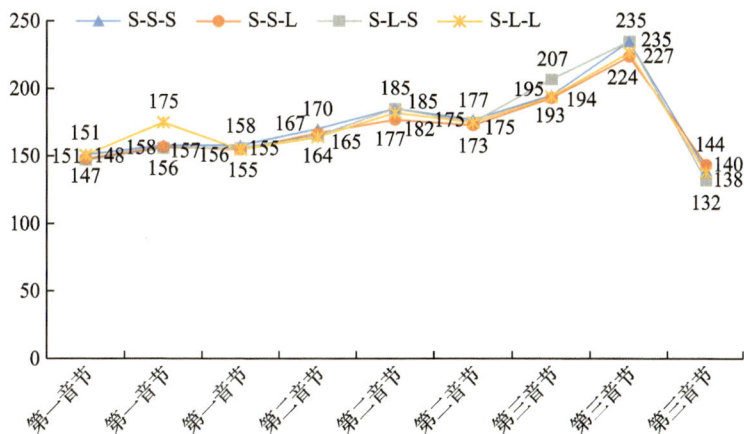

图 6.4-1　词首含有短元音的三音节词音高分布模式（M）

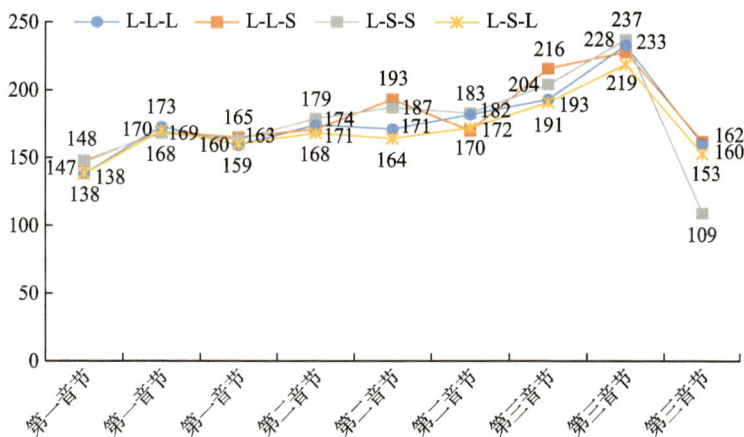

图 6.4-2　词首含有长元音的三音节词音高分布模式（M）

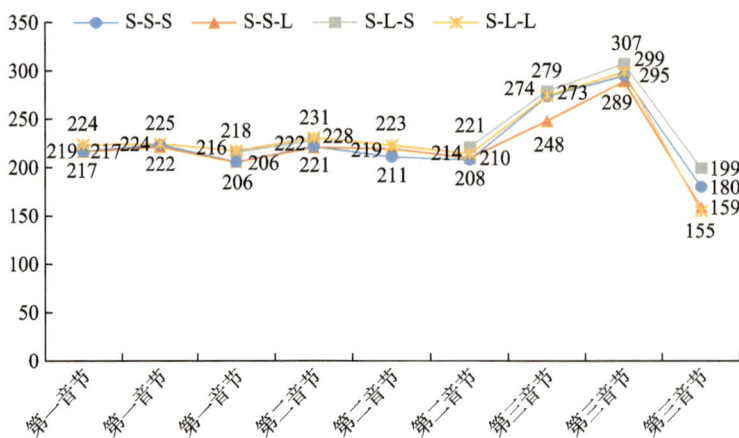

图 6.4-3　词首含有短元音的三音节词音高分布模式（F）

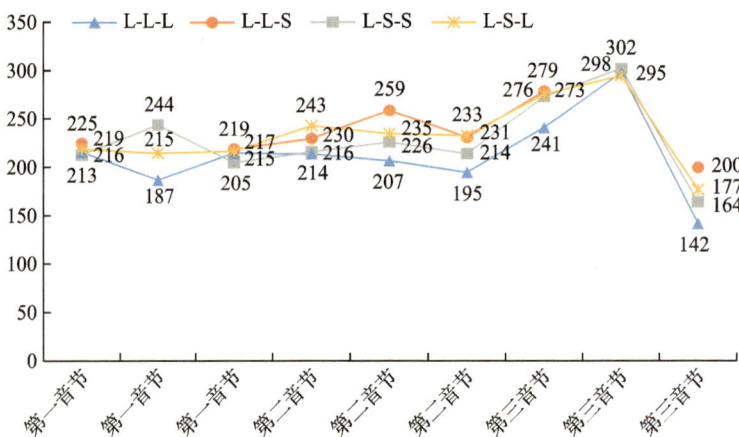

图 6.4-4　词首含有长元音的三音节词音高分布模式（F）

（三）音强分布模式

图 6.5~6.6 为两位发音合作人（1 男 1 女）的双音节和三音节词音强（平均值）分布模式示意图。

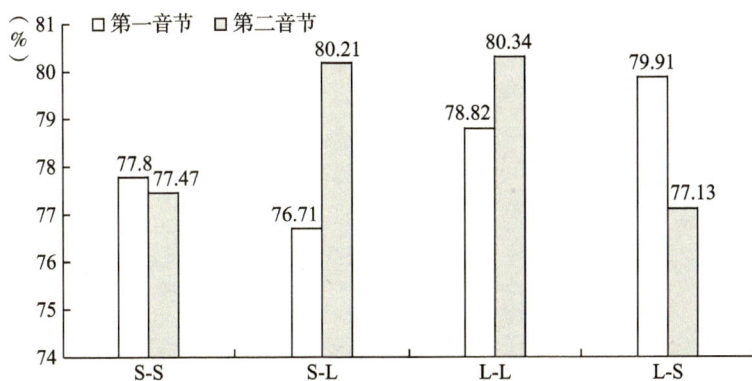

图 6.5-1 双音节词音强分布模式（M）

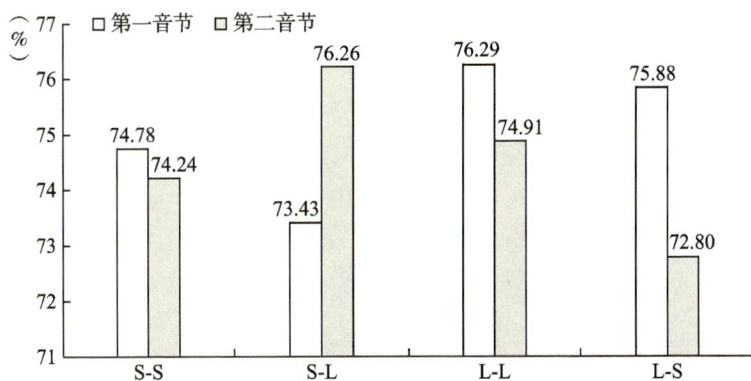

图 6.5-2 双音节词音强分布模式（F）

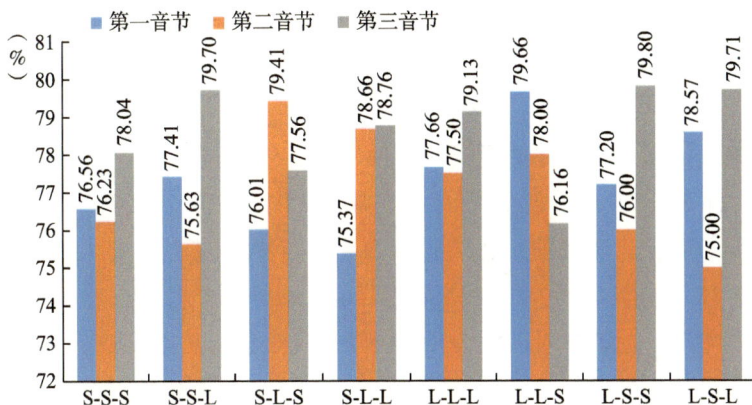

图 6.6-1 三音节词音强分布模式（M）

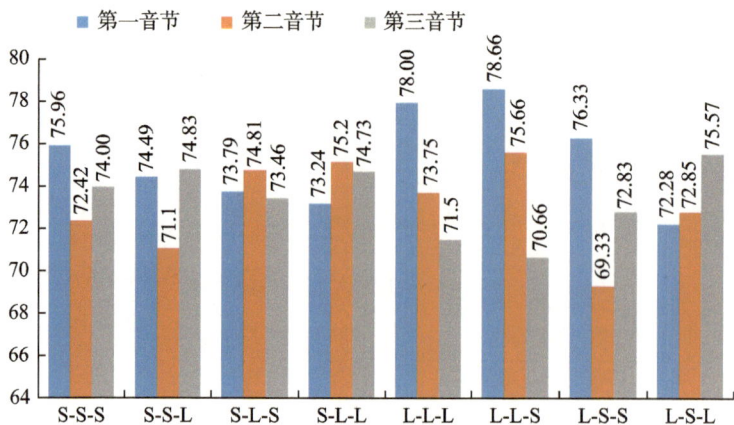

图 6.6-2　三音节词音强分布模式（F）

从上述图中我们可以看到：男发音人语料中，S-L、L-L、S-S-S、S-S-L、S-L-L、L-L-L、L-S-L、L-S-S 类双音节和三音节词的强点均落在词末；S-S、L-S、L-L-S 类双音节和三音节词的强点均落在词首；S-L-S 类的强点落在长元音上。女发音人语料中，S-L、S-S-S-S-L、L-S-L 类双音节和三音节词的强点均落在词末；S-S、L-L、L-S、S-S-S、L-L-L、L-L-S、L-S-S 类双音节和三音节词的强点均落在词首。S-L-S 和 S-L-L 的强点落在词中长元音上。图 6.5~6.6 显示了男、女发音人个人差异。

二　达斡尔语词重音问题

（一）关于达斡尔语词重音问题

达斡尔语词重音方面亟待解决的问题有：（1）在位置方面，重音在第一音节、第二音节，还是词末音节？（2）在性质方面，是音强重音，音高重音，音长重音，还是整个音节语音四要素（两个或多个要素）变化的综合效应？（3）在类型学方面，是固定重音，还是自由重音？（4）是否还有次重音？等等。达斡尔语词重音方面比较有代表性的观点有以下几点。

传统语音学界的大部分学者认为，达斡尔语词重音是落在第一音节上的固定重音（清格尔泰，1957；孙竹，1983）。

达斡尔语词的重音落在词的第一个音节上。第一个音节的元音，无论是长元音、复元音还是短元音，发音都是清晰的，并且比其他音节的元音强度大。后续音节里如果有长元音，音调要高些，但音强仍然在第一音节。后续音节里出现的短元音，都是弱化的，发音不够清晰，比第一音节的短元音还要更短些，以此来反衬出重音在第一音节（仲素纯，1982）。

少数学者则认为，达斡尔语有两种重音，即着力重音和音调重音，其中着力重音在第一音节，音调重音在末尾音节。如"达斡尔语着力重音的位置是固定的，总是在词的第一音节。它的特点是，不论是短元音还是长元音，其发音总是完全的、清楚的"（恩和巴图，1988）。

达斡尔语有音高重音，没有与音强关系密切的力重音。达斡尔语音高重音出现在词的末尾音节，主要物理关联项为基频（哈斯其木格，2017）。

（二）达斡尔语重音

1. 元音音质与词中位置的关系

林先生在阐述汉语普通话轻声时指出，普通话轻声音节的语音音色明显地减缩（Reduction），主要表现为韵母元音声学空间的减小和声母辅音发音的不到位（林茂灿，1990）。图 6.7 为达斡尔语男、女发音人词首音节长、短元音和非词首音节短元音的声学元音图。显然，非词首音节短元音的特征是央化（或［ə］化）。为此，有必要区分非词首音节中含有短元音的多音节词与不含短元音的多音节词。

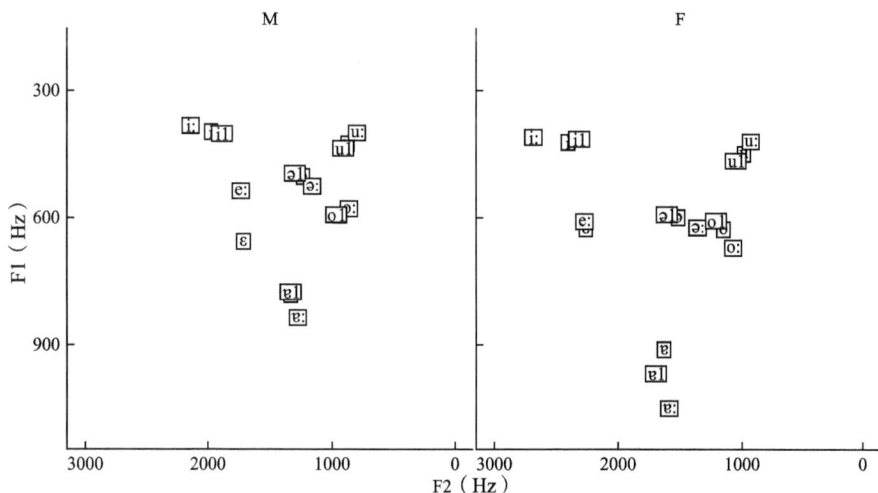

图 6.7　词首音节长元音、短元音和非词首音节短元音的声学元音

绝对重音型，如，在 S-S、L-S、S-S-S、L-S-S、S-L-S、S-S-L、L-L-S、L-S-L 等结构的词（非词首音节含有短元音）里，词首音节中的无论是元音，还是辅音都读得比较到位，而非词首音节中的元音和辅音的音色明显地减缩，主要表现与普通话轻声音节一样元音声学空间的减小和辅音发音的不到位。如，元音的央化（或［ə］化）、塞音的浊擦化、VOT 的缩短、辅音舌腭面积的减少等。其中，非词首音节短元音的减缩现象比较明显。详见图 6.7 中词首和非词首短元音的声学元音图。

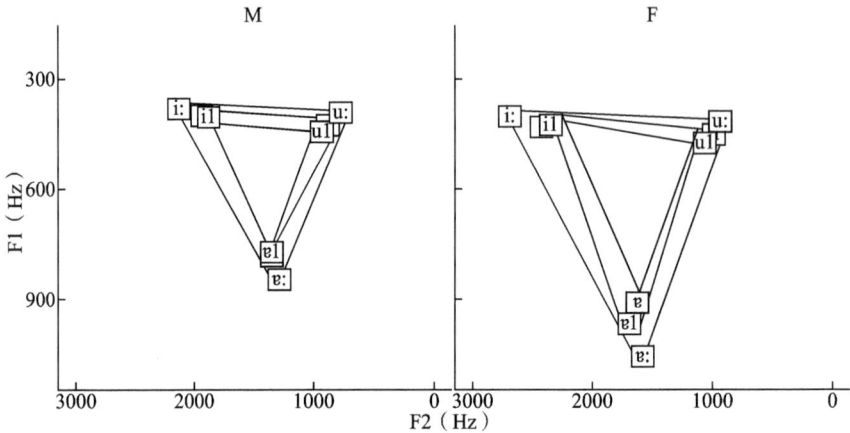

图 6.8　词首音节长元音、短元音和非词首音节短元音的舌位三角形（M）

相对重音的多音节词，如，L-L、S-L、L-L-L、S-L-L 等结构的词（非词首音节没有短元音）里，从理论上讲无论是词首还是非词首音节都读得比较到位。但是通过比较词首短元音和词首长元音的声学元音图，我们发现虽然词首音节短元音和长元音在音色方面没有本质的变化，但前者的声学空间比后者的明显小。图 6.8 是词首音节长元音（空心圆）、短元音（实心圆）和非词首音节短元音（十字心圆）的舌位三角形图。从图 6.8 中，我们可以看到如下有趣的现象，随着词首音节长元音、词首音节短元音和非词首音节短元音的发音时间（音长）的相对缩短，元音舌位三角形变小，构成了大中小三个不同的三角形。其中，非词首音节短元音的舌位三角形最小。显然，同样都是"独立元音"，但它们的音色不是没有变化（有量变），只是不像非词首音节短元音一样发生质变而已。词首和非词首音节长元音的音色也有差别，但它们的音声学空间减小得不明显。

达斡尔语元音音质与词中位置之间存在一定的相关性，即与长元音相比无论是词首音节短元音，还是非词首音节短元音，都有一定的减缩（央化）现象。这一特点与蒙古语相似。

2. 元音音长、音高和音强与词中位置之间的关系

表 6.1 和表 6.2 显示，达斡尔语双音节和三音节词的音高最大差值，音强最大差值和元音长度分布模式。表 6.1 采用了数值比（Numerical ratio）表示法。

表 6.1　达斡尔语双音节词音高最大差值、音强最大差值和音长分布模式

声学参数 ＼ 词型		S-S	S-L	L-L	L-S
音高最大差值（Semitone）	男	-8.28	-6.97	-7.22	-8.59
	女	-6.11	-6.6	-6.48	-5.66
音强最大差值（dB）	男	0.07	-0.77	-0.33	0.61
	女	0.13	-0.65	0.32	0.72
音长分布模式（Numerical ratio）	男	4:6	3:7	6:4	7:3
	女	4:6	3:7	4:6	6:4

表 6.2　达斡尔语三音节词音高最大差值、音强最大差值和音长分布模式

声学参数 ＼ 词型		S-S-S	S-S-L	S-L-S	S-L-L	L-L-L	L-L-S	L-S-L	L-S-S
音高最大差值（Semitone）	男	-7.66	-7.17	-8.12	-7.06	-9.07	31.99	-8.15	-7.99
	女	-6.22	-5.86	-6.09	-5.47	-6.22	-5.86	-5.47	-6.09
	Syl	1-3	1-3	1-3	1-3	1-3	1-3	1-3	1-3
音强最大差值（dB）	男	-0.41	-0.91	-0.76	0.76	-0.36	0.78	-1.05	-0.84
	Syl	2-3	2-3	1-2	1-3	2-3	1-3	2-3	2-3
	女	0.83	-0.89	0.32	-0.46	1.5	1.86	-0.77	1.67
	Syl	1-2	2-3	2-3	1-2	1-3	1-3	1-3	1-2
音长分布模式（Numerical ratio）	男	3:2:5	3:2:5	2:4:4	2:3:5	5:2:3	5:3:2	5:2:3	6:2:2
	女	2:2:6	2:1:7	2:3:5	2:3:5	3:2:5	4:2:4	3:2:5	4:2:4

从表 6.1 和表 6.2 中可以看出，绝对重音型多音节词元音的音长分布模式有 S-S（男女：4：6），S-S-S（男：3：2：5；女：2：2：6），L-S（男：7：3；女：6：4）；L-L-S（男：5：3：2；女：4：2：4），L-S-L

（男：5：2：3；女：3：2：5），L-S-S（男：6：2：2；女：4：2：4）和 S-L-S（男：2：4：4；女：2：3：5），S-S-L（男：3：2：5；女：2：1：7）等两种。相对重音型多音节词也有 L-L（男：6：4；女：4：6），L-L-L（男：5：3：2；女 2：3：5）和 S-L（男女：3：7），S-L-L（2男女：2：3：5）等两种音长模式。女发音人的是两种类型中 S-S、S-S-S 和 L-L、L-L-L 等结构词（短，长元音同时出现的词中）的元音音长分布模式基本相同，而男发音人的 L-L，L-L-L 模式中词首相对长于非词首。本文的短，长元音指音系学概念，而其长短模式指物理长度。同样都是短元音或长元音，为什么非词首的都比词首的相对长。这个特点与蒙古语不同。

3. 音高结构

从表 6.1 和表 6.2 中可以看出，达斡尔语所有音节类型都是"L-H 模式"（低—高模式）音高模式。绝对和相对重音型多音节词的音高模式是一致的。详见讨论部分。

4. 音强结构

从表 6.1~6.2 中可以看出，男发音中 S-S（0.07）、L-S（0.61）、S-L-L（0.76）、L-L-S（0.78）等"S-W"模式（强弱模式）。S-L（-0.77）、L-L（-0.33）、S-S-S（-0.41）、S-S-L（-0.91）、S-L-S（-0.76）、L-L-L（-0.36）、L-S-L（-1.05）、L-S-S（-0.84）等"W-S"模式（弱强模式），男发音人所有音节类型的音强差别不明显，差距不到 1dB；女发音人中 L-L-L（1.5）、L-L-S（1.86）、L-S-S（1.67）等"S-W"模式（强弱模式）。S-L（-0.65）、S-S-L（-0.89）、S-L-L（-0.46）、L-S-L（-0.77）等"W-S"模式（弱强模式）。

上述三音节词音节之间的音强差异，以差距最大的两个音节音强差为准。

（三）关于词重音问题的讨论

下面我们根据语音四要素的声学结构特点，判定多音节词的重音位置。图 6.9 和图 6.10 是我们的判断结果。与以往判定不同，本次把音色也作为判断指标。图中的负值表示为后一音节参数值比前音节参数值大（三音节词中以差距最大的两个音节的参数差为准），"+"表示所指参数值处于相对优势，"-"表示所指参数值处于相对弱势，"○"表示所指参数值相等或相近，不突出。如果三音节词中两个音节的某参数相等或相近，但它们都比另一个音节的参数值相对优势时，该两个音节上都打了"＋"。对于音色来说，"＋"表示长，复合元音，"○"表示词首音节短元音，"－"表示非词首音节短元音。图中画斜线的音节为我们断定的重读音节。判断原则：（1）把非词首音节短元音的央化作为硬指标，即在多音节词中含有短元音（无论是央化还是脱落）的非词首音节统一断定为轻度音节；（2）判断非词首音节只含一个短元音的三音节词重音时（如，L-S-L、L-L-S），以其他两个音节的四要素作为判断指标；（3）判断非词首音节不含短元音的多音节词重音时，以四要素作为判断指标。其中，1 和 2 是判断绝对重音的指标，3 为判断相对重音的指标。图 6.9 和图 6.10 是我们的判断结果。

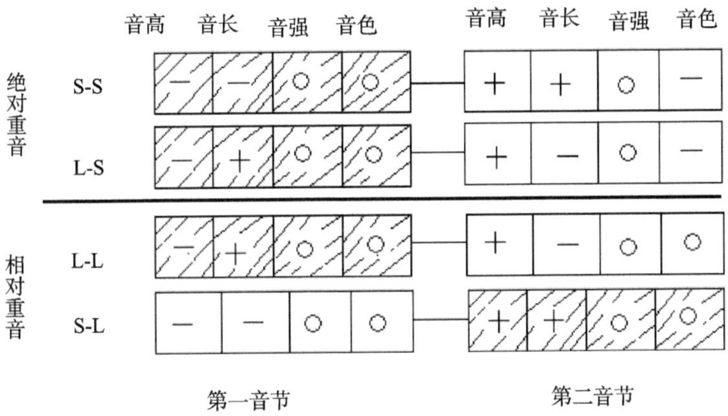

图 6.9　双音节词自然节奏模式及重读音节示意

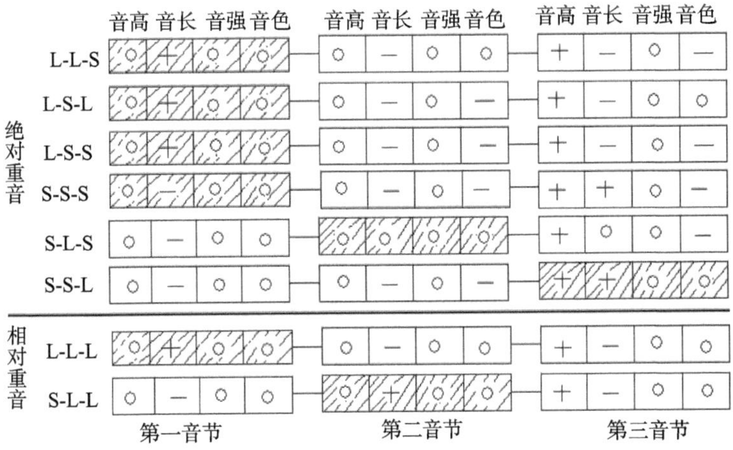

图 6.10　三音节词自然节奏模式及重读音节示意

1. 词重音位置及其类型学解释

从图 6.9 和图 6.10 中可以看到，无论是绝对重音，还是相对重音的位置都不是固定在词首音节上。显然，我们的实验结果不支持传统语音学界大部分学者"达斡尔语词重音是落在第一音节上的固定重音"的说法。

显然，从类型学的角度看，达斡尔语词重音属固定重音。它的位置与词中元音音高有着密切的关系。

2. 词重音的性质

（1）词重音与音色之间的关系。如上所述，在绝对重音型多音节词中存在轻读音节元音的央化（或［ə］化）、塞音的浊擦化、VOT 的缩短、辅音舌腭面积的减少等现象。其中，非词首音节短元音的减缩现象比较明显。而相对重音型多音节词中，上述现象不明显。有关这一问题有待进一步研究。

（2）词重音与音长之间的关系。表 6.1 和表 6.2、图 6.9 和图 6.10 显示，词首是长元音的结构中，词首音节相对长于其他音节；词首是短元音结构中，在 S-S-S、S-S-L、S-L-L 的在词末相对比其他音节长，S-L-S 的词中音节相对比其他音节长。达斡尔语词重音同蒙古语一样，不是基于某一个要素上的单一性质的重音，而是整个音节语音四要素（两个或多个要素）变化的综合效应的体现。轻读导致了元音脱落、音节缩短，甚至元音和谐律的减弱等一系列映射反映。为此，我们认为这类重轻模式是绝对的、深层次的；相对重音型重轻模式是由语音四要素变化产生的综合效应，比较起来可能音长和音高的作用更大一些。相对重音的重轻模式是约定俗成的，其中的语音三要素的差异性是相对的，是表层变化。总之，绝对重音的重/轻对立相对稳定，具有一定的绝对性，而相对重音的重/轻对立相对不稳定，具有一定的相对性。在语句中绝对重音一般不变，相对重音根据语句中的位置和作用会有所改变。

（3）词重音与音强之间的关系。表 6.2 和表 6.3、图 6.12 和图 6.13 显示，所有音节结构词的音强模式都与它们的重音位置（不管是绝对重音，还是相对重音）相关性不明显。显然，与音高相比音强与词重音之间的相关性不明显。

（4）词重音与音高之间的关系。从表 6.1 和表 6.2、图 6.9 和图 6.10 中可以看出以下两点：（a）无论是绝对重音型还是相对重音型词都是"L-

H 模式"（低—高模式）；（b）音高峰值的 100% 都落在词末音节上。

（5）词重音与元音和谐律之间的关系。达斡尔语词重音与元音和谐律之间的关系是值得关注的问题。从图 6.9 和图 6.10 中可以看到，在双音节和三音节词中，至少有 4 种结构的词的重音不在第一音节上。元音和谐律是指一个词里的元音之间相互影响，相互制约的关系。元音和谐律和词重音是属于两个不同层面上的概念，它们之间不存在因果关系。

参考文献

敖敏、熊子瑜、呼和，2012，《蒙古语普通话朗读话语韵律短语研究》，《中央民族大学学报》（哲学社会科学版）第 4 期。

白音朝克图，1978，《现代蒙古语标准音语音系统》，《内蒙古大学学报》（蒙文版）第 3 期。

包桂兰、白音门德、呼和，2012，《蒙古语鼻音［n］的实验研究》，第十届中国语音学学术会议（PCC2012）会议。

包桂兰、哈斯其木格、呼和，2010，《基于 EPG 的蒙古语辅音发音部位研究》，《民族语文》第 3 期。

包桂兰、哈斯其木格、呼和，2011，《蒙古语清擦音实验研究》，《中国语音学报》第三辑。

包桂兰、呼和，2011，《蒙古语非词首辅音舌位变化及其约束度研究》，第十一届全国人机语音通讯学术会议（NCMMSC2011）。

宝玉柱、孟和宝音，2011，《现代蒙古语正蓝旗土语音系研究》，民族出版社。

鲍怀翘，2005，《实验语音学讲义》6 月手稿。

鲍怀翘、阿西木，1988，《维吾尔语元音声学初步分析》，《民族语文》第 5 期。

鲍怀翘、陈嘉猷、米尔卡玛力、娜孜古丽，1996，《哈萨克语元音声学分析及元音和谐理论》，第三届全国语音学研讨会论文集。

鲍怀翘、陈嘉猷、徐昂，1996，《哈萨克语语音声学参数数据库》，第三届全国语音学研讨会论文集。

鲍怀翘、吕士楠，1992，《蒙古语察哈尔话元音松紧的声学分析》，《民族语文》第 1 期。

曹剑芬，2007，《现代语音研究与探索》，商务印书馆。

陈秀梅，2004，《蒙古语察哈尔土语辅音组合"4×6"的声学和生理分析》，内蒙古大学硕士学位论文。

丁石庆，1995，《新疆达斡尔语简述》，《语言研究》第 1 期。

丁石庆，1995，《新疆达斡尔语语音及其特点》，《语言与翻译》第 1 期。

丁石庆，2008，《达斡尔语布特哈方言的语音特点》，《民族语文》第 6 期。

丁石庆，2009，《莫旗达斡尔族语言使用现状与发展趋势》，商务印书馆。

恩和巴图，1988，《达斡尔语和蒙古语》，内蒙古人民出版社。

清格尔泰，1957，《中国蒙古语族语言和方言概况》（蒙古文），《蒙古语文》第 11~12 期。

清格尔泰，1991，《蒙古语语法》，内蒙古人民出版社。

清格尔泰、确精扎布，1959，《关于蒙古语辅音》，《内蒙古大学学报》（蒙文版）第 1 期。

格根塔娜，2008，《蒙古语朗读话语韵律层级单元及其边界处的声学和语言学线索》，内蒙古大学硕士学位论文。

哈斯其木格，2013，《基于动态腭位图图谱的蒙古语辅音研究》，中国社会科学出版社。

哈斯其木格，2016，《达斡尔语音系研究》，中央民族大学博士学位论文。

哈斯其木格，2017，《达斡尔语词重音实验研究》，《满语研究》第 2 期。

哈斯其木格、呼和，2012，《蒙古语边音/l/的声学和生理研究》，《民族语文》第 2 期。

韩国君、呼和，2013，《土族语词首音节元音声学分析》，《语言与翻译》（蒙文版）第 3 期。

呼和，2009，《蒙古语语音实验研究》，辽宁民族出版社。

呼和，2014，《再论蒙古语词重音问题》，《民族语文》第 4 期。

呼和，2015，《蒙古语标准话词首辅音谱特征分析》，《满语研究》第 2 期。

呼和，2015，《蒙古语标准话塞音塞擦音声学分析》，《民族语文》第 3 期。

呼和，2015，《蒙古语元音演变的声学语音学线索》，《中央民族大学学报》（哲社版）第 4 期。

呼和，2015，《语言亲属关系声学语音学线索》，《实验语言学》第四卷第 4 号。

呼和，2015，《语音与听、看、感知之间的关系问题》，《语言与翻译》（蒙文版）第 3 期。

呼和，2015，《语音属性与规则的相对性和绝对性问题》，《蒙古语文》第 8 期。

呼和，2016，《鄂温克语词首音节短元音声学分析》，《中央民族大学学报》（哲社版）第 5 期。

呼和，2016，《与蒙古语标准话相关的几个问题》，《语言与翻译》（蒙文版）第 1 期。

呼和，2018，《蒙古语语音声学研究》，社会科学文献出版社。

呼和、包桂兰，2013，《基于 EPG 的蒙古语标准话词首辅音舌位变化及其约束度研究》，《大江东去——王士元教授八十岁贺寿文集》，石锋，彭刚主编，香港城市大学出版社。

呼和、鲍怀翘、陈嘉猷，1997，《关于蒙古语语音声学参数数据库》，《内蒙古大学学报》（汉文版）第 5 期。

呼和、曹道巴特尔，1996，《蒙古语察哈尔土语词末弱短元音的声学分析》，《内蒙古大学学报》（蒙文版）第 3 期。

呼和、陈嘉猷、郑玉玲，2001，《蒙古语韵律特征声学参数数据库》，《内蒙古大学学报》（汉文版）第 1 期。

呼和、确精扎，1999，《蒙古语语音声学分析》，内蒙古大学出版社。

呼和、周学文，2013，《基于 PAS 的蒙古语普通话辅音气流研究》，《中央民族大学学报》（哲学社会科学版）第 2 期。

胡红彦，2011，《蒙古语标准音清擦音实验研究》，内蒙古大学硕士学位论文。

孔江平，1999，《蒙语声门阻抗参量的相关性及其分类》，《现代语音学论文集》，金城出版社；2001，《论语言发生》，中央民族大学出版社。

李玲玲，2011，《蒙古语标准音塞音和塞擦音的声学格局研究》，内蒙古大学硕士学位论文。

罗常培、王均，1981，《普通语音学纲要》，商务印书馆。

梅花，2009，《达斡尔语海拉尔方言元音声学分析》，内蒙古大学硕士学位论文。

蒙古语标准音水平测试大纲编写组编，2003，《蒙古语标准音水平测试大纲》（蒙文），内蒙古人民出版社。

拿木四来，1981，《达斡尔语的谓语人称范畴》，《民族语文》第 2 期。

拿木四来，1992，《蒙达汉亲属称谓词词典》，内蒙古人民出版社。

内蒙古大学蒙古学院蒙古语文研究所编，1964，《现代蒙古语》，内蒙古人民出版社。

内蒙古语言文学研究所编，1983，《蒙古语文研究资料》，内蒙古人民出版社。

其布尔哈斯、呼和，2010，《达斡尔语词首音节短元音声学分析》，第 9 届中国语音学学术会议论文，南开大学。

其布尔哈斯、呼和，2011，《达斡尔语词首音节短元音声学分析》，《韩国阿尔泰学报（Altai Hakpo）》，21:133—143，The Altaic Society of Korea。

确精扎布，1989，《蒙古语察哈尔土语元音的实验语音学研究》，《民族语文》第 4 期；1989，《有关察哈尔土语复合元音的几个问题——用实验语音学方法研究的阶段性成果》，《内蒙古大学学报》（蒙文版）第 4 期；1993，《关于蒙古语重音——语音实验中间报告》，《内蒙古大学学报》（蒙文版）第 1 期。

R. L. 特拉斯克，2000，《语音学和音系学辞典》，鲍怀翘，曹剑芬等译，语文出版社。

萨仁花，2013，《东部裕固语词首音节长短元音声学分析》，西北民族大学硕士论文。

石峰，2008，《语音格局——语音学与音系学的交汇点》，商务印书馆。

史延恺，1986，《音节理论》，《现代外语》第 2 期。

孙宏开等主编，2007，《中国的语言》，商务印书馆。

孙化，1983，《论达斡尔族语言（上）——兼谈达斡尔语与蒙古语的某些异同》，《青海民族学院学报》第 4 期。

图雅，2007，《卫拉特方言实验语音学研究》，内蒙古大学博士学位论文。

王洪君，1996，《韵律的层级和韵律的最小自由单位》，《第三届全国语音学研讨会论文集》，中国社会科学院语言研究所。

王士元，1983，《关于声调语言，听觉》，《语言学论丛》第 11 辑。

乌吉斯古冷、呼和，2011，《蒙古语陈述句和疑问句语调比较研究》，《中央民族大学学报》（哲学社会科学版）第 2 期。

乌日格喜乐图、哈斯其木格、呼和，2010，《鄂温克语短元音声学分析》，《满语研究》第 4 期。

乌云那生、呼和, 2012,《蒙古语阿拉善话短元音声学分析》,《西北民族大学学报》(哲学社会科学版) 第 4 期。

吴宗济、林茂灿, 1989,《实验语音学概要》, 高等教育出版社。

张家禄, 1996,《语音学的新阶段——理解言语》,《第三届全国语音学研讨会论文集》, 中国社会科学院语言研究所。

张淑琴, 2008,《蒙古语朗读话语语句重音实验研究》, 内蒙古大学硕士学位论文。

仲素纯, 1982,《达斡尔语简志》, 民族出版社。

周学文、呼和, 2014,《语音声学参数自动标注/提取系统简介》,《中文信息学报》 第 3 期。

朱晓农, 2006,《音韵研究》, 商务印书馆。

朱晓农, 2010,《语音学》, 商务印书馆。

Antti. I & Harnud. H.(2005). Acoustical comparison of the monophthong systems in Finnish, Mongolian and Udmurt. Journal of the International Phonetic Association35/1, 1-13.

Huhe, Baoguilan(2011), EPG Based Research on Tongue Position and Its Constraint of Word-Initial Consonants in Standard Mongolian in China, The 17th International Congress of Phonetic Sciences, Hong Kong, August 17 - 21.

Jan-Olof Svantesson, Anna Tsendina, Anastasia Karlsson and Vivan Franzeén (2005) *The Phonology of Mongolian*, OXFORD University Press.

Svantesson, Jan-Olof(1986) Acoustic analysis of Chinese fricatives and affricates, Journal of Chinese Linguistics, Vol. 14. No. 1, pp. 53-70.

后 记

通过十几年的努力，这部基于"中国少数民族语言语音声学参数统一平台"（以下简称"统一平台"）的"中国少数民族语言方言实验研究丛书"将要跟读者见面了。这是我们团队几十年研究工作的结晶。作为我国少数民族语言语音实验研究方面的第一部大型丛书，一定会有很多待改进和完善的地方。出版本丛书的目的是让读者了解民族语言音段和超音段（词层）声学研究成果，给同行们提供语言声学实验研究思路和方法，促进民族语言实验研究学科体系建设，推动我国民族语言学学科的发展。

在本丛书出版之际，感谢所有发音合作人，他们对母语的热爱和对自己民族的责任感深深地打动了我们团队每一位成员；感谢参与本项研究的所有研究生，感谢他们能够理解和支持这项庞大而艰难的工程，每一个音段的参数都凝聚着他们的辛劳和汗水；感谢研究所领导和民族语言学学科的全体同仁，他们的鼓励和支持是我们团队最强大的动力；感谢社会科学文献出版社的领导和编辑。

本丛书及其所基于的"统一平台"研究，得到了国家社会科学基金重大招标项目"中国少数民族语言语音声学参数统一平台建设研究"（项目编号：12 & ZD225）、国家社会科学基金冷门绝学研究专项学术团队项目"中国北方少数民族濒危语言调查实验研究"（项目编号：21VJXT012）、中国社会科学院创新工程"登峰战略"资深学科带头人资助项目"中国北方跨界民族语言的调查实验研究"（项目编号：DZ2023002）和中国社会科学院创新工程学术出版基金等的大力资助，在此表示诚挚的感谢。

由于所涉及的范围广、问题多，加上我们研究能力和水平有限等诸多原因，丛书中难免会有不足之处，望同行们斧正。我们相信，随着实验语音学理论和方法的不断成熟和改进，以及我们团队研究领域的逐渐拓展和研究水平的不断提高，这些问题和难题会逐步得到解决。因为汉语不是我们的母语，用汉语进行写作，我们需要克服一定的语言文字上的障碍，尽管我们非常努力，但在本丛书中仍然可能难以避免出现"蒙古式"语句，甚至可能存在表达不清楚的地方，望各位读者谅解并提出宝贵意见。

2025 年 6 月 8 日

图书在版编目（CIP）数据

达斡尔语语音声学研究 / 呼和主编；宝音，呼和著 .
北京：社会科学文献出版社，2025.5. --（中国少数民
族语言方言实验研究丛书）. -- ISBN 978-7-5228-4105
-2

Ⅰ. H222.1

中国国家版本馆 CIP 数据核字第 2024YD9195 号

中国少数民族语言方言实验研究丛书
达斡尔语语音声学研究

主　　编 / 呼　和
著　　者 / 宝　音　呼　和

出 版 人 / 冀祥德
责任编辑 / 周志静
责任印制 / 岳　阳

出　　版 / 社会科学文献出版社·人文分社（010）59367215
　　　　　地址：北京市北三环中路甲 29 号院华龙大厦　邮编：100029
　　　　　网址：www.ssap.com.cn
发　　行 / 社会科学文献出版社（010）59367028
印　　装 / 河北虎彩印刷有限公司

规　　格 / 开　本：787mm×1092mm　1/16
　　　　　印　张：26.25　字　数：428 千字
版　　次 / 2025 年 5 月第 1 版　2025 年 5 月第 1 次印刷
书　　号 / ISBN 978-7-5228-4105-2
定　　价 / 1280.00 元（全五卷）